GERD LÜDEMANN

Texte und Träume

Ein Gang durch das Markusevangelium
in Auseinandersetzung mit Eugen Drewermann

V&R

VANDENHOECK & RUPRECHT
IN GÖTTINGEN

BENSHEIMER HEFTE
Herausgegeben vom Evangelischen Bund
Heft 71

Die Deutschen Bibliothek — CIP-Einheitsaufnahme

Texte und Träume: ein Gang durch das Markusevan-
gelium in Auseinandersetzung mit Eugen Drewer-
mann. / Gerd Lüdemann
Göttingen : Vandenhoeck und Ruprecht, 1992.
  (Bensheimer Hefte ; H. 71)
  ISBN 3-525-87159-7

NE: Lüdemann, Gerd; Drewermann, Eugen; GT

Alle Rechte vorbehalten. Printed in Germany
Göttingen · Vandenhoeck & Ruprecht · 1992
Umschlaggestaltung: Reinhart Braun, Berlin
Herstellung: Ph. Reinheimer, Darmstadt
ISSN-Nr. 0522-9014
ISBN 3-525-87159-7

FÜR ELKE

GEFÄHRTIN EINES GANZEN LEBENS

INHALT

VORWORT

Das Grundgerüst der vorliegenden Schrift wurde am 1. Juni 1990 anläßlich der Catholica- und Ökumene-Referenten-Tagung der Landes- und Freikirchen und der Alt-Katholischen Kirche in Bensheim sowie danach in verschiedenen Kirchenkreisen der Evangelisch-lutherischen Landeskirche Hannovers vorgetragen. Eine frühere (nunmehr erheblich erweiterte und korrigierte) Fassung des Hauptteils I erschien in: Materialdienst des Konfessionskundlichen Instituts Bensheim 41, 1990, S. 67-73.

Die Arbeit ist nicht an unnötigen Polarisierungen interessiert, sondern bemüht sich um Information, Orientierung und Klärung. Auch wenn die Analyse fast jeder einzelnen Perikope in sich geschlossen ist (und auch ohne Griechischkenntnisse nachvollzogen werden kann), sei doch die Hoffnung ausgesprochen, daß Leser(innen) die Ausführungen am *gesamten* Markustext entlang prüfen, um so zu einem begründeten Urteil zu gelangen. Die von Eugen Drewermann angeschnittenen Fragen sind auch für den Protestantismus von vitalem Interesse.

Andreas Technow, Dirk Krah und Gunnar Schulz-Achelis danke ich für klärende Gespräche zur Sache (Andreas Technow auch für die sorgfältige Lektüre des Rohmanuskripts, die zu zahlreichen Präzisierungen und Verbesserungen geführt hat), meiner Sekretärin Silke Röthke, Andrea Kilian und Sabine Dreyer für die Erstellung der Druckvorlage (Andrea Kilian ebenfalls für Hilfe bei den Korrekturen) und dem Generalsekretär des Evangelischen Bundes, Dr. Walter Fleischmann-Bisten, für stetes Interesse, Ermutigung und Vertrauen.

Göttingen, Spätherbst 1991   *Gerd Lüdemann*

HAUPTTEIL I:
Hinführung zu Drewermann oder: Träume —
die vergessene Sprache Gottes?

1. „Strukturen des Bösen" als Ausgangspunkt[1]

In der Trilogie „Strukturen des Bösen"[2] hat D., von Haus aus katholischer Dogmatiker, auch nach dem eigenen Zeugnis die wesentlichen Weichen für seine nachfolgenden Arbeiten gestellt. Darunter befinden sich u.a. drei Bände „Psychoanalyse und Moraltheologie" (1. Angst und Schuld, 1982; 2. Wege und Umwege der Liebe, 1983; 3. An den Grenzen des Lebens, 1984), ferner „Der Krieg und das Christentum" (1982), „Der tödliche Fortschritt" (1981) und „Grimms Märchen tiefenpsychologisch gedeutet" (bisher 11 Bände)[3]. Er hat mit seinen Publikationen, Vorträgen und Beiträgen zu Fernsehsendungen eine für einen Theologen ungewöhnlich große Breitenwirkung erzielt. Sie erreicht einen vorläufigen Höhepunkt mit seinem Buch „Kleriker. Psychogramm eines Ideals" (1989).

---

[1] Man vgl. die ausgewogene Würdigung durch Gerhard Marcel Martin: Eugen Drewermanns „Strukturen des Bösen" als Ausgangspunkt eines umstrittenen theologischen Denkwegs, in: Theologische Literaturzeitung 115, 1990, Sp. 321-332.
[2] Teil 1: Die jahwistische Urgeschichte in exegetischer Sicht, 61987; Teil 2: Die jahwistische Urgeschichte in psychoanalytischer Sicht, 51985; Teil 3: Die jahwistische Urgeschichte in philosophischer Sicht, 51986. — D. = Abkürzung für Drewermann.
[3] Die jüngste Märcheninterpretation Drewermanns liegt vor mit „Milomaki oder vom Geist der Musik. Eine Mythe der Yahuna-Indianer", 1991, die offenbar die Reihe der „Mythen der Völker tiefenpsychologisch gedeutet" einleitet. Hingewiesen sei ferner auf Eugen Drewermann/Ingritt Neuhaus: Das Eigentliche ist unsichtbar. Der Kleine Prinz tiefenpsychologisch gedeutet, 1983; Eugen Drewermann: Dein Name ist wie der Geschmack des Lebens. Tiefenpsychologische Deutung der Kindheitsgeschichte nach dem Lukasevangelium, 1986.

Das Buch liest sich wie ein Versuch der Aufarbeitung der Lebensgeschichte des eigenen Klerikerdaseins, schweigt dabei aber trotzdem beharrlich von seinem Autor. Den rund 100 Seiten Therapievorschlägen (S. 655-750) geht eine mehr als sechsmal umfangreichere schonungslose Analyse voraus — die am Ende beigegebenen Anmerkungen nicht miteingerechnet. Sie verankert die Problematik des Klerikerideals dort, „wo sie ersichtlich ihren Ursprung hat: in den objektiv vorgegebenen Strukturen, in denen die katholische Kirche den Lebensweg ihrer treuesten und ergebensten Anhänger ‚regelt'" (S. 27). D. will „der *objektiven Schuld* der katholischen Kirche — ihrer schamlosen Ausnutzung seelischen Leids zugunsten ihrer eigenen vermeintlich heiligen, göttlichen, von Christus in Auftrag gegebenen *Zwecke* — den Spiegel vorhalten" (S. 367). Nach seiner Auffassung führt eine ontologische Verunsicherung zur Entscheidung für das Klerikerdasein (S. 72.270f) — aber das gilt für viele andere Menschen auch. Die im Buch beschriebene Angst vor der Sexualität im Rahmen des normalen katholischen Elternhauses (S. 534f) trifft für zahlreiche andere Personen gleichfalls zu. Daß der „sexuelle Anteil der Jugendfreundschaften, kaum daß er dem Einzelnen bewußt werden könnte, sogleich wieder unterdrückt" werde (S. 597), läßt sich so verallgemeinernd nicht sagen.[4] Erst dann, so D. weiter, würden die evangelischen Räte (Armut, Demut, Gehorsam und Keuschheit) nicht mehr zum Masochismus führen, wenn die damit verbundenen Lebensformen personal gestaltet werden und das Amtliche „auf den Aspekt eines *funktionalen* Pragmatismus reduziert" würde (S. 735).

Soweit zusammenfassend einige Eindrücke und Anfragen zu diesem Buch. Hingewiesen sei noch auf die Besprechung

---

[4] Vgl. Klaus D. Hoppe: Kleriker, Kirche und Psychoanalyse — Ideal eines Psychogramms? in: Wege zum Menschen 43, 1991, S. 306-317, hier S. 311: „Das Gegenteil ist häufig der Fall, diese Jugendfreundschaften spielen eine entscheidende Rolle bei der Auswahl von Knaben und männlichen Jugendlichen in den tragischen Lebens- und Leidensgeschichten solcher Kleriker, die auch vor ihrer Priesterweihe sexuelle Erfahrungen machten, im Gegensatz zu Drewermanns Postulat einer sexuellen Unberührtheit ... Entscheidender als eine, trotz aller Bemühungen Drewermanns nicht klar zu fassende ontologische Unsicherheit erscheint mir in der Psychodynamik von Klerikern die frühe Ausbildung des Überichs, das sich auf einer regredierten Kindheitsstufe aus einem strafenden Gewissen und einem überhöhten, wohlwollenden, doch fordernden Ich-Ideal zusammensetzt. Dies löst oft tiefe Schuld- und Schamgefühle aus, vermindert den Selbstwert, führt oft zu Depressionen, masochistischen und paranoiden Entwicklungen sowie der Haltung eines ‚leidenden Helden'."

von Walter Schöpsdau[5] und auf den nuancierten, in der Sache klaren Verriß von Albert Görres („die hohe Einschätzung des Buches hat einen sehr guten Grund. Der Schock, den es versetzt, ist eine rohe Hammertherapie, aber vielleicht eine notwendige. Wen der Hammer trifft, mag schreien. Aber vielleicht kann er sich auch ändern"[6]).

Im folgenden seien die „Strukturen des Bösen" als Einstieg in D.s Denkwelt gewählt (über „Tiefenpsychologie und Exegese" und „Das Markusevangelium" s. weiter unten). Nach seinem eigenen Zeugnis ist „das Werk ein Versuch, angesichts der Not der Zeit der Theologie ihre Zuständigkeit in der Frage menschlicher Krankheit und menschlichen Heils zurückzugeben, indem sie auf dem Boden der Bibel die Gottlosigkeit weiter Teile der Psychotherapie ebenso zu überwinden sucht wie die verderbliche Seelenlosigkeit weiter Teile der gegenwärtigen Theologie."[7] Gemäß der Selbstanzeige D.s, die aus Gründen der Fairneß und Orientierung hier fast vollständig wiedergegeben sei, geht es in den „Strukturen" inhaltlich um folgendes:

„Es handelt sich um eine Habilitationsschrift in katholischer Dogmatik, die versucht, Bibelexegese, Tiefenpsychologie und Philosophie über ein zentrales Thema — die menschliche Schuld und das Unvermögen zum Guten — miteinander ins Gespräch zu bringen. Als Gesprächsgrundlage dient die jahwistische Urgeschichte, die am Anfang der Bibel von Paradies und Sündenfall, Brudermord und Rache, Sintflut und Vaterschändung, Völkerzwietracht und dem Zerbrechen der menschlichen Sprache berichtet. Mit Hilfe der historisch-kritischen Methode, aber unter starker Berücksichtigung der Motivgeschichte der mythischen Erzählelemente und mit Hilfe einfühlender Hermeneutik verstehe ich im 1. Band der Studie die jahwistische Beschreibung des menschlichen Daseins und der menschlichen Geschichte als Darstellung einer vollkommenen Umwertung des Lebens im Bannkreis der Angst, für die das Symbol der Schlange des Nichtseins als Chiffre gesehen wird. Indem die Menschen unter dem Zwang der Angst das Gefühl der Geborgenheit in Gott verlieren, treten sie in einen unausweichlichen Prozeß immer weiterer Entfremdung von ihrem eigenen Wesen, von der Welt und von Gott als ihrem Schöpfer ein, und bei allem guten Willen, die mangelnde

[5] Ders., in: Materialdienst des Konfessionskundlichen Instituts Bensheim 41, 1990, S. 61f.
[6] Ders.: Anmerkungen zu Eugen Drewermanns Kleriker, in: Pastoralblatt Mai 5/1990, S. 137-147, hier S. 146.
[7] Psyche 35, 1981, S. 975.

Grundlage ihres Daseins in Gott durch eigene absolute Selbstbegründung gegen die Nichtigkeit ihrer Existenz zu kompensieren, geraten sie nur immer tiefer und auswegloser in die Bodenlosigkeit ihrer Angst und Schuld. Aus einem Dasein, das als Segen gemeint ist, wird ein gottverfluchtes Leben, aus einer Welt, die in Gott ein Paradies sein könnte, eine feindselige Wüstenei.

Der zweite psychoanalytische Teil der Arbeit nimmt dieses Ergebnis zum Ausgangspunkt, um die jahwistische Kennzeichnung des menschlichen Daseins nach Art eines neurotischen Prozesses zu lesen. Um die archetypischen Bilder zu verstehen, wird zunächst gemäß der Amplifikationsregel Jungs das mythische Vergleichsmaterial aus Religionsgeschichte und Ethnologie erheblich erweitert und jeweils vermerkt, welche naturmythologischen Bedeutungen den einzelnen Stoffen zukommen. Sodann werden die einzelnen Abschnitte der jahwistischen Urgeschichte parallel auf der Objekt- und Subjektstufe nach den Schulen Freuds und Jungs interpretiert. Dabei ergibt sich, daß die Stoffauswahl und -anordnung der biblischen Erzählungen Punkt für Punkt den Themen der psychoanalytischen Entwicklungslehre entspricht, und wieder ist es der Faktor der Angst, der, nach Ausweis der Paläoanthropologie von R. Bilz, das ganze Dasein als eine Leben in Angst erscheinen läßt und die innere Dynamik der Selbstverfehlung, Selbstübersteigerung und Selbstzerstörung der menschlichen Psyche in Gang hält. Die Einsicht Adlers, jede Neurose sei ein verzweifeltes Wie-Gott-Sein-Wollen, findet so ihre exegetisch-psychoanalytische Bestätigung.

Der 3. Band stellt sich die Frage, wie die Vorstellung eines seelisch an sich selbst erkrankten Daseins theologisch zu verstehen und vor allem im Sinne des Jahwisten als Folge menschlicher Schuld zu begreifen ist. In Auseinandersetzung mit der Aufklärungsphilosophie Kants und Hegels und ihren Deutungen der jahwistischen Sündenfallerzählung wird deutlich, daß das Böse in der Bibel weder als Naturzustand des Menschen noch als moralischer Mangel verstanden werden kann. Mit Hilfe der exegetischen Hermeneutik Sartres zeigt sich vielmehr, daß die Angst und das Nichts das menschliche Dasein ohne Gott notwendig in die Richtung eines absoluten Selbstentwurfs der eigenen Existenz drängen; der Ekel vor der eigenen Nichtigkeit, die Sinnlosigkeit des Todes, der Sadomasochismus im Umgang mit dem Anderen geben sich als in sich logische Strukturbedingungen eines von Gott abgefallenen Daseins zu erkennen; der fundamentale Mangel des menschlichen Daseins erklärt zugleich das notwendige Scheitern aller sozialen Gebilde der menschlichen Geschichte. Von S. Kierkegaard her erscheint ein solches Dasein als Verzweiflung, und die einzelnen phasenspezifischen Neuroseformen der jahwistischen Urgeschichte lesen sich jetzt als schuldhafte Modi, die eigene Freiheit von dem Fluch einer Angst zu beseitigen, die nur in einem durch die Verzweiflung vermittelten neuen Glauben bewältigt werden kann."[8]

---

[8] Psyche 35, 1981, S. 974f.

Allgemein gesagt, geht es D. bereits in den „Strukturen" um die Frage, was in den Bibeltexten eigentlich *gemeint* ist, weil die rein historische Bibelauslegung sonst in die Gefahr einer völligen Wirklichkeitsfremdheit und theologischen Belanglosigkeit gerate. Die Erzählungen der Bibel müßten als Chiffren menschlicher Wirklichkeit, als verdichtete Träume der latenten Wahrheit des Daseins interpretiert werden. Man könne sie nur innerlich aufschließen, wenn man sie nach den wirklichen Konflikten und Nöten, den eigentlichen Sehnsüchten und Gewißheiten des menschlichen Lebens befrage. „Aus Angst, der ‚Unwissenschaftlichkeit' geziehen zu werden, schränkt sich die Exegese in merkwürdiger Selbstzerstümmelung auf die bloße Analyse von ‚Literatur' und auf die rein historische Faktenrekonstruktion ein, als wäre das geschriebene Wort nicht lediglich ein Hinweis auf lebendige Wirklichkeit und das Geschehene nicht der Ausdruck eines immerwährenden Geschehens".[9]

Im exegetischen Teil I seiner Untersuchung behandelt D. in fortlaufendem Text die nach dem Konsens der Forschung dem Jahwisten zugeschriebenen Partien, und zwar jeweils in der Reihenfolge: motivgeschichtlich, traditionsgeschichtlich und literarkritisch sowie redaktionsgeschichtlich. Sodann folgt eine Einzelauslegung. Am Ende steht eine Zusammenfassung, die jeweils auf die sich ergebenden psychoanalytischen und theologischen Aspekte hinweist.

Der Alttestamentler Peter Weimar bemerkt hierzu:

„Der Wert der vorliegenden Untersuchungen liegt vor allem in der Aufarbeitung der Probleme der jahw. Urgeschichte von einem systematischen Ansatz aus. Die Analyse zur jahw. Urgeschichte selbst ist — trotz mancher interessanter und auch für die weitere Diskussion beachtenswerter Einzelaspekte — wenig originell. In der literarkritischen Ausgrenzung der jahw. Urgeschichte schließt sich der Vf. der gängigen Hypothese an, ohne in diesem Zusammenhang aber die neuere Diskussion um Umfang und Einheitlichkeit der jahw. Urgeschichte hinreichend zur Kenntnis zu nehmen (wichtige einschlägige Untersuchungen sind nicht verzeichnet) . . . Eine redaktionskritische Analyse wird nur im Ansatz geleistet; formkritische wie semantische Beobachtungen werden nur vereinzelt mitgeteilt. Damit werden wichtige Aspekte zum Verständnis des Textes überhaupt nicht oder nur unzureichend berücksichtigt. Methodisch nicht hinrei-

---

[9] Strukturen I, S. XCI.

chend reflektiert wird die Erhellung des motivgeschichtlichen Hintergrundes, sowohl hinsichtlich ihrer Voranstellung vor allen weiteren methodischen Schritten als auch hinsichtlich der konkreten Durchführung des religionsgeschichtlichen Vergleichs selbst. Obschon der Vf. eine Fülle von Literatur aller Art heranzieht und darin seine große Belesenheit dokumentiert, hat manches doch eher den Charakter des Zufälligen, nicht nur, weil wichtige Untersuchungen nicht angeführt sind, sondern auch weil relevante fachexegetische Arbeiten und popularisierende Darstellungen der unterschiedlichsten Qualität undifferenziert nebeneinander stehen."[10]

Aber diese von Weimar angedeuteten Verfeinerungen wollte D. gar nicht anstreben. Er hat das Thema der Angst in der jahwistischen Urgeschichte entdeckt und sie unter einem solchen Fragehorizont exegetisch, psychoanalytisch und theologisch ausgelegt. Dagegen ist solange nichts einzuwenden, als D. sich seiner eigenen Fragestellung und Voraussetzungen bewußt bleibt.

Eine durchgreifende Grundlagenkritik der Arbeit D.s stammt aus der Feder Joachim Scharfenbergs[11]. Scharfenberg kann D. darin nicht folgen, Psychoanalyse und Urgeschichte in einer gemeinsamen Ontologie verbunden zu sehen:

„Es heißt . . ., die psychoanalytische Metapsychologie total zu verkennen, wenn man sie zu einer Ontologie erstarren läßt . . . Ich möchte damit zum Ausdruck bringen, daß man den Charakter der Metapsychologie verkennt, wenn man in ihr etwas anderes sieht als jederzeit revidierbare Denkmodelle, die auch sehr stark in ihre geschichtliche Situation eingebunden sind. So gehören dann auch zum Entstehen der Neurose bestimmte gesellschaftliche und historische Konstellationen, die mit Sicherheit andere sind als zur Zeit des Jahwisten. Dem Versuch, in der jahwistischen Urgeschichte so etwas wie eine proleptische Neurosenlehre zu sehen, kann ich den Vorwurf eines ganz und gar ungeschichtlichen Denkens nicht ersparen. Gehören z.B. zur Entstehung bestimmter infantiler Sexualtheorien nicht auch bestimmte Sozialisationsbedingungen und ist es nicht absurd anzunehmen, daß der Jahwist die ‚Gastheorie' von allen infantilen Geburtsphantasien deshalb heranzieht, weil sie sich besonders gut zur Sublimierung eignet? Primitiv gesprochen: Ich wünsche mir dringend Überlegungen darüber, wer die psychoanalytischen Ostereier, die Drewermann mit so freudiger Überraschung allenthalben

---

[10] Theologische Revue 78, 1982, Sp. 283f.
[11] . . . und die Bibel hat doch recht — diesmal psychologisch? Zu Eugen Drewermanns Konzept der Sünde als „Neurose vor Gott", in: Wege zum Menschen 31, 1979, S. 297-302.

beim Jahwisten entdeckt, versteckt hat: Der liebe Gott, der den Jahwisten und *Sigmund Freud* geschaffen hat; der Jahwist, dieses psychoanalytische Naturtalent (vgl. Bd. II, 414)? Der Jude *Freud*? oder
womöglich Eugen Drewermann selbst? ... Auf der anderen Seite
wird nirgends die Frage nach den frühkindlichen Sozialisationsbedingungen in Israel zur Zeit des Jahwisten gestellt. Möglich, daß das
historische Material nicht ausreicht, um sie präzise beantworten zu
können. Aber einiges müßte sich doch noch darüber ausmachen lassen, was der Jahwist wohl selbst gewollt hat mit gerade dieser Zusammenstellung von Traditionsstücken. Es wäre dann vielleicht
auch nicht zu dieser mit beachtlichem Scharfsinn aufgebauten analogia entis gekommen ... Der entscheidende Mangel liegt also m.E.
darin, daß der gesellschaftliche Hintergrund nicht ausreichend bedacht wird, weder bei der historischen Situation des Jahwisten noch
bei der *Sigmund Freud*s ... Mehr als eine vage homiletische Aktualisierung des alten jahwistischen Textes kommt meines Erachtens nach
bei dem ganzen Unternehmen nicht heraus."[12]

Das sind alles bedenkenswerte grundsätzliche Einwände,
die im einzelnen — in Auseinandersetzung mit der Auslegung
— verifiziert werden könnten. D. ist auf sie meines Wissens
nicht weiter eingegangen. Uns geht es hier jedoch nicht um
eine Prüfung der alttestamentlichen Exegese D.s, sondern
um seine im folgenden erschienenen Auslegungen zum NT.
Es wird zu untersuchen sein, ob und inwieweit die oben genannten oder andere Einwände auch dabei geltend zu machen und welche Aspekte seiner neutestamentlichen Auslegungen positiv zu würdigen sind. Bevor das thematisiert
wird, soll aber zunächst noch ein Blick auf D.s Ort in Theologie und Kirche geworfen werden.

2. Drewermanns Ort in Theologie und Kirche

D. richtet seit seinen frühesten Arbeiten eine scharfe
grundsätzliche Kritik gegen die historisch-kritische Methode. In den „Strukturen" stellte er ein eklatantes Ungenügen bloß historischer Fragestellungen bei der Auslegung fest
(vgl. Strukturen I, S. LXIV). Man vgl. ferner die Ausführungen auf S. LXXVII derselben Arbeit:
„Zunächst muß die historisch-kritische Exegese von einem liebgewordenen, aber unsinnigen Vorurteil abrücken: daß es bei der Inter-

---

[12] Scharfenberg, Bibel, S. 301f.

pretation mythischer oder mythennaher Texte genüge, die bewußte Aussageabsicht eines Autors zu erforschen; wichtiger als die bewußte Aussage ist im Gegenteil der unbewußte Gehalt einer mythischen Erzählung."

In „Tiefenpsychologie und Exegese"[13] wird die Kritik noch schärfer. Die historisch-kritische Exegese sei „prinzipiell gottlos, sooft sie auch den Namen ‚Gott' in ihrem Munde führen mag" (TuE I, S. 12). Mit einer Episode aus dem Leben S. Kierkegaards illustriert D. diesen Vorwurf: Kierkegaard sei als Student durch die Straßen Kopenhagens gegangen, um Wäsche in einem Laden abzugeben, an dem sich ein Schild mit der Aufschrift befand: „Hier wird Wäsche gewaschen und gebügelt". Doch habe er tatsächlich in einer Fabrik gestanden, in der Schilder mit der Aufschrift „Hier wird Wäsche gewaschen und gebügelt" angefertigt wurden (TuE I, S. 12f). Die historisch-kritische Exegese, der freilich das Verdienst zukomme, die Historizität vieler biblischer Berichte in Frage gestellt zu haben (TuE I, S. 420f), sei gleichwohl im Zusammenhang einer „'Theologie' der Seelenlosigkeit" zu verstehen (TuE II, S. 509), sie sei dasjenige Verfahren im Verlauf von 2000 Jahren Kirchengeschichte, das am wenigsten geeignet ist, die religiöse Bedeutung und menschliche Relevanz eines biblischen Textes zu verstehen, denn

„an den Gefrierzonen des Religiösen, in den Erstarrungsformen gelebter Religiösität, in den Fakten der bloßen Historie gewinnt die historisch-kritische Methode ihre Berechtigung und Notwendigkeit. Dort, wo das Lebenswasser der Religion verrinnt, beginnt die staubige Mühsal der hypothetischen Rekonstruktionsversuche in Archäologie und Religionsgeschichte und, im Verein mit diesen, in der Exegese historisch-kritischer Provenienz" (TuE I, S. 17f).

D. erkennt wie kaum ein anderer die in religiöser Hinsicht potentielle Destruktivität der historisch-kritischen Exegese. Er schreibt: „Gerade wenn man die historisch-kritische Methode ohne falsche Kompromisse … betreibt, merkt man, daß man mit ihr den (christlichen) Glauben zerstört, wenn man bei ihr stehenbleibt."[14] Und er beklagt die Rationalisie-

---

[13] Bd. I: Die Wahrheit der Formen. Traum, Mythos, Märchen, Sage und Legende, 1984; Bd. II: Die Wahrheit der Werke und der Worte. Wunder, Vision, Weissagung, Apokalypse, Geschichte, Gleichnis, 1985. Die beiden Bände werden im folgenden mit TuE I und II abgekürzt und die Nachweise aus ihnen im Text in Klammern gegeben.
[14] Eugen Drewermann: „An ihren Früchten sollt ihr sie erkennen".

rung und Historisierung des klerikalen Denkens: „Der Rationalismus wie der Historismus bilden formal wie inhaltlich die einfachsten und probatesten Wege, um sich selber zu entkommen."[15] In engem Zusammenhang damit lautet der nicht minder gewichtige Vorwurf gegen die Vertreter der historisch-kritischen Methode in Kirche und Universität, sie hätten viele Jahre ihres „Lebens damit zugebracht ..., von Dingen zu reden, die ... (sie) nie erfahren, nie erlebt und nie erkannt, dafür aber allen erklärt, bewiesen, begründet und verkündet" hätten (TuE II, S. 18).

3. Kritik an Drewermann[16]

D.s Buch „Tiefenpsychologie und Exegese" ist Gegenstand einer scharfen Attacke der beiden katholischen, auch als Kenner des lukanischen Doppelwerkes ausgewiesenen Neutestamentler *Gerhard Lohfink* und *Rudolf Pesch* geworden[17], die bereits durch den Titel ihrer Gegenschrift („Tiefenpsychologie und keine Exegese") dem Paderborner Dog-

---

Antwort auf R. Peschs und G. Lohfinks „Tiefenpsychologie und keine Exegese", 1988, S. 21.

[15] Drewermann, Kleriker, S. 136.

[16] Man vgl. neben der sofort zu besprechenden Schrift von Lohfink/Pesch folgende Arbeiten: Albert Görres/Walter Kasper (Hrsg.): Tiefenpsychologische Deutung des Glaubens? Anfragen an Eugen Drewermann, 1988; Johannes Fischer: Glaube als Erkenntnis. Zum Wahrnehmungscharakter des christlichen Glaubens, 1989, S. 119-148; Peter Eicher (Hrsg.): Der Klerikerstreit. Die Auseinandersetzung um Eugen Drewermann, 1990; Gregor Fehrenbacher: Drewermann verstehen. Eine kritische Hinführung, 1991; Hans-Martin Barth: Gottes Wort ist dreifaltig. Ein Beitrag zur Auseinandersetzung mit der „archetypischen Hermeneutik" Eugen Drewermanns, in: Theologische Literaturzeitung 113, 1988, Sp. 241-254; Friedrich Mildenberger: Biblische Dogmatik. Eine biblische Theologie in dogmatischer Perspektive, Bd. 1, 1991, S. 76-79.

[17] Gerhard Lohfink: Die Himmelfahrt Jesu. Untersuchungen zu den Himmelfahrts- und Erhöhungstexten bei Lukas, 1971; ders.: Die Sammlung Israels. Eine Untersuchung zur lukanischen Ekklesiologie, 1975; Rudolf Pesch: Der reiche Fischfang (Lk 5,1-11/Jo 21,1-14): Wundergeschichte-Berufungserzählung-Erscheinungsbericht, 1969; ders.: Die Apostelgeschichte, I.II, 1986.

matiker bescheinigen, keine eigentliche Exegese zu bieten. Stattdessen betreibe er Esoterik und Lebenshilfe.[18]

Freilich kann diese Frontalattacke, die D. postwendend beantwortet[19] hat, nicht recht befriedigen. Zwar weisen die Verfasser mit Recht den teilweise aggressiven Ton D.s zurück und können Belege dafür erbringen, daß er die neuere exegetische Sekundärliteratur nicht ausreichend zur Kenntnis genommen hat. (Freilich sei die Prognose gewagt, daß seine durchgängige Bevorzugung der älteren religionsgeschichtlichen Literatur und der Formgeschichte [Dibelius, Bultmann] sich letztendlich als Vorzug erweisen wird [zu Lohfink/Pesch, Tiefenpsychologie, S. 18].) Doch zeigt ihr Buch insgesamt, warum D. z.T. mit guten Gründen den gegenwärtigen Stand der Exegese als unbefriedigend ansieht. Die Verfasser identifizieren nämlich völlig zu Unrecht weitgehend die redaktionsgeschichtliche Methode mit der historisch-kritischen Methode, als ob es bei der Auslegung von Texten nur um die (bewußte) Aussageabsicht des Verfassers ginge und nicht auch Tieferliegendes, Unbewußtes in die Texte eingeflossen wäre. Wichtig ist jedoch ihre Betonung der Geschichtsgebundenheit der biblischen Texte (S. 96), wenn auch gleich wieder ihre Rekonstruktion dieser Geschichte selbst im einzelnen zu bestreiten ist und es bei Lohfink und Pesch bei dem bloßen Postulat bleibt, weil sie Heils- und Profangeschichte trennen und sich von der kirchlichen Tradition z.B. den Kanon vorgeben lassen.

Aber auch weitere Einwände der Verfasser gegen D. sind nicht plausibel zu machen. Sie heben mehrfach darauf ab, die Schrift lasse sich nur dann angemessen auslegen, wenn der richtige Ort ihrer Auslegung gefunden sei: die „neutestamentlich verfaßte Gemeinde"[20]. Diese neutestamentlich verfaßte Gemeinde wird von den Verfassern anscheinend sogar mit der Jerusalemer Urgemeinde, wie sie „Lukas" in der Apostelgeschichte zeichnet, identifiziert, und es wird naiv be-

---

[18] Gerhard Lohfink/Rudolf Pesch: Tiefenpsychologie und keine Exegese. Eine Auseinandersetzung mit Eugen Drewermann, 1987, S. 7.
[19] S.o. Anm. 14. Man vgl. auch Stefan Schmitz: In Menschen der Bibel sich wiederfinden. Tiefenpsychologische Zugänge. Mit einem Vorwort von Eugen Drewermann, 1988, S. 190-203.222-224.
[20] Lohfink/Pesch, Tiefenpsychologie, S. 70.96.105.108f.112.

hauptet, die jüdisch-christliche Theologie sei von ihrem tiefsten Wesen her Aufklärung.[21]

Doch sind diese Urteile völlig unhistorisch. *Erstens* ist der Ausdruck „neutestamentlich verfaßt" ein dogmatischer Begriff, da der neutestamentliche Kanon als Norm vorausgesetzt wird. Es wird ferner vertuscht, daß wir über die wirklich älteste Urgemeinde nur wenig Informationen zur Verfügung haben bzw. weniger, als die Verfasser zu erkennen geben. *Zweitens* trennen die Verfasser mit ihrem Postulat, die Schrift lasse sich nur am richtigen Ort auslegen, christliche und säkulare Wahrheit, wogegen doch zu protestieren sein wird. Denn es gilt *„eine letzte Zusammengehörigkeit des Menschlichen und des Christlichen*, so daß dem christlichen Glauben durch Hingabe ans menschliche Wahrheitsbewußtsein, dem menschlichen Wahrheitsbewußtsein durch Hingabe an den christlichen Glauben nichts abgebrochen wird."[22] Können nicht zuweilen Atheisten die Bibel viel sachgemäßer auslegen als so mancher christliche Theologe (vgl. nur Ernst Bloch)?[23]

Nun sind an nicht wenigen Orten im deutschsprachigen Raum ähnliche Tendenzen der Klerikalisierung der Exegese[24] zu beobachten. Sie werden *zunächst* dadurch begünstigt, daß Althistoriker und Altphilologen sich hierzulande im allgemeinen nicht an der Exegese beteiligen, aber auch dadurch,

---

[21] Lohfink/Pesch, Tiefenpsychologie, S. 107f; vgl. S. 93: „der aufgeklärte Standpunkt biblischen Denkens".

[22] Emanuel Hirsch: Christliche Rechenschaft. Erster Band, 1989 (= 1978), S. 9.

[23] "Wie oft hat *die Kirche selber* gemeint, ganze Bibliotheken von Büchern des europäischen Geisteslebens in Kunst, Philosophie und Literatur als ‚Gift' verbieten zu müssen! Für Menschen, die wirklich ‚gläubig' sind, bedarf es solcher Maßnahmen der Angst nicht; im Gegenteil, sie lernen womöglich von all den auf den Index der verbotenen Bücher gesetzten Autoren: von Schopenhauer, Nietzsche, Sartre u.a. weit mehr über Gott und den Menschen als von der Unzahl bemühter kirchentreuer Skribenten, die mit all ihrem Eifer nichts bewirken, weder Gutes noch Böses, nur Überflüssiges. Das Leben ist mehr als Gärtnerweisheit" (Drewermann, Mk II, S. 735f).

[24] Man vgl. folgendes Votum: Die Exegese „muß anerkennen, daß der Glaube der Kirche jene Art von Sym-pathie ist, ohne die sich der Text nicht öffnet", sonst wäre sie keine Theologie (Joseph Ratzinger: Schriftauslegung im Widerstreit, in: ders. [Hrsg.]: Schriftauslegung im Widerstreit, 1989, S. 15-44, hier S. 43f).

daß Nicht-Getauften der Zugang zur theologischen Universitätslaufbahn verschlossen ist.[25] *Sodann* zielen die meisten exegetischen Beiträge künstlich auf den theologischen Sinn der neutestamentlichen Texte (die Kanonsfrage bleibt oft stillschweigend unerörtert), so als ob er auch ohne solide historische Grundlagen auszumachen wäre, und basieren oft unbewußt auf der Belehrung und Begrenzung der Vernunft durch die Offenbarung[26] bzw. das „Kerygma". Das bedeutet dann „in der Praxis nichts anderes als Klerikalismus. Denn Vernunft gilt entweder ganz oder gar nicht."[27]

Es ist in der Tat so, daß weite Teile heutiger Exegese blutleer wirken und über der Ermittlung der Absicht des Textes, dem Vergleich der einzelnen Evangelien untereinander und einer säuberlichen Trennung von Redaktion und Tradition vergessen machen, daß die frühchristlichen Schriften einer Bewegung entstammen, die — vor Vitalität nur so strotzend — innerhalb von 150 Jahren das ganze Römische Reich förmlich erobert hat. Mit anderen Worten, man kann sich des Ein-

---

[25] Daß z.B. ein Jude oder eine Jüdin in Deutschland ungetauft den theologischen Doktortitel nicht erwerben kann, scheint niemanden zu stören. Doch verträgt sich das nicht mit dem Anspruch der Wissenschaftlichkeit der Theologie — von der künstlichen Einteilung der Theologie in zwei verschiedene Fakultäten ganz zu schweigen (gibt es etwa eine katholische und eine evangelische Judaistik?).

[26] Hingewiesen sei auf meine Beiträge „Die Religionsgeschichtliche Schule und ihre Konsequenzen für die Neutestamentliche Wissenschaft" sowie „Das Wissenschaftsverständnis der Religionsgeschichtlichen Schule im Rahmen des Kulturprotestantismus", in: Hans Martin Müller (Hrsg.): Kulturprotestantismus: Beiträge zu einer Gestalt des modernen Christentums, 1992, S. 78-107 und S. 311-338.

[27] Klaus Berger: Hermeneutik des Neuen Testaments, 1988, S. 112 (die zitierten Sätze bei Berger beziehen sich auf Hans Weder: Neutestamentliche Hermeneutik, 1986). Vgl. noch Walther Köhler: Ernst Troeltsch, 1941, der mit Recht darauf hinweist, daß der Katholizismus (zu Troeltschs Zeit), die dialektische Theologie und *auch* Rudolf Bultmann ihre wissenschaftlichen Voraussetzungen „an immer unrevidierbare, nicht durch eigene sachliche Notwendigkeit, sondern durch kirchliche Autorität geltende Axiome" gebunden hätten; „es macht nichts aus, daß ‚die kirchlichen Autorität' durch ‚Offenbarung' ersetzt wird, denn was als diese gilt, die Bibel, von den Bekenntnissen gar nicht zu reden, besteht kraft kirchlicher Autorität" (S. 38).

drucks kaum erwehren, daß die herkömmlich angewandte Methode zuweilen die Texte ihrer Kraft buchstäblich beraubt. Andererseits ist zu fragen, „ob nicht die weit verbreitete entsetzliche Lahmheit und Abgestandenheit der kirchlichen Verkündigung, ob nicht ihr Unvermögen, den Menschen der Gegenwart anzureden, ob nicht ebenso die Unglaubwürdigkeit der Kirche als solcher in hohem Maß damit zusammenhängt, daß man sich davor fürchtet, die Arbeit der historisch-kritischen Theologie in sachgemäßer Weise fruchtbar werden zu lassen"[28]. Dabei braucht man die Bejahung der historisch-kritischen Methode gar nicht in einen inneren Sachzusammenhang mit der Rechtfertigungslehre zu bringen[29], sondern wird sie als schon profanes und erst recht christliches Gebot der Wahrhaftigkeit bzw. der Sittlichkeit des Denkens auffassen.

Ich möchte D. gegenüber provozierend formulieren, daß die von ihm angegriffene historisch-kritische Exegese gerade aus einer *fehlenden* Geschichtsbezogenheit heraus teilweise so blutleer und steril geworden ist. Gerade weil z.B. die Disziplin „Geschichte und Religion des Urchristentums" mit allen Konsequenzen für die Organisation der wissenschaftlichen Theologie aus theologischen Gründen nicht weiter gepflegt wurde, konnten Vorwürfe wie die von D. überhaupt laut werden und Gehör empfangen.

Wie gedenkt nun D. selbst, diese mißliche Lage der Exegese zu beenden? Das wird aus der nun folgenden Betrachtung seines tiefenpsychologischen Ansatzes klar.

---

[28] Gerhard Ebeling: Die Bedeutung der historisch-kritischen Methode für die protestantische Theologie und Kirche, in: Zeitschrift für Theologie und Kirche 47, 1950, S. 1-46 (= Wort und Glaube, 1960, S. 1-49, hier S. 48).

[29] So Ebeling, Bedeutung, S. 43f. Ich stimme für meine Person Ebelings Aussage zu, möchte aber sicherstellen, daß auch Menschen anderer Überzeugungen die historisch-kritische Methode bejahen und sich damit auf den Boden des Wahrheitsbewußtseins der Neuzeit stellen.

4. Drewermanns tiefenpsychologischer Ansatz

In der bisherigen Diskussion ist die große Nähe D.s zu Rudolf Bultmann nicht recht beachtet worden: Ebenso wie Bultmann erkennt D. klar das Problem des Verhältnisses von Historie und Glauben und beruft sich offenbar wie Bultmann vor ihm auf 2Kor 5,16, um die Illegitimität der Frage nach dem historischen Jesus zu erweisen[30]. (Dagegen: In 2Kor 5,16 ist „nach dem Fleisch" doch eher mit „kennen" zu verbinden als mit „Christus")[31]. Das Kerygma hat freilich keine Entsprechung bei D., vielmehr geht es ihm um

„die Wirkung der inneren Wahrheit der Gestalt Jesu auf die Selbsterfahrung und Selbstauslegung von Menschen mitten in der Gratwanderung zwischen Angst und Glauben ... Von daher kann es sich paradoxerweise immer wieder ereignen, daß Erzählungen in der historischen Kritik als unhistorisch erscheinen, die in psychologischer Betrachtung auch in historischem Sinn als innerlich wahr und absolut glaubwürdig gelten müssen" (Mk I, S. 93).

D.s Schriftauslegung „setzt die Daseinsdeutung des Existentialismus voraus, erweitert sie aber erheblich durch die Einbeziehung der Psychodynamik des Unbewußten und durch das damit mögliche Verständnis der konkreten Symbolik und Symptomatik traumnaher Erzählungen und Ausdrucksweisen."[32] Man vgl. auch D.s Äußerung an anderer Stelle:

„Ohne die Vorarbeit Bultmanns wäre der hier vorgeschlagene Weg ersichtlicherweise weder denkbar noch begehbar gewesen. Aber es ist im Rahmen der existentialen Hermeneutik die Wesentlichkeit und Unüberholbarkeit von symbolischer, mythischer Rede nicht begründbar, und vor allem der Einfluß K. Barths auf Bultmann verrät auch hier die übliche antipsychologische Verdrängungshaltung gegenüber den ‚heidnischen' Bildern" (TuE II, S. 774).

---

[30] Ders.: Das Markusevangelium I, 1987, S. 93 (der Sinn ist aber nicht ganz klar). Im folgenden werden Nachweise aus diesem Buch im Text in Klammern gesetzt.

[31] Das hat Bultmann später zugegeben, doch bedeute das „nichts für den Sinn im Zusammenhang des Ganzen", denn ein „nach dem Fleisch" gekannter Christus sei ein „Christus nach dem Fleisch" (R. Bultmann: Theologie des Neuen Testaments, ⁵1965, S. 239). Vgl. zum Problem noch meinen Beitrag: Emanuel Hirsch als Erforscher des frühen Christentums, in: Joachim Ringleben (Hrsg.): Christentumsgeschichte und Wahrheitsbewußtsein. Studien zur Theologie Emanuel Hirschs, 1991, S. 15-36, hier S. 23ff.

[32] Drewermann, Früchte, S. 128f.

Damit vertieft D. die humanwissenschaftliche Basis der Bultmannschen Theologie und verleiht ihr sogar einen empirischen Charakter, da er die Kategorien der Psychodynamik des Unbewußten den Arbeiten *Carl Gustav Jungs* entnimmt, dessen These zu den Archetypen nach eigener Aussage Jungs rein empirisch gewonnen wurde.[33] Ja, D. versteht sich anscheinend als Apologet zahlreicher „christlicher" Theologumena wie der Jungfrauengeburt, der Himmelfahrt und des Stufenschemas in Phil 2,5ff, die von der historischen Kritik als mythisch und unhistorisch erkannt wurden, wenn er meint, von seiten der Tiefenpsychologie die objektive Gültigkeit der Glaubenssymbole zurückzugewinnen (Mk I, S. 86 Anm. 14). Er kann diese Anleihen bei der Tiefenpsychologie auch theologisch wie folgt begründen:

„Aber wenn das Christentum seinem Anspruch und seiner Aufgabe nachkommen will, eine Religion zur Erlösung *aller* Menschen zu sein, so muß es die wesentliche Gleichförmigkeit seiner Symbole mit den Bildern der nichtchristlichen Religionen erkennen und den gemeinsamen Ursprung dieser Vorstellungen in den archetypischen Mustern der menschlichen Psyche anerkennen."[34]

Was ist nun ein *Archetyp* und wie verhalten sich die Archetypen zu den Bildern, die alle Religionen gemeinsam haben? Dazu sei ein wenig ausgeholt und eine Zusammenfassung aus den Schriften C.G. Jungs und seiner Schüler(innen) gegeben: Nach Jung schlummern in der tiefsten Schicht des Unbewußten (im sog. kollektiven Unbewußen) die allgemeinen menschlichen, urtümlichen Bilder. Diese Bilder oder Motive bezeichnet Jung als Archetypen.[35] Diese urtümlichen Bilder seien die „ältesten und allgemeinsten Vorstellungsformen der Menschheit. Sie sind ebensowohl Gefühl als Gedanke" (S. 72). Bezüglich der Entstehung der Archetypen bemerkt Jung: Sie seien „Niederschläge stets sich wiederholender Erfahrungen der Menschheit ... , zugleich auch verhalten sie

---

[33] Vgl. Heinrich H. Balmer: Die Archetypentheorie von C. G. Jung. Eine Kritik, 1972, S. 31-35 („Jungs wissenschaftliche Selbstcharakterisierung").

[34] Drewermann, Früchte, S. 117f.

[35] Carl Gustav Jung: Über die Psychologie des Unbewußten, in: ders.: Gesammelte Werke, Band VII, 1964, S. 1-130, hier S. 71. Die Nachweise aus dieser Schrift werden im folgenden im Text in Klammern gegeben.

sich empirisch wie *Kräfte* oder *Tendenzen* zur Wiederholung derselben Erfahrungen. Immer nämlich, wenn ein Archetypus im Traum, in der Phantasie oder im Leben erscheint, bringt er einen besonderen ‚Einfluß' oder eine Kraft mit sich, vermöge welcher er *numinos*, resp. faszinierend oder zum Handeln antreibend wirkt" (S. 75). Dabei sei die Idee eines göttlichen Wesens überall vorhanden, denn bei ihr handele es sich um einen Archetyp (S. 77).

Archetypen sind also „Formen oder Bilder kollektiver Natur, welche ungefähr auf der ganzen Erde als Konstituenten der Mythen und gleichzeitig als ... individuelle Produkte unbewußten Ursprungs vorkommen. Die archetypischen Motive stammen wahrscheinlich aus jenen Prägungen des menschlichen Geistes, die nicht nur durch Tradition ..., sondern auch durch Vererbung überliefert werden."[36]

Nun ist mit Recht auf die Schwierigkeit, einen Archetyp zu begreifen, für alle diejenigen hingewiesen worden, die „nicht in einer Eigenanalyse die Realität des Archetyps erfahren" haben.[37] Einer der bekanntesten Archetypen ist der der „großen Mutter", der seinerzeit von dem Jung-Schüler *Erich Neumann* umfassend erarbeitet wurde (vgl. Anm. 37). Er beziehe sich auf kein konkret in Raum und Zeit vorhandenes, sondern auf ein inneres, in der menschlichen Seele wirksames Bild. Man kann hierzu aber gleich kritisch fragen, ob nicht das in jedem Menschen wirksame Bild der Mutter einfacher und weniger hypothetisch durch die Tatsache zu erklären ist, daß alle Menschen eine Mutter gehabt haben, und somit die frühkindliche Erfahrung für diesen sogenannten Archetypen verantwortlich ist. Der sogenannte „Archetyp" der großen Mutter kann also empirisch aus Erlebnisbeständen der Kindheit hergeleitet werden.

Indem D. die Archetypenlehre Jungs übernimmt, setzt er sich notwendigerweise der Kritik an dieser Lehre aus, wie sie eben angedeutet wurde.[38] Sie hat schwerlich eine empirische

---

[36] Carl Gustav Jung: Psychologie und Religion, in: ders.: Gesammelte Werke, Band XI, 1963, S. 1-117, hier S. 54.
[37] Erich Neumann: Die große Mutter: Eine Phänomenologie der weiblichen Gestaltungen des Unbewußten, ⁹1989, S. 15.
[38] Vgl. besonders Balmer, Archetypentheorie (s.o. Anm. 33); Dieter Wyss: Die tiefenpsychologischen Schulen von den Anfängen bis zur Gegenwart. Entwicklung, Probleme, Krisen, ⁶1991, S. 399-405.

Grundlage, wie Jung immer glauben machen wollte. (Es sei hier noch ausdrücklich bemerkt, daß die im folgenden erarbeitete exegetische Kritik an D. in der Regel unabhängig von der Berechtigung der Jungschen Archetypen-Theorie ist.)

Ob das Buch von Willy Obrist: Archetypen. Natur- und Kulturwissenschaften bestätigen C. G. Jung, 1990, wirklich die Schwierigkeiten der Jungschen Lehre behebt, bleibt zu fragen. Der Verfasser schildert auf dem Raum von 227 Seiten die Tiefenpsychologie als Erfahrungswissenschaft (S. 19-107 — sie sei eine „existentielle Wissenschaft" [S. 33]), die Tiefenpsychologie im Lichte heutiger Naturwissenschaft (S. 109-227) und liefert, wie der Untertitel der Arbeit aussagt, eine Apologie C.G. Jungs. Doch *zum einen* ist er gezwungen, wesentliche Einschränkungen in Jungs Archetypen-Lehre vorauszusetzen (S. 59.95-103), *zum anderen* kommen wegen des relativ geringen Umfangs der Arbeit Gegner gar nicht zu Wort (warum setzt sich der Verfasser nicht ausführlich mit Balmer [s. Anm. 33] auseinander?). Daß lt. Verfasser ausgerechnet Willi Marxsen nachgewiesen haben soll, „daß gerade das zentrale Mythologumenon des christlichen Mythos, das Mythologem der Auferstehung Jesu, auf ein visionäres Erlebnis des Petrus zurückgeht" (S. 28), macht das Ganze nicht vertrauenswürdiger. Denn die Visionshypothese wurde bereits 1835 von David Friedrich Strauß klassisch entwickelt.[39] W. Marxsen äußert sich bzgl. der Vision Petri gerade nicht eindeutig und schreibt: „Auf die Frage, was auf dem Wege historischer Rückfrage feststellbar ist, können wir nur antworten: der gemeindebildende Glaube des Simon und die *Behauptung* der Urgemeinde, daß dieser Glaube seine Wurzeln in einem Sehen Jesu hatte" (Die Auferstehung Jesu von Nazareth, 1968, S. 99).

Ich möchte aber ausdrücklich auf die beißend-provokative Kritik des Verfassers an der christlichen Theologie hinweisen, wie er sie bereits in einem früheren Buch: Die Mutation des Bewußtseins. Vom archaischen zum heutigen Selbst- und Weltverständnis, ²1988, vorgetragen hat; vgl. auch Rolf Kaufmann: Die Krise des Tüchtigen. Paulus und wir im Verständnis der Tiefenpsychologie, 1983, der Obrists Kritik aufnimmt.

Der andere Punkt, in dem Drewermann Jung verpflichtet ist, betrifft die Interpretation von Träumen. Der Traum ist nach D. „Vater aller Dinge, die für die Religion belangvoll sind" (TuE I, S. 155). Die Regeln der Traumdeutung seien ohne Ausnahme auch für die Bibelinterpretation anzuwenden (TuE I, S. 178). Da D. die Traumauslegung hauptsächlich

---

[39] Hingewiesen sei auf den Überblick in dem vorzüglichen Buch von Hans Graß: Ostergeschehen und Osterberichte, ⁴1970, S. 233-249.

auf der Subjektstufe vollzieht, können Bibelleser(innen) sich dabei selbst als Zentrum und Gegenstand des zu lesenden Textes entdecken, sich in die Geschichten hineinphantasieren und die alten Menschheitsträume weiterträumen (TuE I, S. 186).

Das Desinteresse der Theologie an Träumen hatte C.G. Jung bereits im Jahre 1937 mit folgenden Worten beklagt:

„Trotz der Tatsache, daß die Kirche die Herkunft gewisser Träume von Gott anerkennt, ist sie jeder ernsthaften Beschäftigung mit Träumen abgeneigt, ja, sie wendet sich positiv dagegen, obwohl sie zugesteht, daß einige eine unmittelbare Offenbarung enthalten könnten. So ist die Veränderung der geistigen Haltung, die sich in den letzten Jahrhunderten vollzogen hat, wenigstens von diesem Gesichtspunkt aus, der Kirche nicht ganz unwillkommen, weil dadurch die frühere introspektive Einstellung, welche einer ernsten Beachtung der Träume und inneren Erfahrungen günstig war, wirksam entmutigt wurde".[40]

Nach D. ist das Erfahrungsdefizit in der gegenwärtigen Theologie durch eine Abwertung bzw. Ignoranz der Träume mitbedingt. Die Konsequenz sei folgende: „Die Visionäre werden ersetzt durch die Theologen, die Gotteslehre tritt an die Stelle der Gottesschau" (TuE II, S. 313).

Nun hat die Traumdeutung eine abwechslungsreiche Geschichte hinter sich[41]. In der Antike wurden *einerseits* Träume auf Gott zurückgeführt: Vgl. für das Alte Testament den Traum Jakobs von der Himmelsleiter (Gen 28,10-15) sowie die Träume Josefs (Gen 37,5-11), Salomons (1 Kön 3,5-14) und Daniels (Dan 7-8). Auch im Griechentum und Hellenismus galt Gott bzw. die Götter als Urheber der Träume, so daß auf Träume hin sogar neue Kulte eingeführt und bestehende geändert wurden.

Man vgl. als Illustration nur den Brief des Zoilos an den äyptischen Finanzminister Apollonius aus dem Jahre 258/257 v.Chr. in

---

[40] Jung, Psychologie und Religion (wie Anm. 36), S. 21.

[41] Vgl. Sigmund Freud: Die Traumdeutung, 1900 (= Fischer-Taschenbuch 6344); Medard Boss: Der Traum und seine Auslegung, 1953; Erich Fromm: Märchen, Mythen, Träume (1951), in: Gesamtausgabe Bd. IX, S. 169-309. Die genannten Titel enthalten jeweils einen Abschnitt über die Geschichte der Traumdeutung. Vgl. zusätzlich Albrecht Oepke: Art. *onar* (Traum), in: Theologisches Wörterbuch zum Neuen Testament V, S. 220-238; Eric Robertson Dodds: Die Griechen und das Irrationale, 1970, S. 55-71 („Traumform und Kulturform").

Alexandria: „Den Apollonius grüßt Zoilos der Aspen[d]ier, einer d[er..,] der Dir zudem von den Freunden des Königs vorgestellt ist. Es widerfuhr mir, als ich vor Sarapis gottesdienstlich für Deine Gesundheit eintrat und für Deinen Erfolg beim König Ptolemaios, daß der Sarapis mich mehrfach im Schlafe anwies, ich solle zu Dir hinüberfahren und [Dir] ku[ndtun dies]e Weisung: es müsse i[hm von Dir ein Sarapistempel] errichtet werden und ein heiliger Hain im Hellenenviertel beim Hafen, auch müsse ein P[riester] darüber amtieren u[nd] auf dem Altar für Euch opfern. Als ich dann [den Gott Sarapis] an[gefleht hatte], er möge mich von dem [Wer]ke hier entbinden, da warf er mich in eine gewaltige Krankheit, so daß [ich] in Lebensgefahr kam. Ich aber, im Gebet zu i[hm], (gelobte,) wenn er mich gesund mache, alldieweilen wolle ich mich der Dienstle[is]tung gern unterziehen und tu[n], was von ihm geboten sei. Als ich nun schnellstens genesen war, da kam ein Mann aus Knidos, der versuchte, einen Sarapistempel am hiesigen Ort zu erbauen und hatte schon die Steine dafür herangeschafft. Später aber untersagte ihm der Gott das Bauen, und der Mann ging wieder fort. Als ich aber nach Alexandria gekommen war und zögerte, bei Dir darüber vorstellig zu werden, — nur über die Angelegenheit, in der Du mir schon Zusicherungen gemacht hattest, (verhandelte ich mit Dir) — da bekam ich einen Rückfall, vier Monate lang, und konnte darum nicht gleich zu Dir kommen. Es wäre nun gut, Apollonius, wenn Du den Befehlen vom Gotte nachkommen wolltest, auf daß der Sarapis Dir wohlgeneigt sei und Dich noch viel größer beim König mache und noch berühmter, nicht zu vergessen Deines Leibes Gesundheit. So erschrick nicht über die Ausgabe, weil sie Dich viel kosten werde. Vielmehr soll sie Dir von selbst von ganz beträchtlichem Nutzen sein; denn ich für meine Person werde bei alledem mitamtieren. Gehab Dich wohl!" (Adolf Deißmann: Licht vom Osten, ⁴1923, S. 122-123, Kommentierung: S. 123-128).

Man zeichnete auch Träume auf und stellte sie in Büchern zusammen. Das älteste erhaltene Traumbuch stammt aus dem zweiten Jahrhundert n. Chr. von Artemidor aus Ephesus, geboren in Daldis (Lykien).[42]

---

[42] Artemidor von Daldis: Traumbuch. Übertragung von F. S. Krauss, bearbeitet und ergänzt von Martin Kaiser, 1965 (Hans Bender hat hierzu auf S. 355-369 einen Aufsatz unter dem Titel „Prognose und Symbol bei Artemidor im Lichte der modernen Traumpsychologie" beigesteuert). Zu Artemidor s. zuletzt Luther H. Martin: Artemidoros: Dream Theory in Late Antiquity, in: The Second Century 8, 1991, S. 97-108 (Lit.). Man vgl. auch zusätzlich das stark philosophisch geprägte Traumbuch des späteren Bischofs Synesius von Kyrene (Übersetzung und Analyse der philosophischen Grundlagen von Wolfram Lang, 1926).

Eine wahre Fundgrube für die Erforschung antiker Träume sind auch die fünf noch vorhandenen Bücher der „heiligen Berichte" *(hieroi logoi)* des Aelius Aristides (117 bis ca. 181 n.Chr.), die die erste und einzige religiöse Autobiographie der antiken heidnischen Welt darstellen (Publius Aelius Aristides: Heilige Berichte. Einleitung, deutsche Übersetzung und Kommentar von Heinrich Otto Schröder, 1986). Sie reflektieren das ganz persönliche Verhältnis des Schreibers zu seinem Heilsgott Asklepios. Als dieser ihm im Traum seine Auserwählung verkündet, ist er „für alle seine Leiden entschädigt und mißt seinem Leben wieder Bedeutung bei: von nun an ist er verändert, er ist mit Gott vereint und auf diese Weise fähig, die menschlichen Verhältnisse zu überwinden. In diesem neuen Leben nimmt er einen neuen Namen, Theodoros, an, weil alles, was ihm gehört, jetzt ein Geschenk Gottes ist. Von nun an wird er nichts mehr ohne Gottes Zustimmung unternehmen ... . Er hat einen Freund und Helfer gefunden, dessen Gegenwart eine unbeschreibliche Freude ist" (Eric Robertson Dodds: Heiden und Christen in einem Zeitalter der Angst. Aspekte religiöser Erfahrung von Mark Aurel bis Konstantin 1985, S. 49f).

Andererseits gab es im Alten Testament eine traumkritische Tendenz, wobei besonders Jeremia „Wort Jahwes" und „Träume von Falschpropheten" einander gegenüberstellte (Jer 23,28.32; 29,8; vgl. Num 12,7f). Eine aufgeklärte Traumkritik findet sich in der griechischen und römischen Tradition dort, wo Aristoteles die Träume auf die Sorgen und Ängste der einzelnen Menschen zurückführt (Parva Naturalia 458b-464b), Lukrez meint, jeder mache sie sich selbst (Nat 962-986), und Cicero erklärt, man dürfe den Träumen keinen Glauben schenken, denn sie könnten weder auf Gott zurückgeführt werden, noch habe die Natur irgendwelche Verbindung mit ihnen (Div II 71).

Diese beiden einander widersprechenden anthropologischen und theologischen Stellungnahmen zur Interpretation des Traumes in der Antike finden sich in Variationen bis in die Neuzeit und spiegeln sich in den einander entgegengesetzten Ansätzen von *Sigmund Freud* und *Carl Gustav Jung* wider. Freud schlug vor, den Ursprung der Traumbildung in den infantilen Triebwünschen des Menschen zu suchen. Im Traum werde ein Teil dieser Wünsche erfüllt, aber auch nur ein Teil, weil der moralische Zensor in uns eine vollständige Befriedigung nicht zulasse. Er werde überdies dadurch getäuscht, daß die Wünsche großenteils verhüllt und entstellt auftreten. Hauptmerkmal des Traumes sei also die Verhüllung und Entstellung irrationaler Wünsche, die in Symbolen erscheinen und durch die Traumdeutung erst dechiffriert werden müßten.

Jung vertrat die Ansicht, daß zwar jeder Traum Wünsche aus der Vergangenheit repräsentiere, daß er aber auch auf die Zukunft gerichtet sei und Hinweise auf Ziele und Bestrebungen des Träumers gebe. Neigte Freud dazu, den Traum als Ausdruck infantiler irrationaler Wünsche zu verstehen, so interpretierte Jung ihn als Ausdruck der Weisheit des Unbewußten. Er meinte, das Unbewußte sei in seiner Intelligenz manchmal dem Bewußtsein an Einsicht überlegen, und folgerte daraus eine uns transzendierende Offenbarungsquelle. Der Traum wäre dann in der Tat die vergessene Sprache Gottes.

Von daher ist es verständlich, wenn D. sich insbesondere um Ergebnisse C. G. Jungs und ihre Verwertung bemüht. Er hat „hier bei seinen Fachgenossen und vielen Lesern oft leichtes Spiel, weil er vorwiegend von Theologen und interessierten Laien gelesen wird, die Psychoanalyse oft mit Psychologie gleichsetzen und von Problemen, Methoden und Ergebnissen der psychologischen Gesamtforschung nur unzureichende Kenntnisse haben."[43] Sie können ferner nicht wissen, daß manche Richtung der Psychotherapie im Gegensatz zur Jung-Schule bei der Traumanalyse therapeutisch erfolgreich beim sogenannten kollektiven Unbewußten einsetzt und mit dem persönlichen Unbewußten endet. Man vgl. umgekehrt bei Jung: Zu Anfang der Analyse treten Bildmotive „in der Umhüllung des persönlichen Erfahrungsmaterials auf ... in je tiefere Schichten aber die Analyse vordringt, desto deutlicher zeigen sich die Wirkungen der Archetypen ... "[44] Um nur noch eine Schwäche des Jungschen Ansatzes zu nennen: Gerade in der Auslegung archetypischer Symbole besteht die allergrößte Möglichkeit zur Willkür. Das beweist jedes Lexikon der Symbolkunde (z.B. hat der Drache in Ostasien eine positive, im Vorderen Orient und Europa eine negative Bedeutung[45]).

---

[43] Albert Görres: Erneuerung durch Tiefenpsychologie?, in: Görres/Kasper, Deutung (wie Anm. 16), S. 133-174, hier S. 147.
[44] Jolande Jacobi: Die Psychologie von C. G. Jung. Eine Einführung in das Gesamtwerk, 1971 (= Fischer-Taschenbuch 6365, 1978, S. 97).
[45] Vgl. Manfred Lurker: Wörterbuch der Symbolik, ⁴1988, S. 145f.

„Wie der Ausschluß von Willkür der Auslegung möglich sein sollte, bleibt ungeklärt. Faktisch führen die Archetypen oft dahin, wohin der Psychotherapeut sie bewußt oder unbewußt seiner Weltanschauung gemäß führen lassen will, oder, bei trotzköpfigen Patienten, in die entgegengesetzte Richtung: Zum Pantheismus, zu Buddha, zu Christus oder zu den Göttern Indiens ... Meist natürlich zu den Konventionen der Jung-Schule und auf diesem Wege auch zu einer Milderung, manchmal auch zu einer Verstärkung der Neurose."[46]

Dies legt die Frage nahe, ob die Ursache der jeweiligen Therapiewirkung nicht eher in den zwischen Therapeuten und Klienten ablaufenden Interaktionen zu suchen ist als im Konstrukt „Archetyp".

Natürlich weiß D. um diese Kritikpunkte der Archetypenlehre Jungs: die Unklarheit darüber, was ein Archetyp selbst und in seinem Verhältnis zum konkreten Symbol ist, die Vieldeutigkeit von Symbolen sowie den möglichen Vorwurf der Willkür bei der Deutung. Er geht darauf ein und versucht z.T. den Einwänden zu begegnen.[47] Ob ihm das gelingt, wird sich letztlich an seinen Auslegungen der Texte selbst entscheiden.

Trotz dieser einschränkenden Bemerkungen muß anerkannt bleiben, daß D. in Anschluß an C. G. Jung wenigstens

---

[46] Görres, Erneuerung, S. 148 Anm. 14.
[47] Man vgl. TuE I, S. 203f.262ff u.ö. Zur Behauptung, die Archetypen seien „fernab von aller ... Willkür ... ein vorgegebenes Apriori, ... ein nicht weiter hinterfragbares Objektivum" (TuE I, S. 223), vgl. Falk Wagner: Was ist Religion?, [2]1991, S. 288: „Jung schließt von den aufgrund des Vergleichs produzierten Archetypen auf deren objektive Realität. Objektiv real sind jedoch nicht die Archetypen als solche, sondern nur die religiösen Symbole und die psychischen Bilder. Empirisch nachweisbar sind allein diese Symbole und Bilder, aber nicht die Archetypen selbst, die nicht unmittelbar gegeben, sondern nur so gegeben sind, wie sie aufgrund der vergleichenden Reflexion *gedacht* werden. Die aus dem Vergleich resultierenden Archetypen tragen zum Verständnis der religiösen Vorstellungen nur dies bei, daß zu ihnen in den Traumbildern der Psyche analoge Vorstellungen gefunden werden können. Daß aber die psychischen Bilder und religiösen Vorstellungen auf objektiven Archetypen basieren sollen, ist eine Behauptung, durch die das, was erst gedachte Folge der verglichenen Bilder und Vorstellungen ist, zu ihrem objektiven Quellgrund erklärt wird. Der objektive Gebrauch, den Jung von den Archetypen macht, ist jedoch erschlichen, da er auf der Verdinglichung eines subjektiven Vergleichsprodukts beruht."

versucht hat, eine Brücke zwischen den persönlichen Erlebnissen heute und den Mythen, Riten und Symbolen damals zu bauen. Gleichzeitig ist hinzuzufügen: Wenn er meint, „mit dem Traum, nicht mit dem Wort ist zu beginnen" (TuE I, S. 92), so kann schon soviel mit Sicherheit gesagt werden: Diese Forderung geht fehl, sofern sie auch als die Aussageabsicht von Texten behauptet wird. Gewiß ist die Predigt nicht der eigentliche *Ort* des Religiösen (TuE I, S. 99). Es ist auch in gewisser Weise richtig zu sagen, „das bildhaft-wortlose Erleben in den Tiefenschichten der menschlichen Psyche, der *Traum*, bildet den Ausgangspunkt zum Verständnis religiöser Überlieferung" (ebd.), insofern Erfahrung der Lehre vorgeordnet ist.[48] Aber das gilt nur in historischem Sinne und ist für die von D. untersuchten Texte, die keine historischen Beschreibungen des wirklich Vorgefallenen, sondern literarische Dokumente sind, untauglich. *Texte sind eben keine Träume*[49], für deren Auslegung Regeln der Traumdeutung herangezogen werden können, auch wenn die in den Texten enthaltenen Bilder oder Symbole[50] über die Entstehungssituation des Textes hinausverweisen mögen (vgl. dazu weiter unten S. 204).[51] Was diese Differenzierung bedeutet, wird sich zeigen, wenn wir die Einwände im folgenden an einigen Textproben verifizieren, womit bereits der Hauptteil II vorbereitet wird.

---

[48] Vgl. dann u. S. 80 einige grundsätzliche Erwägungen.

[49] Ausnahmen sind natürlich aufgeschriebene Traumberichte.

[50] Bilder und Symbole spielen nicht zufällig in der Psychotherapie zunehmend eine bedeutende Rolle. Hingewiesen sei auf das von Hanscarl Leuner ausgebildete „Symboldrama" bzw. „Katathyme Bilderleben" (ders.: Lehrbuch des Katathymen Bilderlebens, ²1987), bei dem unter Vorgabe von Bildern wie „Berg", „Wiese", „Rosenbusch" u.a. der Patient zur Imagination aufgefordert wird und im idealen Fall — über Bilder! — latente Konflikte erschlossen sowie Selbstheilungstendenzen der Seele gefördert werden. Aber auch diese in vielen Fällen äußerst wirksame therapeutische Methode, die oftmals bestürzend schnell die Tiefenschichten der Seele anrührt, ist kein exegetisches Hilfsinstrument. Sie macht freilich deutlich, daß in den Tiefenschichten der Seele Bilder und nicht Worte schlummern, auch wenn — frei nach Goethe — Bilder und Worte Korrelate sind, die sich immerfort suchen.

[51] Religiöse Sprache bedarf zuweilen einer Überdeutung, um eigentlich verstanden zu werden. „Es gehört zur Eigentümlichkeit des Re-

5. Exegetische Proben

5.1. Apg 12,1-19

D. nennt die gesamte Perikope die „Erzählung von der wunderbaren Befreiung des Petrus aus dem Gefängnis" (TuE II, S. 339). Er schlägt vor, die symbolische Gestalt dieser Perikope als gültige Ausdrucksform ihrer Wahrheit anzunehmen.

„Jenseits der legendären Einkleidung geht es dann nicht um das Schicksal eines Mannes, der vor 2000 Jahren beinahe das Opfer der frivolen Politik des Herodes geworden wäre, sondern um das Bild einer inneren Gefangenschaft bzw. um das Portrait eines Lebens, das sich so empfinden muß, wie es die Erzählung von Petrus schildert: ein Leben, das allseits bewacht und kontrolliert wird und nur noch dem sicheren Tod entgegendämmert, das sich als bloßen Spielball von Zwang und Gewalt empfindet und unentrinnbar dem tödlichen Spott der Menge ausgesetzt sieht" (TuE II, S. 339).

Gegenfrage: Geht es nicht doch zumindest indirekt um das Schicksal des Petrus vor 2000 Jahren? Keinerlei Hinweis im Text selbst legt eine symbolische Deutung im Sinne D.s nahe, weder der redaktionelle Rahmen noch die Tradition selbst. Der Sinn der Geschichte im Kontext der Apostelgeschichte dürfte dann der Beobachtung zu entnehmen sein, daß „Lukas" Apg 5 und Apg 16 eine ähnliche Befreiungsgeschichte eingeflochten hat, wobei er sie geschickt steigernd angeordnet hat. Die erste in Apg 5 hat den geringsten, die dritte in Apg 16 den größten Umfang. Die vorliegende Erzählung steht von der Länge her dazwischen. „Lukas" will damit ausdrücken: Eventuelle Widersacher der christlichen Botschaft sind unfähig, den Lauf des Evangeliums aufzuhalten. (Diese Aussage ist unzertrennlich an die historische Person des Petrus geknüpft, weil sonst ihr Grund entfiele.)

Ähnliche Einwände gelten gegenüber den Ausführungen D.s zu V. 7ff. Er schreibt:

---

ligiösen, daß wir immer mehr mit den Worten meinen, als sie unmittelbar ausdrücken. Im Religiösen kann darum die Überdeutung ein tieferes sachliches Verstehen der verborgnen Innerlichkeit bedeuten als die schlichte Deutung" (Emanuel Hirsch: Etwas von der christlichen Stellung zum Alten Testament [1932], in: ders.: Das Alte Testament und die Predigt des Evangeliums. Mit anderen Arbeiten Emanuel Hirschs zum Alten Testament neu herausgegeben von Hans Martin Müller, 1988, S. 146-158, hier S. 148).

„Es ist ein wunderbares Bild, wenn die Legende von der Gefangenschaft Petri erzählt, ein Engel Gottes sei in den Kerker gekommen, um den schlafenden Apostel aufzuwecken, denn nur auf diese Weise, kraft einer inneren Vision, wird ein Mensch spüren, wie die Fesseln von ihm abfallen und die eisernen Türen sich öffnen und die Wachmannschaften blind sind gegenüber diesem neu sich zum Leben meldenden Erwachen der Freiheit. Es ist eine Zeit des Übergangs zwischen Traum und Wirklichkeit, in der Petrus den Kerker der Menschenfurcht und Menschenabhängigkeit verläßt, (eine Phase der Umwertung aller Begriffe, in der die vormals so eindeutig festgelegte und sicher gefügte Welt aus Eisen und Stein, aus lähmender Angst und bleierner Müdigkeit, sich rückblickend als ein böser Spuk erweist, als ein bloßer Alptraum ... Auch dieser Weg zwischen Traum und Wachen kann im ‚normalen‘ Erleben Jahre währen, in denen immer wieder die Frage sich aufdrängt, was denn nun ‚wirklich‘ gilt ... dem Bild des ‚Engels‘ im eigenen Herzen zu folgen, bedingungslos, wie in Hypnose, traumergeben“, darum gehe es jetzt. „Denn nur im Gehorsam gegenüber dieser Vision des eigenen Herzens endet ein Leben des puren Dahindämmerns in resignierter Todverfallenheit und dem Gefühl ohnmächtiger Ausgeliefertheit an Menschenwillkür und an Menschenspott“ (TuE II, S. 339f).

Doch ist es unerlaubt, die Geschichte zur Charakterisierung der psychologischen Eigenart und Wirkung des Visionserlebens in Anspruch zu nehmen. Denn in V. 9 und V. 11 wird *ausdrücklich* in Abrede gestellt, daß es sich hier um eine Vision (*horama*) handelt; man vgl. V. 9: Petrus „wußte nicht, daß das, was durch den Engel geschah, Wirklichkeit war, sondern er meinte, eine Vision zu haben.“ V. 11: „Da kam Petrus zu sich selbst und sagte: Jetzt weiß ich in Wahrheit, daß der Herr seinen Engel gesandt hat ... “ Zusätzlich mag allgemein gegenüber der Exegese D.s gefragt werden, ob sie genügend die Fragen auseinanderhält, was der Text damals meinte und was er vielleicht heute bedeutet. Letztere Frage ist im Bereich der wissenschaftlich verantworteten Exegese ohne die erstere kaum zu beantworten.

Der Fairneß halber sei daran erinnert, daß D. bewußt das hier vorausgesetzte Modell vermeidet. Er schreibt: „Nicht, was man mit bestimmten literarischen Texten vor 2000 Jahren hat sagen wollen, sondern welche Erfahrungen sich in ihnen so verdichten, daß man allererst glauben kann, was hier verkündet werden soll, gilt es primär zu untersuchen“ (Mk I, S. 214 Anm. 6.). Doch ist sofort zu fragen: Verdichtet der Text nicht *in erster Linie* diejenigen Erfahrungen, die sein Autor vor 2000 Jahren gemacht hat und die ihn zur Schaffung dieses

Textes führten? Dies erst ermöglicht doch, daß andere Leser(innen) heute in ihm evtl. sogar andere als die ursprünglichen, dem Text vorausgegangenen verdichteten Erfahrungen entdecken können. Der Exeget hat hier *zuallererst* die Aufgabe — sowohl in Achtung vor der Erfahrung des damaligen Autors als auch vor der heutiger Leser(innen) — mit dem damaligen Textsinn ins Gespräch zu kommen.

5.2. Mk 16,1-8[52]

D. stellt zunächst die Disparatheit der Osterberichte der Evangelien fest und schreibt:

„Die historisch-kritische Fragestellung nach dem ‚historischen Ablauf' erweist ihre eigene Unangemessenheit nirgendwo deutlicher als an den zentralen Texten religiöser Botschaft, und das beste Ergebnis, das bei derartigen Untersuchungen zustande kommt, sollte darin bestehen, die Äußerlichkeit des Denkens selber aufzugeben und sich (mit Hilfe der Tiefenpsychologie) der symbolischen Innenseite der Erzählungen zuzuwenden" (Mk II, S. 692 Anm. 8).

Was ist nun die symbolische Innenseite der vorliegenden Erzählung? Zur Engelserscheinung (V. 5) bemerkt D.: „Mit welchen Augen sieht man einen Engel? Es ist das Wunder des Vertrauens und der Liebe, bereits in diesem Leben, nicht auf den Friedhöfen erst, sondern hier, in diesem Leben, eine solche Sehweise füreinander zu gewinnen" (Mk II, S. 693).

Bezüglich der Bemerkung eines Kommentators, daß die Furchtreaktion zu den festen Motiven von Engelserscheinungen gehöre (Pesch, Mk II, S. 532), schreibt er ironisch: „Das wäre zu wünschen! Doch damit wir es wieder lernen, ‚Engel' zu ‚sehen', die ‚Gräber' ‚öffnen', müßten wir unsere ganze Weltanschauung ändern, als deren besonders grotesker Ausdruck die historisch-kritische Methode gerade bei der Auslegung von Erscheinungsgeschichten erscheint" (Mk II, S. 693 Anm. 9). In der Vision eines Jünglings (V. 5) liege die Wahrheit unseres Lebens. „Dies ist das Bild, das wir in uns tragen, mitten in der scheinbaren Hoffnungslosigkeit, wenn die Vision des Ostermorgens stimmt" (Mk II, S. 693).

---

[52] Vgl. Eugen Drewermann: Das Markusevangelium. Zweiter Teil: Mk 9,14 bis 16,20, 1988. Das Werk wird im folgenden mit Mk II abgekürzt und die Belege daraus im Text in Klammern gegeben.

Doch wird aus der Lektüre des Textes nicht recht klar, inwiefern die *Vision* eines Jünglings (= Engel) die Hoffnungslosigkeit überwindet und nicht vielmehr seine *Botschaft*, von der erst später berichtet wird (V. 6b: „Ihr sucht Jesus von Nazareth, den Gekreuzigten; er ist auferweckt worden ... "). D.h., D. trägt seine schon vorher feststehende Theorie von der Priorität des Sehens an den Text heran, ohne den Text selbst zu Worte kommen zu lassen.

Damit ist noch nichts darüber gesagt, daß D. nicht trotzdem Recht behalten könnte, daß historisch Visionen (Christi) am Anfang des „Ostergeschehens" stehen. Sollte er das an Mk 16,1-8 erweisen wollen, müßte er freilich den Jüngling in V. 5 als Metamorphose Christi verstehen, was ja nicht völlig ausgeschlossen ist. In diesem Fall würde man annehmen, an die Stelle des visionär geschauten Christus sei in der späteren Erzählung über dieses Ereignis aus tendenziellen Gründen (Frauen dürfen nicht als *erste* den Auferstandenen gesehen haben)[53] ein Engel getreten. Mir geht es hier nur darum, daß man solche Resultate nicht wie D. aufgrund eines völlig willkürlichen Umgangs mit den Texten vortragen darf. Denn der Text sagt gar nichts darüber, daß wir ein Bild von dem in uns tragen, was die Frauen am Ostermorgen gesehen haben. Das ist wiederum eine psychologische Voraussetzung, die erst zu begründen wäre und die z.T. auf eine mangelnde Unterscheidung zwischen dem, was der Text damals meinte, und dem, was er heute vielleicht bedeutet, zurückgeht.

In einem weiteren Abschnitt kommt D. nochmals auf Mk 16,1-8 zu sprechen, und zwar unter der Überschrift „Die Botschaft der Frauen — das Wissen der Liebe" (Mk II, S. 697-722): Die Kirche verdanke primär der Treue der Frauen das Zeugnis von Tod und Auferstehung Jesu (Mk II, S. 697 Anm. 1).

„Einzig sie sind es, die der männlichen Welt der Zerstörung ... durch ihr bloßes Dasein entgegentreten. Sie sind es auch, die am Ostermorgen zu den ersten Zeugen der Auferstehung Jesu werden. Wesentlich ihnen vertraut der Engel im Grab die Osterbotschaft an. Das entscheidende Wort des Christentums an die Welt ist spezifisch eine Botschaft von Frauen. Allein sie offenbar sind fähig und wür-

---

[53] Das wäre allerdings angesichts von Mt 28,9f einigermaßen merkwürdig.

dig, den Sieg des Lebens über den Tod zu *sehen* und sichtbar zu machen" (Mk II, S. 698f).

Das alles sind weitreichende Behauptungen, die auf dem Basissatz ruhen, Frauen seien die ersten Zeug(inn)en der Auferstehung Jesu gewesen. Gerade der letzte Satz paßt zwar aktualistisch in die heutige Zeit, er läßt sich aber historisch wohl doch nicht halten[54], weil er von der Ausblendung der Quellenkritik lebt. Denn *erstens* ist Mk 16,1-8 keine Erscheinungsgeschichte des Auferstandenen, sondern setzt den kerygmatisch formulierten Glauben voraus, daß Jesus auferweckt wurde (V. 6b), und dieser Glaube beruht *zweitens*, wie man sich anhand 1Kor 15,5 (vgl. Lk 24,34) überzeugen kann, auf der Ersterscheinung vor Kephas. *Drittens* gehört Mk 16,1-8 zur Gattung der Grabesgeschichten, die erst relativ spät und mit einem apologetischen Nebenzweck (vgl. Mt 27,62-66) entstanden sind.

Eine tiefenpsychologisch orientierte Exegese sollte also dort ansetzen, wo angesichts der Ergebnisse der historischen Kritik tiefenpsychologisches Weiterfragen möglich wird, z.B. beim Glauben des Petrus, d.h. bei seinem Sehen des Auferstandenen. Hier scheint ein Weiterfragen verheißungsvoll zu sein, falls diese Vision in einer unauflösbaren Beziehung zu der Verleugnung Jesu durch Petrus stehen sollte (zur Begründung s. u. S. 259f) und somit sein Schuldgefühl durch die Vision aufgelöst wurde (man vgl. die mögliche Entsprechung bei Paulus, wo ebenfalls Schuld und Gnadengewißheit im Kontrast zueinander stehen).[55] Doch mag es bei diesen Andeutungen hier sein Bewenden haben.[56]

Gewiß läßt sich mit D. das Geheimnis der Auferstehung nicht äußerlich feststellen; er hat recht, daß es sich in Bildern und Symbolen mitteilt. Doch daß nur Frauen von alters her die berufenen Priesterinnen dieser Geheimnisse des Unsicht-

---

[54] Anders Susanne Heine: Eine Person von Rang und Namen. Historische Konturen der Magdalenerin, in: D.A. Koch/G. Sellin/ A. Lindemann (Hrsg.), Jesu Rede von Gott und ihre Nachgeschichte im frühen Christentum (FS Willi Marxsen), 1989, S. 179-194.
[55] Hingewiesen sei auf Emanuel Hirsch: Die Auferstehungsgeschichten und der christliche Glaube, 1940, S. 83.
[56] Ich bereite eine Monographie zu diesem Thema vor mit dem Titel: „Die Auferstehung Jesu. Historie, Erfahrung, Theologie", deren Abschluß unmittelbar bevorsteht.

baren seien, führt in dieser Ausschließlichkeit doch in die Irre. Zweifellos, vieles von dem, was D. in diesem Zusammenhang schreibt, ist eindrucksvoll. Doch führen sogar seine Aussagen über die „Verkündigung der Frauen" am Text von Mk 16,1-8 vorbei. Denn es ist nur von einem *Auftrag* zur Verkündigung die Rede (V. 7), dem sie aus Furcht gerade nicht Folge leisten.

Nun könnte man fragen, ob D.s Ansatz sich nicht eher für biblische Texte eigne, die anerkanntermaßen einen höheren Symbolgehalt als die bisher angeführten enthalten. Wir wenden uns daher dem Johannesevangelium zu und besprechen in der notwendigen Kürze D.s Auslegung von Joh 20,1-18 und 21,1-14.

5.3. Joh 20,1-18

D. beginnt seine Exegese von Joh 20 mit Überlegungen zu V. 18: „Gesehen habe ich den Herrn."[57] Er schreibt: „Es kann die Auferstehung Jesu am Ostermorgen nur *sehen*, wer am eigenen Leibe erlebt hat, daß die Person Jesu in sich selber ‚Leben', ‚Licht' und ‚Auferstehung' *ist* (Joh 1,4; 11,25)" (Barke, S. 156). Maria Magdalena habe, tiefenpsychologisch geurteilt, die Person Jesu in einer Weise erlebt,

„daß all die Bilder, die in der menschlichen Seele zur Deutung des Todes angelegt sind, in ihr aktiviert und freigesetzt wurden bis zur völligen Gewißheit, bis zum ‚Sehen' und ‚Hören'. Rein psychologisch mag man dies ein Heraussetzen innerer Bilder, eine ‚Projektion' also, nennen; theologisch aber wird man betonen dürfen, daß es gerade diese ‚Bilder' sind, die verdienen, daß man ihnen auch eine objektive Wahrheit zutraut ... (Der Auferstandene) lebte nicht in uns, entspräche den ‚Bildern' des ewigen Lebens nicht eine Wirklichkeit, die an sich bei Gott besteht, und es ist in alle Ewigkeit die Person und das Wesen dieses Jesus von Nazareth, deren Güte und Sanftmut unsere Seele so sehr verzaubert und anregt, daß sie all diese Bilder des Lebens in uns zu finden und festzuhalten vermag, die uns auf immer bezeugen: es gibt keinen Tod" (Barke, S. 157f).

---

[57] Eugen Drewermann: „Ich steige hinab in die Barke der Sonne". Alt-Ägyptische Meditationen zu Tod und Auferstehung in bezug auf Joh 20/21, 1989 (im folgenden abgekürzt mit Barke; Nachweise im Text in Klammern).

Dazu sei kritisch angemerkt, daß es eine merkwürdige Logik ist, aus einem Gedanken oder einem Bild auch bereits die Existenz des Gedachten bzw. des Geschauten zu folgern.

Im folgenden Abschnitt, der Joh 20,1.11-18 behandelt, setzt D. stillschweigend das Ergebnis historisch-kritischer Exegese voraus, daß es sich bei V. 2-10 um ein Traditionsstück handelt, welches ursprünglich nicht mit der Erzählung von der Christophanie vor Maria Magdalena verbunden war. Er identifiziert drei Stufen im Entwicklungsprozeß der Maria Magdalena:

1. Maria Magdalena ist nach Lk 8,2 durch Jesus von sieben bösen Geistern befreit worden, was eine gewisse Parallele in der Heilung des Besessenen von Gerasa (Mk 5,1-20) hat (Barke, S. 279f Anm. 5). „Was immer auch man sich unter einer solchen *Besessenheit* vorstellen mag: ganz sicher scheint zu sein, daß Maria von Magdala, ehe sie dem Herrn begegnete, wie völlig aufgelöst, in sich zerspalten und zerrissen gewesen sein muß . . . " (Barke, S. 158).

Maria Magdalena „fand in der Nähe Jesu zu sich selbst zurück; und eben darin ward ihr Jesus Gott" (Barke, S. 162). Es bestehe zwischen Lk 8,2 und Joh 20,1 „historisch zunächst kein Zusammenhang. Und dennoch besteht er innerlich" (Barke, S. 163). So wie Maria von Magdala Jesus „mit seinem Leben ganz in sich aufgenommen hatte, so möchte sie den Toten jetzt mit ihrer sanften Traurigkeit bedecken . . . sein Leib soll ihr nicht mehr genommen werden. Ihr Leben hat fortan nur noch den Sinn, ein Totendienst zu sein" (Barke, S. 164).

2. Die zweite Stufe der Entwicklung der Maria werde durch den Anblick des leeren Grabes eingeleitet. „Der Ort, an dem der Leib des Herrn gelegen hat, fängt ein Gespräch an, das allein das Herz versteht, und er sagt Worte, die nur Gott dem Menschen sagen kann — Worte von Engeln, nicht von Menschen" (Barke, S. 165). „,Engel' selbst aber kann man nur mit den Augen des Herzens sehen, sie sind ganz und gar Teil einer inneren Erfahrung. Genau so aber, als symbolische Beschreibung einer inneren Erfahrung, ist die ganze Erzählung vom Ostermorgen zu lesen" (Barke, S. 281 Anm. 14). Dabei bleibt Maria von Magdala „äußerlich endgültig nichts — eben deshalb muß sie sich jetzt vom Grabe weg nach rückwärts wenden (G.L.: Joh 20,14). ,Warum weinst du' — fragt sie (G.L.: Akkusativobjekt) das leere Grab (G.L.: No-

minativ), und wirklich sind es Engelstimmen, die so fragen"
(Barke, S. 167).

3. Durch den Anruf Jesu „Mirjam" (V. 16) werde die dritte
Stufe eingeleitet. „Denn jetzt, wo Jesus sie bei ihrem Namen
ruft, wird diese Frau aus Magdalena endgültig fähig, sich von
dem Blick nach rückwärts freizumachen … und nach vorn
zu blicken" (Barke, S. 169).

Zur Kritik: D. hat die Auseinandersetzung mit Vertretern
der historischen Kritik aus verständlichen Gründen (er nennt
sein hier behandeltes Buch ausdrücklich Meditationen) in die
Anmerkungen verbannt. Doch reflektieren die Vorwürfe gegen die historische Kritik Unklarheiten seinerseits, wenn er
(Barke, S. 283 Anm. 18) z.B. einem Kommentator (Schnak-
kenburg) ein Hin- und Herspringen zwischen äußerer und
innerer Ebene der Realität vorwirft. Denn er selbst bewegt
sich fortwährend zwischen historischer, textlicher und psy-
chologisch-symbolischer Ebene hin und her. Einerseits ar-
beitet er mit der historischen Annahme, Maria Magdalena sei
durch Jesus von sieben Dämonen befreit worden und habe
seitdem zu den engsten Vertrauten Jesu gehört. Dann setzt er
historisch-psychologisch voraus, der Gang zum Grabe habe
dazu gedient, den Leichnam Jesu für sich zu bewahren. Hernach werden die Ausführungen über die Engelsvision (das
leere Grab spricht zu Maria Magdalena) tiefenpsychologisch
als Teil einer inneren Erfahrung gelesen. Die Erzählung vom
Ostermorgen dient ihm schließlich als symbolische Beschreibung innerer Erfahrungen, die sich über einen langen Zeit-
raum hinziehen können („Lange kann dieses ‚Rückwärts-
schauen' trauriger Erinnerungen währen; Monate, Jahre
kann es dauern, vom Grab weg nach rückwärts sich zu wenden und zu sehen, was verloren ist" [Barke, S. 167]), die in der
vorliegenden Geschichte verdichtet erzählt seien und keinesfalls in der gegenwärtigen Form historisch-faktisch aufgefaßt
werden dürften. Die Ausführungen D.s sind also durch ein
Kunterbunt von Ansätzen charakterisiert, die — das sei in aller Offenheit gesagt — den Text nicht so lassen, wie er ist und
nicht zunächst nach der Struktur des Textes selbst fragen. Das
mag in einer Meditation erlaubt, ja sogar geboten sein, doch
da D., wie die Anmerkungen zeigen, solchen Auslegungsstil
gegenüber der historisch-kritischen Exegese ernsthaft verficht, muß er zulassen, daß seine Ausführungen an einem kri-

tischen Maßstab gemessen werden.

Im nächsten Abschnitt (Barke, S. 177-184) handelt D. vom Wettlauf zum Grab (Joh 20,1-10). Er schlägt vor, in Petrus und dem Lieblingsjünger nicht nur zwei verschiedene Personen zu sehen, „die vor 2000 Jahren gelebt haben, sondern zwei Strebungen und Anlagen, die in uns selber wirksam sind, und die immer wieder in dem Gegeneinander ihrer Strebungen unser Leben zu zerreißen drohen" (Barke, S. 178). ‚Petrus‘ und ‚Johannes‘ seien die beiden Teile des eigenen Selbst, Johannes sei ein Gedankenmensch, Petrus dagegen der praktischen Seite zugeneigt.

„‚Johannes‘ kommt zuerst zum Grabe; er erfaßt, im Bild gesprochen, als *erster*, schneller und intuitiv, die Wirklichkeit des Herrn, sowie stets unsere inneren Einsichten unserer gegenstandsgerichteten Gedankenwelt vorauseilen, ihr den Weg weisen und sie Schritt um Schritt hinter sich herziehen. Andererseits bleibt ‚Johannes‘ außen am Grabe stehen; erst ‚Petrus‘ schaut wirklich hinein und erkennt im Detail die einzelnen Begebenheiten; er handelt so, wie der Verstand im Unterschied zur schnellfüßigen Intuition es seiner ganzen Art nach tun muß: er untersucht, analysiert, stellt fest, vergleicht — und kommt doch nicht dazu, die innere Realität, den eigentlichen Sinn des äußeren Geschehens zu verstehen; er bleibt letztlich beim bloßen Feststellen. Anders wiederum verhält sich ‚Johannes‘: Er schaut nach ‚Petrus‘ in das Grab hinein, er sieht den äußeren Tatbestand wie dieser — doch er gelangt durch *seine* Sehweise zum Glauben. So ergänzt und bestätigt jeder den anderen, greift seine Andersartigkeit auf und vervollständigt sie durch das eigene Wesen; so finden die beiden verschiedenen Hälften unseres Selbst am Grab zueinander" (Barke, S. 183).

„Erst in dem *Tod unseres eigenen Rennens und Laufens*, erst an dem leeren *Grab* unserer vergeblichen Leistungserwartungen und Rückzugsgefechte beginnt unser wirkliches Leben: die Auferstehung eines neuen Menschen, der aus Leid und Untergang in uns geboren wird und aus den inneren Zerrissenheiten neu zusammenwächst" (Barke, S. 182); „man versteht von der Auferstehung Jesu von den Toten gerade so viel, wie man zur Einheit mit sich selbst gelangt ist" (Barke, S. 183).

Zur Kritik: D. betont mit Recht (Barke, S. 289 Anm. 2), daß der Lieblingsjünger nachträglich in das Johannesevangelium eingefügt wurde (13,23; 19,26; 21,20-23.24) und daß daraus eine symbolische Seite dieser Gestalt zu erschließen sei. Doch ergibt sich diese symbolische Seite in erster Linie aus der Art, in der die Lieblingsjüngerpassagen ins Johannesevangelium eingetragen wurden. Petrus repräsentiert dabei symbolisch die Christen der Großkirche, der Lieblingsjünger dagegen die Minorität der johanneischen Gemeinde. Das steht nicht im Gegensatz dazu, daß beide historische Personen sind, denn z.B. wird ja das Johannesevangelium explizit auf den Lieblingsjünger zurückgeführt (Joh 21,24) und nicht auf die gedankliche Seite in uns selbst. Zu einer tiefenpsychologischen Interpretation im Sinne D.s besteht daher kaum ein Recht — vor allem auch deswegen nicht, weil von der *praktischen* Seite des Petrus und der *gedanklichen* Seite des Johannes in der Perikope gar nichts steht (die Deutungen der beiden auf die zwei Hälften unseres Selbst stammt aus der Traumdeutung auf der Subjektstufe; aber der Text ist kein Traum[bericht]).[58]

Nun könnte hiergegen eingewandt werden: Eine archetypische Interpretation muß notwendigerweise in die tiefsten Schichten einer Erzählung hinab, die aus dem äußerlich und historisch-kritisch rekonstruierbaren und sezierbaren Text so nicht erkennbar sind, ja nicht erkennbar sein können, eben weil das Unbewußte natürlich nicht offen im Text zutage liegen kann. Gegenfrage: Wer kontrolliert eine solche archetypische Interpretation vor reiner Willkür (vgl. dazu TuE I, S. 168), wenn nicht der Text selbst? Gleichwohl sollte nicht bestritten werden, daß Texte zuweilen einen Überschuß an Sinn (vgl. dazu TuE I, S. 219) besitzen, den spätere Interpretationen aufnehmen und weiterführen können (man vgl. insbesondere manche Psalmen oder die Gleichnisse Jesu).[59] Als eine Weiterführung des konkreten Textes Joh 20,1-18 aber vermag ich das Verständnis D.s nicht anzusehen, sondern als eine Art Allegorisierung. Eine noch andere Frage ist, ob nicht Prediger sich solcher Einfälle bedienen dürfen. Das wird man nicht unbedingt verneinen. Denn eine Predigt kann selbst bei willkürlicher Exegese das treffende Wort zur richtigen Zeit sagen. Aber um die homiletische Ebene geht es an dieser Stelle gerade nicht.[60]

Noch eine kritische Bemerkung zum zuletzt zitierten Satz D.s., daß man von der Auferstehung Jesu von den Toten ge-

---

[58] TuE I, S. 163, differenziert D. selbst zwischen Traum und Erzählung (hier: Mythos).
[59] Vgl. auch o. S. 31f Anm. 51.
[60] Ich danke Axel Denecke (Hannover/Marburg) für weiterführende Fragen zu meiner Drewermann-Kritik an dieser Stelle.

rade so viel verstehe, wie man zur Einheit mit sich selbst gelangt sei (Barke, S. 183): Dies übersieht, daß die Rechtfertigung *immer* eine Rechtfertigung der Gottlosen bleibt. Und wer wollte diese Einheit mit sich selbst in einer unerlösten Welt vorzeigen? D. identifiziert offenbar eine gelungene Psychotherapie mit Theologie.

5.4. Joh 21,1-14

D. schreibt zu V. 1 und 14: Die Aussagen, daß Jesus sich auf diese Weise und zum dritten Mal offenbare, deuteten darauf hin, wie sich Jesus in der Zeit der Kirche zu erkennen geben wolle (TuE II, S. 394-96). Doch ist sogleich kritisch zu bemerken, daß D. wiederum die Unterscheidung zwischen der damaligen „Kirche" und der heutigen versäumt; anscheinend identifiziert er — unhistorisch — beide.

V. 3: „Wir kommen auch mit dir", zeige, daß die Jünger eine Lebenseinstellung der Fremdbestimmtheit und Außenlenkung besäßen (TuE II, S. 397f). Das ist zweifellos eine Überinterpretation. Die folgenden Ausführungen zu den Begriffen Nacht, Meer, Morgen und Dämmerung sind gleichwohl plausibel: „Nacht": Dieses Symbol beschreibe die „quälende Infragestellung und Sinnlosigkeit des eigenen Daseins" (TuE II, S. 399). Das „Meer" sei ein Bild für Haltlosigkeit und Angst im Dasein ohne Gott.

V. 4: „Morgen" und „Dämmerung" bezeichneten die zunehmende Klarheit: Die Leere und Erfolglosigkeit ihres Tuns werde den Jüngern deutlich. Sie sähen nicht Jesus, sondern „das Gegenbild ihrer selbst — die Wesensgestalt einer nie geahnten, nie gelebten Menschlichkeit" (TuE II, S. 403). Dem in eine schwere Krise geratenen Menschen würden die selbstheilenden Kräfte der Seele helfen, denn die Seele habe die Fähigkeit, aus ihren tiefsten Schichten — aus dem kollektiven Unbewußten — archetypische Vorstellungen zur Heilung aufsteigen zu lassen (TuE II, S. 402f). Erst später werde diese Erscheinung mit bereits Bekanntem identifiziert. Dann nämlich erkennen die Jünger in ihr, aber eben erst später, Jesus (TuE II, S. 402f).

Zur Kritik: Von einer Vision spricht der Text nicht explizit, wohl aber D. („Vision einer ganz anderen, dem eigenen Dasein konträren Gestalt des Menschseins am gegenüberliegenden ‚Ufer'" [TuE II, S. 402].) Überdies handelt es sich in der vorliegenden Erzählung nicht um eine historisch verifizierbare Erscheinung, die auf eine Vision (wessen?) zurückgeführt werden kann, sondern in erster Linie um einen bewußt gestalteten *Text* — in relativer Entfernung vom „Ostergeschehen" -, der auf seinen Sinn zu befragen ist und auf den dann nicht die psychologischen Gesetze von Visionen oder Psychosen anzuwenden sind, wie jedoch D. anscheinend meint, wenn er zu V. 4 schreibt:

„Man muß … annehmen, daß derartige Erscheinungen in der Tat auf eine schwere psychische Notlage zu antworten suchen. Die Seele stellt ein Organ dar, das in sich selber über starke Antriebe zu Regeneration und Selbstheilung verfügt. Wenn sich ein Mensch seelisch in einer großen Krise befindet, etwa vor dem drohenden Ausbruch einer Psychose, so kann es sein, daß zu seiner Gesundung wie von selbst aus dem Unbewußten Bilder und Vorstellungen aufsteigen, die wortwörtlich ‚vom anderen Ufer' her Gegenkräfte zu der bisherigen Bewußtseinseinstellung freisetzen" (TuE II, S. 402f).

Noch einmal: Der Text ist kein Visions- oder Traumbericht.

V. 5: „Kindlein, habt ihr nichts als Zuspeise?" — Diese Frage decke die Sinnlosigkeit im Tun der Jünger auf. Jesus binde sie aber in seine Liebe und sein Vertrauen — durch die Anrede „Kindlein" — ein, so daß das Eingeständnis der Vergeblichkeit für die Jünger möglich werde (TuE II, S. 404ff).

V. 6: Die rechte Bootsseite sei ein Symbol für bewußtes Handeln. Was vorher fremdbestimmt und darum sinnlos und vergeblich war, werde jetzt durch die innere Beauftragung „vom anderen Ufer" durch das bewußte, selbstbestimmte Wiederholen sinnvoll und schenke Erfüllung. Tiefenpsychologisch sei die linke Seite als Symbol für das Unbewußte zu verstehen, während rechts die bewußte Seite der Seele bezeichne. „Die Weisung, zur rechten Seite des Bootes das Netz auszuwerfen, bedeutet offenbar so viel wie *bewußt* dasselbe zu tun, was vordem unbewußt geschah" (TuE II, S. 408). „Der eigentliche Glaube besteht, mit S. Kierkegaard gesprochen, in diesem Gesetz der *Wiederholung* all dessen, was bisher nur wie unbewußt, bei ‚Nacht', wie ‚linker Hand' gelebt wurde, in der Helligkeit des ‚Tages', in der Wahrheit und Entschlossenheit des Bewußtseins" (TuE II, S. 409).

Zur Kritik: Diese These basiert auf der Auslegung von V.3

(„Fremdbestimmtheit"). Im übrigen ist höchst zweifelhaft, daß die rechte Seite immer das Bewußtsein anzeigt. Vielmehr wird es sich hier um die rechte, glückliche Seite handeln, was den psychologischen Tiefsinn D.s erübrigt.

V. 7: „Es ist der Herr": Indem die eigene innere Fülle zu Erfahrung wird, werde die jenseitige Gestalt als Jesus Christus erkannt, der das Bild einer wahren Menschlichkeit verkörpere (TuE II, 410f). Petrus und der Lieblingsjünger symbolisierten die Widersprüchlichkeiten seelischen Erlebens. Der Lieblingsjünger verkörpere die intuitive Erkenntnisfähigkeit des Menschen, Petrus dagegen den rationalen, aktiven Teil (TuE II, S. 411f). Zur Kritik sei auf die Bemerkungen zu Joh 20,1-18 (s.o. S. 40f) verwiesen.

Ich breche hier den Durchgang durch D.s Exegese der johanneischen Ostergeschichten ab. Der Eindruck hat sich gefestigt, daß seine exegetische Methode auch gegenüber Texten des Neuen Testaments mit einem höheren Symbolgehalt, von einigen bemerkenswerten Ausnahmen abgesehen, gekünstelt wirkt.[61]

6. Fazit

Im ganzen verdient D. in seinem Bemühen, neutestamentliche Texte zu revitalisieren, Unterstützung. Doch redet er z.T. an der historisch-kritischen Methode vorbei, läßt in den zitierten Beispielen die Texte nicht das sagen, was sie damals sagen wollten, und springt zwischen damaligem Sinn und Gegenwartsbedeutung hin und her. Dabei steigert er sich teilweise in eine Polemik hinein, die das Gegenüber völlig aus den Augen verloren hat — dies im Gegensatz zu anderen tiefenpsychologischen Ansätzen, die ansatzweise historisch-kritische Exegese und Tiefenpsychologie durchaus integriert haben. Es sei nur verwiesen auf die Paulusarbeiten von *Oskar Pfister* und *Gerd Theißen* sowie die Jesusbücher von *Kurt Niederwimmer* und *Hanna Wolff*.[62] (Daß D. meint, die historisch-kritische Methode eigne sich am ehesten für die Ex-

---

[61] Ich bin mir bewußt, daß an dieser Stelle eine positive Rekonstruktion des Sinnes von Joh 20-21 größtenteils fehlt. Hingewiesen sei stattdessen auf die oben S. 36 Anm. 56 angekündigte Monographie.

egese der neutestamentlichen Briefe [TuE II, S. 736] und nicht für die der synoptischen Stoffe, sei als Kuriosum angemerkt.)

Seine Entgegensetzung von Sehen und Hören, von innen und außen, die Antithese von historisch-kritischer Methode und archetypischer Hermeneutik scheinen verfehlt zu sein, weil sie äußere und innere Geschichte, äußere und innere Person nicht als Einheit begreifen und in der Gefahr stehen, politische und soziale Bereiche außer Acht zu lassen.[63]

D.s Exegesen sind vielfach faktisch Allegorien und, wie die Textproben gezeigt haben, nicht am Duktus des Textes als Rahmen orientiert, so sehr der Symbolgehalt einzelner Begriffe von ihm zutreffend erkannt wurde. Dabei mußten wir aus der Eigenart der Texte selbst folgern, daß sie sich dagegen sperren, nach Regeln der Traumdeutung ausgelegt zu werden, wobei die von D. zu Rate gezogenen Regeln der Traumdeutung zu stark an der Traumdeutung Carl Gustav Jungs orientiert waren. Es war ja mit Gründen zu bestreiten, daß die Stimme, die in unseren Träumen spreche, nicht unsere ei-

---

[62] Oskar Pfister: Die Entwicklung des Apostels Paulus. Eine religionsgeschichtliche und psychologische Skizze, in: Imago 6, 1920, S. 243-290; Gerd Theißen: Psychologische Aspekte der paulinischen Theologie, 1983; Kurt Niederwimmer: Jesus, 1968; ders.: Tiefenpsychologie und Exegese, in: Richard Riess (Hrsg.): Perspektiven der Pastoralpsychologie, 1974, S. 63-78; Hanna Wolff: Jesus der Mann. Die Gestalt Jesu in tiefenpsychologischer Sicht, 1975. Man vgl. ferner Klaus-Michael Kodalle: Unbehagen an Jesus. Eine Herausforderung der Psychoanalyse an die Theologie, 1978; Yorick Spiegel (Hrsg.): Doppeldeutlich. Tiefendimensionen biblischer Texte, 1978. S. jetzt Klaus Berger: Historische Psychologie des Neuen Testamentes, 1991, dessen Weigerung, eine moderne Humanwissenschaft als Fragehorizont anzunehmen (dadurch könnte zu viel Modernes in den Text eingetragen werden [S. 19f]), für mich hinsichtlich der erzielten Ergebnisse z.B. zu 2Kor 12 nicht nachvollziehbar ist. Berger rechnet im Anschluß an 2Kor 12,1-10 für Paulus „mit einer rationalen Art von Ekstatik ... , die nichts mit ‚chaotischen Ausbrüchen des Unbewußten' gemeinsam haben muß" (S. 142). Gibt es eine aufklärerische Romantik? Gerade die offenbar mit der Himmelsreise verbundene Krankheit des Paulus (2Kor 12,7; vgl. Apg 9,8) läßt hier nicht an etwas Rationales denken.
[63] Man vgl. auch die diesbezügliche Kritik an Drewermann von Fulbert Steffensky, in: Eicher, Klerikerstreit, s. o. S. 17 Anm. 16, S. 35f. 38-47.

45

gene sei, sondern aus einer Quelle stamme, die uns transzendiere. Dagegen war einzuwenden: Die von der Stimme vertretenen Gedanken sind Gedanken des Individuums selbst. Mit all dem soll nicht bestritten werden, daß es gut ist, den eigenen Träumen zu lauschen. Ja, D. kommt das Verdienst zu, machtvoll an die in uns verborgenen Schichten erinnert zu haben, die zu einem besseren Verständnis unserer ganzen Person führen. Träume sind aber nicht die vergessene Sprache Gottes, sondern die vergessene Sprache des Menschen. Das Lauschen auf die eigenen Träume kann also dazu dienen, unser eigentliches Menschsein besser zu erkennen und damit als ganzheitliche Personen seelisch heil zu werden. Und insofern Christen ihr eigenes Menschsein erst einmal erkennen sollten, bevor sie anderen das Evangelium predigen, ist die Beschäftigung mit den eigenen Träumen auch theologisch bedeutsam.[64]

Nun ist christliche Theologie von ihrem Gegenstand her, dem Handeln Gottes in Christus, nicht identisch mit Psychotherapie und trotz vieler Überschneidungen im Gegensatz zu dieser primär mit dem Seelenheil und erst sekundär mit dem seelischen Heil beschäftigt.[65] (S. u. S. 191 die Bemerkungen zum Verhältnis von Psychotherapie und Seelsorge.) Seelenheil und seelisches Heil sind nicht immer zu scheiden, aber zu unterscheiden. So wird m.E. in der christlichen Religion das eigene Sündersein letztlich nicht empirisch festgestellt, sondern geglaubt[66], weil Christus sonst umsonst gestorben wäre, und Heil geschieht nicht durch Selbsterkenntnis, sondern durch Glauben an Jesus Christus. (Dieser Glaube hat freilich eine bessere Erkenntnis des Menschen selbst zur Folge.)

---

[64] Man vgl. das in einem anderen Kontext eingebrachte Votum von Arnold Meyer: Theologie, Wissenschaft und kirchliche Bedürfnisse, 1903, S. 52: „Die Menschen werden erst wieder Christen werden, wenn die Christen lernen, Menschen zu werden und nichts Menschliches ihnen fremd ist."

[65] Vgl. Viktor E. Frankl: Der unbewußte Gott. Psychotherapie und Religion, [7]1988, S. 70f.

[66] Martin Luther drückt das wie folgt aus: „Solche Erbsunde ist so gar ein tief bose Verderbung der Natur, daß sie kein Vernunft nicht kennet, sondern muß' aus der Schrift Offenbarung gegläubt werden" (Schmalkaldische Artikel III [= Die Bekenntnisschriften der evangelisch-lutherischen Kirche, [3]1956, S. 434, 8-10]).

46

In derartigen grundsätzlichen Erörterungen über die Nicht-Verrechenbarkeit des christlichen Glaubens in psychologischen Kategorien könnte man fortfahren. Doch soll das hier nicht geschehen. Stattdessen schlage ich in Vertiefung von I.5. vor, in einem zweiten Hauptteil unter Ausgang von dem Text eines gesamten neutestamentlichen Buches die Auseinandersetzung mit D. fortzuführen. Das geschieht a) aus Gründen der Fairneß, weil bisher nur disparate Texte herangezogen wurden, b) zur weiteren Klärung des Wertes seines Ansatzes, wozu zweckmäßigerweise vor allem die (Überprüfung der) Kommentierung eines gesamten biblischen Buches dienen kann und c) aus persönlichen Gründen: Ich halte Theologie ohne ständige Berücksichtigung des biblischen Schriftenkorpus im weiteren Sinn (d.h. einschließlich der nicht-kanonisierten, aber der gleichen Epoche angehörigen Texte) für müßig. (Damit ist nicht gesagt, daß Theologie ausschließlich Schriftauslegung ist.) Doch damit haben wir uns bereits dem Hauptteil II zugewandt.

HAUPTTEIL II:
Ein Gang durch das Markusevangelium in Auseinandersetzung mit Eugen Drewermann

1. Zur Vorgehensweise

Das Urteil D.s über die historisch-kritische Methode ist schillernd: Einerseits wirft er ihr vor, ein religiöses Verständnis der Texte zu verhindern, andererseits setzt er ihre Ergebnisse als Grundlage seiner weiterführenden tiefenpsychologischen Exegese voraus. Im folgenden wollen wir seine Auslegung des Markusevangeliums von Anfang bis Ende untersuchen. Ausgehend von seiner Perikopeneinteilung betrachten wir — von wenigen zu bezeichnenden Ausnahmen abgesehen — zunächst in einem ersten Schritt (= A) jeweils D.s Rezeption der historischen Kritik zu der jeweiligen Perikope und tragen ggf. Beobachtungen zum Text nach, soweit sie bei ihm nicht erscheinen.

Nun dürfte nach wie vor allgemein anerkannt sein, daß die moderne Erforschung der drei ersten Evangelien mit Rudolf Bultmanns Werk: Die Geschichte der synoptischen Tradition, 1921 (²1933) begonnen hat. Das Buch bietet den Vorteil, den kritischen Konsens der liberalen Exegese vorzuführen bzw. auf ihm aufzubauen, ist von großer analytischer Kraft[67] und nach wie vor auch dort förderlich, wo man zu anderen

---

[67] Das gilt unerachtet der Rückfragen, die an einige seiner Voraussetzungen gestellt werden müssen, z.B. der Tendenz, wesentliche Entwicklungen in die hellenistischen Gemeinden verlagert zu haben (vgl. Reiner Blank: Analyse und Kritik der formgeschichtlichen Arbeiten von Martin Dibelius und Rudolf Bultmann, 1981). Jedenfalls ist der Streit um die moderne Exegese und um die Analyse Bultmanns in ihrem Kern keinesfalls eine philosophische Debatte (so freilich Ratzinger, Schriftauslegung [wie S. 19 Anm. 24], S. 33). Zunächst einmal ist es eine „empirische" Debatte um den damaligen Text, die dann bei der Frage nach dem heutigen Sinn freilich sofort auch philosophische Dimensionen annimmt.

Resultaten gelangt.[68] Wegen ihrer grundlegenden Bedeutung für die moderne Schulexegese werden wir Bultmanns „Geschichte der synoptischen Tradition" (= Bultmann) fast regelmäßig zur Analyse heranziehen. Da D. selbst relativ ausgiebig Bultmanns „Geschichte" verwendet, besteht an dieser Stelle eine erfreuliche Übereinstimmung. Weitere exegetische Abhandlungen über die von D. selbst benutzte Sekundärliteratur hinaus können hingegen nur beschränkt herangezogen werden, um die vorliegende Arbeit gemäß ihres Charakters als Auseinandersetzung mit D.s Auslegungen zum NT in Inhalt und Umfang nicht ausufern zu lassen. Die neuere exegetische Diskussion ist jedoch immer mit im Blick.[69]

Nach der Zeichnung der Aufnahme der historischen Kritik durch D. in Abschnitt A, dessen Resultat jeweils eine auf eigenen Beinen stehende Kurzexegese freilich unterschiedlichen Umfangs ist, wird D.s. tiefenpsychologische Auslegung des Textes in Abschnitt B dargestellt und im Anschluß daran gefragt, inwieweit sie eine Weiterführung der in Abschnitt A zugrunde gelegten Ergebnisse ist. Diese Vorgehensweise rechtfertigt sich dadurch, daß nach dem eigenen Verständnis D.s auch seine Auslegung des Markusevangeliums (s. auch unter 1.2.) den Text selbst zur Sprache bringen will (Mk I, S. 119).

---

[68] Nicht zufällig ist „Die Geschichte der synoptischen Tradition" in Bultmanns Breslauer Zeit (1916-20) entstanden (vgl. Martin Evang: Rudolf Bultmann in seiner Frühzeit, 1988, S. 70-72) und in ihren Ergebnissen noch nicht von seiner späteren Hinwendung zur dialektischen Theologie und deren theologischen Vorentscheidungen geprägt.

[69] Hingewiesen sie auf die Kommentare von Julius Wellhausen: Das Evangelium Marci, ²1909; Eduard Schweizer: Das Evangelium nach Markus, 1967; Joachim Gnilka: Das Evangelium nach Markus, Bd. 1, 1978; Band 2, 1979; Rudolf Pesch: Das Markusevangelium, I. Teil 1976; II. Teil 1977; Dieter Lührmann: Das Markusevangelium, 1987. (Die Kommentare werden mit Verfassernamen, dem Kürzel „Mk" und der Bandzahl — wo nötig — angeführt.) Man vgl. ferner die Forschungsberichte zum Markusevangelium: Andreas Lindemann, in: Theologische Rundschau 49. 1984, S. 311-330; Joanna Dewey, in: Religious Studies Review 17. 1991, S. 12-16; Ciliers Breytenbach, in: Verkündigung und Forschung 36, 1991, S. 50-55. S. ferner Folkert Fendler: Studien zum Markusevangelium. Zur Gattung, Chronologie, Messiasgeheimnistheorie und Überlieferung des zweiten Evangeliums, 1991 (Lit.).

Nun sind die Kriterien für ein begründetes Urteil in dieser Frage gewiß nicht immer klar und variieren je nach der Theologie der jeweiligen Ausleger(innen) und nach dem ihnen eigenen Predigtverständnis. Doch will ich mit D. und meinen Lesern und Leserinnen auch gar nicht über Subtilitäten streiten. Vielmehr geht es darum, auf der Grundlage der durch die Analyse sichtbar gewordenen Aussagestruktur des Textes darüber nachzudenken, ob die Auslegung D.s sich innerhalb der Richtung, in die der Text weisen wollte (sei es auf der redaktionellen, traditionellen oder gar historisch-jesuanischen Ebene), bewegt oder nicht. Dabei setze ich voraus, daß das Verständnis des Markustextes in den meisten Fällen eindeutig und für alle nachvollziehbar ist sowie wenigstens annäherungsweise durch genaues Hinschauen erlangt werden kann.[70]

---

[70] Hingewiesen sei auf Emanuel Hirsch: Jesus Christus der Herr, ²1929, S. 10f: (Hirsch äußert sich zum Verhältnis von theologischem Forscher und andächtigem Bibelleser.) „Es gibt letztlich nur eine Wahrnehmung; und wenn die beiden meinen, sie trieben ganz verschiedene Dinge, so haben sie beide nicht rein auf die Sache geblickt. An ihr selbst ist die Wahrnehmung selbstverständlich eine natürliche Gabe, die jeder lebendige Mensch, nicht etwa bloß der Forscher, empfangen hat und täglich übt ... Eins hat die wissenschaftliche Wahrnehmung nämlich als ihr eigentümlich, gemäß der Aufgabe der historischen Wissenschaft, unser geschichtliches Erkennen zwar nicht zu schaffen aber zu reinigen und zu weiten. Sie läutert unser Wahrnehmen, indem sie es unter die strengen Gesetze einer Kunst stellt, an deren Ausbildung viele Geschlechter gearbeitet haben. Diese Kunst erzwingt eine Vollständigkeit der Beobachtung, die dem Auge neue Blickrichtungen erschließt; sie treibt hin zu einer Unbefangenheit der Beobachtung, die den Selbstbetrug erschwert, mit dem wir die Wunschbilder begierlichen Wollens in die Wirklichkeit hineinschauen. Die Gesetze dieser Kunst sind aber dem, der sie nicht erlernt und geübt hat, nicht überall einleuchtend. So kann es im einzelnen doch eine schmerzhafte Scheidung zwischen dem Wahrnehmen des unverbildeten Christen und dem des theologischen Forschers geben. Sie muß tapfer und geduldig getragen werden wie alle Not und aller Zwiespalt, die uns durch unsere Gebrechlichkeit gerade da, wo wir auf das Gleiche zielen, bereitet zu werden pflegen. Es ist mein Glaube, daß sie dann nicht unüberwindlich ist. Am meisten verübelt man dem Forscher doch wohl, daß er Unterschiede macht, sowohl zwischen den Berichten und dem wirklichen Hergang selber, als auch unter den Berichten nach dem Grade ihrer Treue. Ähnliches tut aber jeder lebendige Christ. Ich habe noch kei-

Gleichzeitig ist von diesem *induktiv* von Text zu Text schreitenden Vorgehen zu erwarten, daß D.s Textauslegung und speziell sein Verhältnis zur Geschichte weiter geklärt wird. Er hat sich darüber ja ausführlich in „Tiefenpsychologie und Exegese" geäußert — freilich stark *deduktiv* — und seine Ergebnisse nachträglich an einigen Texten illustriert. Wir kehren das Verhältnis um, gehen von den Texten aus und fragen dann von den Texten und ihrer Behandlung durch D. zurück auf sein Verhältnis zur Geschichte.

An einigen Stellen wird es sich aus Sachgründen als notwendig erweisen, jeweils im Abschnitt B auch kritisch zu einem Aspekt von D.s. Auslegung Stellung zu nehmen, nämlich soweit es seine Anwendung psychoanalytischer Einsichten betrifft. Ich wage mich an diesem Punkt als akademischer neutestamentlicher Lehrer am weitesten in ein mir fachfremdes Gebiet vor (D. ist ja psychotherapeutisch ausgebildet), habe als normales Gemeindemitglied überdies auch keinerlei pfarramtliche Erfahrungen, aber nach einer mehrjährigen Begegnung mit „profaner" Psychoanalyse eine existentielle Beziehung zum Verhältnis von Theologie und Tiefenpsychologie (und damit wohl die zum Urteilen notwendigen Mindestkenntnisse). Gerade auch deshalb sind die diesbezüglichen Aussagen unvermeidlich gewesen, sollte es nicht bei einem unverbindlichen Gespräch „über" den Text bleiben.[71]

2. Drewermanns Ansatz bei der Auslegung des Markusevangeliums

In einem ersten Abschnitt („Die jahwistische Urgeschichte oder: Die Tragödie des menschlichen Daseins" [Mk I, S. 11-

---

nen kennen gelernt, der jedes Wort aus dem Evangelium mit der gleichen Aufmerksamkeit und der gleichen Frucht für sein inneres Leben empfangen hätte. Sie haben alle ihnen persönlich wichtige Stellen, und ihnen unwichtige, vergessene, unverständliche. Und sie haben gerade bei dem, was ihnen wichtig ist, ihre Deutungen."

[71] Im deutschen Sprachraum hat ein unverdächtiger Zeuge wie Walther von Loewenich (Luther und der Neuprotestantismus, 1963, S. 196-218), eindrücklich auf die Bedeutung der Tiefenpsychologie für die Theologie hingewiesen.

25]) beschreibt D. seinen Interpretationsansatz. Er blickt zunächst auf seine Arbeit über die „Strukturen des Bösen" zurück, in der er die Absicht äußerte, „in Bildern und Szenen des Neuen Testamentes zu beschreiben, in welcher Weise die unheimliche Eingeschlossenheit und Verschlossenheit des menschlichen Daseins im Getto der Angst sich aufbrechen läßt zu einer Freiheit und Offenheit aller Formen und Äußerungen des Lebens" (S. 11).

„Wie Menschen aus der Haltlosigkeit ihrer Entfremdung durch Erfahrungen, die alles verändern, zu sich selber zurückfinden können und ein ruhiges Vertrauen in die Grundlagen ihres Daseins wiederzugewinnen vermögen, das soll das Thema in den ‚Bildern von Erlösung‘ sein, und dabei vornean in der Auslegung ‚des Markus-Evangeliums, das wesentlich von dem Gedanken des Kampfes zwischen dem Reich Gottes und der Macht des Bösen bestimmt wird" (S. 12).

Er wiederholt dabei seine in „Strukturen" gewonnene These, erst die Angst mache aus den Worten Gottes „Gebote". „Alle Gesetze, das ist die Meinung auch der jahwistischen Urgeschichte, können auf den mit Gott und sich selbst zerfallenen Menschen nur wirken wie ‚Glocken‘ und ‚Pauken‘ — sie hetzen ihn aus lauter Angst erst recht in die Richtung des Abgrundes, vor dem ihn zu bewahren sie vorgeben" (S. 21).

„Was im Alten Testament in Gestalt der jahwistischen Urgeschichte mehr nur ein Randthema geblieben ist — die Erfahrung der vollkommene Erlösungsbedürftigkeit des Menschen und der menschlichen Geschichte — das gilt dem Neuen Testament als Ausgangspunkt und als Ergebnis aller Erfahrungen und Überlegungen bezüglich der Person des Christus, und kein Text gibt davon ursprünglicher Zeugnis als das Markus-Evangelium" (S. 25).

Ein zweiter Abschnitt behandelt die „Erlösung durch den Tod des Gottessohnes oder: Das Geheimnis der Gottesherrschaft" (S. 25-80). Die Tiefenpsychologie leiste für die Erfassung der religiösen Wirklichkeit, daß sie verständlich mache: So wie der Jahwist in dem symbolischen Bild der Schlange von dem Ursprung des Bösen gesprochen habe, so habe der Verfasser des Markusevangeliums von dem Satan und den ihm dienstbaren Dämonen, d.h. „geistigen Kräften ... , die als *Personen* diese Welt und den Menschen gefangenhalten und sie gegen Gott einnehmen", gesprochen (S. 28).

„Um zu verstehen, was das Markus-Evangelium meint, wenn es von einer Welt der Geister spricht, die in einer Gegenherrschaft zum

Reich Gottes Krankheiten, Übel, Unwahrheit und Lüge bis zur Verhärtung der Herzen über die Menschen bringen, muß man zunächst bei Völkern und Kulturen in die Lehre gehen, die (noch) in einem Weltbild leben, das der Bibel verwandt ist" (S. 31).

„Eine unmittelbare Gleichartigkeit zwischen den Menschen aller Zeiten und Zonen ... besteht in den Tiefenschichten der menschlichen Psyche — in den starken Leidenschaften, Sehnsüchten, Träumen, Gefühlen und Bedürfnissen. Hier gibt es eine gemeinsame Quelle der Menschlichkeit, welcher auch die Religion ihren Ursprung verdankt, und es kommt beim Lesen religiöser Texte fremder Kulturen und vergangener Zeiten, also auch des Neuen Testamentes, vor allem darauf an, die *psychischen Erfahrungssprünge* sich bewußt zu machen, deren Wirklichkeit in den jeweiligen Überlieferungen beschworen und gedeutet wird. Sie sind nicht zunächst als ‚Literatur‘ zu verstehen, sondern sie sind Niederschlag von Leben und Erleben, an dem teilzuhaben auch wir Heutigen befähigt und aufgefordert sind: man darf nicht die Asche für wichtiger nehmen als das Feuer" (S. 32).

„Keinesfalls, so zeigt sich psychonalytisch speziell bei der Frage nach dem Bösen im Menschen, ist der ‚Geisterglaube‘ im Markus-Evangelium etwas Exotisches oder historisch Fremdes; er ist vielmehr im Herzen eines jeden Menschen latent vorhanden und tritt sofort in Gestalt des *psychotischen* Erlebens auf den Plan, wenn nur die innere Angst, die moralisch erzwungene Abspaltung und die Unkenntnis weiter Teile der eigenen Psyche ein gewisses Maß überschreiten" (S. 33).

In einem Unterabschnitt „Der Tod des Gottessohnes als Kaufpreis des Menschenlebens" (S. 45-80) will D. zeigen: „Von dem bitteren Ende des Lebens Jesu her erscheint die menschliche Geschichte als ein einzigartiger Alptraum, und *diese* Erfahrung erst rückt das Markus-Evangelium in die Nähe zu der Vorstellungswelt der jahwistischen Urgeschichte im Alten Testament" (S. 47f). Im Markusevangelium gehe es von Anfang an „nicht in sokratischem Sinne um Einsicht, sondern um Erlösung, nicht um Erkenntnis, sondern Entscheidung, nicht um ‚Erinnerung‘, sondern Umkehr, und diese ‚Umkehr‘ besteht nicht einfach in einer Änderung des moralischen Willens, sondern im Zusammenbruch der gesamten Lebenseinstellung" (S. 53).

Die „Gruppe der Gesetzeslehrer, der Schriftgelehrten, der ‚Pharisäer‘ *als Typen*, ergänzt noch durch den politischen Ehrgeiz und das Intrigantentum der ‚Sadduzäer‘, bildet die ewige Gegnerschaft jeder freien Meinung, jedes tieferen Gefühls, jeder menschlichen Regung von Mitleid, Phantasie und Kreativität. Es ist diese Gruppe, die wesensnotwendig auch das Wirken Jesu von Anfang an belauert und bespitzelt — die Inkarnation der Angst gegen die Inkarnation des Göttlichen im Menschen, nur daß es in der Person Jesu um einen absolut entscheidenden, schlechterdings endgültigen Kampf zur Klärung und Reinigung des Gottesbildes von allen Ambivalenzen und Beimischungen entstellender Angst geht, um eine Herausforderung mithin, die konzentriert alle Widerstände des Überichs ebenso auf den Plan rufen muß wie des dämonisierten, verdrängten Materials in den Tiefenschichten der menschlichen Psyche" (S. 59f).

Bei dem Tod Jesu hätten wir es nicht nur mit den Gegebenheiten des antiken Judentums zu tun. „Es handelt sich vielmehr um eine Problematik *aller* Menschen in den Verstrikkungen des moralisch guten Willens, und eben so stellt es die Bibel dar" (S. 58).

Das Symbol des gekreuzigten Christus dürfe nicht unabhängig von der Tiefenpsychologie betrachtet werden. Andernfalls sei die Gefahr unvermeidlich,

„daß man das Geschehen von Golgotha einfach als einen äußeren historischen Tatbestand zur Kenntnis nimmt, dessen Wahrheit nicht von innen her einleuchtet, sondern allenfalls im Sinne eines moralischen Vorbildes imponiert. Ist Christus für uns am Kreuz gestorben, so besteht, entsprechend dieses psychologiefernen Ansatzes, für einen jeden Christen künftighin die ‚Pflicht' zur ‚Kreuzesnachfolge' — zahlreiche Stellen des Markus-Evangeliums scheinen sich denn auch in eine solche Forderung einzufügen (vgl. Mk 8,31-33.34-38)" (S. 64).

Die Religion Jesu sei aus dem Kampf gegen die autoritäre Unterdrückung des Menschen in Namen eines despotischen Gottes entstanden (S. 68). Und das Drama der Kreuzigung sei „als eine symbolisch-stellvertretende Durcharbeitung der verdrängten Gefühle von Haß, Zerstörung und Rache zu verstehen, als eine Darstellung mithin all dessen, was Menschen erst einmal erleben und tun müssen, ehe sie im Getto der Angst an so etwas wie eine Vergebung jenseits *aller* Schuld wirklich und unzweideutig wieder glauben können" (S. 71f). Und

„nur im Sinne einer solchen therapeutischen Durcharbeitung der schwersten Angst- und Schuldgefühle, die ein Mensch durchleben kann: der Urangst und des Urprotestes, unberechtigt und ungeliebt auf Erden sein zu müssen, versteht man den paradoxen menschlichen Sinn der zahlreichen Worte und Hinweise im Markus-Evangelium auf die Notwendigkeit des Leidens, auf die Unerläßlichkeit des Kreuzes (Mk 8,34.35) und auf die Auferstehung aus dem Reich des Todes. (Mk 9,30-32; 10,32-34)" (S. 78).

In einem weiteren Abschnitt „Zwischen Zeit und Ewigkeit oder: Mythos und Geschichte" (S. 80-107) begründet D., warum die Bibel und die Überlieferungen aller Religionen der Menschheit lieber Mythen und Sagen zur Darstellung ihrer heiligen Geschichte überlieferten als Fakten und Gedanken. Erstere seien archetypisch zu verstehen und für die eigene Gegenwart fruchtbar zu machen. „Wenn aber gerade die zentralen Texte der Evangelien, in denen sich ihr Glaube am vollkommensten ausspricht, notwendigerweise *mythischer* Natur sind bzw. zu ihrer Interpretation des Mythus bedürfen, so kommt es darauf an, den Sinn derartiger *symbolischer* Sprechweise mit den Mitteln der *Tiefenpsychologie* zu untersuchen" (S. 83f Anm. 9).

Ein letzter Abschnitt „Verkündigte Verkündigung oder: Auslegung als Homilie" (S. 108-123) skizziert die Entstehungsgeschichte des Markuskommentars und die Absicht des Werkes. Die Auslegungen gingen auf Predigten, Vorträge und Betrachtungen zurück (S. 119).

„In allen Fällen aber handelt es sich um ‚Homilien', um Versuche also, nichts weiter als den jeweiligen Text zur Sprache zu bringen" (S. 119). D. will „die Szenen und Reden des Markus-Evangeliums so miteinander ... lesen, daß sie sich einem möglichst unverstellten persönlichen Erleben erschließen. Dabei werden mittelbar die Auslegungsregeln befolgt, die von der Tiefenpsychologie zur Deutung von Symbolen aller Art entwickelt worden sind" (S. 117f). „Ein inhaltlicher Widerspruch zu den Ergebnissen der historisch-kritischen Forschung ist damit an sich nicht gegeben; wo dennoch die vorgeschlagene Auffassung des Textes sich von der gängigen Meinung der historisch-kritischen Kommentare entfernt, wird dies eigens vermerkt und begründet" (S. 118).

Wir werden sehen, wie D. sein Programm durchführt und ob es ihm gelingt, seine archetypisch-symbolische Interpretation mit der historischen Kritik zu vereinbaren[72] bzw. zu einer Synthese beider durchzudringen.

[72] C.G. Jung hatte im übrigen noch kein Verhältnis zur historischen Kritik und konnte nur bemerken: „Das Neue Testament, so wie es uns vorliegt, ist das ‚Corpus Christianum', das als ganzes oder gar nicht akzeptiert werden muß" (zitiert nach Hanna Wolff: Jesus der Mann, 1975, S. 66). Sein Verhältnis zum Neuen Testament war daher kein wissenschaftliches (Wolff, ebd.). Vgl. noch Wayne G. Rollins: Jung and the Bible, 1983 (das Buch ist daneben zugleich eine Einführung in Leben und Werk C.G. Jungs). Es wird zu fragen sein, inwiefern D.s Aufnahme der historischen Kritik etwas für seine Interpretation ausgetragen hat.

3. Einzelanalysen

Mk 1,1-8: Die Wirksamkeit des Täufers

A

Bultmann hält V. 1 („Anfang des Evangeliums Jesu Christi") für Redaktion (S. 261). Markus beabsichtigte damit, das *„hellenistische Kerygma von Christus,* dessen wesentlicher Inhalt der Christusmythos ist, wie wir ihn aus Paulus kennen (bes. Phil. 2,6ff; Röm 3,24) *mit der Tradition über die Geschichte Jesu"* zu vereinigen (S. 372f).

Nun bezeichnet Markus mit „Evangelium" noch keine Gattung, auch wenn V. 1 die spätere Ausbildung eines Buchtitels („Evangelium nach Markus") begünstigt hat. Vielmehr hat er den Ausdruck der frühchristlichen Unterweisung entnommen (vgl. 1 Kor 15,1 mit der in V. 3-5 sich anschließenden vorpaulinischen Formel) und den Zusammenhang mit ihr dadurch ausgedrückt, daß „Evangelium" jeweils einen christologischen Bezug hat (1,1.14f; 8,35; 10,29; 13,10; 14,9 — sämtliche Belege sind redaktionell). Mit V. 1 sagt er, daß er im folgenden die Geschichte Jesu Christi erzählen will.

Der Ausdruck „Evangelium Jesu Christi" in V. 1 steht in einem Zusammenhang mit „Evangelium Gottes" in V. 14, dessen Prediger Jesus selbst ist. Markus geht es um die Einheit des Evangeliums *über* Jesus Christus (V. 1) mit dem *von* Jesus gepredigten Evangelium Gottes (V. 14). Damit ist die Einheit von Bericht für und Anrede an seine Leserschaft sichergestellt.

Auch D. (Mk I, S. 128, Anm. 1) hält den V. 1 für redaktionell: „Markus (sc. versteht) mit seiner Überschrift ‚Anfang der Heilsbotschaft' sein eigenes Evangelium als ‚*Anfang der* Heilsbotschaft' ... ; wir (G.L.: die damaligen oder die heutigen Leser[innen]?), die wir Christus in *Galiläa* wiedersehen sollen (Mk 16,7), sind dazu bestimmt, diesen ‚Anfang' zu vollenden." (Der Sinn ist mir unklar, im Text steckt er nicht.)

Nach Bultmann geht V. 2f entweder auf Markus oder auf ein späteres Eindringen des Mt-Stoffes (3,1-2) zurück. Ein Wachsen der Tradition sei auch in V. 4 („in der Wüste") und in der Gesamtheit von V. 6 festzustellen, denn damit werde der Jordantäufer (unter Einfluß von Jes 40,3) zum Wüstenprediger gemacht. (Unentschieden müsse bleiben, ob die genannten Züge auf Markus oder die Tradition zurückgingen.)

Die genannten Beobachtungen nimmt Bultmann zum Anlaß, nach weiterer *christlicher* Bearbeitung in der Perikope zu fragen. Er sieht sie an zwei Stellen, a) in V. 8, der Zeichnung des kommenden Messias als des Geistträgers (vgl. Apg 1,5; 11,16); dafür werde das Gerichtsfeuer nicht genannt (so aber noch in Q: Mt 3,11/Lk 3,16), das beim historischen Johannes der Predigt der Umkehr entspreche; b) wahrscheinlich „ist auch der Satz vom Stärkeren, den Mk 1,7 vor das Wort von den Taufen, Q (Mt 3,11b; Lk 3,16b) mitten hineinstellt, ein christlicher Zusatz, in dem sich die Rivalität zwischen der christlichen Gemeinde und den Johannes-Jüngern spiegelt" (S. 262). (Man vgl. dazu ferner Joh 1,20; 3,28; Apg 19,1-7).

D.beschäftigt sich nicht weiter mit dem Wachsen des Traditionsstoffes bzw. der Schichtung der Perikope. Er hält aber als historisches Urteil zu Johannes dem Täufer im Anschluß an E. Stauffer[73] fest, daß Johannes über das Tauchbad der Essener hinausgehe (Legitimation des Täufers, keine Selbsttaufe, einmaliger Akt der Taufe, sie gelte allen Menschen statt nur dem Gottesvolk). In der Zeichnung der Unterschiede zwischen Jesus und dem Täufer schließt er sich J. Jeremias[74] an: Askese des Johannes/Weltoffenheit Jesu, Gerichtsverkündigung des Johannes mit Umkehrforderung/Verkündigung der Königsherrschaft Gottes durch Jesus mit Einladung an die Mühseligen und Beladenen. Der Täufer bleibe im Rahmen der *Erwartung*, Jesus beanspruche die *Erfüllung* zu bringen. Der Täufer gehöre in den Bereich des *Gesetzes*, mit Jesus beginne das *Evangelium* (Mk I, S. 129 Anm. 2).[75] Im Anschluß daran folgt der Satz: „Existentiell setzt die Botschaft Jesu von der Vergebung in Gott bereits das Scheitern an der Gerichtspredigt des Täufers voraus" (ebd.).

---

[73] Ethelbert Stauffer: Jerusalem und Rom im Zeitalter Jesu Christi, 1957, S. 88-102.
[74] Joachim Jeremias: Neutestamentliche Theologie. Erster Teil: Die Verkündigung Jesu, 1971, S. 50-55.
[75] Dies im Anschluß an Jeremias, Theologie, S. 56.

D. bespricht die Perikope unter der Überschrift: „Laßt Euch taufen, kehrt um!" Johannes der Täufer knüpfe „mit seiner Botschaft nach Jahrhunderten der Vergessenheit an die Sehnsucht der alten Propheten seines Volkes wieder an" (S. 129). Es gehe darum, dem Volk wieder einen neuen Durst und einen neuen Hunger zu lehren. „Es ist ein Thema, das in unseren Tagen vielleicht mehr als alles andere aktuell ist: wie man die Menschen zurückführen kann zu der Leidenschaft einer fast verlorenen Sehnsucht" (S. 129f).

Johannes greife einen Ritus auf, „den wir, moralisierend, meist nur verkürzt verstehen: ‚Laßt euch taufen', sagte er", womit er „das Zeichen eines radikalen Neuanfangs, einer echten Wiedergeburt" (S. 131) meint und setzt.

Es „müssen viele jenseits der Verspießerung (sic!) ihres Lebens bei der Predigt des Johannes jene tiefe Hoffnung wiederentdeckt haben, die als Sehnsucht in uns allen ruht" (S. 135). Es gehe um den Mut zu höheren Zielen, den Glauben an die Sterne, die Sehnsucht, es den Wolken nachzutun (ebd.).

„Erst dann gilt, was keiner besser wußte als der ‚Täufer' selber: Es wird nach ihm jemand kommen, den man nicht mehr zu verkündigen braucht mit Mahnungen, Aufrufen, Drohungen und Forderungen. Er wird sich ereignen ganz wie von innen. Denn das ist das wirkliche Wunder unserer Menschlichkeit, daß wir ‚getauft' werden können mit einem Geist, der in unserem Herzen lebt, ein heiliger, heilender Geist, der wächst in unseren Träumen, der Gestalt gewinnt in unserem Fühlen, der reift in unserem Denken, kein fremder Geist mehr, sondern eine Kraft, die erfüllt, wie es beim Propheten Joel geschrieben steht: Am Ende der Tage werde es sein: siehe, da gebe ich eueren jungen Leuten Gesichte und eueren alten Leuten Träume (Joel 2,28)" (S. 135f).

Man fragt sich, wo in solchen Sätzen noch Platz ist für ein personales Gegenüber. Damit sind wir bereits bei der Kritik:

D. zeichnet Johannes den Täufer als christlichen Prediger und vereinnahmt ihn damit ebenso, wie es vor ihm der Markus-Text getan hat. Warum wird die aus *historischen* Gründen zu erhebende Gerichtspredigt des Täufers nicht Thema für eine tiefenpsychologische Auslegung? Diese Frage stellt sich auch deswegen, weil D. ein im ganzen zutreffendes historisches Bild Johannes des Täufers auf der Grundlage von Stauffer und Jeremias gezeichnet hatte. Mit anderen Worten: Eine Verzahnung von A und B, von historisch-kritischer Analyse und tiefenpsychologischer Auslegung, unterbleibt. Und: Kann die Johannestaufe so einfach über die Ausdeutung des Symbols „Wasser" mit Wiedergeburt identifiziert werden? Wäre das richtig, könnte man sämtliche Taufen, die ja alle etwas mit Wasser zu tun haben, generalisierend interpretieren, ohne den spezifischen Inhalt des jeweiligen Taufverständnisses aufzuzeigen. Ohne das interpretierende Wort ist das Sakrament stumm, und die dies vernachlässigende Interpretation D.s walzt die unterschiedliche Praxis der Taufe in der Antike platt.

Mk 1,9-11: Jesu Taufe

A

Bultmann (S. 263) hält die Perikope formgeschichtlich für eine Legende. „Die Legende erzählt Jesu Weihe zum Messias, ist also im Grunde nicht eine biographische, sondern eine Glaubenslegende" (S. 264). Deshalb werde in ihr auch keine Vision erzählt. Sie stamme wegen des absoluten Gebrauchs von „der Geist" nicht aus der palästinischen Gemeinde (S. 268). Die Taube symbolisiere den Geist, der „als Gotteskraft den (messianischen) König erfüllt" (S. 266). Die Frage, wie Jesu Taufe als Stunde der Messiasweihe verstanden werden konnte, beantworte sich einerseits durch die Auffassung von der Messiaswürde als *Geist*begabung (s. Apg 4,27; 10,38), andererseits durch die urchristliche Überzeugung, daß die Taufe den *Geist* verleiht (1 Kor 6,11; 12,13).
Doch sei die Tauflegende unter dem Einfluß des christlichen Kults gestaltet, und sie habe ihrerseits in der alten Kirche zur Begründung des christlichen Taufkultes gedient. Jesus „ist der erste, der die Taufe mit Wasser und Geist empfangen und sie damit wirkungskräftig für die Gläubigen inauguriert hat" (S. 269). Wie Christus so die Christen.
Exegetisch befaßt sich D. mit der Frage der Bedeutung der Taufe für Jesus und meint mit J. Jeremias[76], daß Jesus „der Stunde seiner Taufe höchste Bedeutung zugemessen" habe (S. 139 Anm. 3). Ja, in gewisser Weise müsse „die ‚Taufe' für Je-

---

[76] Jeremias, Theologie, S. 62.

sus selber das gleiche bedeutet haben, was die frühen Christen mit diesem Symbol verbanden: eine Art von Tod und Auferstehung unter den Augen Gottes" (S. 139 Anm. 3).[77] Das hindert D. aber nicht daran, die Visionshypothese Jeremias' zu dieser Stelle abzulehnen und festzustellen, daß es sich hier um die urchristliche Verkündigung des Christusglaubens handelt (S. 140 Anm. 6 — vgl. ebenso Bultmann oben unter A). Zur These Peschs (Mk I, S. 90), das Auftauchen nach dem Taufvorgang (V. 10) müsse als Voraussetzung des Visionsempfangs in V. 10 gelten, und die nachträgliche Deutevision in V. 11 erkläre Jesus „als den eschatologischen Gesalbten" (vgl. Jes 11,2; 42,1; 61,1), bemerkt D.:

„Auch hier aber bleibt natürlich in der theologischen Sprechweise von der ‚Menschensohnchristologie', aus der heraus man die Vision und die Himmelsstimme verstehen müsse, völlig offen, worum es wirklich geht: welche *Erfahrungen* jemand gemacht haben muß, ehe er den Himmel offen und Gott als seinen ‚Vater' ‚sehen' kann — so sehr, daß er aus dieser Einsicht sein ganzes Selbstbewußtsein, seine Berufung und seine Sendung empfängt!" (S. 139 Anm. 3).

In den folgenden Bemerkungen äußert sich D. historisch zum Verhältnis Jesu zu Johannes dem Täufer:

„Alle gehen zu Johannes, um aus Angst vor Gott und seinem Gericht sich von den Sünden loszusagen. Einzig Jesus glaubt nicht an diese Möglichkeit. Er kommt zum Täufer, um die Probe aufs Exempel zu machen und zu beweisen, daß zur Angst vor Gott keine Berechtigung besteht, daß man Gott offen alles sagen kann und daß nur dadurch alles gut wird, daß man sich ihm *überläßt*" (S. 139).

Doch ist damit der Text zweifellos überfordert, es sei denn — was D. ja nicht tut — der historische Wert der Perikope würde wahrscheinlich gemacht, was aber ausgeschlossen ist (s. 1,1-8 A). — Zu V.11 vgl. noch unten zu 1,12-13 A.

B

Tiefenpsychologisch sucht D. die Formeln (des Textes) selbst als Ausdruck verdichteter Erlebnisse in der Nähe Gottes zu verstehen (S. 141 Anm. 6). Das bedeutet dann:

„Nicht in Angst, in sogenannter Bußverkrampfung und im Schrecken ist Gott sichtbar; all das sind Erfahrungen, die Menschen machen, wenn Gott sich verbirgt. Sichtbar, hörbar wird Gott

---

[77] D. verweist auf Eduard Schweizer: Jesus Christus im vielfältigen Zeugnis des Neuen Testaments, 1968, S. 116-123.

einzig im Vertrauen, oder besser: im Umkreis seiner Liebe, die unseres Vertrauens würdig ist. Deshalb wohl taucht bei der Taufe Jesu im Jordan erneut das Bild von der Taube auf, die vom Himmel herabkommt als Verkörperung des Geistes Gottes, als Inbegriff der Art, wie Gott wirklich von der Welt denkt und dem Menschen gesonnen ist: eine Taube des Friedens" (S. 141).

Kritik: An der letzten Stelle hätte D. mit Gewinn die umfangreichen Überlegungen Bultmanns heranziehen können: Bultmann sieht die Taube hier als den Geist an, der als Gotteskraft den „messianischen" König erfüllt (s.o. A) — vgl. auch D.s Hinweis, S. 141 Anm. 7, daß die Frage nach dem Symbolgehalt der Taube fortbesteht.

Ich frage mich, ob nicht das dichte Miteinander von Taufe, Geist, Vision es erlaubt hätte, gerade diese Stelle als eine Art „Ostertext" zu interpretieren, denn die frühchristliche Gemeinde hat hier anscheinend in bewußtem Rückbezug auf Jesus ihre Ostererfahrung ausgedrückt.

Mk 1,12-13: Jesu Versuchung

A

Nach Bultmann liegt hier offenbar „das Rudiment einer ursprünglich ausgeführteren Legende vor" (S. 270). Bezüglich der Herkunft gehe die Geschichte letztlich auf eine Art Naturmythos zurück (wie etwa der Kampf Marduks mit dem Chaosdrachen) oder — wahrscheinlicher — gehöre sie zum Typ der Versuchung heiliger Männer, wie sie auch von Buddha, Zarathustra und später von christlichen Heiligen erzählt wird. Bultmann gibt ferner zu erwägen, ob nicht „versucht vom Satan" (V. 13) auf Markus selbst zurückgeht. „Dann läge keine Versuchungsgeschichte vor, sondern eine Darstellung Jesu als des Paradiesesmenschen bzw. des Heiligen, der wieder in Frieden mit den Tieren lebt, mit denen die Menschen seit dem Sündenfall in Feindschaft leben" (S. 271).

Der Text der Himmelsstimme (V. 11) ist wahrscheinlich auf Jes 42,1 zurückzuführen, ein Text, der durch Weisheitsüberlieferung wie Sap 2,13-18 vermittelt wurde (Lührmann, Mk, S. 39), wo der Gerechte „Sohn Gottes" genannt wird.

Man vgl. auch noch Testament Naphthalis 8,4 (die wörtlichen Berührungen mit Mk 1,12-13 sind kursiv gesetzt): „Wenn ihr das Gute tut, meine Kinder, so werden euch sowohl die Menschen als auch die Engel segnen, und Gott wird verherrlicht werden durch euch unter den Heiden, und der *Teufel* wird von euch fliehen, und die *wilden Tiere* werden euch fürchten, und die *Engel* werden sich eurer annehmen."

Jesus erweist sich in unserem Text folglich als der Gerechte. In ihm ist also der neue Adam als der gerechte Sohn Gottes verkörpert (man vgl. Sap 10,1).

B

D.s Auslegung dieser zwei Verse ist eine der längsten im ganzen Markuskommentar, wobei die exegetischen Überlegungen so kurz wie fast nirgends sind. Das hat Gründe, denn D. stellt, ohne Exegese zu betreiben, in relativ großer Distanz zum vorliegenden Text umfangreiche tiefenpsychologische Überlegungen zu den Aussagen an, daß Jesus in der Wüste zusammen mit den Tieren war.

D. nennt die Wüste „diese Zone unverstellten menschenfreien Lebens . . . , denn hier gilt nichts mehr als das eigene Leben unmittelbar vor seinem Gott" (S. 144).

„Wenn Markus ausdrücklich betont, daß Jesus vom Geiste Gottes in die ‚Wüste' geführt wird, so offensichtlich, um zu sagen, daß man sich Zeit und Ort des Wüstenaufenthaltes nicht selber wählen kann" (S. 145). „Man wird in diese Entscheidungszone der Existenz, ganz wie es Markus sagt, ‚hineingeführt' . . . Wer nicht buchstäblich ‚durch den Geist' in die Wüste ‚geführt' wird, bleibt entweder nur ein flüchtiger Tourist im Niemandsland der Seele oder er verkommt an seiner persönlichen Eigenmächtigkeit" (S. 146).

Im Textteil äußert sich D. ausführlich zum Satz: „Er war mit den Tieren", sowie im Anmerkungsteil zum geschlossenen Bild der Versuchung durch den Teufel, des Aufenthalts in der Wüste, der Einheit mit den Tieren und der Dienerschaft der Engel (S. 150 Anm. 12).

Die Interpretation des *Zusammenseins Jesu mit den Tieren* entwickelt D. zunächst in Abgrenzung von Interpretationsversuchen historisch-exegetischer Art, nach denen im Sinne der alten Prophezeiungen (Jes 11,6-9; 65,25) hier der verheißene messianische Friede, die Einheit des Menschen mit der Schöpfung Wirklichkeit werde. Wie die Menschen im Paradies einst mit der ganzen Schöpfung sich verbunden fühlten, so erscheine hier in Christus die Welt wieder so, wie sie vor dem Sündenfall war. Doch damit, so wendet D. ein, werde nicht erklärt,

„was diese mythischen Bilder in sich selbst bedeuten. Die Welt, die Gott gemacht hat, ist, wie sie ist; ob indessen der Mensch sie als Einheit erfährt oder nur in Widerspruch und Zerissenheit wahrnimmt, liegt daran, wer und wie er selber als Mensch ist. Ein Mensch muß mit sich selber eins geworden sein, wenn er den ‚Löwen‘, wie es bei Jesaja heißt, als ein friedfertiges Tier neben dem ‚Lamm‘ lagern sehen will. Ganz deutlich geht es in diesen Bildern nicht um eine Einheit mit der *äußeren* Natur; denn diese ist als ein Bündel objektiver Tatsachen vom Menschen gänzlich unabhängig. Einzig um den Menschen geht es, wie er mit dem ‚Tierischen‘ in sich selber einverstanden sein kann oder nicht“ (S. 149).

Kritik: Diese Aussagen sind in ihrer Ausschließlichkeit zu bestreiten: Kann man den Sinn mythischer Bilder ganz aus sich selbst heraus ermitteln oder sind sie nicht an einen Kontext gebunden? Sodann: Wenn Tiere einzig Symbole der menschlichen Seele wären, wo bliebe dann der Realitätscharakter des biblischen Schöpfungsglaubens? Damit ist nicht bestritten, daß D.s Interpretationsvorschlag vielleicht dennoch *ein* mögliches Verständnis des Textes heute sein kann — in dieser Ausschließlichkeit allerdings führt er sicher in die Irre.

D. liest also den Text so, als ob er sich mit dem Umgang des Menschen mit seiner eigenen Tiernatur beschäftige:

„Das Geheimnis des ‚Menschensohnes‘ ist es ... , wortwörtlich ‚mit den Tieren zu sein‘ (Mk 1,13) und das tierische Erbe im Menschen zur Menschlichkeit zuzulassen, in dem Vertrauen, daß nichts, was Gott geschaffen hat, in sich gefährlich oder schlecht sein kann“ (S. 157). „Alles hängt offenbar im Umgang mit sich selber davon ab, ob man das tierische Erbe, wenn man es überhaupt in sich entdeckt, nur mit dem Schrecken des moralischen Widerspruches wahrnimmt und sich dazu anhält, es als etwas an sich Unmenschliches abzuarbeiten, oder ob man es als etwas zu akzeptieren lernt, das Gott selbst geschaffen hat und das also nicht schon von vornherein falsch oder verkehrt sein kann“ (S. 156).

Später äußert sich D. dazu, „welch einen Dienst die tiefenpsychologische Schriftauslegung in historischer Absicht zu leisten vermag“ (S. 159). Viele neutestamentliche Texte wie z.B. die Versuchungsgeschichte Jesu müßten als durchaus unhistorisch gelten (vgl. Bultmann unter A). Doch gründe der Glaube historisch gar nicht auf einem realen Wüstenaufenthalt Jesu. Derselbe Text spreche aber in seinem symbolischen Gehalt zu uns, und dann begriffen wir bald,

„daß Geschichten wie diese auch über das Leben des historischen Jesus etwas Wahres und Entscheidendes aussagen, nur daß dieses Entscheidende innerlich ist und sich eben deshalb nur bildhaft aussagen läßt. Tiefenpsychologisch gesehen, ist es absolut glaubwürdig, daß Jesus ‚in der Wüste' ‚mit den Tieren' war und ‚Engel ihm dienten'; — wie hätte er ohne Erfahrungen dieser Art die Kraft besessen, Menschen aus der Besessenheit ihrer Angst und Zerrissenheit zu sich selbst zurückzuführen!" (S. 159).

Kritik: Die symbolische Dimension ist durchaus anzuerkennen. Doch sind diese Ausführungen eher verwirrend, denn um welche Glaubwürdigkeit handelt es sich hier? Die Sätze sind nicht hinreichend vor dem Mißverständnis gefeit, als historische Aussagen aufgefaßt zu werden.

Die verschiedenen Motive der *Versuchung durch den Teufel*, des *Aufenthalts in der Wüste*, der *Einheit mit den Tieren* und der *Dienerschaft der Engel* seien auf Seelenzustände zurückzuführen, „die zu dem schlimmsten gehören, was ein Mensch durchleiden kann — Zustände, in denen nicht mehr klar ist, ob ein Gott oder ein Dämon zu uns redet, Augenblicke, in denen alles zwischen Himmel und Hölle sich entscheidet, Momente, die darüber befinden, ob man zu einem Menschen wird oder ein Halbtier bleibt" (S. 150 Anm. 12). Die psychische Wirklichkeit werde in solchen Erzählungen beschworen.

Zwischenkritik: Das ist doch reines Postulat, ebenso die Behauptung, die Szenen der Bibel aus dem Leben Jesu seien menschheitlich, archetypisch (ebd.).

D. schreibt weiter:

„Es ist diese Zeit der Auseinandersetzung mit dem ‚Satan', während deren Jesus Macht über die bösen Geister gewinnt und befähigt wird, die ‚Abergeister' auszutreiben. Dasselbe Motiv kehrt als ein *typisches* Szenarium in den Erzählungen der Völker von der Berufung und Befähigung eines *Schamanen* wieder. Gerade der *Kampf mit den Geistern*, bis hin zum Erlebnis gewaltsamer Zerstückelung, gehört zur *Initiation* eines Schamanen überall auf der Erde . . . Es gilt auch zu beachten, daß die *Versuchung* des Erlösers vor seinem ersten öffentlichen Wirken notwendigerweise einen *Archetyp* der Religionsgeschichte darstellt: der Retter muß zunächst in sich selbst die Gefahren überwunden haben, von denen er die Welt befreien will" (S. 150 Anm. 12).

Kritik: Bereits Bultmann hatte auf religionsgeschichtliche Parallelen der vorliegenden Perikope hingewiesen. Aus dem analogen Strukturmoment solcher Erzählungen folgt freilich nicht, daß der Text in seinen Einzelmotiven auf die Seelenzustände *aller* Menschen gedeutet werden darf. Das ist ja nur Postulat der sogenannten archetypischen Hermeneutik und im übrigen eine phantastische Allegorisierung des Textes. Es bleibt zu beachten, daß es in der Religionsgeschichte eben nur einen Typ der Versuchung *bestimmter* heiliger Männer gibt und ihre Versuchung dort nicht auf alle Menschen bezogen wird. Freilich ist es denkbar, daß wie etwa in der christlichen Mystik aller Schattierungen die Versuchungsgeschichte als eigene Geschichte nacherlebt wird. Die hierbei entwikkelte Tiefe des religiösen Gefühls will ich gar nicht bestreiten, wohl aber darauf aufmerksam machen, daß es sich dann nicht mehr um eine Auslegung des Textes, sondern um eine vorher feststehende Identifikation mit Christus, projiziert auf die Versuchungsgeschichte, handelt. Die historische Abständigkeit des Textes ist dann verloren gegangen, und er kann mir gar nichts mehr von außen *sagen*. Dieser Gefahr scheint D. an dieser Stelle erlegen zu sein, aus ihr ergibt sich aber auch gleichzeitig seine Stärke.

Mk 1,14-20: Jesu Auftritt in Galiläa und die Berufung der ersten Jünger.

A

Normalerweise werden in der Exegese V. 14-15 (zum Verhältnis von V. 14f zu V. 1 s. S. 56) als gegenüber V. 16-20 getrennte Einheit angesehen. So sind lt. Bultmann (S. 366) V. 14f eine mk zusammenfassende (lehrhafte) Schilderung der Bußpredigt Jesu (unter dem Einfluß christlicher Missionspredigt) und V. 16-20 ideale Apophthegmata[78], die „in einer bildhaften Szene eine Wahrheit zum Audruck bringen, die über die Situation übergreift, sodaß diese symbolischen Charakter erhält ... Der Meister ruft die Jünger" (S. 59). Die Verse brächten „in einem symbolischen Moment zum Ausdruck ..., was in Wahrheit Ergebnis einer Entwicklung ist" (S. 60).

---

[78] „Ich rechne ... unter die Wortüberlieferung eine Gattung von Traditionsstücken, die man versucht sein könnte, zu den Geschichten zu zählen, nämlich solche Stücke, deren Pointe ein in einen kurzen Rahmen gefaßtes Jesuswort bildet. Ich nenne sie mit einem in der griechischen Literaturgeschichte gebräuchlichen und möglichst neutralen Terminus ‚Apophthegmata‘" (Bultmann, S. 8).

D. äußert sich zur Frage der Naherwartung Jesu und schreibt: „Man kann sagen und man sagt noch heute in manchen Theologenkreisen, mit dieser ‚Naherwartung' habe Jesus sich geirrt. Daß er sich *nicht* irrte, zeigten seine ersten Jünger: Sie wußten, was es heißt, Menschen zu werden an der Seite Jesu" (S. 170f). In einer Anmerkung erläutert er diese kühne Behauptung: Gegenüber der These, in Mk 1,14f sei die Reich-Gottes-Verkündigung reine Lehre geworden (s.o. Bultmann), gelte „es indessen, die ursprüngliche Situation der Botschaft Jesu *existentiell* durch die Situation des eigenen Lebens zu ersetzen, um zu verstehen, was Jesus — nicht: wollte, sondern: — will ... Wer aber unter den heutigen Theologen weiß, was es kostet, im Verlauf von Jahren, z.B. während einer Psychoanalyse, einen Menschen in den Stand zu versetzen, ‚Vater und Mutter' ‚radikal' zu ‚verlassen' (und ganz wörtlich zu ‚hassen', oft genug!), die (neurotische) Bindung an seine Kinder aufzugeben und in der Freiheit Gottes zu leben!" (S. 170f Anm. 9). — Vorher hatte D. auf Mt 10,37 und Lk 14,26 hingewiesen.

Wie schnell kommt D. von der Frage, was Jesus wollte, zu dem, was „er" will? Woher weiß er, was „Jesus" will, außer durch die Frage, was er damals wollte? Und ist nicht das historische Eingeständnis zunächst einmal erforderlich, daß Jesus sich geirrt hat, bevor man zu den weiteren Fragen der Gegenwartsbedeutung Jesu kommt? Schließlich: Die Polemik gegen die Theologen geht an der Sache vorbei. Es geht im Text nicht um Psychoanalyse, sondern um Nachfolge Jesu (daß diese über eine Psychoanalyse eingeleitet bzw. durch sie gefördert werden kann, steht auf einem anderen Blatt [s.u. S. 191]). Den Satz, „daß er sich *nicht* irrte, zeigten seine ersten Jünger", verstehe ich nicht. Wieso ist der letzte Satz ein Wahrheitskriterium? Kierkegaards in diesem Zusammenhang immer wieder beschworene Subjektivität und ihr Ausspielen gegen die Objektivität (S. 169 Anm. 8) hilft ja auch nicht weiter. Zwar ist Glaube an die Subjektivität gebunden, doch kann er ohne die Fakten wie etwa die Tatsache, daß Jesus gelebt hat, nicht sein.

Ansonsten zieht D. Ergebnisse historischer Forschung bei der Berechnung der Einwohnerzahl von Jerusalem zur Zeit Jesu sowie für die Feststellung heran, daß damals das Problem der Arbeitslosigkeit in Galiläa drückender war als heute; „gleichwohl hören wir aus dem Munde Jesu davon kein Wort. Im Gegenteil; in der Szene der Jüngerberufung hier bekommt Jesus es offensichtlich fertig, eine Gruppe von Menschen wie mit Absicht in die Arbeitslosigkeit freizusetzen" (S. 163f). Es gehe „darum, zu zeigen, daß ein Mensch in der *Nähe Gottes* (Mk 1,15) aufhört, nur ein *Produkt* der Soziologie ... oder ein Produkt der Biologie und Psychologie ... zu sein" (S. 164 Anm. 4).

Das sind bedenkenswerte Ausführungen — nicht über den Text, denn der handelt von etwas anderem, sondern über den Menschen vor Gottes Angesicht. Doch ist die Zuspitzung der Sätze auf das Individuum wiederum verdächtig: Sind nicht zum Verständnis der frühen Christen einige grundlegende *soziale Fakten* unabdingbar, z.B. der Gegensatz zwischen Land und Stadt? Muß nicht gerade zum rechten Verständnis der weiteren Entwicklung, die ja bereits im Neuen Testament sichtbar wird, z.B. auch eine zunehmende Patriarchalisierung angenommen werden?[79] Gegenüber D.s penetranter Polemik gegen die Soziologie ist zu betonen, daß gerade von dieser Seite aus das frühe Christentum wieder in die Sphäre antiken Lebens versetzt, weniger spirituell-theologisch interpretiert und damit realitätsnäher dargestellt worden ist.[80]

B

Schon unter A sind einige tiefenpsychologische Auslegungen D.s zum vorliegenden Text beschrieben und einer Kritik unterzogen worden. Daran anknüpfend ist noch folgendes zu ergänzen: Es gehe in V. 16-20 „um die vollkommene Widerlegung des Aberglaubens, das Wesen eines Menschen sei identisch mit der Weise seiner Tätigkeiten und Beschäftigungen" (S. 164.166). Den Bruch der Jünger mit ihrem Elternhaus bedenkend weist D. auf die starke Bedeutung der Tradition in der damaligen Gesellschaft hin und stellt das Jünger-

---

[79] Zu den Einzelheiten vgl. John E. Stambaugh/David Balch: Das soziale Umfeld des Neuen Testaments, 1992, S. 98-102 und passim (Lit.)
[80] Verwiesen sei nur auf Gerd Theißen: Studien zur Soziologie des Urchristentums, 1979, S. 3-34 (Lit.).

dasein unter das Thema, gegen die Tradition zu leben und dabei sich selbst zu finden (S. 168-170).

Kritik: Es sei verwiesen auf meine Anfragen an D.s Ausführungen zu Mk 7,1-23 (u. S. 151f).

Mk 1,21-28: Der Dämonische in der Synagoge

A

Nach Bultmann ist die Perikope „von Mk in den Zusammenhang des Abschnittes 1,16-39, der offenbar paradigmatisch Jesu Wirksamkeit illustrieren soll, eingefügt" (S. 223). Markus hat dabei zwecks Zeichnung des ersten Abschnittes von Jesu Wirken die vorliegende Perikope zusammen mit 2,1-12 und 3,1-6 wohl bewußt als Einheit gestaltet (jeweils wird die Zusammengehörigkeit der Vollmacht der Lehre und der Wundertätigkeit Jesu hervorgehoben). Redaktionell seien „und sie gehen hinein nach Kapernaum" (V. 21a), der ganze V. 22, in V. 27 die Worte „neue Lehre in Vollmacht und" sowie V. 28 (der ja die Wirkung der ersten Wundertat Jesu programmatisch verallgemeinert). „Das gereinigte Stück zeigt die typischen Züge einer Wundergeschichte, speziell einer Dämonenbeschwörung: 1. Der Dämon wittert den Beschwörer und sträubt sich, 2. Bedrohung und Gebot des Beschwörers, 3. Ausfahren des Dämons unter Demonstration, 4. Eindruck auf die Zuschauer" (S. 223f).

D. setzt sich nicht mit dieser, sondern mit Peschs (Mk I, S. 119) ähnlicher Analyse auseinander. Er schreibt:

„Je stilreiner diese Gattungsmerkmale in einer Erzählung eingehalten werden, desto unwahrscheinlicher wird es jedoch, daß der jeweiligen Erzählung eine wirkliche historische Begebenheit zugrunde liegt, und so löst sich im Neuen Testament eine Geschichte nach der anderen für die historische Kritik in ein Aussagemittel auf, das in der objektiven Wirklichkeit der Vergangenheit keinen ersichtlichen Grund und in der Gegenwart existentiell keinen Adressaten mehr besitzt; was bleibt, ist ein Ausschnitt der frühen Kirchengeschichte in den Formen *ihres* Selbstverständnisses und bzgl. der Mittel *ihrer* Selbstausbreitung" (S. 174f Anm. 3).

Da diese Kritik nicht immanent, sondern prinzipiell ist, fällt eine Auseinandersetzung mit ihr wiederum schwer. Wohl aber sollte darauf hingewiesen werden, daß aus der formge-

schichtlichen Betrachtung nicht sofort die Unhistorizität einer Dämonenaustreibung durch Jesus folgt, wie D. polemisch unterstellt. So rechnet ja auch Bultmann mit einer historisch gesicherten exorzistischen Tätigkeit Jesu.[81]
Wohl aber ist es möglich zu überprüfen, inwiefern D. in seiner eigenen Auslegung die o.g. unbestreitbaren Ergebnisse der historischen Arbeit berücksichtigt.

B

D. geht es bei der Interpretation von Wundergeschichten nicht primär um ihre historische Seite (TuE II, S. 251) oder darum, was die Erzähler mit ihnen aussagen wollten. Denn in historischer Perspektive verschwimme „der eigentliche Grund und ‚Gegenstand' der ‚Verkündigung' ... stets hinter den zeitlich und räumlich wechselnden Verkündigungsinteressen ... Die Verkündigung selbst ist damit das einzige Ereignis, das sich beglaubigen läßt; die Theologie, die Schriftgelehrsamkeit ist ... an die Stelle des wirklichen Lebens getreten" (TuE II, S. 250).[82]
Schon hier könnte man kurz einhaken und fragen: Ist wirkliches Leben nicht auf Sprache verwiesen und religiöse Erfahrung auf Lehre bzw. Theologie, die sie erläutern und übersetzen? Der Einsatz beim wirklichen Leben ist gut, aber er läßt sich aus den genannten Gründen nicht gegen Theologie ausspielen. Nun will D. für die *menschliche*, nicht für die „historische" Seite der Wundererzählungen „sein Herz aufschließen, um zu verstehen, wie sehr der Leser auch heute noch in den Erfahrungen und verdichteten Bildern einer solchen Erzählung selbst vorkommt" (TuE II, S. 251). „Einzig indem wir uns *den Menschen* (statt den Entstehungsbedingungen) der Wundererzählungen nähern, kommen wir uns selber näher" (ebd.). Gegenfrage: Sind diese verschiedenen Fragen antithetisch bzw. alternativ zu verstehen? Nähern wir uns nicht

---

[81] Vgl. Rudolf Bultmann: Jesus, 1967 (1926), S. 119.
[82] Wieso wirft D. hier und an anderen Stellen der Tradition „interessengelenkte Manipulation" (ebd.) vor, wo er doch sonst das Wachstum von Erzählungen (z.B. Legenden) in der Tradition durchaus positiv bewertet? Warum die Abwehr gegen die Menschen, die hinter der Tradition stehen?

auch in der historischen Frage nach den Entstehungsbedingungen der Erzählung *Menschen*, die auf die Entstehung des Textes eingewirkt haben? Texte sind doch, historisch betrachtet, *Lebens*äußerungen. Das ist nicht erst eine Erkenntnis tiefenpsychologischer Hermeneutik.

D. denkt zu Anfang seiner tiefenpsychologischen Auslegung von Mk 1,21-28 über die Krankheit des Dämonischen nach. ‚Dämonie‘ sei z.b. in der Kindheit betriebene „Automatik der Seelenzerstörung, der Mechanismus der verinnerlichten Angst. Am Ende wird man gar nicht mehr wissen, für welche Gefühle eigentlich, für welche Wunschregungen im einzelnen man sich verteufelt, vermeidet und haßt: man wird schließlich nur noch wissen, daß man überhaupt hassenswert, verteufelnswert, kurzum, ein Monstrum ist" (Mk I, S. 175). In heutiger Zeit sei „die Entpersönlichung des Einzelnen durch den Anpassungsdruck kollektiver Phrasen" (S. 176) die häufigste Form der Zerstörung des Menschlichen.

Zu V. 24f bemerkt er:

„So heftig der ‚Besessene‘ auch protestieren mag — Jesus muß versuchen, seinen Widerstand gegen eine mögliche Heilung zu überwinden. Was sich in dieser Szene in der Synagoge von Kapharnaum abspielt, wird man sich in unserem alltäglichen Leben zumeist als ein Ereignis vorstellen müssen, das Jahre in Anspruch nehmen kann, während deren Menschen zwischen Angst und Hoffnung hin- und hergerissen werden ... " (S. 177f).

V. 27 paraphrasiert D. wie folgt:

„‚Was bedeutet das?‘ fragen die Leute in der Synagoge ... Das Markus-Evangelium meint, diese Heilung eines ‚Besessenen‘ bedeute schlechterdings, daß eine neue Zeit begonnen habe, nicht mehr und nicht weniger; daß hier eine Epoche anfange, in der Menschen endgültig wissen könnten: sie gehören niemandem anders mehr als allein Gott ... es gilt jetzt zu wählen: zwischen Gott, der uns als Personen will, die selber leben, und der Macht der Angst, die uns nötigt, gewissermaßen nur im Kollektiv zu existieren ... " (S. 179).

Der Text sagt etwas anderes. Das Wunder wird als „neue Lehre in Vollmacht" (vgl. V. 22) aufgefaßt. Vom „Kollektiv" steht gar nichts im Text.

D. schließt seine Auslegung mit den folgenden Sätzen ab:

„Zwischen der unendlichen Toleranz Gottes und seiner Güte, mit der er seine Schöpfung begleitet, Schritt für Schritt, und dem Gegenwillen einer Welt, die niemals rein genug ist für die Allzureinen, für die Gesetzeshüter, für die Männer mit den ewig richtigen Verordnungen, zwischen diesen ‚Geistern‘, zwischen diesen Geisteshaltungen, muß man wählen" (S. 180).

Gegenfrage: Sind Geister wirklich Geisteshaltungen oder kommt es zu dieser Gleichsetzung nur aufgrund des vorher feststehenden Interpretationsansatzes?

In einer umfangreichen weiteren Auslegung bringt D. unter der Überschrift „Noch einmal Mk 1,21-28: Anders als die Schriftgelehrten oder: Die Vertreibung des bekennenden Dämons" (S. 180-202) Überlegungen zu Mk 1,22.

Er beginnt mit einem Überblick über den Befund in den Evangelien: Es gebe keinen Beruf, keine Kaste, keinen Stand, der im Neuen Testament von Jesus verurteilt werde, außer diesem Stand der Schriftgelehrten („im ganzen Markus-Evangelium erscheinen die Schriftgelehrten als die geborenen Feinde Jesu; und nicht nur im Markus-Evangelium, sondern genau so bei Matthäus, genau so bei Lukas" [S. 181]).

Zwischenfrage: Hat D. nicht überprüft, ob die entsprechenden Passagen auf die Gemeinde zurückgehen? Hat er nicht zur Kenntnis genommen, daß V. 22 *sicher* redaktionell ist? Wäre von daher nicht das zuversichtliche Urteil zu überprüfen, daß Jesus im Gegensatz zu den Schriftgelehrten stand? Hier tut sich eine Lücke in der Argumentation auf. Jedenfalls eignet sich der Text aus diesem Grund schwerlich für die nun folgende Frontalattacke gegen die Schriftgelehrten in seiner eigenen Gegenwart: „Das also kann sein: daß jemand ständig von Gott spricht, nur um selbst nicht leben zu müssen und auch Gott in einen leblosen Gegenstand verwandeln zu können; und dies *kann* nicht nur sein, es *ist* (nach Jesu Meinung) stets und immer für den gesamten Stand der Schriftgelehrten so" (S. 182).

Unter dem freiwilligen Zwang zur Objektivität nähmen die Schriftgelehrten ihre eigene Subjektivität immer mehr zurück — D. ist inzwischen über Kierkegaard (S. 185) und Nietzsche (S. 189) in der Gegenwart angekommen und rechnet mit den jetzigen (römisch-katholischen) Schriftgelehrten und Theologieprofessoren gnadenlos ab. Er schreibt:

„All dieses Reden von Gott im Kreise der Schriftgelehrten ist ja erst wirksam, wenn es, wie Falschgeld, in *fremden* Händen kursiert, und das ganze Interesse des Schriftgelehrten bei der Ermittlung der ‚objektiven' Bedeutung des Gotteswortes läuft deshalb einzig und allein darauf hinaus, das Wort Gottes ‚für jedermann' auszulegen, also zunächst und allein wesentlich *nicht* für sich selbst, sondern für den *anderen*. Der ganze Trick dieses Berufsstandes besteht darin, es im Grunde von vornherein unter dem Siegel strenger methodischer

Selbstbeschränkung stets mit der Bedeutung an sich, mit der Bedeutsamkeit als solcher zu tun zu haben und vor lauter Erklärungen des Gotteswortes für andere niemals dahin kommen zu müssen, daß der Auslegende selbst mit seinen eigenen Erklärungen gemeint sein könnte" (S. 190f).

„Ganz richtig, alle Schriftgelehrten sind in den Augen Jesu überflüssig, sie sind für ihn hinderlich, ja schädlich auf dem Weg zu Gott. Ausdrücklich erklärt er (Mt 23,8): ,Ihr sollt euch nicht ›Rabbi‹ (Meister, Schriftgelehrter, Dozent, Theologieprofessor, Doktor in Sachen Gottes) nennen lassen; ein einziger nämlich ist euer Lehrer, ihr aber sollt Brüder sein'" (S. 192).

Kierkegaard „selbst (sc. hat) am klarsten herausgefunden, wo der eigentliche Widerstand im Prinzip gegen die Person Jesu zu suchen ist — in den Reihen der ,Pharisäer und Schriftgelehrten' aller Zeiten" (S. 193 Anm. 18).

Nun zeigt D. gelegentlich ein Bewußtsein davon, „daß die negative Rolle, die insbesondere die *Pharisäer* im Neuen Testament spielen, aus den Spannungen der frühen Kirche mit dem Judentum nach der Zerstörung des Tempels durch die Römer im Jahre 70 erklärt werden muß" (Mk I, S. 55). Diese Beobachtung interpretiert er so, daß es Markus gar nicht um bestimmte Gruppen des Judentums gehe, sondern um uns selbst (S. 56f). Es handele sich also bei den Schriftgelehrten und Pharisäern um typische, zu allen Zeiten wiederkehrende Geisteshaltungen (man vgl. auch den obigen Hinweis auf Kierkegaard).

Kritik: Die Berechtigung zu dieser Aussage muß aber doch *historisch* auch und vor allem an den Schriftgelehrten und Pharisäern zur Zeit Jesu erwiesen werden, wenn Exegese nicht willkürlich sein will. (Selbst Kierkegaard schließt ja in „die Pharisäer und Schriftgelehrten aller Zeiten" diejenigen zur Zeit Jesu natürlich ein.) Auch D. selbst tut das ja immer wieder unter Bezug auf seinen Kronzeugen E. Stauffer (dazu s.u. S. 109f), dessen Thesen aber endgültig überholt sind. (Stauffers Rekonstruktion des historischen Jesus beruhte auf einer Entjudaisierung Jesu, also auf der Rekonstruktion eines unjüdischen Jesus, was sich methodisch von selbst verbietet.) Mit anderen Worten: Wenn D. die vorliegende Kritik an seinem Bild von der Auseinandersetzung Jesu mit den Schriftgelehrten und Pharisäern unter Hinweis auf sein (scheinbar ahistorisches) typologisches Interesse zurückweisen sollte, so kann ich das aus den genannten Gründen nicht akzeptieren (s. weiter u. S. 211-213)

Im folgenden seien noch einige längere charakteristische Zitate aus D.s Darstellung der Schriftgelehrten angeführt, um seine eigene Anti-Haltung zu den „Schriftgelehrten" der Gegenwart recht zu illustrieren, die ja einer der Hauptgründen für sein so umfangreiches Werk sind (hier wird auch der eigentliche Hintergrund für D.s Klerikerbuch [s.o. S. 9f] deutlich):

„In gewissem Sinne konnte selbst Jesus die Zunft, den Charakter, das Wesen der Schriftgelehrten nicht ändern; er konnte sie nur dahin bringen, Zug um Zug am eigenen Leibe die Tödlichkeit ihres Seins bloßzulegen. Daß die Schriftgelehrten selbst gar nicht wirklich leben, bedeutet ja nicht, daß sie etwa keine Macht und keinen Einfluß auf das Leben hätten. Im Gegenteil. Ihr Unleben, ihre Unkenntnis wirklichen Lebens verführt sie mit Notwendigkeit dazu, das, was sie für Leben halten, nach den engen Spielregeln ihrer eigenen Seh- und Lebensweise zu beurteilen, und das heißt vor allem, daß sie am meisten in die Dinge hineinzuregieren und hineinzureden versuchen, die sie vom eigenen Erleben her am wenigsten verstehen! (S. 194).

Welch schlechte Erfahrungen mit seinen eigenen Lehrern muß D. gemacht haben, um solche Urteile fällen zu können! Wie ernst kann man solche Sätze, die ja meinen, was sie sagen, nehmen? Erinnert sich D. nicht mehr daran, wieviel er selbst in seiner wissenschaftlichen Arbeit jenen knochentrokkenen, von ihm verunglimpften Lehrern verdankt? Als ob D. nicht selbst wüßte, wie er vielleicht auf derselben S. 194 andeutet, daß jede Hochreligion *notwendig* den Stand von Schriftgelehrten hervorbringt.

Aber er setzt seinen bisherigen Darlegungen noch die Krone auf, wenn er einen inneren Zusammenhang von Schriftgelehrsamkeit und Dämonie (ausgehend von Mk 1,23f) konstatiert:

Es „ist doch die ganze Schriftgelehrsamkeit in der beschriebenen Weise nichts anderes als ein geschicktes Arrangement, Gott so zu bekennen, daß die eigene Existenz dabei stets ausgeschlossen bleibt, und besteht sie doch vornehmlich darin, im objektiv richtigen Credo den fragenden Vorwurf der Dämonen von Kapharnaum nach Möglichkeit zu verbergen: ,Was haben wir mit Dir zu schaffen!' Dabei ist die tragische Dämonie der Schriftgelehrsamkeit ... psychologisch im Grunde unvermeidbar. Im besten Falle kann ein Schriftgelehrter dafür sorgen, daß die korrekte Weitergabe und pflichtmäßige Dressur von an sich wahren objektiv richtigen ,Credos' wirklich gelingt. Aber was kann bei dem isolierten Weitergeben ,objektiver Lehrinhalte' anderes herauskommen als ein ,Geist', der völlig subjektlos nur Richtiges aufsagt, ohne daß dabei ein Ich, eine Person existieren würde, die sich mit dem Gesagten identifizieren könnte? Die ganze

Dämonie, die ‚Besessenheit‘ im Neuen Testament stellt sich in tiefenpsychologischer Sicht immer wieder als ein solcher quasi-psycho-
tischer *Ichverlust* dar, als eine Ausschaltung der eigenen Persönlichkeit zugunster fremder Geister, entfremdender Gedanken und auto-
nomer, selbstredender Instanzen; und das Paradox besteht nun, daß
gerade der ‚Glaube‘, den die Schriftgelehrsamkeit in ihrer objektiven
Unpersönlichkeit erzeugt, allein auf die Errichtung solcher ichfrem-
den Sprech- und Bekenntnisinstanzen hinausläuft, die in demselben
Maße Gott vom eigenen Ich fernhalten, wie sie das eigene Ich im
Sprechen von Gott ausschalten. Indem die Schriftgelehrsamkeit
ständig von Gott so spricht, daß in diesem Sprechen von Gott kein
Subjekt mehr existiert, das von sich her all das zu leben wagen
könnte, wovon den Worten nach die Rede ist, ersetzt notwendigerweise das vorgebliche Wissen um Gott die Frage des Existierens vor
Gott, und das entsprechende Produkt einer solchen ‚Theologie‘
kann nur eine Gruppe von·Menschen sein, die sich von einer ganzen
Heerschar fremder aufoktroyierter ‚Geister‘ in Gestalt verfestigter
Gedanken und Vorstellungsschablonen *besessen* findet. Diese ‚Dämonie‘ eines subjektlosen Bekennertums ist die unmittelbarste und
eindringlichste Erscheinungsform der Wirkung bloßer Schriftgelehrsamkeit" (S. 195f).

In den Heilungen Jesu, so heißt es zusammenfassend,

„ging es Jesus im Grunde immer wieder um das eine: daß endlich
die schriftgelehrte Verteufelung des eigenen Lebens rückgängig gemacht und die Angst vor sich selber, die Furcht vor der eigenen Freiheit, das Gefühl der eigenen Nichtigkeit und Ohnmacht, von Gott
her, und zwar notfalls gegen alle Menschensatzung, überwunden
werde ... Weil er (sc.Jesus) vor Gott *lebte*, stand er vom ersten Tage
an in tödlichem Kontrast zum Tod der Schriftgelehrsamkeit. So muß
man das wohl sehen: daß er buchstäblich ‚für uns starb‘, weil die gesamte Gruppe von Hohenpriestern und von Schriftgelehrten ihn ab-
urteilen *mußte* ... indem sie ihn vernichteten, stellten sie nur die
Tödlichkeit ihrer gesamten Denk- und Lebensweise vor den Augen
aller selbst unter Beweis ... in seinem Tod war die Satanei der Schriftgelehrten ein für allemal zu Ende" (S. 201f).

Ein weiterer Kommentar erübrigt sich.

Mk 1,29-39: Heilung der Schwiegermutter des Petrus und an-
derer Kranker

A

D. behandelt diese Verse in einem Abschnitt unter der
Überschrift „Die Schwiegermutter des Petrus und die Heilung der Geister" (S. 202-209), während die traditionelle Exegese hier mindestens drei Abschnitte erkennt:

74

a) V. 29-31 sind ein (einfach erzähltes) Heilungswunder, wobei die heilende Geste (V. 31: „er ergriff ihre Hand") und die Demonstration der erfolgten Heilung (V. 31: „sie diente ihnen") stilgemäße Züge sind (vgl. Bultmann, S. 226f). Der Mk-Text dürfte mit der sekundär eingefügten Nennung von Andreas, Jakobus und Johannes (anders Mt/Lk) unter dem Einfluß von 1,16-20 nachmarkinisch redigiert worden sein (vgl. Bultmann, S. 226f).

b) V. 32-34 bilden ein redaktionelles Summarium, das wie 3,7-12 und 6,53-56 ausführlich Jesu Heiltätigkeit schildert (vgl. Bultmann, S. 366) — freilich hält D. (S. 207 Anm. 6) dieses Stück für vormarkinisch; ebenso Pesch (Mk I, S. 132-136).

c) V. 35-39 sind eine redaktionelle Bildung, die „ganz im Gegensatz zum Charakter der alten Überlieferung keine Einzelszene oder ein Einzelwort bietet, sondern die Darstellung eines Übergangs bzw. die Motivierung und Schilderung eines dauernden Wirkens Jesu" (Bultmann, S. 167).

Markus vertieft im Grunde mit diesen drei Stücken die in 1,21-28 angelegten Einsichten zu Jesu Wunder sowie seiner Verkündigung in Vollmacht: die Kunde von Jesu Wirken breite sich jetzt schlagartig in ganz Galiläa aus.

D. spricht sich S. 208 Anm. 6 zu Recht dafür aus, daß Heilung und Worte Jesu nicht zu trennen seien und daß Markus die Heilung der Besessenen in V. 34 durch 1,21-28 vorbereitet habe. Im Anschluß an G. Theißen[83] meint er, alle Schweigegebote der Wundererzählungen (hier V. 34) seien Teil der vormarkinischen Tradition (S. 208 Anm. 6). Doch hängt die Richtigkeit dieser These hinsichtlich V. 34 von D.s vorausgegangener Behauptung ab, daß V. 32-34 keine redaktionelle Bildung seien, was ja umstritten ist.

B

D. beginnt seine tiefenpsychologischen Auslegungen mit Überlegungen darüber, wie der unerhörte Vorgang, daß die Brüder Petrus und Andreas von Jesus zu seinen Jüngern bestimmt wurden und sie sogleich ihre Netze und ihr Boot zu-

---

[83] Gerd Theißen: Urchristliche Wundergeschichten, 1974, S. 143-154.

rückließen, auf die Schwiegermutter des Petrus gewirkt habe.
Danach deutet er ihr Fieber als Normalität in unseren Augen:
  „Aber könnte es nicht sein, daß das, was wir ‚normal‘ nennen, in
  Wahrheit eine einzige große Krankheit ist, ein völlig wahnsinniges
  ‚Fieber‘, das wir lediglich erst dann bemerken, wenn wir Menschen
  begegnen, die wirklich leben?" (S. 206). „Kaum daß Simon selbst damals am See die Worte Jesu hörte, fiel von ihm wie ein schlechter
  Traum alles das ab, was bis dahin sein scheinbar ganz alltägliches nor-
  males bürgerliches (sic!) Leben war" (ebd.).
Irgendetwas von dieser Erfahrung müsse „auf die Schwiegermutter des Simon übergegangen sein, denn Markus erzählt, daß sie die Jünger des Herrn bewirtet habe" (S. 207).
Anmerkungsweise erfolgt gegen Schluß der Auslegung bei
der Erörterung des Summariums 1,32-34 („die *Heilungen* lassen sich von den *Worten* Jesu durchaus nicht trennen [S. 208
Anm. 6]) eine Polemik gegen die Vertreter der historisch-kritischen Exegese:
  „Was will man auf den Lehrstühlen der Exegese heute: Menschen
  heilen oder lediglich sich selber sanieren, indem man durch eine methodisch erzwungene Bewußtseinseinseitigkeit gerade die Menschen zerstört, die den Anspruch an die Theologie stellen, sie müsse
  den ‚Kranken‘ *heilsam* sein?" (S. 208 Anm. 6).
Diese Forderung wird durch den zutreffenden Hinweis un-
termauert, daß Markus V. 33-34 hier selbst eingefügt und
durch 1,21-28 vorbereitet habe (s. A).
D. hat also exegetisch und m.E. auch in seinem auf die Gegenwart bezogenen Sachanliegen durchaus recht. Es sei hier
der Hinweis erlaubt, daß auch heute gelegentlich Spontanhei-
lungen körperlicher Krankheiten auftreten. Die Texte sollten
mit dem, was sie sagen, beim Wort genommen werden. Urchristliche Erfahrungen mit Krankenheilungen wiederholen
sich heute nachweislich.[84] Die Theologie hat m.E. durchaus

[84] Man vgl. Walter J. Hollenweger: Geist und Materie. Interkultu-
relle Theologie III, 1988; Walter Rebell: Alles ist möglich dem, der
glaubt. Glaubensvollmacht im frühen Christentum, 1989; Wilhelm
Bitter (Hrsg.): Magie und Wunder (Geist und Psyche, Kindler Ta-
schenbücher), o.J. (darunter bes. die Beiträge von C.G. Jung: Über
Psychotherapie und Wunderheilungen, S. 7-9; A. Allwohn: Magie
und Suggestion in der Heilpraxis, S. 32-56, und A. Jores: Magie und
Wunder in der Medizin, S. 151-158). Anders offenbar Manfred Josuttis: Praxis des Evangeliums zwischen Politik und Religion, ²1980, S.
267: „ . . . ein mitteleuropäischer Theologe kann solche Phänomene
beobachten und analysieren, er kann sie aber nicht in den Bereich
seiner Schrift- und Wissenschaftskultur importieren".

einen Beitrag zur psychosomatischen Therapie zu leisten, wenn sie sich nur ihrer Traditionen lebendig erinnert. Dies ist in vollem Wissen darum gesagt, daß D. allerdings eine solche Denkweise als vorwissenschaftlich bezeichnen würde. „Wir würden auf einem solchen Weg mit Sicherheit nicht zu gläubigen Menschen, sondern zu dem, was wir den ‚Primitiven‘ zu Unrecht immer neu vorwerfen: zu Magiern" (TuE II, S. 191f).[85] Aus historisch-empirischen, an der Erfahrung orientierten Gründen muß ich gegen den Ausschluß einer „vorwissenschaftlichen" Denkweise durch D. an dieser Stelle protestieren. Glauben ist nie „wissenschaftlich". Warum will D. hier — theologisch gesprochen — die Wege des heiligen Geistes einschränken? Daß eine so orientierte Theologie — wie hier vorgeschlagen — natürlich auch Grenzen gegenüber Schwärmern, selbsternannten Propheten und falschen Charismatikern ziehen muß und weiter der Kritik und Rationalität verpflichtet bleibt, steht auf einem anderen Blatt.

Mk 1,40-45: Der Aussätzige

A

Die Perikope ist als stilgemäße Wundererzählung anzusehen. Man vgl. die Begegnung des Kranken mit dem Wundertäter (V. 40), die Bitte um Heilung (V. 40), die heilende Geste (V. 41), die Feststellung der Heilung (V. 42) und die Demonstration (V. 44b). Bultmann (S. 227) hält V. 43, V. 44a („sage niemandem etwas!") und V. 45 für mk Zusätze. Begründung: V. 43 unterbricht den Zusammenhang von V. 42 und V. 44, V. 44 entspricht der Messiasgeheimnistheorie (doch neigen manche Exegeten heutzutage dazu, die Geheimhaltungsverbote von den Schweigegeboten an Jünger und an die Dämonen zu unterscheiden) und V. 45 ist an eine mit V. 44 abgeschlossene Erzählung hinzugefügt (s. 1,28 zum mk Interesse daran, daß die Wunder Jesu überall erzählt werden).

---

[85] Man vgl. jetzt das nachdenklich machende Buch von Gaby Miketta: Netzwerk Mensch. Psychoneuroimmunologie: Den Verbindungen von Körper und Seele auf der Spur. Eine neue Wissenschaft revolutioniert unser Weltbild, 1991 (vgl. bes. S. 157-179).

Die Geschichte überbietet selbst gegenüber V. 39 den Erfolg Jesu ein weiteres Mal. Sein Bekanntheitsgrad ist praktisch nicht mehr zu übertreffen („man kam zu ihm von überall her" [V. 45 Ende]).

Mit den exegetisch-historischen Fragen dieser Erzählung setzt sich D. nur am Rande auseinander (S. 214 Anm. 6; S. 211 Anm. 3 = S. 220: in V. 41 sei zu lesen „er ergrimmte" statt „er erbarmte sich").

B

D. versteht den Aussatz in einem übertragenen Sinne und schreibt: „Einen jeden von uns hat man in gewisser Weise gelehrt, sich so zu sehen: daß es ganze Zonen seines Daseins gibt, die beschämend sind in den Augen der anderen, und er sich selber zu betrachten hat wie etwas Unreines, Unanständiges ... " (S. 210).

Hernach erzählt D. die Geschichte (S. 210ff). Das entscheidende Heilungswort Jesu („ich will, sei rein!" [V. 41]) interpretiert er wie folgt:

„Ich möchte, daß du alles sagst, was man in dich hineingepumpt hat an Verleumdung, an Angst, an Lüge, an Verfälschung, an Minderwertigkeitsgefühlen, an Selbsthaß, an Zerstörungswillen; sprich es aus, laß es heraus, bis zum letzten Wort, denn vorher gibt es keine ‚Reinheit'; und höre auf, vor dir selber Angst zu haben" (S. 213).

Das Schweigegebot V. 44a versteht D. so:

„In dem gesamten Prozeß der Heilung geht es wesentlich darum, zu vergessen, was die anderen reden. Es kommt nicht darauf an, wie die anderen beurteilen, was sich da begeben hat; ihr Kommentar ist in diesem Moment gänzlich überflüssig, ihr Gerede auf den Gassen völlig nebensächlich" (S. 214).

Die Aufforderung, sich dem Priester zu zeigen (V. 44b), ergehe aus folgenden Gründen:

„Wenn Menschen ihre Reinheit wiederfinden, wird nie etwas zerstört, wohl aber alles lebensfähig, wird nie etwas zerbrochen, wohl aber kann es wachsen, wird nie etwas aus der Ordnung herausgebrochen, sondern es kommt im Gegenteil in Ordnung, ein für allemal" (S. 214f).

Kritik: D.s Interpretation von V. 41 ist als homilitischer Einfall beachtlich (vgl. sofort zum übertragenen Verständnis von Lepra). Seine Ausführungen zu V. 44 provozieren die Frage, ob sich hier nicht eine gemeinsame Basis von Ordnung, jüdischem Gesetz und Jesu Wirksamkeit andeutet (D.

reißt beides ja oft auseinander). S. zu dieser Frage u. S. 119.
Auf S. 216-222 äußert sich D. ein zweites Mal zur vorliegenden Perikope („Noch einmal Mk 1,40-45: Die Haut"):
Die Haut sei mehr als die Oberfläche unserer Körpers, sie
stehe für Menschen (S. 217). Jeder habe *seine* Art von Aussatz, seine besondere und besonders ‚wunde' Stelle und leidet
darunter" (S. 219f).

Kritik: Als homiletischer Einfall ist das übertragene Verständnis von „Lepra" vielleicht zu verwerten, kaum aber als
Verständnis dessen, was damals gemeint war. (Möglicherweise ist D.s Deutung aber auch angesichts der furchtbaren
Leprakrankheit eine Verniedlichung.)

Mk 2,1-12: Die Heilung des Gelähmten

A

Die Perikope steht in einem engen Zusammenhang mit
1,21-28, insofern es auch in ihr um das Verhältnis von Wunder
und Vollmacht geht (vgl. 3,1-6).

Nach Bultmann hat die Perikope „zwei Pointen: 1. Das
Wunder, 2. das Logion von der Sündenvergebung, und zwar
ist das zweite Motiv ganz äußerlich in das erste eingeschoben:
V. 5b-10 sind sekundäre Einfügung", denn der Glaube des
Gelähmten und seiner Träger, der „V. 3f. ausführlich demon-
striert ... wird, ist V. 5b-10 verschwunden, und V. 11f. ist der
organische Abschluß einer Wundergeschichte" (S. 12). Die
Geschichte sei offenbar entstanden aus dem Streit über die
Vollmacht zur „Sündenvergebung, deren Recht durch die
Kraft zur Wunderheilung bewiesen wird" (S. 13).

Zum Glaubensmotiv (V. 5a) bemerkt Bultmann:
„Der große, in der Überwindung der äußeren Schwierigkeiten do-
kumentierte Glaube soll natürlich seinen Glanz auf den Wundertäter
werfen, der diesen Glauben verdient. Psychologisches Interesse an
dem Kranken und seinen Trägern liegt ganz fern ... Das wunderwir-
kende Wort, Jesu Befehl und seine Ausführung, die den Erfolg de-
monstriert, und der Eindruck auf das Publikum sind typische Züge"
(S. 227).

Dabei bedeute der Glaube „nicht ein gläubiges Verhältnis
zur Verkündigung Jesu oder zu seiner Persönlichkeit im modernen Sinne, sondern ... ist das Vertrauen zum Wundertä-

ter, das man ihm schuldig ist" (S. 234).

Ebenso hält auch D. die Perikope für eine Wundergeschichte, in die ein Streitgespräch über die Sündenvergebung
(V. 5b-10) eingeschoben wurde. Er stützt sich dabei auf eine
Arbeit von I. Maisch.[86] Gegen ihre These jedoch, daß Glaube
Annahme des Kerygmas sei (a.a.O., S. 73) (und nicht Vertrauen zum Wundertäter), bemerkt D.: „Nicht um Lehre, die
man missionarisch mit Wundererzählungen stützen müßte,
geht es . . . , sondern um *Erfahrungen*, die man machen muß,
um in den Wundern der Heilung das Wunder der Person Jesu
erkennen zu können" (S. 227 Anm. 7).

Zwischenfrage: Gibt es etwa Erfahrungen ohne lehrhafte
Elemente? Reine Erfahrungen ohne ‚Lehre', d.h. z.B. auch
kulturell vorgeprägte und sozial vermittelte Deutungsmu-
ster, gibt es gar nicht. Außerdem kann kaum bestritten werden, daß jede Wundergeschichte darin einen christologischen
Sinn hat, daß sie den Glauben an Jesus bestärken will[87], sosehr
in den Heilungen auch das Wunder der Person Jesu erkannt
wird. Kerygma und Erfahrung dürfen schwerlich auseinan-
dergerissen werden. (Vgl. zum Problem noch 9,14-29.)

In der vorliegenden Erzählung, so D., werde der Zusammenhang zwischen der Heilung des Leibes und der Vergebung der Schuld zentral. Die Heilung der Gelähmtheit sei allererst die Folge der Vergebung und rückblickend in der Tat
eine Bestätigung dafür, daß Jesus Sünden vergeben könne. D.
fährt fort:

> „Aber es ist in allem ein entscheidender Unterschied, ob man in
> Erzählungen dieser Art nur die theologische Aussageabsicht heraus-
> hört und damit den ‚Glauben' in eine erfahrungslose Behauptung
> auflöst, oder ob man gerade mitvollzieht, was Erzählungen dieser
> Art so ausführlich schildern: die menschliche Not in all ihren For-
> men, die überwunden wird durch ein unbedingtes Vertrauen auf
> Gott, wie es sich in der Begegnung mit Jesus offenbar immer wieder
> zu bilden vermochte" (S. 227f Anm. 7).

Bezüglich der Historizität der Wundererzählung von der
Heilung des Gelähmten sei zwar so viel hellenistische Typologie vorhanden, daß es wie bei vielen Wundergeschichten hi-

---

[86] Ingrid Maisch: Die Heilung des Gelähmten. Eine exegetisch-tra-
ditionsgeschichtliche Untersuchung zu Mk 2,1-12, 1971.
[87] Zum Glaubensmotiv in den Wundergeschichten vgl. Theißen,
Wundergeschichten, S. 133-143.

storisch fraglich sei, ob das hier Berichtete wirklich einmal stattgefunden hat. Doch ändere sich das Urteil nach folgender psychologischer Probe:

„Wenn man die *Gefühle*: die Ängste, Verzweiflungen, Hoffnungen, Erwartungen mitvollzieht, die in derartigen Geschichten so intensiv anklingen, wird es auch in historischem (sic!) Sinne wieder wahrscheinlich, daß Jesus so war, wie er in den Wundererzählungen geschildert wird: ein Mann, der in einer Weise auf Gott vertraute, daß in seiner Nähe auch andere die Lähmung ihrer Angst und Schuld zu überwinden vermochten. Alle Formeln und Glaubensbekenntnisse über Jesus können Erfahrungen dieser Art vielleicht kommentieren, aber niemals ersetzen" (S. 228 Anm. 7).

D. überschätzt hier die Möglichkeiten seiner Methode der Einfühlung, soweit sie ihm bei historischen Urteilen behilflich sein soll. Damit ist über den therapeutischen Wert seiner Ausführungen noch nichts gesagt.

B

D. beschreibt zu Beginn seiner tiefenpsychologischen Exegese den berühmten Fall der Elisabeth von R., die im Jahre 1892 zu Sigmund Freud gekommen war.

„Zu dem Wiener Nervenarzt Sigmund Freud war eine Patientin gebracht worden, deren Gelähmtheit am Krankenbett ihres Vaters entstanden war. Sie hatte den todkranken Mann wochenlang gepflegt und ernährt und war an sein Bett gefesselt durch Fürsorge und Pflicht. Zur gleichen Zeit aber drängte es sie zum Leben. Erst vor kurzem hatte sie die Bekanntschaft mit einem jungen Mann gemacht, um dessen Gunst sie fürchten mußte, wenn zuviel Zeit in die beginnende Beziehung sich dazwischenzuschieben drohte; hin- und hergerissen zwischen Verantwortungsgefühl und Wunsch, zwischen der Pflicht gegenüber ihrem Vater und, wenn man so will, der Pflicht gegenüber ihrem eigenen Leben, wurde diese Frau völlig bewegungslos. Sie konnte beides nicht mehr wahrnehmen; wie wenn gleichzeitig an zwei Seiten gleich stark in gegensätzlicher Richtung an ihr gezogen würde, stand ihr Leben seelisch wie körperlich völlig unbeweglich auf der Stelle, paralysiert durch einen zerreißenden inneren Widerspruch!" (S. 224).

Damit wird eine Polemik gegen die neutestamentliche Exegese verbunden: „Es muß melancholisch stimmen, daß fast 100 Jahre nach dieser Arbeit S. Freuds bis heute nichts, aber auch gar nichts auf die Exegese der neutestamentlichen Wundererzählungen Einfluß genommen hat. ‚Gelähmtheit' ist offenbar nicht nur ein körperlicher Abwehrvorgang, sie ist vor allem auch ein ideologisch verfestigter Immobilismus des Denkens" (S. 224 Anm. 2).

„Man tut der Freiheit des Menschen keinen Dienst, wenn man sich, aus welchen Gründen auch immer, strikt weigert, die Arbeitsweise und Konflikte des Unbewußten kennenzulernen, und statt dessen die selbst verschuldete Ignoranz in Fragen der Psychologie durch einen dogmatischen Mystizismus und historischen Biblizismus in der Theologie zu kompensieren trachtet" (S. 225 Anm. 3).

Kritik: Das ist ein gewiß beherzigenswerter Aufruf — nur wäre hinzuzufügen: Die Quellenbasis muß ausreichen, um Tiefenpsychologie und historische Kritik einander ergänzen zu lassen. Das ist bei den Texten, die D. auslegt, oft nicht der Fall (vgl. demgegenüber z.B. die oben S. 45 Anm. 62 genannten Beiträge von Oskar Pfister und Kurt Niederwimmer). Vielmehr projiziert D. tiefenpsychologische Ergebnisse in die Texte.

Die Heilung jener Frau Elisabeth von R. sei möglich geworden, weil der Therapeut sie vollständig akzeptiert habe. So auch in der vorliegenden Perikope, wobei es D. für beachtenswert hält, daß Jesus in dieser Erzählung dem Gelähmten kein Geständnis und keine Beichte abverlange (S. 226f).

Zu V. 5b heißt es: „‚Mein Kind', sagt er (sc. Jesus), ... wie wenn er den Kranken noch einmal ganz von vorn beginnen lassen wollte und ihm noch einmal, diesmal ganz und gar, das Vertrauen zurückgeben wollte, geborgen zu sein" (S. 231f).

Die Anrede „Mein Kind", die in der exegetischen Literatur sang-und klanglos untergehe, „beschreibt die Einstellung, in der Wunder des Vertrauens möglich sind" (S. 232 Anm. 14).

„Einzig die Gewißheit, daß Jesus zu ihm steht, wie zu seinem eigenen Sohn, ermöglicht es diesem Kranken, zu sich selbst zu stehen und inmitten seiner uralten Gefühle von Ohnmacht, Selbsthaß und Verzweiflung sich selbst zu akzeptieren: ‚Deine Sünden sind Dir vergeben'. Das ist das alles entscheidende Wort über sein altes bisheriges Leben mit all seinen Zwängen und Unfreiheiten ... Erst muß diese lähmende Schuldangst sich ebenso total in dem Kranken beruhigen, wie sie sich selbst geäußert hat" (S. 232). Dabei „stand niemals eine bestimmte Schuld für eine bestimmte einzelne Tat in der Person des Gelähmten zur Debatte; seine Krankheit ... hat ja gerade den Sinn, jedes eigene Tun und jede eigene Schuld unmöglich zu machen. Wenn hier trotzdem eine Schuld vorliegt, so handelt es sich allenfalls um eine Schuld des ganzen ungelebten Lebens; doch eben deshalb kann diesen Mann nur eine Vergebung heilen, die ihm total und absolut, von Gott her, zugesprochen wird" (S. 232f).

Wie kommt D. zur Verbindung von ungelebtem Leben und Lähmung? Er hatte noch vorher verschiedene Typen von Lähmung aufgeführt (wobei zu betonen ist, daß er gegen die

Perikope hier Lähmung stillschweigend im übertragenen Sinne versteht): Lähmung aus Schuldangst sowie „eine resignierte, antriebslose Passivität infolge längst vergangener Schuld" (S. 228). Die meisten Formen der Lähmung seien eine Erfahrung der ganzen Existenz und kämen durch „eine Verdrängung der Zuständigkeit für das eigene Leben" zustande (S. 229). Ihre Heilung werde dadurch eingeleitet, daß wie in der vorliegenden Perikope einige Leute der Umgebung die Initiative ergriffen (S. 230).

Kritik: Gewiß ist der Vorschlag, daß es eine Schuld des ungelebten Lebens gebe, beachtlich. Doch bin ich auch ratlos. Kennt nicht die Bibel die Sünde vor allem auch als Tat (z.B. Götzendienst oder Unzucht — so Paulus bei der Gründungspredigt in jeder Gemeinde, vgl. 1 Thess 1,9f; 4,1-8)? Ist Vergebung der Sünden des Volkes nicht doch mehr als „Mittragen" (zu S. 235)? Mit anderen Worten: D. trägt ein psychotherapeutisches Konzept an den biblischen Text heran.

Das mag abschließend zusätzlich an seinem Verständnis von V. 10 („der Menschensohn hat Vollmacht, auf der Erde Sünden zu vergeben") erläutert werden, zu dem er schreibt: „Einem jeden Menschen ist im Sinne Jesu die Fähigkeit anvertraut, durch sein Verstehen und seine Weitherzigkeit einen Raum zu eröffnen, in den ein anderer eintreten kann, um Zuversicht und Vertrauen in sein Leben zu gewinnen" (S. 234). Diese These — so richtig sie allgemein sein mag — leuchtet hier nicht ein, weil er kurz zuvor mit Bultmann (S. 13) die Entstehung von V. 5b-10 darauf zurückgeführt hat, daß „die Gemeinde *ihr* Recht der Sündenvergebung auf Jesus zurückführen will. Und zwar ist es ... die palästinensische Gemeinde." Doch die von Jesus autorisierte Gemeinde ist eben nicht jeder Mensch.

Mk 2,13-17: Die Berufung des Levi und das Zöllnergastmahl

A

V. 13 wird in der Exegese im allgemeinen der mk Redaktion zugeschrieben. Bultmann (S. 365) hält den Vers analog 1,22; 1,39 für eine redaktionelle zuständliche Schilderung. Ebenso wie 1,14f.21f ist die Lehre Jesu seinen Taten vorgeordnet.

V. 14 entspricht im Griechischen z. T. wörtlich 1,16 und bereitet das Folgende vor. V. 15-17 kann mit D. (S. 245 Anm. 17) formal als Streitgespräch verstanden werden, „das nach der Schilderung der anstößigen Situation und dem Einwand der Gegner auf die entscheidende Antwort Jesu hinführt." Man vgl. noch Bultmann (S. 16): „Die Pointe, das Wort Jesu V. 17, hat keine straffe Beziehung zur Situation; es ist sicher ursprünglich isoliert gewesen, und V. 15f. ist die dazu geschaffene Szene." Das gehe eindeutig aus dem ganz unmöglichen Auftreten der „Schriftgelehrten der Pharisäer" (V. 16) sowie daraus hervor, „daß die Jünger gefragt werden und Jesus antwortet. Die Szene des Mahles erschien als geeignete Situation", weil das Wort Jesu (V. 17) „als Anspielung auf die Ladung zur Tischgemeinschaft verstanden wurde, und weil die Tischgemeinschaft symbolische Bedeutung für Gemeinschaft überhaupt hat. Daß sie eigentlich deplaciert ist für das Logion V. 17, empfindet ein primitiver Geschmack nicht" (ebd.). Die Perikope schärft ein weiteres Mal ein, wer Jesus ist, nämlich jemand, der Sünder ruft (Lk 5,32 beseitigt das Paradox bei Mk und liest: „Ich bin nicht gekommen, Gerechte, sondern Sünder zur Umkehr zu rufen"). Sie setzt gradlinig die vorige Perikope fort, die von der Vollmacht zur Sündenvergebung berichtete.

B

D.s tiefenpsychologische Auslegung zeichnet ein Bild der Person Levis (vgl. die entsprechende Vorgehensweise in der Auslegung der Passionsgeschichte unten S. 254, bei der D. sich auf die Hauptpersonen beschränkt). Das ist ein auch sonst in Predigten zur Perikope häufig gewählter Zugang zum Text. Ohne die Legitimität einer solchen homiletischen Entscheidung in Zweifel ziehen zu wollen, sei hier doch darauf aufmerksam gemacht, daß der Text selbst den Akzent nicht auf die Person Levis setzt, sondern Jesus als den Souverän der Handlung zeigt.

D. malt aus, wie Levi unter einem Leidensdruck gestanden habe, der ihn augenblicklich von der Zollstelle weg zum Gefährten Jesu machte (S. 240 Anm. 7).

„Man muß annehmen, daß zur Zeit Jesu so mancher Zöllner sich in die Einsamkeit des Reichtums verkrochen hatte, der innerlich die

Sehnsucht nach Gemeinschaft und Befreiung dennoch niemals aufzugeben vermochte. Wie vielen Menschen ergeht es so: aus Verzweiflung darüber, daß ihnen scheinbar kein anderer Weg offensteht, klammern sie sich wie zum Ersatz an den äußeren Besitzstand — und sie kompensieren durch das, was sie haben, all das, was sie anderen sein könnten und an sich sein möchten. So als wäre die Menschlichkeit ein verspäteter Gast, den man nach Erledigung aller anderen ‚vorrangigen‘ Interessen noch nachträglich in die Wohnstube bitten könnte, behandeln viele sich selber lange Zeit wie Exulanten, die bei sich selber nie zu Hause sind. Statt ein wirkliches Leben zu führen, verschwenden sie oft aus Lebensangst, Resignation und Einsamkeit die besten Kräfte auf die Absicherung ihrer äußeren Lebensverhältnisse" (S. 240).

„Lange Zeit über scheint auch der Zöllner Levi gemeint zu haben, die frühzeitige Kapitulation vor dem Leben sei für ihn unvermeidbar. Daß Kollaboration mit der römischen Besatzungsmacht an sich nicht zu rechtfertigen ist, wird auch er sich wohl selbst gesagt haben. Und dennoch nahm er den Bruch mit seinem Volk, den Bruch mit der Religion seiner Väter in Kauf und arbeitete an und in dem System der Unterdrückung mit, kassierte er das Geld, stellte er den Wert des Geldes über alles und verkaufte damit sich selbst an einen Apparat, der ihm nichts zu bieten hatte außer Reichtum und Karriere. Doch trotz allem muß der Zöllner Levi ein unzufriedener, in sich zwiespältiger Mensch geblieben sein, der niemals aufhörte, unter der Verkehrtheit seines Lebens wie an einer Krankheit zu leiden. Und eben dieser Schmerz muß in ihm den Wunsch festgehalten haben, irgendwann, wenn sich nur jemals eine Möglichkeit dazu bieten würde, seiner inneren und äußeren Gefangenschaft zu entkommen. Wie aber sollte er eine solche Möglichkeit finden?" (S. 241f).

Zwischenkritik: Als homiletische Aktualisierung des Textes ist diese Auslegung möglich, als Wiedergabe dessen, was damals gemeint war — unter Berücksichtigung der Analyse des Textes — wohl kaum.

An anderer Stelle will D. V. 15-17 anscheinend für die Gegenwart auslegen. Er polemisiert wiederum gegen die Schulexegese und schreibt:

„Man kann den Kontrast im Reden über Jesus nicht grotesker machen, als wenn wir heute für Tausende von Mark Institute und Bibliotheken einrichten, in denen hochbezahlte Dozenten erforschen können, was wohl damit gemeint sei, daß Jesus — *die Armen* ‚berufen‘ hat. Und wer von den Dozenten der Exegese und Moraltheologie wagte es in seinen Traktaten und Kommentaren, die ‚Zöllner‘ *heute* in die Mahlgemeinschaft mit Jesus zu rufen und von der Kirche *zu fordern*, daß sie all diese zuließe: die Homosexuellen, die unglücklich Geschiedenen und Wiederverheirateten, die in ‚wilder‘ Ehe Lebenden, die ehemaligen Priester, die an der Kirche Zerbrochenen?" (S. 243 Anm. 13).

Kritik: Der zweite Teil dieses polemischen Statements ist ja plausibel, der erstere ist unklar, weil nicht recht deutlich wird, wie sich D. die wissenschaftliche Erforschung des frühen Christentums anders vorstellen kann und will.

Im Zusammenhang der Auslegung von V. 17 gibt D. das Wollen Jesu wie folgt wieder: „Alles, was Jesus wollte, war nicht die Gründung einer neuen Religion, er wollte lediglich dieses Stück Menschlichkeit vor Gott inmitten der Versteinerungen der Gesetzesreligion lebendig machen und als religiöse Pflicht verstehen dürfen" (S. 246).

Kritik: Abgesehen von der bei D. stereotyp behaupteten Antihaltung Jesu zur Gesetzesreligion (des Judentums) stimmt das mit der Intention Jesu überein, wenn auch nicht in dieser Ausschließlichkeit („alles ... lediglich ... ").

Mk 2,18-22: Die Fastenfrage

A

Bultmanns Analyse der Perikope ergab: V. 19a („Können etwa die Hochzeitsleute fasten [während der Bräutigam bei ihnen ist]?"), der in dem argumentativen Charakter der Frageform deutlich seinen Ursprung aus einer Debatte zeige (S. 17), sei ursprünglich nicht mit der Situation in V. 18 verbunden gewesen.

„Das Logion war ... ursprünglich isoliert, und es wurde zu einem Apophthegma verarbeitet, als die Frage nach dem Verhältnis der Gemeinde zur Täufersekte aktuell war ... V. 19b ... und V. 20 sind eine sekundäre Weiterbildung von V. 19a" (S. 17). „Vielleicht stammt diese Weiterbildung von Mk selbst, jedenfalls wohl die Anfügung des überlieferten Bildwortes V. 21f, das er im Sinn von V. 18f aufgefaßt wissen will" (S. 18).

Etwa ähnlich äußert sich M. Waibel[88] zur Perikope; freilich sind ihrer Meinung nach V. 18 (mit Abstrichen) und V. 19a eine ursprüngliche Einheit. Sie habe gelautet: „Und es kom-

---

[88] Maria Waibel: Die Auseinandersetzung mit der Fasten- und Sabbatpraxis Jesu in urchristlichen Gemeinden, in: G. Dautzenberg, H. Merklein, K. Müller (Hrsg.): Zur Geschichte des Urchristentums, 1979, S. 63-96. Nachweise aus dieser Arbeit werden im folgenden im Text in Klammern gegeben.

men Leute zu Jesus und sagen ihm: Warum fasten die Jünger
des Johannes, deine Jünger aber fasten nicht? Da sprach Jesus
zu ihnen: Können etwa die Hochzeitsgäste fasten?" (S. 71).
Historisch „liegt die Erinnerung zugrunde, daß Jesus nicht
fastete und daß er dies mit dem Hinweis auf das Nicht-Fa-
sten-Können der Hochzeitsgäste, auf die schon in die Gegenwart hereinreichende eschatologische Hochzeitsfeier begründete" (S. 74f). Das Bild von der gegenwärtigen Hochzeit, auf dem Jesu Wort von den Hochzeitsgästen basiert,
stelle in der frühjüdischen Literatur ein gebräuchliches Bild
für das eschatologische Heil dar (also ,Hochzeit' als Bild für
,Reich Gottes') (S. 73). V. 21 sei gegen Bultmann (s.o.) mit
der ältesten Überlieferung gekoppelt gewesen (S. 78), während mit dem Tod Jesu — sichtbar in V. 20 — die Wiederaufnahme des Fastens begründet werde (S. 71). Daraus folge,
    „daß die urchristlichen Gemeinden sich dem Verhalten und Wort
Jesu verpflichtet wußten und sich zugleich doch zu einer Uminter-
pretation angesichts der veränderten Verhältnisse befugt sahen. Jesu
Verhalten und Worte stellten also für die Christen in der Nachfolge
Jesu kein starres Gesetz dar, das sie gleichsam buchstabengetreu rea-
lisieren mußten" (S. 96).
    D. antwortet darauf prinzipiell und polemisch, ohne die
Richtigkeit der exegetischen Analyse zu bestreiten:
    „Es ist erneut an diesem Beispiel zu ersehen, was die historisch-
kritische Methode leistet und was sie nicht leistet: sie ist notwendig,
wenn man die geschichtliche Relativität und Wandelbarkeit aller
Dinge erforschen will, und sie ist kritisch genug, um immer wieder
zu zeigen, wie fragwürdig die Mittel sind, mit denen religiöse Überlieferung und Praxis sich selbst zu legitimieren suchen (G.L.: das
sind anerkennenswerte positive Bemerkungen). Mit keinem Wort indessen wird der *symbolische* Gehalt des Hochzeitsbildes selber psychologisch aufgearbeitet, und vor allem das Entscheidende an der
Person Jesu geht unter den jeweiligen historisierenden Redensarten
vollkommen unter: daß Jesus den Menschen so dicht vor Gott stellt,
daß sein Leben darunter endgültig (,eschatologisch') heil werden
konnte! Einzig in *dieser* Weltsicht brauchte es kein ,Fasten' mehr zu
geben und A. Jülicher ... hatte völlig recht, als er schrieb: ,damit ist
die pharisäische und kirchliche Fastenpraxis, die für bestimmte Tage
im voraus Fasten vorschreibt und gute Werke verherrlicht, gerichtet.
Und den Umweg der bestellten Traurigkeit, den das Pharisäertum
(Mt 6,16) in Bereitschaft hatte, würde seine (sc. Jesu, d.V.) Wahrhaftigkeit nie gebilligt haben.'[89] Der Unterschied ist eklatant: Geht man

---

[89] Adolf Jülicher: Die Gleichnisreden Jesu II, 1910, S. 185.

rein historisch-kritisch vor, ist natürlich jede Wandlung möglich, und die Wandelbarkeit selber wird schließlich zum einzig wirklichen Verkündigungsinhalt; geht man von dem religiösen Inhalt aus, so hat die Kirche durchaus nicht das Recht, die Haltung Jesu zugunsten eines neuen Pharisäismus zu ändern, wie sie will. Es ist im Gegenteil traurig bestellt um eine Kirche, die sogar den Ausdruck der Trauer: das Fasten, erneut zur Pflicht erhebt. Es zeigt sich jedoch gerade an einer solchen Stelle u.a. auch, warum die historisch-kritische Methode (inzwischen) auch in der Kirche sich einer solchen Beliebtheit erfreut: sie ist in ihren Ergebnissen stets offen, und man kann mit ihr machen, was man will" (S. 253 Anm. 15f).

Kritik: a) Daß man mit der historisch-kritischen Methode machen kann, was man will, ist eine üble Karikatur. Es ist aber erkannt, daß sie kein religiöses Verständnis bereitstellen will und kann.

b) Der Satz, daß Jesus den Menschen so dicht vor Gott stellen wollte, daß sein Leben darunter endgültig ('eschatologisch') heil werden konnte, müßte historisch — in seinem Individualismus — erst einmal verifiziert werden.

c) Die Polemik gegen die Fastenpraxis der heutigen römisch-katholischen Kirche („neuer Pharisäismus") beruht (neben seinem ärgerlichen Antijudaismus) auf der Verkennung der Realität von Institutionen und der positiven Funktion, ja der Notwendigkeit von Ritualen und Ordnungen. So wurzelte der Protest Jülichers gegen eine kirchliche Fastenpraxis in einer generell antikultischen Einstellung des liberalen Protestantismus, die das kultische Phänomen der Religion völlig aus den Augen verloren hatte[90] und die sicher überholt ist. Die Wiederentdeckung von Ritualen im Gottesdienst[91] bedeutet eine Entlastung des einzelnen.

B

D. beginnt seine tiefenpsychologische Exegese mit der Überlegung, jede Religion bedeute buchstäblich eine Aufforderung zum Fasten. Sie enthalte ein Sentiment der Weltabkehr, und die Pharisäer und Johannesjünger wunderten sich

---

[90] Vgl. dazu Lüdemann, Wissenschaftverständnis (o. S. 20 Anm. 26), S. 95f.

[91] Vgl. Manfred Josuttis: Der Weg in das Leben. Eine Einführung in den Gottesdienst auf verhaltenswissenschaftlicher Grundlage, 1991 (Lit.).

völlig zu Recht, daß es offensichtlich in der Nähe Jesu anders sein soll. *"Fasten* ist wesentlich ein Ausdruck von Traurigkeit, und alle Traurigkeit ist letztlich nur ein Ausdruck des Gefühls, etwas Wesentliches verloren zu haben" (S. 250).

Die herkömmliche exegetische Auskunft, das Bild vom Bräutigam sei eine verhüllte Messiasbezeichnung Jesu und die Zeit, da er und seine Jünger nicht fasteten, messianische Heilszeit, bleibe inhaltsleer,

„wenn nicht verständlich gemacht wird, was mit ‚Messias' oder ‚Bräutigam' gemeint ist, und zwar so, daß sich daraus eine sinnvolle Antwort auch für die Nicht-Notwendigkeit und Überflüssigkeit des Fastens ergibt. Wieder ist hier die Tiefenpsychologie die Methode der Wahl, um den Sinngehalt biblischer Rede zu verstehen" (S. 254).

„Das Symbol des Bräutigams und der Hochzeitsgäste meint für Jesus offenbar, daß in seiner Nähe Gott und Mensch, Diesseits und Jenseits, Zeit und Ewigkeit, Himmel und Erde aufhören könnten, Gegensätze zu sein" (S. 254f).

„In deutlichem Kontrast zu allen naturhaften Religionen und auch zu allen angstverkrampften Gottesbekenntnissen des alten Israel hob er hervor, daß seine Auffassung von Gott einem völligen Bruch mit allem Überlieferten gleichkomme, so daß es auf eine reine Flickschusterei hinauslaufen würde, die überkommenen Vorstellungen von Gott mit dem Aufbruch seiner neu gefundenen Entdeckung ineins setzen zu wollen. In der Tat kann der Gegensatz nicht größer sein. Der Weg Jesu ist der Weg einer *Synthese*, einer so noch niemals gesehenen und mit unerhörter Sicherheit gelebten Einheit zwischen Gott und Mensch, zwischen Ewigkeit und Zeit, zwischen Schöpfer und Geschöpf, zwischen Himmel und Erde, zwischen Unendlichkeit und Endlichkeit" (S. 257f).

„Insofern kann sich in der Sicht Jesu erfüllen, was die Märchen und die Mythen der Völker aller Zeiten sich erträumten: Daß unser Leben aus der Trennung und Zerrissenheit zu einer tieferen Einheit zurückfinde und zu dem Zeugnis einer unveräußerlichen Freude werde. Das Leben als Hochzeit, als Einladung zu dem Fest der Einheit mit Gott, mit sich selbst und mit der Welt, — *das* war es, was Jesus als die tiefste Überzeugung in sich trug und was er allen bringen wollte, so sehr, daß er sich selbst in diesem Bildwort als den ‚Bräutigam' schlechthin bezeichnen konnte" (S. 262).

Die Buß- und Opferrituale der Religion wollten in magischer Weise die furchtbare Angst am Grunde der Existenz bannen. Zu V. 20 heißt es in diesem Zusammenhang: Jesus hat „offenbar vorausgeahnt, daß es so kommen müßte: man würde ihn hassen für seine Gelöstheit ... kurz, man würde ihn *als Person* zurückstoßen, wie um dadurch ein Recht zu erlangen, weiter in Angst und Zerrissenheit als mechanische

Puppen, als dressierte *Unpersonen*, dahinvegetieren zu können" (S. 264f).

Zu V. 21 bemerkt D.:

„Was Jesus sagte und in seiner ganzen Person lebte, mußte wirklich *mit Notwendigkeit* die alte Angst der Religion bzw. die alte Religion der Angst zerreißen — ganz so, *wie neuer Wein die alten Schläuche*; wie aber, wenn es unvermeidlich ist, daß Jesus dabei selbst zerrissen wird von den Gärungs- und Zersetzungsprozessen der Angst?" (S. 266).

Kritik: D. hat diesen Abschnitt unter der nicht neuen Voraussetzung[92] interpretiert, daß Jesus sich mit der jüdischen Religion der Angst auseinandergesetzt habe. Stimmt diese Voraussetzung, so ist die Auslegung zu den stärksten des Markus-Kommentars zu zählen. Aber sie ist zumindest in der Ausschließlichkeit zu bestreiten, wie D. sie unhinterfragt einführt. Weiter: Alle Opfer- und Bußrituale als Versuch zu werten, die furchtbare Angst am Grund der Existenz mit Hilfe einer völlig *verzweifelten Magie* zu bannen, ist zumindest einseitig. Die genannten Elemente haben doch, ebenso wie auch die Thora, die positive Funktion von Ordnungselementen, ohne die Leben völlig undenkbar wäre. (Während Protestanten den Kult wiederentdecken, scheinen manche Katholiken ihn verlassen zu wollen.)

Exegetisch ist überdies zu fragen, wie sich D.s Auslegung dieses Abschnitts zu Mk 1,44 verhält. J. Wellhausen bringt das hier vorliegende Problem auf den Punkt. Er schreibt zu Mk 2,21-22: „Jesus statuiert offenbar eine Regel für sein eigenes Wirken. Dabei fällt der vollendete Radikalismus auf, dem er praktisch doch nicht huldigt; denn er hält für seine Person am Alten Testament und am Judentum fest" (Mk, S. 19).

Mk 2,23-28: Das Ährenausraufen am Sabbat

A

Die Perikope wird in der Sekundärliteratur auf zweierlei Art analysiert: a) V. 23f.27 gehören zusammen und V. 25f.28

---

[92] Vgl. Oskar Pfister: Das Christentum und die Angst, 1944 (= 1975).

sind spätere Zusätze; b) V. 23-26 sind eine ursprüngliche Einheit und V. 27f wurden zusammen oder einzeln hinzugefügt. Gegen Möglichkeit a) spricht jedoch, daß im Streitgespräch die Gegenfrage Jesu (V. 25f) stilgemäß ist. (Vgl. Bultmann, S. 14, der zusätzlich vermutet, daß „der Schriftbeweis [sc. V. 25f] auch ohne den szenischen Rahmen in den Debatten der Urgemeinde eine Rolle gespielt hat" [ebd.]).

Im allgemeinen wird das Streitgespräch für unhistorisch gehalten (weil eine Praxis der Gemeinde zugrunde liegt), V. 27 aber für echt (und V. 28 für eine christologische Reflexion der Gemeinde). Indessen ist J. Wellhausens Bemerkung beachtlich: „Der Grundsatz 2,27 wird ähnlich auch von einem Rabbinen ausgesprochen. Es würde Jesu keinen Eintrag tun, wenn er ihn sich angeeignet hätte. Indessen die Priorität ist zweifelhaft" (Mk, S. 21).

D. referiert verschiedene exegetische Beiträge zur Perikope, entscheidet sich aber für keinen der Vorschläge, außer dafür, V. 25f (die Berufung auf das Beispiel Davids in 1Sam 21,7) für sekundär zu halten. Begründung: „Der Unterschied zwischen der Einstellung Jesu und jeder Art von Schriftgelehrsamkeit ist nicht zuletzt daran erkennbar, daß Jesus sich weigert, die Bibel zu zitieren" (S. 271 Anm. 5).[93]

Zur These, daß die Gemeinde mit V. 28 in christologischer Reflexion unter Berufung auf Jesus neu bestimmt, was am Sabbat erlaubt sei, bemerkt D.:

„Solche Feststellungen mögen historisch durchaus zutreffen; was aber will man daraus ehrlicherweise folgern, außer, daß offenbar

---

[93] Man vgl. noch die Auslegung der vorliegenden Perikope durch einen so verdienstvollen Forscher wie Herbert Braun: Jesus. Der Mann aus Nazareth und seine Zeit, 1969, S. 79-83. Braun sieht in V. 27 eine „Antithese gegen jüdisches Denken" (S. 81). „In jüdischen Texten ist das Wort, daß der Sabbat den Juden und nicht sie dem Sabbat übergeben sind, ein einsamer Vogel auf dem Dach und hat nie (sic!) ein sabbatkritisches Verhalten gezeigt" (ebd.). V. 25f sollten Jesu Sabbatfreiheit einschränken. Was Brauns „theologischen Antijudaismus zugleich so sinnenfällig wie unerträglich macht, ist die schonungslose Offenheit, mit der er diese Vorurteile aussprach, als seien sie begründete Wahrheiten" (Willy Schottroff: Herbert Braun — eine theologische Biographie. Zu Größe und Grenze einer liberalen Theologie, in: ders.: Das Reich Gottes und der Menschen. Studien über das Verhältnis der christlichen Theologie zum Judentum, 1991, S. 195-229, hier S. 228).

schon die frühe Kirche mit der Jesus-Überlieferung gemacht hat, was sie jeweils glaubte tun zu müssen? Keinerlei geschichtliche Betrachtung der Geschichte vermag irgendeine gültige Wahrheit aus ihren Ergebnissen abzuleiten, und so gilt es wieder, in der Auslegung der Stelle von gerade *der* Frage auszugehen, die historisch-kritisch niemals gestellt werden kann: was eigentlich in der Haltung Jesu sich ausspricht, wenn er den Menschen in solcher Weise gegenüber dem Gesetz freispricht" (S. 271 Anm. 4).

B

D. bedient sich an dieser Stelle also durchaus historisch-kritischer Ergebnisse, will sie aber durch tiefenpsychologische Exegese vertiefen. Das sieht dann im Anschluß an die Erkenntnis, daß V. 28 von der Gemeinde stammt, so aus: Die frühe Kirche behauptete, der Menschensohn sei Herr über den Sabbat. „So aber hat Jesus es nicht gemeint. Es war ihm hier gar nicht um eine persönliche Sonderstellung zu tun; sondern jeder sollte sich in seinen Augen als Herrn fühlen gegenüber dem Sabbat, gegenüber dem Gesetz des Moses, gegenüber allen Vorschriften" (S. 270f). (D. hätte diese Sätze noch unter Hinweis auf V. 27 präzisieren können: „Der Sabbat ist um des Menschen willen gemacht, nicht der Mensch um des Sabbats willen").[94]

Sein eigentliches theologisches Interesse wird dort deutlich, wo er die Perikope in Richtung auf die Freiheit Jesu gegenüber der Moral, gegenüber den Gesetzen, gegenüber der Religion versteht (und sie als Möglichkeit für Christen heute verallgemeinert):

„Es war eine Freiheit nicht der Bindungslosigkeit, sondern vielmehr der absoluten Gebundenheit des Lebens an die Weisung Gottes. Es war ein Bekenntnis zu der grenzenlosen Herrschaft Gottes über uns Menschen anstelle der begrenzten und begrenzenden Herrschaft des Menschen über den Menschen ... Mit der Auflösung *äu-*

---

[94] Ähnliches findet sich bei seinem Hauptkontrahenten Pesch, der schreibt: „Jesus proklamiert nicht die Autonomie des Menschen, aber das Heil des Menschen als Ziel des Willens und der Verfügungen Gottes. Das Sabbatgebot ist nicht durch religiöse, das Interesse Gottes artikulierende Interpretation richtig ausgelegt, sondern durch humane, das Interesse Gottes am Heil des Menschen erkennende Auslegung" (Mk I, S. 185). Man vgl. dazu unten S. 139 Anm. 132 (E. Hirsch).

ßerer Ordnungen ist an sich ja nicht viel gewonnen; die eigentliche Frage lautet nicht: wie zerschlägt man die bestehenden Verfassungen, sondern vor allem: wie befreit man den Menschen, oder besser: wie befreit man die eigene Person von der Angst, sich selbst zu begegnen und sich Gott auszuliefern?" (S. 277).

Das sind gewiß eindrucksvolle Interpretationsmöglichkeiten der Worte Jesu von damals für heute, auch wenn sie zur Zeit Jesu etwas ganz anderes aussagten und meinten (s. unter A) und letztlich an einer falschen Entgegensetzung von „innen — außen" kranken. Auch hätte man gerne mehr über die *positiven* Weisungen Gottes in der Gegenwart gehört.

Hingewiesen sei ergänzend auf die sozialgeschichtliche Auslegung des vorliegenden Textes durch L. Schottroff und W. Stegemann[95]: Sie berücksichtigen die historisch-gesellschaftliche Situation bei der Deutung der vorliegenden Perikope und weigern sich mit Recht, „das Verhältnis der ältesten Jesustradition zu Pharisäern oder vergleichbaren jüdischen Gruppen ... als dogmatisch-grundsätzliche theologische Auseinandersetzungen (sc. zu) sehen" (S. 69). Ausgehend von der Mt-Parallele (Mt 12,1-8), wo der Hunger der Jünger Anlaß für das Ährenraufen ist, meinen sie, es gehe in der ursprünglichen vormarkinischen Perikope um die Aussage, der Hunger der Armen sei in den Augen Gottes wichtiger als der Sabbat. „Die Jesusnachfolger haben den Sabbat demonstrativ durch Wunderheilungen und durch Ährenraufen verletzt, sie haben damit ausgedrückt, daß jetzt die Herrschaft Gottes beginnt, in der den Armen endlich das zuteil wird, was ihnen vorenthalten wurde" (S. 68).

Auch wenn man über die Korrektheit dieser historischen Konstruktion streiten kann (textanalytisch läßt sich die von den Verfassern dafür vorausgesetzte Textfassung nicht mehr erweisen), so wird doch eine bei D. nicht deutlich gewordene irdisch-realistische Sinndimension sichtbar, die dem Auslegungsgefälle der Perikope zumindest nicht widerspricht.

---

[95] Luise Schottroff/Wolfgang Stegemann: Der Sabbat ist um des Menschen willen da. Auslegung von Markus 2,23-28, in: Willy Schottroff/Wolfgang Stegemann (Hrsg.): Der Gott der kleinen Leute. Sozialgeschichtliche Bibelauslegungen, Bd. 2: Neues Testament, 1979, S. 58-70. Nachweise aus dieser Arbeit im folgenden in Klammern im Text.

Mk 3,1-12: Die Heilung der verdorrten Hand am Sabbat und weitere Heilungen am See

A

Diese von D. unter der Überschrift „Die Starrnis des Herzens und die Erlaubnis zum Guten" (S. 280-294) als Einheit behandelte Perikope wird in der Exegese herkömmlich in V. 1-6 und V. 7-12 unterteilt. (D. behandelt hier faktisch nur V. 1-6, abgesehen von einigen abgerissenen Sätzen zu V. 7-12 auf S. 294.)

V. 1-6: Nach Bultmann (S. 9) ist die Perikope ein Streitgespräch mit geschlossenem Aufbau. „Sie aber schwiegen" (V. 4) und die Heilung (V. 5) bildeten den organischen Abschluß der traditionellen Geschichte. V. 6 sei eine redaktionelle Zutat, denn der Vers verrate das biographische Interesse, das den Streit- und Schulgesprächen sonst fremd sei und der Pointe der Geschichte — der prinzipiellen Frage nach der Sabbatheilung — nicht entspreche (ebd.). Das Logion in V. 4 („Ist es erlaubt, am Sabbat Gutes zu tun, ein Menschenleben zu retten oder zu töten?") sei nie isoliert gewesen, denn „die Frageform entspricht als die typische Form des Gegenarguments dem in V. 2 enthaltenen Vorwurf" (ebd.).

Weitere Beobachtungen zu V.1-6: V. 1: „wiederum" (*palin*) verknüpft wie in 2,1 und 2,13 die Perikope mit dem Kontext. Ebenso wie in 2,1-13 gibt eine Heilung Jesu den Anlaß zu einem Einspruch gegen ihn von seiten der jüdischen Führer (V. 2; vgl. V.6 — ein Vorausverweis auf die Passion). V. 2: Die Sabbatthematik nimmt auf die vorige Perikope (2,23-28) Bezug. V. 3: Indem der Mensch in die Mitte tritt, wird ausgedrückt: Es geht um den Menschen (nicht um das Gesetz) — ebenso wie in 2,27. Zur Zusammengehörigkeit von 3,1-6 mit 1,21-28 und 2,1-12 im Kontext vgl. die Bemerkungen zu Vollmacht, Heilung und Lehre Jesu in 1,21-28 (o. S. 68).

V. 7-12: Der Abschnitt ist ebenso wie 1,32-34(39); 6,53-56 eine redaktionelle summarische Bildung (vgl. Bultmann, S. 366). Im Vergleich zu 1,32-34 ist das Interesse der Menschen an Jesus gesteigert (s. besonders V. 7f), und die Dämonen sprechen nur hier das Bekenntnis, Jesus sei der Sohn Gottes (V. 11). Der erzählerische Schwerpunkt liegt mehr auf diesen Reaktionen auf Jesu Wundertaten als auf den Taten (V. 10a) selbst.

Auf die exegetischen Fragen geht D. nur kurz ein und bezeichnet es es als sein eigentliches Auslegungsziel,
„herauszuarbeiten, warum gerade die Heilung eines Menschen
Anlaß zum Streit geben *muß*, ja, in diesem Falle sogar bereits das Todesurteil über Jesus einleitet (G.L.: V. 6 ist doch in jedem Fall sekundär und kann eine solche Aussage nicht stützen). Nicht die historischen, sondern die psychologischen Zusammenhänge, die der Text
anspricht, müssen herausgestellt werden, um die bleibende Aktualität einer solchen Erzählung zu verstehen"(S. 281 Anm. 2).

B

Thema des Textes sei der (lt. S. 284 Anm. 5) tödliche „Gegensatz zwischen der Evidenz menschlicher Not und der Ab-
straktheit gewisser moralischer und rechtlicher Bestimmungen" (S. 281). „Ein und dasselbe scheint es ... für Jesus gewesen zu sein, einen Kranken ... zu heilen und die bestehende
Religion anzugreifen, die ‚Gott' nur im Munde führt, um den
Menschen ... gefangenzuhalten" (S. 282). Kranke erschienen
im Neuen Testament als „Symptomträger und Opfer einer an
sich selbst erkrankten, pathologisch gewordenen Form von
Religiosität" (S. 282). Die historisch-kritische Methode in-
teressiere sich jedoch einzig für die literarische Gestaltung
des Textes, nie für diese in ihnen erzählte Wirklichkeit (S. 282
Anm. 5). Deshalb interpretiert D. die Art der Krankheit
(Lähmung der [rechten] Hand) und ihre Heilung ausführlich
psychoanalytisch (S. 282f). Er schreibt:
„Im Fall der *Lähmung* der *rechten Hand* muß man psychodyna-
misch von einer Angst ausgehen, die *chronisch* den Gebrauch der *be-
wußten* Handlungsseite verbietet, so wie wenn unsichtbar stets jemand neben dem Kranken stünde und ihn für jede Regung seiner
‚bösen Hand' schlagen würde. *Was* eigentlich durch Lähmung unter-
bunden werden soll, geht aus dem Text freilich nicht hervor; als das
klassische Thema der Hysterie böten sich allerdings sexuelle Handlungen oder auch bestimmte aggressive Äußerungen an; noch früh-
zeitiger gehemmt sein kann indessen auch das *oral-kaptative* Erleben
... In jedem Falle muß man bedenken, daß es sich symbolisch gesehen um eine Unfähigkeit handelt, das eigene Leben buchstäblich selber ‚in die Hand zu nehmen'; die Heilung einer solchen Krankheit
besteht demgemäß darin, einen Menschen sich selber wieder zurückzugeben. *Deshalb* stellt Jesus den Kranken *in die Mitte* aller, auf daß
er sich selber endlich einmal in den Mittelpunkt gestellt sieht (S. 283
Anm. 5).
Zwischenkritik: Im Text steht nichts von der rechten Hand

(sie stammt aus Lk 6,6). Es ist verwunderlich, wie D. trotzdem so weitreichende Schlüsse ziehen kann.

D. meint, eine sachgemäße Auslegung von Wundergeschichten induziere die gleichen Heilungen und die gleichen Konflikte wie damals (S. 284 Anm. 5). Im Zweifel gelte das „menschliche Gefühl" statt des (göttlichen!) Gesetzes der Theologen (S. 285), denn zwischen beiden dürfe es an sich keinen Widerspruch geben (S. 286). Gott sei jedem einzelnen nahe und wolle sein Glück auf dieser Erde, statt „,fern' und ungerührt" zu bleiben (S. 286), das gelte besonders für die Armen, Kranken, Verlorenen. Jesus wirke Wunder aufgrund des Vertrauens und kraft der Freiheit, die er verkörpere (S. 287). Gott wirke heute durch uns Menschen (S. 289). Die Sabbatfrage bedeutete zur Zeit Jesu etwa das Gleiche wie die Frage des Schußwaffengebrauchs an der Grenze zur (ehemaligen) DDR oder des Ehescheidungsverbots der römisch-katholischen Kirche (S. 290-292). Im Verhältnis von „Gesetz und Menschlichkeit" dürfe nicht — so die Intention Jesu — die Wahrheit Gottes mit „der Angst und der Engstirnigkeit der Theologen verwechselt werden" (S. 292f). An Jesus zeichne sich der Beginn einer Polarisation ab, zwischen der Not der Menschen, die zu ihm drängen, und der Welt der ‚Dämonen', den „Geister(n) und Gedanken, die Gott zu dienen meinen, indem sie nur zerstören ... können, was im Menschen leben möchte" (S. 294).

„Eine Exegese von Texten, die über Leben und Tod entscheiden, muß selbst den Leser auf Leben und Tod anfordern, oder sie steht selber ... auf seiten des Todes, indem sie an den bestehenden Konflikten vorbei ersatzweise die Vergangenheit verherrlicht. Was wäre ‚Tod' anderes als *vergangenes* Leben?" (S. 294 Anm. 20).

Kritik: Die Ausführungen sind durchaus mögliche homiletische Anregungen. Doch ist ‚Tod' nicht einfach synonym zu ‚vergangenes Leben', denn es ist der *vergangene*, historische Jesus, der letztlich der Ursprung und Brunnquell christlichen Glaubens ist. An ihm entzündet sich gegenwärtiges Leben bzw. an ihn knüpft es an. An der Abständigkeit des historischen Jesus ist dabei festzuhalten, denn in der Differenz zu ihm werden die heutigen Herausforderungen erst klar erkannt und der von ihm ausgehende Anstoß aktuell.

Mk 3,13-19: Die Berufung der zwölf Apostel

A

Der einleitende V. 13 ist ganz unbestimmt und sein Verhältnis zum vorigen Abschnitt undeutlich. Der „Berg" hat wohl eine symbolische Bedeutung und bezeichnet den Ort der Epiphanie (s. zu 9,2). Nach Bultmann liegt V. 14a.16-19 ein (traditioneller) Apostelkatalog zugrunde (S. 65). V. 14b-15 sind wohl eine mk Einfügung. Markus motiviert so auf der Erzählebene die ständige Begleitung Jesu durch die zwölf Jünger sowie deren Aussendung (vgl. Bultmann, S. 366). Die Jünger erhalten die gleiche Vollmacht, „Dämonen auszutreiben", wie Jesus sie wiederholt unter Beweis gestellt hat. Zusammenfassend kann man zur Komposition der vorliegenden Szene feststellen, daß Markus in die ihm überlieferte Namensliste der Apostel referierende, erzählende Zwischenbemerkungen eingefügt und sie mit einem erzählenden Rahmen versehen hat (vgl. Bultmann, S. 65).[96]

D. beginnt mit einem Referat der historischen und theologischen Fragen, die sich an der Einsetzung der Zwölf durch Jesus entzündet haben (vgl. den Überblick S. 296f Anm. 5). Gegenüber der historischen Rückfrage gelte freilich: „Nicht ob Jesus zu Lebzeiten in äußerem Verstande einen Kreis der ‚Zwölf‘ gegründet hat, ist die entscheidende Frage, sondern ob *innerlich* die gemeinte *symbolische* Wirklichkeit eines solchen Zwölferkreises sich mit der Person Jesu in Verbindung bringen läßt" (S. 297).

B

Religiöse Wirklichkeit könne „sich nur in Symbolen ausdrücken ..., die als Bildgestalten ihre Zeit unendlich überragen; sie werden nicht von den Zeitumständen geschaffen und verursacht, sondern allenfalls veranlaßt und ermöglicht" (S. 297 Anm. 5). Die Zwölfzahl symbolisiere „den Zustand endgültigen Heils" (ebd.). Es gehe dabei um das Wesen einer Kir-

---

[96] Ähnlich Martin Dibelius: Die Formgeschichte des Evangeliums, ⁶1971, S. 226.

che, die sich auf diese Zwölf gründet, statt um ihre äußere historische Gestalt (S. 305f). Wer „der Vision seiner Berufung folgt" (S. 298), der — so das Bergmotiv — überwinde „die Auslegung des Daseins in der ‚Ebene' .... und (sc. spannt) sein Leben in der Vertikalen zwischen ... Gott und Welt" aus, was bedeute, „die Auslieferung an die scheinbare Allmacht und Allgegenwart der Dinge und Menschen ringsum zu verlassen" (ebd.).

Dadurch werde Kirche legitimiert, nicht durch historische Ableitung (S. 305f). Es gehe bei der Liste des Apostelkatalogs "sicher nicht um ‚Ämter' und um ‚Titel', es geht ... um Daseinsformen" (S. 307). Jesus sei in den Umkreis der ursprünglich naturhaften, auf Tag und Nacht, Welt und Zeit verweisenden Zwölf-Symbolik eingetreten (S. 301f), „wenn er, stellvertretend für die zersplitterten Stämme Israels, auf dem Berge die Zwölf ... in seine Nähe ruft" (S. 303f). In ihrer allumfassenden mythischen Bedeutung sollten die Zwölf das Modell einer erstmals angstfreien Gemeinschaft von Menschen bilden (S. 304). „Es ist wie ein neuer Sonnenaufgang nach einer langen Nacht, was sich in der Person Jesu begibt — der Beginn einer wärmeren, helleren Welt, und die Jünger sollten darin so etwas sein wie die kosmischen Feuerzeichen und Orientierungspunkte" in dem großen Weltenjahr (S. 304). Auch wenn Jesus historisch diese universale Bedeutung nicht intendiert und seine Wirksamkeit sich auf Israel beschränkt habe, so müsse er doch gedacht haben, daß die Menschen am ehesten dort zum „absolut gütigen Hintergrund der Welt" zurückfinden (S. 304).

Mit dem wohl für die Stabilität stehenden „Felsen"-Menschen Petrus und den vermutlich Enthusiasmus meinenden „Donnersöhnen" akzeptiere die „Sonne" Jesus den für jede menschliche Gemeinschaft ewig notwendigen Gegensatz menschlicher Typen, ja in Judas selbst den Untergang, das Schicksal der Sonne (S. 309-311).

Kritik: Ein Kommentar zu den soeben aufgeführten überzogen-allegorisierenden Auslegungen erübrigt sich wohl. Mit seiner symbolischen Ausdeutung der Zwölf kann D. den historischen, von ihm selbst notierten (S. 304) Befund nicht verändern, daß Jesu Mission sich ausschließlich an Israel richtete (vgl. Mk 7,24-30). Statt die Symbolik aller Religionen zu bemühen, hätte D. zunächst einmal klären sollen, in welchem Kontext Jesus selbst die Zwölfzahl übermittelt wurde. Er schreibt zwar:

Es „gilt, die *Zwölfzahl* in sich selbst als ein *Symbol für den Zustand endgültigen Heils* zu verstehen, wenn in der Erwähnung der Zwölf irgendeine Bedeutung für die Gegenwart enthalten sein soll. Alles äußerliche, historische, womöglich durch geschichtliche Tradition oder Sukzession vermittelte Verständnis ‚der Zwölf‘ scheitert hier wie überall daran, daß alle religiöse Wirklichkeit sich nur in Symbolen ausdrücken kann, die als Bildgestalten ihre Zeit unendlich überragen; sie werden nicht von den Zeitumständen geschaffen und verursacht, sondern allenfalls veranlaßt und ermöglicht. Eben deshalb greift die historisch-kritische Methode bei der Erforschung religiöser Texte stets zu kurz, und stets bedarf es der Tiefenpsychologie, um (im Verein mit den Bildern der Religionsgeschichte) die überzeitliche (sic!) Bedeutung der religiösen Symbolsprache zu verstehen" (S. 297 Anm. 5).

Doch ist eine überzeitliche Symbolsprache wohl ein Unding, weil alles der Zeit unterworfen ist und selbst „Offenbarung" *in* der Zeit erfolgt, also geschichtlich ist. Eine Deutung, wie D. sie vorschlägt, geht überdies an Jesus vorbei, insofern die von Jesus gebrauchte Symbolzahl der Zwölf diesen bereits überragt. Was bleibt dann von Jesus übrig? Er ist letztlich austauschbar, falls nur jemand die überzeitliche Bedeutung der Symbolsprache benutzt.[97]

Mk 3,20-35: Die Ablehnung Jesu durch eigene Verwandte und durch Schriftgelehrte

A

D. zeigt sich über die exegetischen Fragen des Abschnittes informiert, doch ist das Kurzreferat (S. 313 Anm 2) im An-

---

[97] Hingewiesen sei an dieser Stelle auf die Kritik an Drewermann von Axel Denecke: Auf der Suche nach dem verlorenen Mann. Märchen und Bibel im Gespräch, 1991, S. 20: „Der ‚kosmische Christus‘, der überall — in allen Religionen, Kulturen, Zeiten — zu finden ist als ‚Ur‘-Traum der ganzen Menschheit, *und* die konkrete, einmalige, historisch faßbare Gestalt des jüdischen Menschen Jesus von Nazareth — an einem unaustauschbaren Ort, zu einer unaustauschbaren Zeit, dort und nicht hier, damals und nicht heute — zusammenzusehen und damit der historischen Einmaligkeit des ‚menschgewordenen Wort Gottes‘ voll gerecht zu werden, scheint mir Drewermann nicht zu gelingen."

schluß an Pesch (Mk I, S. 209) eher verwirrend und trägt für seine Auslegung gar nichts aus. Deshalb zunächst wieder die Analyse Bultmanns:

In V. 20-35 liege wie in 5,21-43; 11,12-25; 14,1-11 eine typisch mk Verschachtelung zweier Geschichten vor:

Die *erste* Geschichte sei enthalten in V. 20f und V. 31-35 (Ablehnung Jesu durch eigene Verwandte): V. 20 sei redaktionell, denn „als sie hörten" (V. 21) habe in V. 20 nicht genügend Rückhalt (S. 28). Die vormarkinisch zusammengehörigen Traditionen seien also V. 21 und V. 31-35. Doch die Verbindung von V. 31-34 und V. 35 sei nicht ursprünglich und V. 31-34 eine sekundär aus V. 35 gebildete Szene: „Der Inhalt des Logions V. 35 sollte in einer idealen Szene abgebildet werden" (S. 29). Die Form sei ein biographisches Apophthegma (S. 58) mit symbolhaftem Charakter (S. 59). Bezüglich des *Ursprungs* bestimmt Bultmann V. 21 als Gemeindebildung unter Einfluß alter Tradition, wobei V. 21 nicht einfach aus V. 35 herausgesponnen worden sein könne, sondern vermutlich einen historischen Kern habe (S. 29.52). V. 35 sei Gemeindebildung (S. 153f), wobei der Begriff „Wille Gottes" auf die palästinensische Gemeinde verweise (S. 63). *Pointe*: V. 35 sagt aus, in welcher Weise es „möglich ist, in ein Verhältnis zu Jesus zu treten, das wie ein persönliches gerechnet wird" (S. 154).

Die *zweite* Geschichte sei enthalten in V. 22-30 (Ablehnung Jesu durch Schriftgelehrte): *Redaktionell* sei V. 22a (S. 12.54.356). Sodann motiviere Markus mit V. 30 („Denn sie hatten gesagt: Er hat einen unreinen Geist") nachträglich die Einfügung des Spruchs V. 28f (Lästerung des Geistes) (S. 66) und schließe damit zugleich in V. 30 die Komposition, indem er zum Anfangs- bzw. Ausgangspunkt (V. 21b: „ ... sie sagten: ‚Er ist von Sinnen'") zurücklenke (S. 357).

Tradition: Kleinste Einheiten sind der Analyse Bultmanns zufolge V. 22b-26, V. 27 und V. 28f. — V. 22b-26: Zwar könne das Bildwort V. 23b-25 für sich allein existiert haben, doch wahrscheinlich sei V. 22b-26 (mit der Vorgeschichte einer vorangegangenen Dämonenverbannung wie in Q [Mt 12,22/Lk 11,14f.17f] — eine Fassung, die gegenüber der vorliegenden Tradition ursprünglich ist) der Grundstock: Die Einteilung in Angriff und Antwort als doppelgliedriges Bildwort (gespaltenes Reich und entzweites Haus) entspreche der typi-

schen Form jüdischer Debatten (S. 10f). V. 27 sei ein doppelgliedriges Bildwort (S. 181), V. 28f ein Gesetzeswort bzw.
eine Gemeinderegel (S. 138).

Historisches: V. 27 könnte von Jesus aus dem Hochgefühl
eschatologischer Stimmung gesprochen worden sein[98] und
ebenso V. 24-26, falls die Deutung auf den Satan zulässig sein
sollte (S. 110).

B

In dem Streitgespräch gehe es um die Frage, „woran wir
wirklich glauben" (S. 313.319). Wie die Angehörigen Jesu vertrauten wir „fertigen Erklärungen" (S. 312), einem fertigen
System verinnerlichter Angst und Gewalt mit seinen krank-
machenden Normen (S. 315.313). Eine Exegese, die diesen
Rahmen nicht verlasse, deren theologische Denkkategorien
nicht auf einen tiefenpsychologisch vermittelten Erfahrungs-
hintergrund bezogen würden (S. 317 Anm. 8), könne nicht
beanspruchen, „Engagement für ... Transzendenz" (S. 314
Anm. 4) zu sein. Doch die historisch-kritische Methode habe
gerade das „zu tun sich verpflichtet: im Nachsprechen historischer Formeln eine vermeintlich objektive Wirklichkeit zu
rekonstruieren, die man, statt vom Menschen her, aus den
Bedingtheiten ihrer Zeit und dem Zusammenhang bestimmter Lehrtraditionen zu verstehen sucht" (S. 316 Anm. 6).

Solche ‚Dämonie' zittere „vor nichts *mehr* ... , als wenn
ein Mensch beginnt, ‚ich' zu sagen" (S. 318), um so die Flucht
vor sich selbst in das Kollektiv und die Objektivität zu beenden (S. 318). *Jede* Teufelsaustreibung sei immer auch ein ge-
zielter Angriff auf die herrschende Theologie der Zeit (S.318
Anm. 10), bei deren Vertretern sich „immer wieder ... die
subjektive ‚Besessenheit' und die objektive Subjektlosigkeit
der ‚Amtsinhaber' ineinander" verschränkten — "Unpersonen, die unerträglich wären, wäre es nicht allerorten allgemeine Pflicht, sie zu ertragen" (ebd.).

Jesus dagegen „erträumte und verwirklichte eine Zusammengehörigkeit, eine Familie von Menschen" (S. 321), die

---

[98] Vgl. Rudolf Bultmann: Jesus, 1967 (1926), S. 119: Jesus „hat ...
offenbar selbst seine Wunder als ein Zeichen für das Hereinbrechen
der Gottesherrschaft aufgefaßt (Luk 11,20; Mark 3,27; Mtth 11,5)."

sich nicht sorge (S. 316), sondern sich „auf die Evidenz der Liebe" gründe, „auf die Bindungsenergie einer Gemeinsamkeit von Menschen gleicher Überzeugungen" (S. 321).

Die Polemik S. 321 Anm. 14 ist ein merkwürdiger Ausrutscher, der keines weiteres Kommentars bedarf. D. schreibt:

> „Es ist bereits ein Hauptproblem, daß das Lehramt der katholischen Kirche in der Gegenwart gerade mit Berufung auf Jesus die ‚Seelsorge' an der ‚Familie' zum Zentrum ihrer ‚Pastoral' und ‚Moral' erklärt — als ob Jesus nicht gerade davor eindringlich gewarnt hätte, sich in dem Getto der bürgerlichen (sic!) Familie zu verkriechen!"

Kritik: D. kommt vor lauter Polemik nicht zur Auslegung des S. 311 ungenau übersetzten Spitzensatzes in V. 35, „wer den Willen Gottes tut" (D. übersetzt: „Denn (nur) wer tut, was Gott will … "). Dieser Wille Gottes ist für den Juden Jesus im AT (= die Thora) *vorgegeben*. Freilich ging es jeweils um seine konkrete Auslegung bzw. Zuspitzung oder (im Verhältnis zum AT) seine Verschärfung (s.u. S. 193f zur Scheidungsfrage).[99]

Mk 4,1-20: Das Sämannsgleichnis und seine Deutung

A

Redaktion: Nach Bultmann gehen V. 10-12 auf eine mk Einfügung zurück (Parabeltheorie). Darauf weise der Wechsel vom Singular „Gleichnis" (vgl. noch V. 13a) zum Plural „Gleichnisse" (V. 13b), was eine Erweiterung der einfachen Frage („ihr versteht dieses Gleichnis nicht?") zur allgemeinen Parabeltheorie darstelle (S. 351 Anm. 1).

V. 11 sei nicht ein selbständiges Traditionsstück, sondern nur als direkte Rede Bestandteil der Erzählung (S. 73). Markus mache V. 10 zur Szene der Jüngerbelehrung (S. 356).

Tradition: Die Deutung V. 13-20 sei wohl schon vormarkinisch hinzugewachsen. In V. 10 waren die Fragenden noch unbestimmt, und „Gleichnis" stand im Singular (vgl. Lk 8,9 [S. 351 Anm. 1]).

---

[99] Vgl. Ulrich Luz, in: Rudolf Smend/Ulrich Luz: Gesetz, 1981, S. 58-75 („Jesu Gesetzesverständnis").

V. 13-20 seien nicht deshalb sekundär, weil sie scheinbar allegorische Deutungen sind, sondern wegen der christlichen Terminologie (man vgl. z.B. den absoluten Gebrauch von „Wort" und Unebenheiten in der Deutung der Einzelzüge [S. 202]).

Die kleinste traditionelle Einheit liege in V. 3-8.(9?) (vgl. S. 189 und 352) vor. Bezüglich der Form sei die Perikope kein Gleichnis (= typischer Vorgang), sondern eine Parabel (Einzelfallerzählung) (S. 189).

Der ursprüngliche Sinn sei im Laufe der Tradition(sgeschichte) verlorengegangen. Bultmann fragt:

Ist er „Trost für jeden Menschen, wenn nicht alle seine Arbeit Frucht trägt? Ist (sc. die Parabel) ... in diesem Sinn gleichsam ein halb resignierter, halb dankbarer Monolog Jesu? ist sie eine Mahnung an die Hörer des göttlichen Wortes? der Predigt Jesu? der Verkündigung der Gemeinde? Oder ist in der ursprünglichen Parabel überhaupt nicht auf das Wort reflektiert" und sind die in die Welt gesäten Menschen gemeint (4Esra 8,41) (S. 216)?

Die sekundäre Deutung habe nur den Schein der Allegorese, da sie „die Entsprechungen von Bild und Sache durch einfache Identitätssätze ausdrückt und Metaphern verwendet. Ebenso macht es die rabbinische Deutung auch, ohne daß man ... deshalb von Allegorie reden dürfte" (S. 202 Anm. 2).

Gegen Bultmanns soeben zitierte Fragen zu V. 1-9 polemisiert D. wie folgt:

„Nichts in der historisch-kritischen Methode scheint schwieriger zu sein, als auf die Idee zu kommen, daß womöglich die eigene Fragestellung und Vorgehensweise unangemessen ist, wenn ‚bei vielen Gleichnissen'(Bultmann, A.a.O., 216) nur ein Wirrwarr verwirrender Hypothesen herauskommt" (TuE II, S. 740 Anm. 4), umso mehr, als in historischer Sicht diese Fragen prinzipiell niemals anders als annäherungsweise zu klären sind, „doch kein Mensch kann sein Heil auf die Hypothesen historischer Forschung gründen" (TuE II, S. 739).

Dagegen: 1. D.s psychoanalytische Theorien, die seiner Auslegung zugrunde liegen, sind ebenfalls hypothetisch. Trotzdem beansprucht er, mit ihrer Hilfe über Dinge ewigen Heils zu reden. 2. „Jesus ist ... eine durch historische Vermittlung hindurch uns begegnende Person, die wie alle lebendigen Personen in ihrem sich vernehmbar Machen nicht an die Zeit gebunden ist, ... alle Gewißheit im *persönlichen Verhältnis* geht an relativ zweifelhaftem, allein durch Interpretation sich erschließenden Material auf."[100] Mehr wäre weniger. 3. Bultmanns in Wahrhaftigkeit begründete Aussagen sind einzig und allein durch textlichen Aufweis zu widerlegen. „Der Tod ist die *Unwahrhaftigkeit*, vom geschichtlichen Herrn zu reden und vor dieser Forschung zu kneifen".[101]

An anderer Stelle (S. 327f Anm. 9) weist D. die Parabeltheorie Mk 4,10-12 gegen anderslautende Stimmen der vormarkinischen Tradition zu (nur „mit den Zwölfen" sei von Markus eingefügt). Der zweite Evangelist übernehme zwar die Parabeltheorie aus der Tradition, relativiere sie aber wegen der Gefahr, die Reich-Gottes-Verkündigung Jesu exklusiv zu verstehen: selbst die Jünger zeige er unverständig (V. 13). Das Verstockungszitat der Tradition greife er 8,14ff nochmals auf, um die Jünger zu charakterisieren (S. 328 Anm. 9). Gerade auch im Sinne des Markus liege es (so D. gegen die hist.-krit. Exegese), „die Unterscheidung zwischen Menschen insgesamt zu überwinden und als eigentlichen Boden der vielfältigen Saat das menschliche Herz zu sehen" (ebd.).

B

D. schlägt eine psychologische Deutung von Mk 4,3-9 vor, die den Anspruch erhebt, zum richtigen exegetischen Verständnis anzuleiten. Er schreibt:

„Dabei ist ohne jede Hypothesenbildung gerade im *Sämanngleichnis* das *Gefühl* unstreitig, auf welches die Erzählung Jesu einzugehen versucht: das Gefühl von Enttäuschung, Mutlosigkeit und Resignation; und man braucht nur Gefühle dieser Art als eine *wesentliche Frage* im menschlichen Leben auf dem Wege zu Gott aufzugreifen, statt das Thema *historisch* zu begründen und zu beantworten, und man wird alsbald begreifen, welch einen guten Sinn es hat, daß die ursprüngliche Tradition der Gleichnisse Jesu all die Fragen bewußt beiseite stellt, die beharrlich zu stellen und eifrig zu lösen die historisch-kritische Methode sich derart angelegen sein läßt" (TuE II, S. 740).

„Es gibt eine *Weltanschauung* oder, besser, ein *Lebensgefühl*, das so weit verbreitet, aber auch so quälend ist, daß Jesus ihm *das Gleichnis vom Sämann* offenbar widmen mußte. Die Gleichnisrede ist ja ... unvermeidbar, wenn man auf Fragen zu antworten versucht, die

---

[100] Emanuel Hirsch: Christliche Rechenschaft I, 1989 (= 1978), S. 32f.
[101] Hirsch, Rechenschaft I, S. 32.

man gar nicht mit Diskussionen klären kann, sondern nur, indem man die bestehende Anschauung der Dinge überprüft; und gerade zu Menschen, deren Seele unter der Last von Schmerz und Enttäuschung schwer wie ein Stein zu Boden gesunken ist, und die entsprechend sich schwer tun, einen neuen Standpunkt einzunehmen, spricht Jesus mit Vorliebe in *Bildern*, die die Anschauung des anderen vollkommen zu bestätigen scheinen und sie doch zugleich unendlich weiterführen, auf etwas Neues hin, das so noch nicht gesehen wurde. In dem *Gleichnis vom Sämann* geht es um eine Frage, die sich irgendwann einmal für jeden von uns stellt: wie es eigentlich um das Verhältnis zwischen Aufwand und Ertrag in unserem Leben bestellt ist und wie sich Mühe und Erfolg, Ausgabe und Einnahme zu einander verhalten. Lohnt sich unser Leben?!" (TuE II, S. 740f).

Gegenfrage: Wo steckt im Text das Gefühl der Mutlosigkeit? Liegt nicht auf der abschließenden Erfolgsaussage das entscheidende Gewicht? Hier spricht doch ein Beobachter der Wirklichkeit — also ein Weiser —, der die Dinge des Lebens genau registriert und der schließlich den Erfolg des Tuns des Landmannes konstatiert. Das Gefühl der Mutlosigkeit liegt also allenfalls in den Nebendingen der Parabel, nicht in der Hauptsache.

D. hat zweifellos recht: Der Sinn des Gleichnisses Jesu geht über die Situation hinaus, obgleich es in der Situation Jesu — unter der vernünftigen Voraussetzung, daß Jesus sich verständlich machen wollte — einen historischen Sinn gehabt haben *muß*. Aber dieser historische Sinn ist wegen der Eigenart des Textes in vielen Fällen nicht mehr zu ermitteln; Bultmann (S. 216) hat dazu in seinem von D. angegriffenen Votum Bedenkenswertes gesagt. Doch das, was über die Situation hinausgeht und für alle nachfolgenden Leser(innen) von Interesse ist, kann nur über den *konkreten* Text ermittelt werden[102]. Das hat D. beim Sämannsgleichnis aber nicht getan, sondern ein heutzutage verbreitetes negatives Lebensgefühl, das durch Psychotherapie zu behandeln sei, an den konkreten Text herangetragen, dabei aber dessen Zielpunkt unterschlagen.

In seinem Markus-Kommentar führt D. zum Sämannsgleichnis weiter aus: Aus eigenen Erfahrungen mißlungener

---

[102] Dan Otto Via: Die Gleichnisse Jesu, 1970, S. 33: „Das Ziel der historischen und literarischen Kritik ist die Fähigkeit, jeden Text in sich selbst zu verstehen." S. 30-33 findet sich eine instruktive Kritik an der streng historischen Auslegung.

Tröstung seien wir in der Lage zu erkennen, daß die Ausführlichkeit der Schilderung der wunderbaren Empathie Jesu entspricht. Sie passe in die Perspektive eines resignierten Menschen (wie des Sämanns [sic!]), lasse seine Gefühle gelten und bringe sie zur Sprache (Mk I, S. 324f). Jesus führe so bis an den Abgrund und drücke zugleich aus, daß man sich getrauen könne, „über den Abgrund zu springen". „Im Grund bricht die Evidenz der menschlichen Erfahrung an dieser Stelle ab." Doch Jesus halte „dagegen, es sei vielleicht das Wichtigste im Leben, unverbrüchlich zu denken, daß Gott uns gar nicht erst geschaffen und dem ‚Acker' der ‚Erde' anvertraut hätte, wenn er nicht etwas Bestimmtes mit uns planen würde" (S. 326).[103] Bei Gott „hat unser Leben Lohn, Ertrag, Berechtigung und Wert, oft hundertmal mehr als wir ahnen" (S. 327).

Wie durch Vögel werde heute den Menschen jeder Gedanke an Gott weggepickt (V. 4.13f). Leider kenne schon die frühe Kirche hier nur die Sprache der Drohung (mit dem Satan — V. 15) (S. 330f). Andere verstünden das Wort, jedoch könnten sie „ihm nicht folgen aus Angst vor der Tiefe, aus Furcht vor sich selber" (S. 332). Dritte begriffen wohl, sähen in ihrer Angst jedoch überall scheinbar allmächtige dornige Umstände, von denen sie sich hindern ließen (S. 332f). Im Vertrauen auf Gott sei es „sinnlos, zu verrechnen, was unser Leben ‚wert' ist … Daß es uns gibt, ist bei Gott in sich selbst unendlich viel" (S. 333).

Kritik: Bei allem anerkennenswerten homiletischen Ideenreichtum beruht D.s Auslegung auf der als sekundär erkannten Deutung der Parabel in V. 13-20, nicht jedoch auf dem (primären) Gleichnis Jesu (V. 3-9).

---

[103] Hier greift D. eine der Interpretationsmöglichkeiten Bultmanns auf (Menschen als Gesäte [s. 4Esra 8,41]), die er vorher so abfällig kommentiert hatte.

Mk 4,21-25: Sprüche von der Lampe und vom Maß

A

D. bespricht die obigen Verse unter der Überschrift „Die angstfreie Weite des Herzens" (S. 334-342), geht aber nicht auf die komplizierte Schichtung des uneinheitlichen Abschnittes ein.

Bultmann weist auf die Stichwortanknüpfungen in diesem Abschnitt hin: Das Stichwort „Scheffel" in V. 21 verbinde den Abschnitt mit dem Sämanns-Gleichnis und „hat wiederum die Anhängung des Wortes vom Maß V. 24 nach sich gezogen" (S. 351). An V. 24 („wird auch hinzugefügt werden") ist entsprechend „das Wort vom Haben und Bekommen V. 25 angereiht" (S. 352).

Redaktion: Vielleicht V. 23, ein Weckruf wie V. 9 (S. 352). „Gebt acht auf das, was ihr hört!" (V. 24b) sei primitive redaktionelle Einleitung von V. 24c (S. 95).

Tradition und Form: Es lägen Logien in der Form des im AT und Judentum bekannten zweigliedrigen Maschal vor (S. 84). V. 21 sei ein etwas ausgesponnenes einfaches Bildwort (evtl. ursprüngliches Sprichwort profaner Lebensweisheit mit Parallelen in jüdischer Literatur), V. 22 ein sachlich formuliertes Logion, V. 25 ein persönlich formuliertes Logion (vgl. 4Esra 7,25: „Eitles diesem Eitlen, dagegen Fülle den Vollkommenen").

Im mk Kontext können m. E. V. 21-23 insbesondere auf die Übereignung des Geheimnisses der Gottesherrschaft an die Jünger (V. 11) bezogen werden. „Das der Gemeinde geschenkte Geheimnis der Gottesherrschaft soll und wird offenbar werden" (Pesch, Mk I, S. 250) und vermittelt Mut zur Mission (die Lampe der Botschaft vom Gottesreich soll auf den Leuchter gesetzt werden).

V. 24-25: Vielleicht sind auch diese beiden Sprüche redaktionell auf das Geheimnis der Gottesherrschaft bezogen worden. Die Jünger „sollen auf das Gehörte achten, an die Zukunft der Gottesherrschaft glauben und diesen Glauben das Maß ihres missionarischen Engagements sein lassen" (Pesch, Mk I, S. 254). Aber diese Interpretation ist nur eine Möglichkeit. Vielleicht sind V. 24f auch eine Weiterführung der Deutung des Sämanns-Gleichnisses. V. 24 bezöge sich dann auf die Stärkung der Hörer des Wortes, V. 25 auf das Messen Gottes im Gericht (vgl. Gnilka, Mk I, S. 181f).

B

D.s tiefenpsychologische Auslegung verfährt narrativ und beginnt mit dem Satz: „Das Markus-Evangelium ist noch nicht vier Kapitel alt, da müssen selbst im Kreis der Jünger die ersten Stimmen laut geworden sein, man dürfe derart ungeschützt und leichtsinnig nicht weitermachen" (S. 334). Jesus stehe gegen solche Überlegungen der Klugheit oder der Verantwortung, die zu taktischer Beschränkung um des Ergebnisses willen führten (S. 335f). Nicht „was jemand erreicht, mit dem was er sagt, sondern wie wahr jemand ist in dem, was er tut", sei religiös wichtig (S. 336). Jesus könne nicht anders, als zur Entscheidung zu zwingen (ebd.). Er habe selbst in der Durchbrechung des von den Pharisäern und Schriftgelehrten errichteten Systems die Gefolgschaft der einfachen Leute gesucht und gefunden. Diese „‚erfanden' die Symbole zur Deutung seiner Wirklichkeit und es war erst die gelehrte Anstrengung der Theologen des 1. bis 3. Jhs., die im Kampf gegen die Gnosis aus diesen Symbolen des einfachen Volkes ‚geschichtliche Tatsachen'" schufen (S. 336 Anm. 3 — das stimmt z.B. für die „Heilsgeschichte" des lukanischen Doppelwerkes nicht; Historisierung und „Dogmatisierung", d.h. die Ausbildung von Lehre, sind im christlichen Glauben von Anfang an mitgesetzt — die „Gnosis" hat diesen Prozeß nur beschleunigt [G.L.]). „Die Art, in der Jesus von Gott spricht, entstammt stets der unmittelbaren Beobachtung und freien Poesie" (S. 338f), er gebrauchte, wenn er von Gott spreche, *„niemals* (!) die Phrasen der Feiertage, den Wortlaut der Gesetze und die auswendig zu lernenden Zitate der Heiligen Schrift", grundverschieden von der Zunft der Theologen (ebd.). „Alle Außenlenkung ist, ganz wörtlich, Gottlosigkeit im Prinzip" (S. 338f Anm. 6). Jesus sehe „offensichtlich lieber in das Gesicht der Menschen als in die Rollen der Thora . . . , wenn es darum geht, den Willen Gottes zu erkennen" (S. 338 Anm. 6).

In diesem Zusammenhang beruft sich D. auf E. Stauffer[104], nach dem Jesus das Formalprinzip aller Moral im Alten Testament, den Gehorsam, überhaupt nicht kenne (S. 338 Anm.

6). „Die Wahrheit selber (sc. findet) ihr Kriterium daran ... , wie heilend sie auf Menschen wirkt" (S. 339 Anm. 8).

V. 22 sei durch Übersetzung ins Griechische völlig verwirrt. Der ursprüngliche Sinn (vgl. Mt 10,26; Lk 8,17) laute: Gerade Verdrängtes dringt umso heftiger nach außen. Es „gibt keine Möglichkeit, der Wahrheit der eigenen Person zu entkommen. Man *muß* sie leben, und es kommt einzig darauf an, die Angst zu verlieren, die scheinbar immer wieder dazu nötigt, das eigene Wesen zu verdunkeln" (S. 341).

V. 25 „drückt, existentiell betrachtet, eine Wahrheit aus, die allerorten gilt: man muß sich entscheiden zwischen Angst und Vertrauen, zwischen Wahrhaftigkeit und Taktik, zwischen Enge und Offenheit, zwischen Licht und Finsternis, zwischen Leben und Tod; denn je nachdem sind wir nahe dem Reich Gottes oder wie Ausgeschlossene vom Ort des Heils" (S. 342).

Kritik: D. benutzt die Verse, um ein weiteres Mal sein Gesetzesverständnis unter Berufung auf Jesus darzulegen. Dem ist bereits einige Male widersprochen worden. Diesmal sei ausdrücklich darauf verwiesen, daß die Terminologie „Innenlenkung — Außenlenkung" (S. 338f Anm. 6) zu modern ist und für das Gesetzesverständnis des Judentums zur Zeit Jesu wie auch heute nicht paßt. Die im Anschluß an Stauffer ausgesprochene Behauptung, daß Jesus den Begriff des Gehorsams nicht kenne (ebd.), ist ebenso typisch wie halbrichtig und deshalb falsch.

Dazu: Das Semitische kennt die Begriffe Gehorsam/gehorchen nicht, sondern muß sie umschreiben durch a) „hören" (vgl. Ex 5,2 — s. Mt 18,15; Mk 6,7; 9,7; Lk 10,16); b) „hören und tun" (vgl. Ex 23,22; Mt 7,24.26/Lk 6,47.49); c) jemandes Willen tun (vgl. Ps 40,9; Mt 7,21; Mk 3,35). Ferner sei verwiesen auf das Gleichnis von den ungleichen Söhnen (Mt 21,28-32), in dem Ungehorsam und Gehorsam der beiden gegenübergestellt wird, und auf das Gleichnis vom Knecht (Lk 17,7-10), in dem der Gehorsam des Knechtes sich von selbst versteht. Und ist Jesu Ruf in die Nachfolge nicht gleichzeitig ein Ruf zum Gehorsam?[105]

---

[104] Ethelbert Stauffer: Die Botschaft Jesu damals und heute, 1959, S. 17-25.

[105] Vgl. Reinhard Deichgräber: Gehorsam und Gehorchen in der Verkündigung Jesu, in: Zeitschrift für die neutestamentliche Wissenschaft 52, 1961, S. 119-122.

Stauffers in diesem Zusammenhang gemachte Bemerkung: „Die paulinische Gehorsamsethik hat mit Jesus von Nazareth nichts zu tun"[106], ist dabei ebenso fraglich, wie die von ihm gezogene Linie Moses — Paulus — Ignatius — Kant — Auschwitzkommandant Rudolf Heß[107] geschmacklos ist. Hat der paulinische Glaubensgehorsam (Röm 1,3) etwas Gemeinsames mit dem Kadavergehorsam der NS-Zeit? Vgl. nur Röm 12,1; Phil 4,8.

Eine ähnliche Argumentation findet sich bei der feministischen Theologin Christa Mulack, die folgende Parallele zwischen den Pharisäern und den Nazis zieht:

> „Im Patriarchat trägt kein Mann die Verantwortung für seine Taten, denn immer handelt er auf Befehl eines Höheren. Sie selbst waschen ihre Hände in Unschuld. Das werden diese Männer, wenn Jesus sie läßt, genauso tun, wie nach ihnen Pilatus, aber genauso wie ein Rudolf Heß oder Adolf Eichmann, die auf ‚nicht schuldig' plädierten, weil ja auch sie letztendlich nur auf den Befehl eines Führers hin gehandelt hatten."[108] (Vgl. dazu die Kritik von Susannah Heschel).[109]

Nun ist zuzugeben, daß die Logien in unserem Abschnitt je nach Kontext verschieden deutbar sind. D. hat sie benutzt, um sich ein weiteres Mal von Gesetz und Theologen zu distanzieren. Doch war ihm aus den genannten Gründen entschieden zu widersprechen. Er steht an dieser Stelle in der Auslegungsgeschichte eines unheilvollen Antijudaismus. D. hat zudem übersehen, daß das alttestamentliche „Gesetz" dem Leben dient[110] und daß „Gehorsam" und seine Um-

---

[106] Stauffer, Botschaft Jesu, S. 18.

[107] Stauffer, Botschaft Jesu, S. 17ff — vgl. D., Mk I, S. 338f Anm. 6.

[108] Christa Mulack: Jesus — der Gesalbte der Frauen. Weiblichkeit als Grundlage christlicher Ethik, 1987, S. 155f.

[109] Susannah Heschel: Jüdisch-feministische Theologie und Antijudaismus in christlich-feministischer Theologie, in: Leonore Siegele-Wenschkewitz (Hrsg.): Verdrängte Vergangenheit, die uns bedrängt. Feministische Theologie in der Verantwortung für Geschichte, 1988, S. 54-103, hier S. 85-88.

[110] Man vgl. hier die (unverdächtige) Kritik Dorothee Sölles an Drewermann, in: Eugen Drewermann: Worte des Heils. Wort der Heilung. Von der befreienden Kraft des Glaubens. Gespräche und Interviews, hrsg. von Bernd Marz, Band III, 1989: „Ich finde, daß die Thora mit dem Wort ‚Gesetz' nicht wiedergegeben werden kann ... Die Thora ist nicht einfach ein Zwang, ein Über-Ich, ein großes ‚Du-mußt'; die Thora ist das Im-Guten-Gehen-Können ... Das Ge-

schreibungen im AT sowie bei Jesus und Paulus das Subjekt viel mehr einbeziehen, als der Begriff „Gehorsam" ahnen läßt. Überdies geht nach ihrem Zeugnis Gottes Erwählung und heilvolle Zuwendung dem „Gehorsam" voraus (vgl. Dtn 27,9f u.ö.).[111]

Mk 4,26-34: Die Gleichnisse von der selbstwachsenden Saat und vom Senfkorn

A

Bultmann hält die Einleitung („mit dem Reich Gottes ist es so … ") nicht für ursprünglich, „denn 1. ist es nicht leicht, dies Gleichnis auf das Gottesreich zu beziehen, und 2. hat man den Eindruck, daß die einleitenden Formeln öfter zugesetzt sind" (S. 186). Der Anfang des Gleichnisses habe ursprünglich in der Tradition gelautet: „Wie wenn ein Mensch den Samen in die Erde wirft" (vgl. 13,34; Mt 25,14 und jüdische Gleichnisse). Eine Anwendung fehle (S. 186f). Andere Exegeten (wie z.B. Pesch, Mk I, S. 256 und Gnilka, Mk I, S. 182) sprechen sich freilich für die Ursprünglichkeit der Einleitung aus.

D. sieht beide Gleichnisse als Wachstumsgleichnisse an und meint, der Sitz im Leben des Gleichnisses von der selbstwachsenden Saat liege in der Abwehr einer falschen menschlichen Aktivität wie der eines politischen Messias. D. formuliert im Anschluß an R. Schnackenburg[112]: „Gegenüber den

---

setz ist Freude, das Gesetz ist Licht, das Gesetz zeigt mir in der Tat, wo es lang geht in einer wirren und schrecklichen Welt. In diesem Sinn ist Jesus … ein Mann der Tradition, der noch und noch Jesaja zitiert … " (S. 81).

[111] Hingewiesen sei auf Gerhard von Rad: Theologie des Alten Testaments, Band I: Die Theologie der geschichtlichen Überlieferungen Israels, ⁴1962, S. 242f und passim sowie auf die generalisierende Bemerkung von Ludwig Köhler (Theologie des Alten Testaments, ⁴1966): „Erwählung ist im AT ein wechselseitiges Verhältnis: Jahwe erwählt Israel; Israel erwählt Jahwe; beide tun es in freier Selbständigkeit" (S. 52).

[112] Rudolf Schnackenburg: Gottesherrschaft und Reich. Eine biblisch-theologische Studie, ³1963, S. 104f.

Eschatologisten, die auch hier wieder das rasche Herandrängen des Endes ausgedrückt finden, ist gerade auf die Gelassenheit des Landmannes zu verweisen: Er wartet ruhig ab" (S. 343 Anm. 1).

Bei der Auslegung des Senfkorngleichnisses (V. 30-32) orientiert sich D. (S. 348 Anm. 11) an J. Jeremias[113], nach dem V. 30-32 (ebenso wie das Gleichnis vom Sauerteig [Mt 13,33/ Lk 13,20f]) ein Kontrastgleichnis mit dem Sinn sei: „ . . . aus den kümmerlichsten Anfängen . . . schafft Gott seine machtvolle Königsherrschaft, die die Völker der Welt umfassen wird."[114]

B

D. will die Gottesherrschaft nicht als einen historischen Begriff repetieren, sondern als Erfahrung eigener Wirklichkeit vermitteln (S. 343 Anm. 1). Dies macht er z.B. daran klar, daß jemand im Gefolge einer Psychotherapie „seine eigene Wahrheit zu begreifen vermöge" (S. 345). Im Anschluß an Laotse sei durch Nicht-Machen alles gemacht (S. 347). Und gegen die „Unruhe der Not" und „Ungeduld des Selber-Einschreitens" lege Jesus uns „ein Vertrauen nahe in *das ruhige Reifen der gesäten Kräfte*" (S. 344), nämlich „dem langsamen Wachsen Gottes in unserem Dasein" (ebd.). „Von selbst" (V. 28), „an diesem einen Wort entscheidet sich im Sinne Jesu . . . die ganze Welt" (S. 345f). Die *Haltung* des „Sämannes" könnten wir von Gott lernen (S. 346 Anm. 5). Das Christentum sei nicht „Missionieren", „Zeugnisgeben", „Verkündigen", sondern weit eher „Zuhören", und „Begleiten" (man vgl. die Gesprächspsychotherapie [S. 346 Anm. 7]).

Entsprechend individuell-psychologisch legt D. das Senfkorn-Gleichnis aus. Er will durchaus konsequent vom Leben jedes einzelnen her dieses Gefühl von Angst und Vertrauen erfahrbar machen (S. 349 Anm. 11). Einzig nötig sei „dieses Vertrauen in das Wachstum des Geringen in uns und umgekehrt ein gewisses Mißtrauen gegenüber allem buchstäblich Groß-*Tuerischen*" (S. 349).

---

[113] Joachim Jeremias: Die Gleichnisse Jesu, [7]1965, S. 145-149.
[114] Jeremias, Gleichnisse, S. 148.

Kritik: Das individuell-psychologische Verständnis ist gewiß eine mögliche Weiterführung der Botschaft der hier genannten Gleichnisse. Und die Ausführungen über das Nicht-Machen sind voller Wahrheit[115]. Doch fragt sich gleichzeitig, was aus dem apokalyptischen Rahmen wird, falls das Gleichnis ein Reich-Gottes-Gleichnis ist. Entweder man hält diesen fest und erhofft im *wörtlichen* Sinne, daß Gott das noch verborgene Gottesreich in der Zukunft seiner Vollendung zuführen wird, oder aber einem ist der dazu nötige Supranaturalismus unmöglich geworden. Dann wird man D.s Interpretation für eine kreative Weiterentwicklung dieses Gleichnisses halten, auch wenn sie mit historischen Schwierigkeiten belastet ist, denn Jesus hat in *keinem* Falle die von D. angesprochene individuelle Dimension im Sinne gehabt — aber vielleicht ja implizit[116], so daß eine Überdeutung in D.s Sinne möglich, ja vielleicht sogar geboten ist.

Mk 4,35-41: Die Sturmbeschwörung

A

Nach Bultmann sind „an jenem Tage" (V. 35) und „als er im Boot war" (V. 36) Teile des redaktionellen chronologischen Erzählgerüsts, „um den Zusammenhang mit 4,1ff. herzustellen" (S. 365). Die redaktionelle Bearbeitung in V. 35f sei nicht mehr reinlich ausscheidbar. „Andere Schiffe" (V. 36) sei alt und durch die Redaktion unverständlich geworden (S. 230). Das Schlafen gehöre zum Grundbestand und die Nennung der späten Stunde zur ursprünglichen Einleitung.

---

[115] Man vgl. dazu noch Peter Haerlin: Wie von selbst. Vom Leistungszwang zur Mühelosigkeit, 1987.
[116] Hingewiesen sei auf die Art, wie Bultmanns Lehrer Johannes Weiß, der Entdecker der apokalyptischen Dimension des Reiches Gottes bei Jesus, die hier angesprochene Schwierigkeit zu bewältigen versuchte. Zwar habe für Jesus selbst die messianisch-eschatologische Wirksamkeit im Vordergrund gestanden, doch enthielten die Evangelien noch ein anderes, am Individuum orientiertes Jesus-Bild (vgl. z.B. Mt 6,25-34), an dem sich die gegenwärtige Predigt ausrichten könne. Vgl. Berthold Lannert: Die Wiederentdeckung der neutestamentlichen Eschatologie durch Johannes Weiß, 1989.

Form und *Tradition*: Es liege ein Naturwunder vor, das die typischen Elemente der Bedrohung durch das Wort (V. 39) und der Schilderung des Eindrucks (V. 41 — [keine mk Jüngerfrage]) aufweist (S. 230). Die Dramatik werde dadurch gesteigert, daß nicht nur eine große Gefahr durch den Sturm besteht, sondern daß ausgerechnet derjenige schläft (und nichts tut), der allein helfen könnte. Es handele sich um eine ursprünglich fremde Wundergeschichte, die auf Jesus übertragen worden sei. Jüdische Parallelen zu ihr lägen vor. V. 35-41 sei das Mittelglied zwischen der alttestamentlichen Jonageschichte (Jon 1,3ff) und einer rabbinischen Parallele (S. 249f). Reine Wundergeschichten seien eher hellenistischen, apophthegmatische Wundergeschichten dagegen eher palästinischen Ursprungs. Angesichts des Inhalts und jüdischer Parallelen gehe das Stück auf palästinische Gemeindebildung zurück (S. 254f). Ob eine Ostererfahrung — evtl. eine Vision — zugrunde liege, sei nicht sicher zu ermitteln. Viel eher könne man das Eindringen volkstümlicher Wundergeschichten und Wundermotive in die christliche mündliche Tradition vermuten (S. 246).

Redaktion: Jesus bringt hier mit seinem *Wort* die Naturgewalten zur Ruhe. Auf die Gegenwart bzw. die Nähe des Reiches Gottes im Wort/der Lehre Jesu hatte Markus bereits 1,14f; 4,1-34 abgehoben und später wiederholt die Vollmacht der Lehre Jesu betont. Die Gegenwart Jesu — so will Markus hier durch V.40 zusätzlich sagen — wird durch den Glauben erfaßt, obgleich die Jünger die Gegenwart des Reiches Gottes in Jesu Wort nicht recht begreifen. Er spricht seine Leserschaft wohl auf diesen ihren Glauben an.

B

D. nimmt (S. 353 Anm. 2) wie folgt gegen die historisch-kritische Wunderexegese Stellung (und unternimmt anschließend eine psychologische Deutung): 1. Sie überbewerte als Verständigungsgrundlage mit den damaligen Hörern antike Parallelen zum NT und projiziere so in diese ihre eigene Schriftgelehrtheit zurück. 2. Ständige Missions- und Überbietungshypothesen der historisch-kritischen Methode verpflichteten das christliche Bekenntnis zu dauernder Konkurrenz gegen den Glauben aller ‚heidnischen‘ Religionen. 3.

Die historisch-kritische Methode konstatiere Angst und Not lediglich formal als zur Topik gehörig, ohne auf sie selbst einzugehen. Demgegenüber sei die Erzähltypologie psychologisch zu begründen und Bilder als Symbole menschlicher Erfahrung zu verstehen. Die entscheidende Frage laute, wie man zu einem Vertrauen finde, wie Jesus es besessen habe (S. 353 Anm. 2; S. 355).

Es gebe keinen Gott, der die ‚Flut‘ gewollt habe, die Theodizee-Problematik löse sich, wenn wir die Ereignisse (auch die negativen Ereignisse unseres Lebens) ins Symbolische wendeten, um uns selbst und Gott näherzukommen (S. 354).[117] Dabei sei das Meer Chiffre für unsere Lebenssituation überhaupt (ebd.) und die Person Jesu auch ein Symbol des Ich, dessen Schlaf gerade die Wogen hochgehen lasse (S. 355f). Wie für den schlafenden Jesus gelte auch für uns, gar nichts zu „machen", sondern uns nur tiefer zu verankern im Halt unterhalb des Abgrunds. Nichts gebe es in der Schöpfung, das wir fürchten müßten (S. 356).

Gegen den Vorwurf, Verpsychologisierung führe zur Leugnung der Transzendenz, meint D., Tiefenpsychologie mache im Gegenteil erst deutlich, wie notwendig der Glaube sei (S. 357). „Gerade die Tiefenpsychologie kann uns zeigen, daß die Menschen die ganze Welt bis in die Träume hinein anders erleben, je nachdem, ob es für sie jenseits des ‚Meeres‘ des Unbewußten ein anderes ‚Ufer‘ gibt oder nicht" (S. 357).

Kritik: Wenden sich Menschen nicht an Gott, wenn sie in Not sind? Bekennt die christliche Gemeinde nicht seit alters Jesus als Herrn über die Natur — wortwörtlich? Respektiert D. den Sinn genügend, den Markus und die ersten Erzähler mit der Geschichte verbanden? So ist z.B. die Deutung des schlafenden Jesus auf die Hörer fragwürdig. Der Text ist eben kein Traum(bericht). Jesus ist für Markus ein Gegenüber und fragt die Jünger nach ihrem Glauben, der im nachfolgenden Kontext erläutert wird. (Diese Kritik ändert nichts daran, daß D. in seiner Auslegung womöglich bedenkenswerte homiletische Anregungen gegeben hat.)

---

[117] Man wird demgegenüber sofort D. fragen: Wie soll ich die *konkreten* Ereignisse meines Lebens ins Symbolische wenden? Ich erwarte, daß sie als *konkrete* ernstgenommen werden.

Daß die Evangelisten durchaus ein verschiedenes Verständnis ein und derselben Geschichte haben konnten, zeigt der erste Evangelist, der die Sturmstillungsperikope (Mt 8,23-27) in den Zusammenhang von Nachfolgegesprächen gerückt hat. Er stellt ihr nämlich zwei Jesusworte von der Nachfolge voran (Mt 8,21-22) und leitet die Geschichte folgendermaßen ein: „Und er stieg ins Schiff und seine Jünger *folgten* ihm" (V. 23). Durch die vorangestellten Jesusworte von der Nachfolge bekommt „folgen" eine besondere bildliche Bedeutung. Daraus kann der Schluß gezogen werden, daß Matthäus unter der Sturmfahrt und der Sturmstillung die Nachfolge im Schiff der Kirche versteht.[118]

Es ist also höchst fragwürdig, stereotyp psychologische Auslegung zu betreiben. Mit anderen Worten: D. hat die von ihm selbst referierte historisch-kritische Auslegung der Perikope nicht nur nicht widerlegt, sondern sich auch wesentliche Anregungen aus ihr entgehen lassen.

Mk 5,1-20: Der Dämonische von Gerasa

Vorbemerkung: Bei den nächsten beiden Perikopen weichen wir aus Gründen der Darstellbarkeit davon ab, die Texte und D.s Beitrag dazu in zwei Arbeitsschritten zu besprechen. Wir gehen im folgenden an der Auslegung entlang, wie er sie in „Tiefenpsychologie und Exegese" (= TuE) geboten hat, und ziehen hier nur gelegentlich den Markus-Kommentar hinzu.[119]

V. 2-3a: Unter der Überschrift „Wenn das Leben zum Grab wird" bespricht D. V. 2-3a (S. 251-253). Während in der exegetischen Fachliteratur die Behausung in den Gräbern als Bild der Unreinheit gewertet werde (vgl. Lev 21,1-4; 22,4;

---

[118] Hingewiesen sei auf Günther Bornkamm: Die Sturmstillung im Matthäusevangelium, in: ders./Gerhard Barth/Heinz Joachim Held: Überlieferung und Auslegung im Matthäusevangelium, ⁷1975, S. 48-53, der weitere Einzelzüge der mt Perikope nennt, die diese Auffassung bekräftigen, z.B. die Anrede Jesu als Herrn (Mt 8,25) statt als Lehrer (Mk 4,38), die Bezeichnung des Windsturms (Mk 4,37) als *seismos megas* (Mt 8,24), was als Ausdruck für einen Seesturm ungewöhnlich ist, wohl aber oft apokalyptische Schrecken bezeichnet, welche die Kirche erwarten (Mk 13,8; Mt 24,7; Lk 21,11).

[119] Die im Text in Klammern gegebenen Seitenzahlen beziehen sich jeweils auf „Tiefenpsychologie und Exegese", Band II, S. 246-309.

Num 19,11-16; Ez 43,7 — wer den Körper Verstorbener berührt, ist unrein) meint D., es handele sich beim Dämonischen von Gerasa um einen Typ von Daseinszerstörung (S. 252).

„Es genügt, sich in das Leben so vieler Verzweifelter einzufühlen, deren Dasein, kaum daß es wirklich begonnen hat, von der düsteren Magie des Todes bis zur Unentrinnbarkeit heimgesucht wird ... Dabei leidet ein Mensch in solchem Zustand keineswegs nur an sich selbst ... , auch seine Mitmenschen bilden für ihn den Hintergrund einer nicht endenden seelischen Qual" (S. 253).

V. 3b-5 erläutert D. unter der Überschrift „Die Hölle der Freiheit" (S. 253-256). Zunächst erfolgt — beinahe pflichtgemäß — ein polemischer Seitenhieb gegen die historische Kritik: „In religionsgeschichtlicher und historisch-kritischer Distanz kann man über den Dämonenglauben der Antike ganz gut diskutieren; aber etwas anderes ist es, auch nur ein Stück weit den wirklichen Teufelskreis zu verstehen, in dem ein Mensch wie der Besessene von Gerasa unentrinnbar eingeschlossen ist" (S. 253). Danach beschreibt D. die Lage des Besessenen: Er versuche, „sich und allen anderen zu beweisen, daß man seine *Freiheit* nicht zerstören kann, daß er im wörtlichen Sinne keine ‚Bindung‘ dulden wird und daß er stärker ist als all seine Vergewaltiger und Kerkermeister" (S. 254). Das Geheimnis des Besessenen bestehe in der Energie der Angst, daß er nämlich in einem Gefühl ständiger Bedrohtheit die Totalität seiner Freiheit wie zur Rettung seiner Person um jeden Preis verteidige. Freilich besitze dieser „Mann, der so fanatisch um seine Freiheit und Selbstbehauptung kämpft, ... im Grunde ... überhaupt kein Ich ... , und seine ‚Freiheit‘ mutet von daher an wie eine einzige Flucht nicht nur vor den anderen, sondern zunächst und wesentlich vor sich selbst" (S. 256).

V. 6-8 bespricht D. unter der Überschrift „Die Qual der Krankheit und der Heilung" (S. 256-264). Hier werde beschrieben, wie „das Netzwerk der Angst eines solchen ‚Besessenen‘" (S. 256) von Jesus durchdrungen und überwunden wird. V. 7 sei dabei ein Hilferuf zur Nichthilfe, der in der psychotherapeutischen Praxis in gewisser Weise den Normalfall darstelle. „Der bittere Ruf: ‚Quäle mich nicht‘, erschallt unausgesprochen oder laut herausgeschrien immer wieder in jeder Psychotherapie" (S. 257). Die historisch-kritische Exegese erklärt V. 6-8 in der Regel so, daß die Dämonen von Anfang an die Fähigkeit besitzen, die wahre Natur Christi zu erkennen. Doch besteht lt. D. die Gefahr, daß bei solchen Feststellungen die menschliche Erfahrung untergehe. Vielmehr müsse man fragen, woher eigentlich „das ‚dämonische‘ Wissen" um Gott beim Besessenen stamme (S. 257).

Im Anschluß an Kierkegaard sei Dämonie latentes Schicksal jedes Menschen außerhalb des Glaubens. Die Menschen seien Sünder aus Angst (S. 258). „All die Widersprüche in der Existenz des Besessenen, sein Ringen zwischen Selbsthaß und Selbstbehauptung, zwischen Ohnmacht und Stärke ..., seine Ambivalenz schließlich zwischen Tod und Leben ... (sc. sei im Anschluß an Kierkegaard) *Verzweiflung* ... ein *Mißverhältnis zu sich selbs*t" (S. 258). In dem Moment, wo „das Bewußtsein erwacht, wie es eigentlich richtig wäre, zu leben, und wenn man zugleich aus Angst sich nicht getraut, der Wahrheit zu folgen" (S. 259), werde das Leid qualitativ potenziert. Demnach ist lt. D. in der Begegnung mit Jesus bei dem Besessenen eine Ahnung davon entstanden, wie es eigentlich sein sollte, wie die Berufung Gottes aussehe, und der Besessene habe diese abgewiesen. „Was jedenfalls die Gestalt des Besessenen von Gerasa in ihrer Widersprüchlichkeit auf erschütternde Weise deutlich macht, ist gerade diese absolute Konfrontation, dieser äußerste Widerstand, der einsetzt, wenn ein Mensch, der nur aus Angst besteht, auf seinen Erlöser trifft" (S. 261). D. betont, daß hier nur scheinbar von exorbitanten Schicksalen und abnormen Verhaltensweisen die Rede sei (S. 260), und führt eine Reihe von Beispielen an, die zu dem Typ des Dämonischen paßten: die Frau, die nicht wagt, eine Frau zu sein, ebenso den Mann, der nicht wagt, ein Mann zu sein „aus Angst vor den Schuldgefühlen und angedrohten Strafen der Kindertage, und keiner riskiert es, — womöglich gegen den Druck der Gesellschaft, der Kirche, der Verwandten, der Nachbarn — der Stimme des eigenen Herzens zu folgen ... Leben nicht ... wir alle ... im letzten wie Untote in unsichtbaren Grabkammern ... ?" (S. 260).

Hier schon ein Einwurf: Kann man unter dem Typ des Dämonischen wirklich *alle* Menschen subsummieren? Muß bei allen Menschen der Schrei nach Erlösung so gewaltsam durchbrechen? Das Ganze erinnert mich an die pietistische Forderung, alle hätten ein Bekehrungserlebnis mit Datumsangabe vorzuweisen. Weiter: D. kennt ferner nur Tod oder

Leben, Heil oder Unheil, er findet diese Gegensatzpaare in den Menschen biblischer Texte wieder und bezieht sie auf die heutige Wirklichkeit. Er kennt nur die Alternative: Bürgerlichkeit, Kirche, Gesellschaft oder aber Raum der Freiheit, *den er jedoch nicht näher beschreibt*. Seine Menschentypen befreien sich brüsk von den überkommenen Normen wie Ehe, bürgerlicher Moral oder ähnlichem. Den Kompromiß scheinen sie nicht zu kennen, ebenso nicht die Einsicht, daß es heilsame Ordnungen, ja sogar heilsame Gesetze gibt. Das läßt die Frage aufkommen, ob D. hier nicht extreme Fälle verallgemeinert. Hierzu gesellt sich die Frage der historischen Exegese, ob die Generalisierung des Dämonischen dessen damaligem Verständnis überhaupt entspricht. Extrem formuliert könnte man des weiteren vielleicht sagen, daß D.s Verallgemeinerung des Außergewöhnlichen in der praktischen Arbeit gerade die Erkenntnis von kleineren und weiter verbreiteten Neurosen verhindert. Auch ist seine eher implizit vorgetragene Sicht, daß praktisch jede(r) eine mehrjährige Psychotherapie nötig habe, nicht nur nicht praktikabel; sie überschätzt grundsätzlich die Möglichkeit der Einzelpsychotherapie. (Die psychotherapeutische Versorgung der breiten Bevölkerung wird in Fachkreisen zunehmend als Problem erkannt.)

V. 9 erörtert D. unter der Überschrift: „Was ist's um deinen Namen?" (S. 264-267) und beginnt seine Ausführungen mit den Sätzen: „Was sich in dieser Frage nach dem Namen in der Erzählung ... auf ein einziges Moment zusammendrängt, macht in Wirklichkeit das Geheimnis einer jeden Psychotherapie aus und kann dort oft viele Jahre in Anspruch nehmen" (S. 264). „Das einzige, was der Besessene als Antwort auf die Frage nach seinem Namen anzugeben vermag, besteht in der Schilderung der Zerrissenheit, ... daß m.a.W. seine eigene Persönlichkeit in eine Vielzahl von ‚Besatzungstruppen' zerfällt" (S. 265). Andererseits warte die in jedem Menschen niemals ganz vergessene Wahrheit darauf, durch einen anderen Menschen erlöst zu werden, „der in der unerschütterlichen und durch nichts zu enttäuschenden Beharrungskraft der Liebe die Frage immer wieder stellt: ‚Du — wer bist Du?' und: ‚Welches ist Dein (eigentlicher) Name?'" (S. 267).

V. 10-13: „Durcharbeiten und Ausagieren" lautet die Überschrift, unter der D. V. 10-13 bespricht (S. 268-270). Er hält (mit gewissem Recht)

„die gesamte Szene von den Schweinen ... für eine phantastische Symbolhandlung ... , die sich rein in der Vorstellung ... abspielt: alles, was an ‚Unreinem‘, für ‚säuisch‘ Gehaltenem ... in dem ‚Besessenen‘ lebt, muß ein für allemal gegen die Aufsicht der ‚Schweinehirten‘, gegen die Kontrolle des Überichs freigesetzt und ausgetobt werden dürfen, bis es sich endgültig entleert hat und getrost im ‚Meer‘ des Unbewußten versinken kann“ (S. 269).

Doch weist D. sogleich (ebd.) darauf hin, daß bei dem Dämonischen „eine rein symbolische Abreaktion ... durchaus nicht hinreicht“.[120] Das ist mir unverständlich, denn — traumhaft gelesen — dürfte der Text doch gar nicht nach faktischen Handlungen befragt werden. Entweder sind alles Typen und Symbole oder es geht um konkrete Handlungen. Wieso entscheidet D. sich plötzlich für letztere? Meine Vermutung ist, ihm schwebt eine Art Protesthandlung gegenüber den ihn in der Gegenwart bedrängenden Institutionen vor. Ja, er schreibt sogar am Ende dieses Abschnitts: „Im Sinne der Wunderheilung von dem Besessenen bei Gerasa kann man nur sagen: *alles* muß ein Mensch tun dürfen, was nötig ist, um zu sich selbst zu finden“ (S. 270).

Gegenfrage: Werden hiermit nicht die Kräfte des Bösen unterschätzt? Die *Erfahrung* spricht gegen die Richtigkeit des zuletzt zitierten Satzes (man vgl. auch im biblischen Raum die Weisheitsliteratur). Generalisiert, und darauf zielt die Auslegung D.s ja ab, ist dieser Satz geradezu gefährlich und psychotherapeutisch nicht unumstritten. (Man vgl. die sich in einer Analyse regelmäßig stellende Frage, ob und ab wann der Partner und/oder die Familie des Patienten miteinbezogen werden soll(en), und ob der Therapeut nur für seine Patienten dasein soll.[121])

---

[120] Mk I, S. 364 oben spricht D. allerdings im Zusammenhang der Exegese in Mk 5,1-20 nur davon „die Konflikte ... symbolisch nach außen abzureagieren.“ Und im Rahmen der Auslegung von Mk 6,45-56 heißt es: „Ich glaube, daß die symbolische Wirklichkeit die einzig wirkliche Wirklichkeit ist“ (Mk I, S. 442). Zur Kritik daran s. S. 148.
[121] Hingewiesen sei auf Karl König/Reinhard Kreische: Psychotherapeuten und Paare, 1991, hier S. 102: „Manchmal kann der Schaden, der durch eine Trennung entsteht, größer sein als der Nutzen einer Therapie“ (über phobische Kollusionen). Von daher ist auch zumin-

V. 14-17 bespricht D. unter dem Titel „Der Widerstand der Schweinehirten" (S. 270-272). Die Schweinehirten gehörten auf die Seite der Gesellschaft, in der sich vieles in dem grausamen Symbol der Ketten und der Fesseln, in den Bildern der Entfremdung und Unterdrückung einer jeden Herzensregung darstellen lasse. „Die für die bürgerliche Ordnung z.b. so zentrale Institution der Ehe mit ihrem Monopolanspruch aller Gefühle und den Herrschaftszuweisungen innerhalb der patriarchalischen Gesellschaft ... — tausend Formen struktureller Seelenzerstörung sind denkbar" (S. 271). Wichtig sei die Beobachtung, daß die Hirten, die sogleich voller Angst die Kosten der Heilung beklagen, genauso sprechen wie die Stimmen der Angst in dem Besessenen zu Beginn der Erzählung: Jesus möge verschwinden (ebd.).

Zwischenfrage: Doch wenn man D. in seiner Zeichnung dieses Stückes folgt, haben dann die Hirten nicht ein berechtigtes Anliegen? Sie haben ja ihre ganze Herde verloren. Ist die Tötung von ca. 2000 Schweinen nicht grausam? Geschah hier nicht Therapie auf Kosten der anderen, von der äußerst brutalen Haltung gegenüber Tieren ganz zu schweigen? — Mit diesen sich nahelegenden Fragen will ich nur andeuten, daß spätestens an dieser Stelle eine Schwierigkeit der Vers für Vers allegorisch-psychologischen und dann doch wieder faktischen Interpretation D.s deutlich und diese damit undurchführbar wird. Man darf eben nicht Vers für Vers die Erzählung symbolisch-allegorisch auslegen wie D., sondern muß zunächst einmal erkennen, daß der Ausgestaltung der Geschichte andere Motive zugrunde liegen: *einmal* die Freude am Erzählen — sichtbar an den Verdoppelungen (zweimal wird erzählt der Aufenthalt des Besessenen in den Gräbern [V. 3.5], die Bitte um Schonung [V. 10.12], die Berichterstattung [V. 14.16]). *Sodann* liegt überhaupt das Motiv vom betrogenen Teufel zugrunde, das nicht ohne Komik ist.

Bultmann (S. 224 Anm. 4) verweist u.a. auf August Wünsche: Der Sagenkreis vom geprellten Teufel, 1905, aus dem folgende Sage zi-

---

dest umstritten, ob die Therapie z.B. der Phobie eines/einer Verheirateten vollständig durchgeführt werden soll, denn ein „erfolgreicher" Abschluß führt in den meisten Fällen zur Trennung, was in anderer Hinsicht negative Folgen hat. Auch zahlreiche andere *ethisch* abzuwägende Konfliktkonstellationen sind hier denkbar.

tiert sei, die sich an die Tauglbrücke im Salzachtal knüpft (S. 31f):
„Vor 1800 Jahren schloß der Teufel mit einer Müllerin einen Bund
und versprach über die Taugl eine Brücke unter der Bedingung zu
bauen, daß ihm das Kind, das sie unter dem Herzen trage, gehören
solle, wenn er sie vor der Geburt desselben fertig bringe. Als das
Kind zur Welt kam, war die Brücke bis auf einen Stein fertig, der
heute noch im Gewölbe fehlt. Zornschnaubend rief jetzt der Teufel:
,Da das Kind mir entgangen ist, soll das Erste mir gehören, was über
die Brücke geht'. Die Müllerin, die diese Worte gehört hatte, jagte
sogleich ihren großen Hauskater darüber, den der Teufel augenblicklich packte, worauf er mit ihm in jenes Loch in der Tiefe fuhr, in das
jetzt noch die Taugl schäumend hinabstürzt."

Kurzum, rein erzählerische Motive verbieten eine *vers-
weise* Übertragung der Einzelheiten auf ein psychotherapeutisches Modell. (Damit soll nicht die Berechtigung psychoanalytischer Untersuchung von Literatur bestritten werden,
wohl aber die Art ihrer Praktizierung an dieser Stelle durch
D.).[122]

Zurück zu D.: Er benutzt die vorliegende Perikope, um
den Tod Jesu verständlich zu machen, indem er schreibt:
„Gleichgültig (?; G.L.) ob die Erzählung . . . , historisch-kritisch
betrachtet, dem Leben Jesu entnommen oder nur darauf übertragen
wurde, man begreift an dieser Stelle . . . die tödliche Herausforderung . . . (sc. die) Jesus . . . entfachen mußte . . . der besonders von
Markus immer wieder geschilderte unerbittliche Kampf zwischen
Jesus und den ,Dämonen' ist keinesfalls nur eine spätere Mythologisierung oder Theologisierung der Gestalt Jesu, es verdichtet sich
darin ein grundsätzlicher Konflikt zwischen Angst und Glauben,
der in jedem Menschen . . . immer von neuem aufbrechen muß . . . .
Die strukturelle Tödlichkeit der Spielregeln des bürgerlichen Zusammenlebens mit ihrem schier unendlichen Bedürfnis nach Sicherheit,
Ruhe und Ordnung *kann* logischerweise nichts anderes wollen und
betreiben, als Jesus . . . zu vertreiben . . . Er, der die Angst des Einzelnen zu heilen vermag, wird die Angst aller nur um den Einsatz seines
Lebens heilen können" (S. 271f).

Kritik: Ich verstehe das „Gleichgültig" zu Beginn des Satzes nicht, denn an der historischen Verifizierung hängt doch
die Berechtigung von D.s Jesus-Bild, wenn er betont, daß

---

[122] Zur psychoanalytischen Literaturinterpretation sei hingewiesen
auf Manfred Geier: Methoden der Sprach- und Literaturwissen-
schaft. Darstellung und Kritik, 1983; Bernd Urban/Winfried Kuds-
zus (Hrsg.): Psychoanalytische und psychopathologische Literaturinterpretation, 1981; Klaus-Ulrich Pech: Kritik der psychoanalytischen Literatur- und Kunsttheorie, 1980.

„keinesfalls nur eine spätere Mythologisierung oder Theologisierung der Gestalt Jesu" vorliege.

V. 15.18-20: Im nächsten und letzten Abschnitt „Menschlichkeit und Gottesglaube" bespricht D. V. 15.18-20 (S. 272-277). Er meint, daß sich der singuläre Zug der Perikope in V. 18f *nur* aus der psychischen Situation der Szene selbst erklären lasse. Dieser singuläre Zug besteht darin, daß der Geheilte bei Jesus bleiben wolle, dafür aber nicht die Erlaubnis erhalten habe (V. 19: „Und er ließ es ihm nicht zu, sondern sagte zu ihm: Geh' in Dein Haus zu den Deinen und berichte ihnen, was der Herr Dir Großes getan hat und wie er sich Deiner erbarmt hat").

Doch ist kritisch darauf hinzuweisen: Zwischen V. 19 (Zurücksendung in das Haus) und — im Gegensatz dazu — V. 20 (Verkündigung in der Dekapolis) führt Markus — wenn auch noch nicht so deutlich wie Mk 7,31-37 — das Nebeneinander von relativer Geheimhaltungsabsicht und faktisch öffentlicher Verbreitung der Wundertat in die Erzählung ein. V. 18f sind somit als Erzählmomente verständlich, durch die Markus seine theologische Konzeption (bzw. seine Erfahrung und sein Bekenntnis) in den ihm überlieferten Stoff einbindet: die Kunde vom Heil, das den Menschen durch Jesus zuteil wird, kann bei denen, die es erfahren, nicht geheim bleiben.

D. unterschätzt an dieser Stelle die Möglichkeiten der historischen Methode, denn prinzipiell läßt sich jeder Text nach dem Sinn in der damaligen Situation befragen, und zwar auch mit einem sinnvollen religiös-theologischen Ergebnis. Er meint gleichwohl: Wegen der Sensibilität für das im Einzelfall Notwendige habe Jesus in diesem Fall dem Geheilten befohlen, nach Hause zu gehen, während er in anderen Fällen wie dem der Johanna, der Ehefrau des Chusa, eines Hofbeamten des Herodes, ihr erlaubt habe, sich von ihrem Mann zu trennen. Dabei verläßt sich D. hier anscheinend auf die sonst von ihm verteufelte Objektivität der historischen Methode, denn die genannten historischen Aussagen benötigt er, um die eigene Aussage über die Sensibilität Jesu zu machen: Doch sind beide historischen Aussagen unrichtig: 1) Die Person der Johanna ist Lk 24,10 zur zugrundeliegenden mk Frauenliste (Mk 16,1) hinzugefügt worden. Daher dürfte sie auch Lk 8,2 redaktionell sein. 2) Mk 5,18f ist der Redaktion verdächtig (zumindest V. 18a wegen der Erwähnung des Bootes: 4,36; 5,2.21). (Sollte D. die beiden soeben in ihrer Historizität bestrittenen Aussagen gar nicht historisch verstehen, haben sie einen rein homiletisch-erbaulichen Charakter, der nur bedingt Gegenstand dieser exegetisch-wissenschaftlichen Untersuchung ist.)

Fazit: V. 18f lassen sich nicht so, wie D. es will, aus der psychischen Szene erklären, weil sie mit großer Wahrscheinlichkeit gar nicht auf den historischen Jesus zurückgehen. (Falls D. den historischen Jesus — oder den historischen Markus und seine Gemeinde — hier gar nicht meint, muß ich wiederum meine Nichtzuständigkeit erklären und ihn nach den Kriterien seiner Aussagen fragen.)

Schließlich noch ein Wort zur abschließenden Aussage D.s: „Jesu Botschaft war: in einem jeden Menschen ist das Gottesreich ganz nahe; und nirgendwo ist diese Geborgenheit und Nähe Gottes spürbarer als in der Nähe dessen, der uns lehrte, ‚Kinder Gottes' zu sein" (TuE II, S. 275f).

D. aktualisiert hier stillschweigend Jesu Verkündigung, die ja von einer eschatologischen Naherwartung geprägt war. Er tut das, weil er überzeugt ist: „Nicht, was man mit bestimmten literarischen Texten vor 2000 Jahren hat sagen wollen, sondern welche Erfahrungen sich in ihnen so verdichten, daß man allererst glauben kann, was hier verkündet werden soll, gilt es primär zu untersuchen" (Mk I, S. 214 Anm. 6). D. betreibt aus einem *„therapeutischen Ansatz der Auslegung"* (Mk I, S. 244 Anm. 15) heraus eine direkte Anwendung des Textes (einer historisch gewachsenen und lokalisierten Urkunde) auf die Gegenwart.

Nun ist gegen eine aktualisierende Bibelinterpretation überhaupt nichts einzuwenden; sie ist sogar gefordert, und zwar auch aus historischen Gründen, denn gerade die historische Methode zeigt immer wieder, daß jede Generation je neu die Bibel im Lichte der eigenen Geschichte und der eigenen Erfahrungen neu interpretiert hat. Die je neue Interpretation hat ihren Grund und ihre Notwendigkeit auch in der Geschichtlichkeit unseres eigenen Lebens. D. ist erst dann zu kritisieren, wenn er eine geschichtslose Monopolisierung seines Auslegungsansatzes verficht, wenn er seinen eigenen Prinzipien untreu wird (immanente Kritik) und wenn er den Duktus des Textes gegen sich hat und z.B. gewaltsam Regeln der Traumdeutung auf einen Text, der kein Traum(bericht) ist, überträgt. (Zur Kritik vgl. die obige Einzelanalyse.)

Mk 5,21-43: Die blutflüssige Frau und die Tochter des Synago-genvorstehers

Wie schon die vorangegangene Erzählung hat D. auch Mk 5,21-43 in TuE II (S. 277-309) ausführlicher als in Mk I (S. 366-375) behandelt.[123] Dort beginnt er seine Auslegung mit einer Bilanz historisch-kritischer Fragen und Ergebnisse (S. 278f), die aber von ihm so zusammenhanglos vorgetragen werden, daß eine Auseinandersetzung der historisch-kritischen Exegese mit dem Textphänomen gar nicht deutlich wird. Bultmanns Aufzählung von typischen Formmerkmalen der beiden Wundergeschichten[124] kommentiert D. wie folgt: „Bei einer solchen Menge an ‚typischem' Erzählgut fällt es natürlich schwer, noch an irgendeiner Historizität der geschilderten Ereignisse festzuhalten" (S. 279). Er fährt fort: „Um so mehr kann man den theologischen ‚Verkündigung-scharakter' der Erzählung betonen: wenn Jesus der blutflüssigen Frau erkläre, ihr Glaube habe sie ‚gerettet' (Mk 5,34), so bedeute dies, daß ‚ihr das messianische Heil gebracht' worden sei … " (ebd.). D. kann daher die historisch-kritische Exegese wie folgt abschmettern: Sie ende allerorten „bei der Feststellung von theologischen Verkündigungsinhalten ohne historische Grundlage oder bei der Hypothese gewisser historischer Tatsachen ohne einen Inhalt, der sich über bestimmte zeitgeschichtliche Bedingtheiten hinaus ‚verkündigen' ließe" (S. 279).

---

[123] Wir verfahren deshalb hier wie bei der vorigen Perikope. Inhaltsangaben beziehen sich auf TuE II.

[124] „Typisch ist die Angabe der Krankheitsdauer V. 25 und die Betonung der vergeblichen Bemühungen der Ärzte V. 26 … Typisch ist das hier besonders ausgestaltete Motiv der Berührung V. 27-32, typisch auch die Plötzlichkeit der Heilung V. 29 … Typisch ist weiter die Entfernung des Publikums V. 40, die Geste und das Zauberwort V. 41, die Plötzlichkeit des Wunders V. 42 und die Altersangabe, die hier an wirksamer Stelle V. 42 nachgebracht wird … Typisch ist endlich die Aufforderung, der Erweckten zu essen zu geben V. 43, die hier das Motiv der Demonstration bildet" (Bultmann, S. 229).

In dem darauffolgenden Abschnitt „Von Alter und Jugend im Leben von Frauen" (S. 279-281) will D. zum eigentlichen Begreifen der beiden Erzählungen anleiten:

„Was die Erzählung von der blutflüssigen Frau und der Tochter des Jairus zu sagen hat, begreift man eigentlich erst, wenn man die historisch-kritische Fragestellung nach der formalen Komposition dieser ‚Schachtelperikope' aufgibt und sich statt dessen für den wirklichen Inhalt der Erzählung interessiert" (S. 279).

D. konstatiert, daß sowohl die blutflüssige Frau als auch die Tochter des Jairus als Person eine ähnliche Problematik hätten: Wie sei es möglich, „als Frau zu leben bzw. sich mit der Rolle einer Frau positiv zu identifizieren"? (S. 280). Diese innere Beziehung zwischen beiden werde auch deutlich an der „umgekehrt symmetrische(n) Zuordnung, die zwischen der blutflüssigen Frau und der Tochter des Jairus Schritt für Schritt in dieser Erzählung zu Tage tritt" (ebd.).

D. führt dann „Parallelisierungen" zwischen beiden Geschichten auf, die aber nur zum Teil stimmig sind. Begründung: Der Satz: „während die blutflüssige Frau Jesus aufsucht, um ihn unbemerkt zu berühren, muß Jesus die Tochter des Jairus von sich her aufsuchen, um die schon Tote, abgesondert von der Menge, durch Handauflegung zu berühren" (S. 280), ist wegen V. 23 unrichtig, denn hier wird Jesus von Jairus um sein Kommen gebeten (er geht also nicht „von sich her"; V. 36, auf den sich D. als Gegenargument berufen könnte, trägt nichts aus, da es hier um den Aufruf zum Glauben geht).

Aus der „konsequent durchgeführte(n) Parallelisierung aller Einzelmomente" folge, daß man sie „als Aufforderung und Interpretationsanweisung versteht, das Leben der blutflüssigen Frau und das Leben der Tochter des Jairus als *innerlich* zusammengehörig zu betrachten", d.h. man müsse, „psychologisch gesehen, die Heilung der blutflüssigen Frau als Pendant zu der Heilung der Jairustochter verstehen und umgekehrt. Erst gemeinsam und in wechselseitiger Ergänzung beleuchten beide Frauengestalten die Facetten ein und desselben Problems: wie man als Frau inmitten einer Gesellschaft von Männern leben und ein gewisses Maß an Glück und Gesundheit finden kann" (S. 280). Eine biblische Entsprechung für eine solche umgekehrte Symmetrie liege im Tobit-Buch vor, das D. bereits früher tiefenpsychologisch gedeutet hat.[125]

Im nächsten Abschnitt „Die blutflüssige Frau" (S.281-285)
wendet sich D. V. 25 zu und handelt von den Problemen im
Leben einer blutflüssigen Frau. Er schärft ein:

Es „kommt ... entscheidend darauf an, sich in die betreffenden
Szenen so weit hineinzuleben, daß schließlich kein Moment derartiger Erzählungen mehr als merkwürdig, widersprüchlich oder als ‚literarisch unausgeglichen' erscheint. Es kann nicht oft genug gesagt
und wiederholt werden: was in der historisch-kritischen Exegese immer wieder als traditionsgeschichtliches und redaktionsgeschichtli-
ches Puzzle anmuten muß, erweist sich in tiefenpsychologischer Betrachtung zumeist als integrale Verdichtung von Konflikten und Lö-
sungswegen, die gerade so ihren lebendigsten Ausdruck und ihre
bleibend gültige Wahrheit erfahren" (S. 281f).

Medizinisch handele es sich um eine Anomalie der weiblichen Periode, die aber in der Schulmedizin oft nicht sachgemäß behandelt werde, denn

„es herrscht auch in der Medizin der gleiche Aberglaube, der weite
Teile der Theologie inzwischen verwüstet hat: Daß es genüge, in objektiver Distanz ein ‚Phänomen' zu ‚erklären' und terminologisch
zu bezeichnen, um einem Menschen auf heilende Weise näher zu
kommen. Statt einer leeren und distanzierenden Magie der Worte,
kommt es vielmehr darauf an, zu verstehen, was eine Krankheit von
dem Leben und Erleben eines Menschen mitteilt, auf welche Nöte
und Ängste sie antwortet, wie sie selbst auf das eigene Befinden zu-
rückwirkt, kurz: welch ein *Schicksal* sich in einer bestimmten Krankheit bis in die Physis hinein manifestiert" (S. 282).

Unter Verweis auf Lev 15,25-27 zeichnet D. die Isolation
und Verstoßung, der eine blutflüssige Frau ausgesetzt war. Er
fährt fort:

„Psychoanalytisch wird man bei der Krankheit des ‚Blutflusses'
im allgemeinen an ein Charakterbild denken müssen, innerhalb dessen die Rolle als Frau, insbesondere die weibliche Sexualität, insgesamt als etwas Schmutziges, Schuldhaftes und Schändlich-Schädli-
ches erlebt wird. Fast immer (sic!) geht ein solcher Eindruck auf eine
äußerst problematische Beziehung zurück, die eine Frau schon als
Mädchen zu ihrem Vater hatte, den sie ebenso sehr geliebt wie ge-
fürchtet haben muß. Hinter einer derartigen überstarken und höchst
ambivalenten Bindung an den Vater indessen stehen regelmäßig
schwere Enttäuschungen an der Mutter, die man als zu schwach und
unterwürfig empfindet, um sich gegenüber der gewalttätigen Art des
Vaters durchsetzen zu können" (S. 283f).

Zwischenkritik: D. wagt hier eine Ferndiagnose ohne aus-
reichende Information über die Patientin.

---

[125] Eugen Drewermann/Ingritt Neuhaus: Voller Erbarmen rettet er
uns. Die Tobit-Legende tiefenpsychologisch gedeutet, 1988.

Mit „Vom Mut verstohlener Zärtlichkeit" überschreibt D.
seine Ausführungen zu V. 26-29 (S. 285-290). Er schildert die
Ambivalenz der Gefühle, die die Frau bei der Ankunft Jesu in
der Stadt gehabt habe: einerseits

> „wird sie sich die Begegnung einer Liebe voller Vertrauen — ohne
> Angst, voller Entgegenkommen — ohne Vorleistung, voller Zartheit
> — ohne Gewalt, — eine Gebärde reifender Begegnung, die in einem
> Augenblick imstande wäre, das ganze Leben einer Frau von Schmerz
> zur Seligkeit zu öffnen (sc. ausgemalt haben). Aber in demselben
> Moment muß in ihr jäh und drohend die alte Scham, die verzweifelte
> Angst, die lähmende Resignation von neuem aufgestanden sein: wie
> soll es denn möglich sein, daß ein Gottesmann eine Frau derart be-
> rühren könnte, noch dazu eine solche wie sie, eine Unreine!" (S.
> 287).

Diese Frau „wagt einen Augenblick lang in ihrem Leben
den entscheidenden Schritt, um ihre Reinheit zu kämpfen
und eine Frau zu sein" (S. 288), und berühre Jesus „viel fei-
ner, viel sanfter, viel verhaltener, viel rücksichtsvoller und
unendlich viel liebevoller als all das Hin- und Hergeschiebe
in der Vielzahl der Leute, und so kann es nicht ausbleiben,
daß sie entdeckt wird" (S. 289).

Man müsse „sich die Begegnung zwischen Jesus und der
blutflüssigen Frau in einer äußersten Verdichtung seelischer
Intensität" vorstellen, „so daß alles in Jesus auf diese tastend-
fragende Berührung mit einer vollständigen Wärme- und
Hingabebereitschaft antwortet" (S. 289f).

Gegenfrage: Ist damit V. 30 nicht überstrapaziert? D.
fragt, ob eine einzige Berührung so viel bewirken kann. Es
wird aber nicht recht klar, ob dies historisch gemeint ist, da
vorher von Verdichtung die Rede war, die bei ihm oft nicht historisch, sondern psychologisch zu verstehen ist. Man vgl. S.
281:

> „Um zu begreifen, wovon in der Heilungsgeschichte des Markus-
> evangeliums des näheren die Rede ist, muß man erneut sich die ‚Ver-
> dichtungsregel' zu eigen machen ... und davon ausgehen, daß in be-
> sonders intensiven Momenten des Lebens, wenn buchstäblich alles
> auf dem Spiel zu stehen scheint, ein Mensch sich gerade so verhält,
> wie es seinem ganzen Charakter entspricht ... Alles, was er sagt und
> tut, besitzt in solchen Augenblicken einen außerordentlich hohen
> Ausdruckswert ... "

Doch im vorliegenden Kontext scheint D. die Aussage historisch zu verstehen. Dann aber ist zumindest die Reaktion
Jesu überzeichnet und müßte von anderen Versen erst noch
begründet werden. Ich würde weiter fragen, warum er bei

diesem Wunder auf unsere alltäglichen Erfahrungen verweist, während er beim Seewandel (Mk 6,45-52) apologetisch die symbolische Wirklichkeit verabsolutiert. Welche Wunder ist er bereit, für historisch zu halten, welche für symbolisch (weil er sie historisch nicht für möglich hält?!)? (Man vgl. noch, wie verschieden er das Verhältnis von historischer und symbolischer Wirklichkeit jeweils in Mk 5,1-20; 5,21-43; 6,45-52 bestimmt.)

Der nächste Abschnitt „Die offene Bejahung" (S. 290-295) behandelt V. 30-34. „Wer hat meine Kleider berührt?" (V. 30) entspringe durchaus nicht gereizter Verärgerung Jesu — der, wie D. hier nochmals einschärft, immer Zeit für kleine und geringfügige Bitten und Nöte einzelner habe (s. dazu oben S. 123), denn

„so ganz anders als die Berührung aller anderen ist dieses Berühren des Saums seines Gewandes, und Jesus möchte offensichtlich diejenige *persönlich* kennenlernen, die sich ihm so verstohlen naht. Indem er auf die Berührung der Frau mit seiner ganzen Person, mit all seiner ‚Kraft' antwortet, kann seine Frage im Grunde nur als Einladung verstanden werden, alle Heimlichkeit und Verstohlenheit aufzugeben und sich voller Vertrauen offen zu erkennen zu geben" (S. 291).

Zu V. 33 bemerkt D.: „So kommt ... die Frau ‚mit Furcht und Zittern' zu Jesus, gerade weil sie weiß, welch ein Wunder sich an ihr ereignet hat" (S. 292). V. 34 wird wie folgt wiedergegeben:

„statt nach dem Wortlaut des Gesetzes, wie er wohl müßte, die Frau zu verstoßen, erklärt Jesus sie ausdrücklich für gerettet, und statt sich selber für ‚unrein' oder für ‚befleckt' zu halten, segnet er sie von Herzen und verzichtet selbst vollkommen auf die gesetzlich vorgeschriebenen Reinigungszeremonien. Nichts, endgültig nichts ist daran zu bereuen, eine Frau zu sein und als Frau leben zu wollen, und nichts an ihrem Tun ist verwerflich, sondern ihr Motiv und ihre Tat sind ganz und gar rein" (S. 292).

Die Anrede „meine Tochter" helfe dabei, dem Glauben der Frau eine zusätzliche Nuance abzugewinnen (S. 293). Ihren Glauben als Glauben an die Messianität Jesu zu verstehen, lehnt D. als theologische Verfremdung und Überfrachtung ab (S. 292). Vielmehr sei der Glaube der Frau

„ein Vertrauen, wie es unter Menschen im günstigsten Falle ein Mädchen seinem Vater gegenüber aufbringt ... ‚Ich möchte', wird diese Anrede (sc. ‚meine Tochter') besagen, ‚für Dich die Stelle einnehmen, an der Dein Vater hätte stehen müssen ... Ich möchte Dich lieben auf eine Weise, die Dich Dir selbst als Frau zurückgibt ... Was ein Vater seiner Tochter auf dem Weg in ihr Leben sagen müßte und was doch meistens in Angst und Besorgnis erstickt und zerredet wird, spricht Jesus hier aus: ‚Geh hin in Frieden‘ und, parallel dazu, wie um zu sagen, was dies jetzt bedeutet: ‚Sei von Deiner Qual gesund‘ (Mk 5,34)" (S. 293f).

Einwurf: „Tochter" ist hier eine vertrauliche Anrede an eine erwachsene Frau (vgl. Ruth 2,8; 3,10; Ps 45,11) und sollte nur dann tiefenpsychologisch auf die ödipale Thematik hin befragt werden, falls es andere zwingende Hinweise im Text dafür gibt. Überdies enthält dieser selbst einen Hinweis auf das Verständnis des Glaubens, wie ihn die Geschichte nahelegen und an die Leserschaft weitergeben will. Man vgl. V. 28: „Wenn ich auch nur seine Kleider berühre, werde ich gesund werden" als Motivation der Frau. Davon heben sich negativ ihre schlechten Erfahrungen mit den Ärzten ab (V. 26). Weil sie so geglaubt hat, wie es V. 28 beschreibt, wird sie nach der Berührung Jesu sofort von ihrer Krankheit frei (V. 29). Ich sehe nicht, wie an diesen *Wunderglauben*, wie er im Neuen Testament und seiner Umwelt[126] weit verbreitet ist, eine tiefenpsychologische Deutung in der Art D.s angeschlossen werden kann, zumal die Krankheit der Frau neben der Anrede „Tochter" der *einzige* mögliche Anhaltspunkt seines Verständnisses ist. Der Zielpunkt der Geschichte dürfte daher bei Markus im Thema des Glaubens bestehen, den D. so einlinig interpretiert.

Die Wendung „Dein Glaube hat dich gerettet" (V. 34) erscheint ebenso 10,52 und ist formgeschichtlich vielleicht als Formel urchristlicher Heiler o.ä. zu bestimmen (vgl. Apg 14,9), was nicht ausschließt, daß sie letztlich auf den historischen Jesus zurückgeht (vgl. zu 10,52 unten S. 208f).

---

[126] Hingewiesen sei auf die schöne Sammlung von Rudolf Herzog: Die Wunderheilungen von Epidauros. Ein Beitrag zur Geschichte der Medizin und der Religion, 1931; man vgl. als Illustration folgende Heilungsgeschichte: „Ein Mann kam zu dem Gott (G.L.: Apollon oder Asklepios) als Bittfleher, der war so einäugig, daß er nur die Lider hatte, aber nichts darin war, sondern daß sie gänzlich leer waren. Da lachten einige von den Leuten im Heiligtum über seine Einfalt, daß er glaube (*nomizein*), er werde sehen, wo er doch überhaupt keine Spur von einem Auge habe, sondern nur den Platz dafür. Als er nun im Heilraum schlief, erschien ein Gesicht. Er träumte, der Gott habe eine Arznei gekocht, dann seine Lider geöffnet und sie hineingegossen. Als es Tag wurde, kam er auf beiden Augen sehend heraus" (Herzog, Wunderheilungen, S. 13 [Nr. 9]).

Hernach bespricht D. unter der Überschrift „Des Vaters armes Töchterlein" V. 35-43 (S. 295-301). Er bemerkt zum Verhältnis dieser Erzählung zur vorigen und zur einzuschlagenden Auslegungsrichtung:

> „... nicht nur literarisch, sondern vor allem psychisch sind beide Frauengestalten ineinander ‚verschachtelt', indem beide ineinander leben: die Tochter des Jairus als die Kindheit der blutflüssigen Frau, und diese als die tödliche Vision einer Zukunft, die man als Frau nur fliehen kann. Die Aufgabe und die Kunst der Interpretation dieser Erzählung muß folglich gerade darin liegen, dieses wechselseitige Ineinander der beiden Frauengestalten innerlich verstehbar zu machen und nicht als bloß literarische Manier stehenzulassen" (S. 295f).

Hier wird wiederum deutlich, daß D. Regeln der Traumdeutung für die Textinterpretation befolgt. (Träume sind ja weder an Ort noch Zeit gebunden, so daß in ihnen z.B. Personen und Örtlichkeiten erscheinen, die ursprünglich nichts miteinander zu tun haben.) Doch fragt sich, ob nicht gerade der Text selbst Hinweise darauf gibt, wie er verstanden werden will. Das scheint in V. 36 der Fall zu sein, wo die Aufforderung Jesu „Glaube nur!" sich auf V. 34 zurückbezieht. D.h., beide Geschichten stehen hier nicht zufällig nebeneinander, sondern wollen zum Glauben (an Jesus) ermuntern. (Vgl. oben zu 4,40.)

Zur Vorgeschichte der Tochter des Jairus äußert sich D. wie folgt: „Auch für die Tochter des Jairus wird man annehmen müssen, daß sie zentral daran leidet, eine Frau zu sein bzw. von einem Mädchen zu einer Frau werden zu müssen. Das vollendete 12. Lebensjahr galt den Rabbinen als der Zeitpunkt, an dem ein Mädchen heiraten kann ..." (S. 296). D. fragt, ob nicht in der Innigkeit und Fürsorge des Jairus für seine Tochter der eigentliche Todeskeim enthalten sei. „Denn wie soll ein Kind, das derartig behütet in der Obhut seines Vaters aufwächst, jemals den Schritt wagen können, erwachsen zu werden?" (S. 298). D. verweist als Begründung darauf, daß der Vater seine Tochter als „Töchterlein" bezeichnet (V. 23), was er wie folgt kommentiert: „Das ‚Töchterlein', wie wir wissen, ist gerade im heiratsfähigen Alter" (S. 298). Doch dann, so ist D. entgegenzuhalten, würde sich Jesus durch die Anrede in V. 39 („Kind") und in V. 41 („Mädchen") derselben Fehleinschätzung wie der Vater schuldig machen. Mit anderen Worten: Die Bezeichnung „Töchterlein" reicht nicht hin, um daraus weitreichende tiefenpsychologische Schlüsse zu ziehen. Die Fürsorge des Vaters ist im Text positiv gezeichnet, schließlich vermittelt *er* den Kontakt der Tochter mit Jesus und Jesus redet *ihn* in V. 36 an. V. 21ff verdeutlichen, welche Vorstellung von Jesus dabei das Verhalten dieses Vaters leitet. Zentrale Motivation ist V. 23 die Hoffnung, die sich auf eine Berührung Jesu durch Handauflegung richtet, was eine Entsprechung in V. 28 hat. Tiefenpsychologische Deutungen in der Art D.s dürfen nicht das krasse Gegenteil vom Inhalt des Textes sein, solange sie beanspruchen, ihn sachgemäß zu interpretieren.

D.s Ausführungen über die Krankheit der Tochter sind daher von vornherein fragwürdig. Er schreibt:

„Eine hypnoide Starre, wie sie allem Anschein nach hier vorliegt, erklärt sich relativ leicht als eine geradezu schreckhafte Abwehr gegen jede Art genitaler Berührung — eine Art Totstellreflex, wenn man der (sexuellen) Bedrohung (von innen oder außen) nicht mehr entweichen kann, eine Art Lähmung, die verhindert, daß man selber tun könnte, oder verantwortlicherweise an sich vollziehen lassen würde, was im eigenen Ich oder Überich auf das heftigste abgelehnt und bekämpft wird" (S. 299).

„Die Tochter des Jairus ist nicht magersüchtig; aber die tödliche Ambivalenz im Erleben der Eltern, die in der Magersucht herrscht, wird man auch bei dem lethalen Zustand dieses Mädchens unterstellen dürfen" (S. 300).

Und folgende Aussage ist vollends phantastisch:

„ ... die blutflüssige Frau ist gewissermaßen nur die vollendete Gestalt der Jairus-Tochter bzw. der verkörperte Alptraum ihrer Zukunft; und die Jairus-Tochter wiederum erscheint als das Kind, das die Frau war, ehe ihre Leiden begannen" (S. 301).

Der Abschnitt „Der wahre Tod und das wahre Leben" (S. 301-309) bildet den Abschluß der Auslegung der vorliegenden Perikope:

Das Dilemma der Tochter des Jairus liege darin, „daß ihr Vater jeden Schritt zu dem Leben einer erwachsenen Frau mit seiner Überfürsorge verhindert" (S. 301). Danach folgt eine Charakterisierung der Person des Jairus im Anschluß an V. 35: Es „leidet keinen Zweifel, daß auch Jairus von sich her diese Auffassung von der Endgültigkeit des Todes teilt" (S. 302), wie sie durch die Boten („Deine Tochter ist gestorben, was bemühst du den Meister noch" [V. 35b]) vertreten wurde. Sein Leben sei von einer ständigen Angstliebe geprägt, „die am Ende alles zerstört, was sie erhalten will" (ebd). Doch ist eine solche Aussage ebenso an den Text herangetragen (die

Boten haben die Hoffnung aufgegeben und *nicht* Jairus) wie die Interpretation der Heilung seiner Tochter in V. 41:

„ ... während die Hand des Jairus bis zum Ersticken schwer auf seiner Tochter lag, richtet die Berührung Jesu auf; während des Jairus Hand sich ebenso beschirmend wie bestimmend über das Mädchen stülpte, nimmt Jesus ihre Hand wie ein Begleiter auf dem Weg ins Leben; während die Hand des Jairus seinem ‚Töchterlein‘ jede Selbständigkeit raubte, schenkt die Berührung Jesu dem Mädchen einen eigenen Standpunkt im Leben — ‚es war ja zwölf Jahre alt‘ (Mk 5,42). Während von der Hand des Jairus der Tod ausging, gewährt die Hand Jesu das Leben" (S. 307).

Noch einmal: Jairus ist nach dem *Text* ein fürsorgender Vater, der seiner Tochter den heilbringenden Kontakt mit Jesus vermittelt.

Zur Frage der Symbolik und/oder Historizität der Erzählung äußert sich D. abschließend: Sie sei gewiß nur als Symbol zu verstehen; „bereits in historisch-kritischer Betrachtung besteht kein Grund, irgendein äußeres Ereignis in Raum und Zeit hinter der Erzählung dingfest machen zu wollen" (S. 307). Damit weicht D. beharrlich der berechtigten Frage nach der Entstehung der Geschichte aus, deren Beantwortung allein den damaligen Sinn (s. dazu o. S. 130f) und — auf seiner Grundlage — die mögliche heutige Bedeutung hätte freilegen können.

Mk 6,1-6: Jesus in Nazareth

A

Bultmann schreibt über die Perikope: „Hier scheint mir ein Musterbeispiel vorzuliegen, wie aus einem freien Logion (sc. V. 4) eine ideale Szene komponiert ist" (S. 30). Er hält gegenüber Mk 6,4 das in den Oxyrhynchos-Papyri (I 5) überlieferte Herrenwort für primär: „Es spricht Jesus: Nicht ist willkommen ein Prophet in seiner Heimat, noch vollbringt ein Arzt Heilungen an denen, die ihn kennen." (Vgl. Thomasevangelium 31: „Jesus sagte: Kein Prophet wird in seinem Dorf aufgenommen, kein Arzt heilt die, die ihn kennen.") „Der Doppelspruch kann kaum aus Mk 6,1-6 entsprungen sein, ... die zweite Hälfte des Doppelspruchs ist in Erzählung umgesetzt" (S. 30f), wobei „die, die ihn kennen" zu den Verwandten von Mk 6,4 geworden sei.

Die genau entgegengesetzte Möglichkeit der Entstehung der Perikope besteht darin, daß V. 4, der dann gegenüber dem Ox Pap primär wäre, in eine Geschichte von dem erfolglosen Auftreten Jesu in Galiläa eingefügt worden wäre (vgl. Gnilka, Mk I, S. 227f). Aber ist die isolierte Überlieferung einer solchen Erzählung überhaupt denkbar, zumal einer solchen, die von Jesu erfolgloser Wirksamkeit in seinem Heimatort berichtet?

Unabhängig von der Frage nach der Entstehung der Tradition ist m.E. doch die redaktionelle Absicht hinter der Komposition eindeutig zu bestimmen. Mit der Schlußbemerkung (V. 6a) erscheint die Wortgruppe Glaube/Unglaube zum vierten Mal innerhalb des Großabschnittes 4,31-6,6a und ist daher seine Klammer. Freilich hält Markus die Wunderkraft nicht für abhängig vom Glauben der Menschen (s. 4,40). Andererseits erwarten die Menschen wegen ihres Glaubens Wunder von Jesus, ja, sie können wie die blutflüssige Frau Jesus ohne seinen Willen zu einem Wunder veranlassen. Markus ermuntert also die Leser(innen) zu glauben, daß Jesus Wunder tut.

An anderer Stelle äußert sich D. zur historischen Frage, ob Jesus als Rabbi oder als Prophet aufgetreten sei. Letzteres nimmt er mit J. Jeremias[127] an und hält im Anschluß an F. Hahn[128] Jesus für einen eschatologischen Propheten. Dann bemerkt er ergänzend:

„Es kommt aber auch hier darauf an, die entsprechenden Vorstellungen nicht einfach als äußere Tatsachen hinzunehmen, sondern sich vorzustellen, was es bedeutet, inmitten einer Zeit der Geistlosigkeit und der Äußerlichkeit, in der nur noch die Gesetzeslehrer Gottes Willen zu verstehen scheinen, so etwas wie eine ‚neue Schöpfung‘ von Gott her zu versuchen, eine Erneuerung von innen" (Mk I, S. 377 Anm. 1).

Aus der Frage in V. 2 („Was ist das für eine Weisheit, die ihm gegeben ist?!") liest er heraus, die Leute hätten nichts von Jesus erwartet, weil „nach allgemeiner Annahme die Weisheit nur in den Schulen der Weisen und durch den Umgang mit den Gelehrten erworben werden konnte" (S. 378 Anm. 1),

---

[127] Joachim Jeremias: Neutestamentliche Theologie. Erster Teil: Die Verkündigung Jesu, 1971, S. 81f.
[128] Ferdinand Hahn: Christologische Hoheitstitel, ⁴1974, S. 351-404.

den Jesus nicht hatte. „Man muß diesen Kontrast immer wieder vor Augen haben, daß Jesus Gott besonders nahe steht, gerade *weil* er kein Schriftgelehrter ist" (S. 378 Anm. 1). In den Lehren der frühen Kirche handele es sich um eine „Rejudaisierung" der Lehre Jesu (ebd.), wie auch der sonst von D. oft und ausgiebig zitierte E. Stauffer behauptet (s. sofort).

Kritik: Es ist keine Frage, daß in der frühen Kirche mancherorts die rituell verstandene Thora[129] eine größere Rolle spielte (vgl. Gal 2,11ff; Aposteldekret Apg 15,20.29; 21,25; Mt 5,17-20) als in der ältesten Jesusüberlieferung. Insofern hat E. Stauffer in seinen verschiedenen Publikationen etwas Richtiges gesehen[130]. Doch ist der Ausdruck „Rejudaisierung" unglücklich, weil er zur Annahme verleitet, historisches Jesusgut sei dort zu finden, wo die jüdischen Bestandteile von den Jesusüberlieferungen abgetrennt würden. Der Fehlschluß D.s zeigt sich besonders kraß in dem Satz, Jesus stehe Gott besonders nahe, *weil* er kein Schriftgelehrter (S. 378 Anm. 1) ist. Einen evtl. Hinweis darauf, der Satz sei nicht historisch, sondern typisierend gemeint, kann ich aus den oben S. 72 genannten Gründen als hinreichendes Gegenargument nicht akzeptieren.

B

Die im Textteil gegebenen tiefenpsychologischen Ausführungen geben der Perikope eine fragwürdige Richtung. Zunächst heißt es noch:

„Der wirkliche Skandal liegt darin, daß in der Gestalt Jesu beide Seiten zusammenkommen: die Person des Menschen, den man zu kennen glaubt, und gleichzeitig das Wunderbare und Unerhörte, wie es zu einem Gottesmann gehört; diese Synthese des scheinbar völlig Unvereinbaren ist paradox; daran nimmt man Anstoß; dies kann

---

[129] Vgl. zu diesem Problemkreis mein Buch: Paulus, der Heidenapostel, Band II: Antipaulinismus im frühen Christentum, 1983.
[130] Ethelbert Stauffer: Jerusalem und Rom im Zeitalter Jesu Christi, 1957; Jesus. Gestalt und Geschichte, 1957; Die Botschaft Jesu damals und heute, 1959; Jesus, Paulus und wir, 1961. Vgl. zur expliziten Auseinandersetzung mit Stauffer das Buch von Hans Hübner: Das Gesetz in der synoptischen Tradition. Studien zur These einer progressiven Qumranisierung und Judaisierung innerhalb der synoptischen Tradition, ²1986.

man nicht verstehen und will es wohl auch nicht verstehen" (S. 377f).

Doch dann äußert sich D. im Anschluß an den Bericht von der Predigt Jesu in V. 2 wie folgt:

„Wenn es möglich ist, daß jemand *in den Gassen von Nazareth* solche Gedanken zu denken wagt, solche Visionen zu träumen vermag, solche weitherzigen Gefühle in sich zu tragen sich getraut, heißt denn das dann nicht ... , daß jeder in Nazareth zu etwas Ähnlichem imstande und berufen ist? Ja, ganz genau das heißt es. — Alles, was Jesus sagen will ist dies: Ein jeder der Leute in Nazareth, jeder, selbst in dem kleinsten Dorf in Galiläa, jeder, überall auf der Welt, jeder, einfach weil er ein Mensch ist, trägt in sich die wunderbarsten, die schönsten und großartigsten Verheißungen. Im Herzen eines jeden wohnt ein Himmelreich" (S. 382).

Wo steht das im Text?

Die Botschaft Jesu wird am Schluß wie folgt wiedergegeben:

„Es lebt im Herzen eines jeden Menschen soviel Wunderbares, soviel unendlich Schönes, soviel Göttliches; und wir können es einander schenken, jenseits der Angst, jenseits der erstickenden Welt der Häuslichkeit (sic), außerhalb der Gassen von Nazareth. Eine jede Hütte auch in Nazareth ist ein Palast des Herrn und jedes Menschenherz ein Tempel des Allmächtigen" (S. 384).

Diese Aussagen mögen seelsorgerlich in bestimmten Situationen vielleicht notwendig sein, doch sind sie in keiner Weise am Text orientiert, nicht einmal an verborgenen Dimensionen des Textes. Denn seinem Autor geht es doch — noch einmal gesagt — darum, die Leser(innen) zum Glauben an Jesus bzw. zur Hoffnung auf seine Wunderwirksamkeit zu ermuntern (auch wenn das Urteil der Menschen von Nazareth gegen sie steht).

Zu dieser eindeutigen Ausrichtung des Mk-Textes befindet sich auch der nachfolgende Abschnitt („Noch einmal Mk 6,1-6: Jesus in Nazareth oder: Die Provokation des Gewöhnlichen" [S. 384-389]) in einem merkwürdigen Verhältnis. D. liest aus dem Text heraus: Im Gegensatz zu ungewöhnlichen und wunderbaren Ereignissen in unserem Leben berichte diese Szene davon, „daß man Gott in Wahrheit nur zu finden vermag im ganz Menschlichen, im vollkommen Durchschnittlichen, im ganz und gar Nicht-Ungewöhnlichen" (S. 386).

Mk 6,7-13: Die Aussendung der Zwölf

A

Redaktion: V. 7 ist mk Einleitung zur Missionsrede (man vgl. die fast wörtliche Übereinstimmung mit 3,14), V. 12f zeichnen das Ergebnis der Missionsrede (vgl. 3,14f).

Tradition: Markus gibt ein Exzerpt aus Q (Mt 10,5-16/Lk 10,2-12).

„Als hellenistischer Evangelist empfand er wohl, daß diese Instruktion für die Mission in der Oikumene nicht mehr paßte, und machte eine Anweisung für die Mission der Zwölf während der Zeit des Wirkens Jesu daraus, worin Mt und Lk ihm gefolgt sind. Ursprünglich aber redet hier der Auferstandene bzw. Erhöhte . . . , d.h. es liegt eine Gemeindebildung vor" (Bultmann, S. 156).

B

D. beginnt seine Auslegung unter Ausgang von V. 7 (Jesus gab den Zwölfen Vollmacht über unreine Geister) mit der Überlegung darüber, „was in unserem eigenen Leben uns selber schon alles als ‚unrein‘ vorgestellt wurde oder womit wir andere für ‚unrein‘ erklärt haben" (S. 393). Wir seien „dabei, auf Umwegen das Denken in archaischen Tabus moralisch zu legitimieren und damit die Zonen des ‚Toten‘, die uralten Ängste des Mannes vor der Frau, die Verdrängungen des ‚Tierischen‘ im Menschen, die Bereiche des Gott angeblich nicht Zumutbaren festzuschreiben" (ebd).

„Offenbar ist es dieses Szenarium, das Jesus vor Augen hat, als er seinen Jüngern gebietet, sie sollten dem Spuk ein Ende machen und die ‚unreinen Geister‘ vertreiben. In jedem von uns denkt ‚es‘ wie aus Kindertagen in der Sprache der Angst weiter . . . " (S. 394).

Demgegenüber komme es Jesus darauf an, „die Menschen wieder sich selbst näher zu bringen und die Entfremdungen zu überwinden, die uns ständig daran hindern, so zu leben, wie Gott uns ursprünglich gewollt hat. Dies ist es, was Jesus ‚*Umkehr*‘ nannte — ein Rückweg zu dem verlorenen Ursprung der Welt . . . " (S. 394). (G.L.: Umkehr ist doch nicht primär *Rück*weg, sondern Weg nach vorn; vgl. u. S. 240f zu Mk 13).

Es sei „ein Zerrbild der Botschaft Jesu und ein Zerrbild des Religiösen, wenn es heute fast schon als Irrlehre in der Kirche gilt zu sagen, im Sinne Jesu sei der Glaube an Gott vollkommen eins damit, daß Menschen zu sich selber finden. Für Jesus bestand ohne Zweifel die ‚Umkehr‘, die er meinte, in dem Ende der menschlichen Entfremdung, in der Heilung von seelischer und körperlicher Krankheit unter der Geißel der Angst im Zustand der Gottesferne, in der vertrauensvollen, paradiesesähnlichen Erfahrung, Gott nahe zu sein an jedem Ort der Welt und in jedem Zustand des Lebens" (S. 395).

„Wie einfach Jesus seine Botschaft meinte, läßt sich bereits an der Einfachheit der Ausstattung erkennen, die er seinen Jüngern zur Vorschrift macht — sie ist berechnet einzig auf den Abbau menschlicher Angst" (S. 395f).

Im Anschluß an J. Jeremias[131] weist D. darauf hin, Jesus sei es bei der Aussendung der Jünger darauf angekommen, daß sie nichts Überflüssiges mitnähmen (S. 396 Anm. 12). Daraus sei zu folgern:

„Die Weisungen Jesu ... drücken eine Grundhaltung aus, die grundsätzlich und immer gilt: nur die nicht mehr ihre Sicherheit (und damit ihre Angst) im Sinne haben, werden ihren Glauben an Gott glaubhaft machen können. Von daher gilt es, vor allem *psychologisch* zu verstehen, warum z.B. die *Kleidung* ein so wirksamer Schutz gegen Angst sein kann — sie ist in gewissem Sinne selber ein psychisches Symbol, und gewiß fällt uns Heutigen, insbesondere uns Theologen, die Einfachheit der Seele noch weit schwerer als die Einfachheit der Kleidung" (ebd.).

„Es gilt mithin, in Sachen der Verkündigung Gottes eine Wahl zu treffen, und zwar ohne Kompromisse. Um die Alternative so deutlich wie möglich zu formulieren: Man kann sich nach den Bestimmungen und Regeln des bürgerlichen Anstands richten, der festlegt, was nötig ist, um bei anderen anzukommen; dann ist kein Detail belanglos genug, um nicht tödlich ernst genommen zu werden ... " (S. 397).

Kritik: Der Weg vom konkreten Text bis zu D.s Botschaft von der Befreiung von der Angst beruht wiederum auf einem übertragenen Verständnis der unreinen Geister und ist als homiletischer Gedanke sicherlich nützlich. Ob D.s Vorschlag zum Sich-selbst-Finden des Menschen gangbar ist, und zwar auch als Auslegung des Textes, und ob christliches Verständnis des Glaubens an Gott in eins ist mit dem Zu-sich-selbst-Finden, hängt von einer Näherbestimmung des letzteren

---

[131] Jeremias, Theologie, S. 226.

ab.[132] Wie viele Arten der Selbstverwirklichung entpuppen sich als krasser Egoismus! Die Polemik gegen die Kleidung von Kirchenleuten ist mir unverständlich und hat wahrscheinlich Gründe in der Biographie D.s. Im Text finde ich sie nicht. (Markus hat ja ausdrücklich angedeutet, daß die notdürftige Kleidung für die Zeit der Mission in der Oikoumene nicht mehr paßt, s. oben A.) Kleidung, tiefenpsychologisch gedeutet, ist überdies, wie D. weiß, keinesfalls immer Schutz gegen die Angst.[133]

Mk 6,14-29: König Herodes und die Enthauptung Johannes' des Täufers

A

Bultmann hält diesen Abschnitt für eine Legende ohne christlichen Charakter, die — den heidnischen Parallelen nach zu urteilen — aus hellenistisch-jüdischen Traditionen übernommen worden und ungeschichtlich sei (vgl. ebenso D., S. 409 Anm. 14 gegen Pesch, Mk I, S. 343, der wesentliche Züge der Überlieferung für historisch glaubwürdig hält und auf Täuferkreise zurückführt).[134] „Die Geschichte bildet dann vielleicht eine Spur des Täufertums auf hellenistischem Boden. Mk hat die Geschichte eingeschoben, um den Raum zwischen Aussendung und Rückkehr der Jünger auszufüllen" (Bultmann, S. 328f). V. 14 sei traditionell und habe vielleicht eine andere Fortsetzung als im Text gefunden. V. 15f

---

[132] Hingewiesen sei auf Emanuel Hirsch: Weltbewußtsein und Glaubensgeheimnis, 1967, S. 25-35 („Das verborgene Gottesverhältnis des freien menschlichen Weltbewußtseins"), bes. S. 30: „Mit einer gängigen Formel darf man sagen: der seiner Autonomie sich bewußte Mensch muß und soll in sich selber stets neu entdecken und erkennen, daß Autonomie von Theonomie umfangen und getragen ist."

[133] Die äußeren Kleider spiegeln z.B. das Innere des Menschen wider (vgl. Eph 4,24) und haben dann mit Angst nicht notwendig etwas zu tun. Vgl. Manfred Lurker: Wörterbuch der Symbolik, ⁴1988, S. 373f („Kleid, Kleidung").

[134] Vgl. dazu jetzt die Analyse von Gerd Theißen: Lokalkolorit und Zeitgeschichte in den Evangelien, 1989, S. 85-102.

gehe auf Markus zurück, wobei er das Motiv zu V. 15 aus der 8,28 verwendeten Tradition entnommen habe. V. 16 nehme dann wieder V. 14 auf (Bultmann, S. 329). Aus V. 14 sei zu folgern, daß man auch vom Täufer Wunder berichtete (Bultmann, S. 329 Anm. 3).

B

D. geht in diesem Abschnitt von der Psychodynamik der einzelnen Gestalten aus (S. 405 Anm. 1). Die Erzählung vom Tode des Täufers, die von Markus hier eingeflochten wurde, enthalte „in äußerem Sinn kein wahres Wort", dafür stelle sie „aber ihr eigentliches Thema: die menschliche Bosheit, in großer dichterischer Kraft und allgemeingültiger menschlicher Wahrheit dar" (S. 409).

Lt. D. gehe es der Sage vom Tod des Johannes nicht um historische Details; „ihre Frage ist nicht, wer Herodes oder Herodias ‚wirklich' waren; sie benutzt lediglich deren Namen, um einen Archetypus zu gestalten" (S. 412).

D. schreibt weiter:

„Es gehört offenbar zum Wesen eines ‚Herodes' ein solcher Wille zur Unterwerfung, zum Beherrschtwerden, zur Willenlosigkeit des Mächtigen, und je ohnmächtiger das Geschöpf der Selbsterniedrigung und der Kasteiung, um so höher der Genuß der Schande. Eine umgekehrte Haltung wird man bei ‚Salome' annehmen dürfen. Welch ein Triumph, als Mädchen schon eine solche Macht über die Männer zu besitzen; aber auch, welch eine innere Gefügigkeit und Hörigkeit!" (S. 415f).

Zu Lk 23,6-12 („Jesus vor Herodes") bemerkt D.:

„Dabei ist es erstaunlich, wie genau das Bild des Herodes, das in dieser in sich selbständigen Erzählung gezeichnet wird, dem psychischen Portrait der Sage von der Enthauptung des Johannes bei Markus entspricht. Man kann diese Beobachtung tiefenpsychologisch freilich auf Schritt und Tritt machen, daß Erzählungen, die in historisch-kritischer Sicht als völlig unhistorisch bzw. als ‚frei' erfunden gelten müssen, in Wahrheit aus einer Dichte des Erlebens und der Erfahrung gestaltet sind, die *psychisch* ... durchaus auf eine in sich einheitliche, auch in geschichtlichem Sinne wahre Realität schließen läßt" (S. 419). (G.L.: Um welche geschichtliche Realität geht es hier?) „Noch einmal: Es geht nicht um eine Rekonstruktion der historischen Wahrheit *hinter* dem Text, es geht um eine Interpretation der psychischen Wahrheit, die *in* dem Text enthalten ist" (S. 419 Anm. 37).

Wir sind hier an einem entscheidenden Punkt angelangt, beim Verhältnis von Archetyp und Geschichte. D. fragt offenbar durch die Texte hindurch nach den in ihnen wirkenden Archetypen und sieht diese in den dort agierenden Personen symbolisiert (vgl. S. 105). Dabei nimmt er notfalls glatte Widersprüche zur historisch rekonstruierbaren Geschichte (s. z.b. die Stellung Jesu zum Judentum und zum Gesetz) in Kauf und verabsolutiert diejenige „Realität", wie er sie durch die archetypische Hermeneutik erschließt. Ich frage, welche Kriterien D. dabei zugrundelegt und wie er die z.T. eklatanten Widersprüche zwischen historischer Rekonstruktion (hierzu gehört sowohl die Frage, was Markus sagen *wollte*, als auch die Ermittlung der Fakten) und den in der archetypischen Hermeneutik verankerten Aussagen verarbeitet.

Mk 6,30-34: Die Rückkehr der Jünger. Jesu Erbarmen mit dem Volk

A

Markus zeigt sich zu diesem Abschnitt besonders um den erzählerischen Zusammenhang bemüht, denn er stellt „einerseits die Verbindung mit der 6,7-13 berichteten Aussendung der Jünger her ... und (sc. schafft) andererseits die Voraussetzungen für die folgende Speisungsgeschichte" (Bultmann, S. 365). Das Ruhebedürfnis der Jünger dient als Motiv zur Aufsuchung des „einsamen Ortes" (V. 32), „und sehr umständlich wird die Volksmenge, die für die Speisung nötig ist, an Ort und Stelle gebracht" (ebd.). An anderen Stellen (1,45; 3,7-10; 1,32-39) findet sich redaktionell ebenfalls ein Sich-Zurückziehen Jesu bei gleichzeitigem Zulauf der Volksmenge. In V. 34b wird Jesus wie vorher 6,3 typisch markinisch als lehrend gezeichnet.

B

D. geht nicht auf die Fragen der exegetischen Analyse ein. Er bespricht die vorliegende Perikope unter der Überschrift „Stille und Sprache" (S. 424-430) und trägt dabei sehr eindringliche Gedanken zum Thema des Allein-Seins vor, das zweimal im Text (V. 31.32) erscheint (vgl. 1,35.45). „Denn dies ist eine Erfahrung nicht nur des Lebens Jesu, sondern

unseres eigenen und jedes menschlichen Lebens: daß etwas
Wahres sich nur formen kann in den Stunden, da wir bei uns
selber sind und im Alleinsein mit uns selbst nahe bei Gott" (S.
425).

In diesem Sinne werden zwei Bilder des Textes thematisiert, die Wüste (V. 31) und die Schafherde ohne Hirten (V.
34). Das alttestamentliche Bild der Wüste stehe oft für die Augenblicke der Leere, vor denen wir große Angst hätten. Doch
andererseits

> „sind (sc. es) gerade diese Stunden der Stille, in denen die meisten
> Fragen unseres Lebens sich beantworten, und es sind diese Momente
> der Sehnsucht, in denen wir fähig werden, ein ruhiges Glück, wie
> Gott es schenkt, in unser Leben aufzunehmen. Die ‚Wüstenzeiten'
> sind die eigentlichen Segenszeiten" (S. 429).

Zum anderen alttestamentlichen Bild der Schafe ohne Hirten (vgl. Jer 23,1-4 und Ez 34,1-13) führt D. aus:

> „Keiner von denen (sc. den falschen Hirten, Marktschreiern und
> Ohrenbläsern) kümmert sich darum, wer wir selber sind, was in uns
> vor sich geht und wie wir einen Weg finden, um glücklich zu sein,
> wenn es nur die große Herde, den Haufen, die Masse gibt und den
> entsprechenden Taumel der Abstumpfung, den Rausch der Bewußt-
> losigkeit, das Bad in der Menge. Es ist nicht anders möglich, als daß
> wir uns in den Stand setzen, *Einzelne* zu sein, ein eigenes Ich zu ha-
> ben und *damit* die Liebe zu lernen. Denn nur so, indem wir unser
> eigenes Dasein wiedergewinnen, gewinnen wir auch die Nähe des
> anderen und, nur in der Gemeinsamkeit der Liebe sind wir rückver-
> bunden mit unserem Ursprung und hingewiesen auf das Ziel unseres
> Lebens" (S. 429f).

Kritik: Diese Ausführungen sind eindrucksvolle, gegenwartsbezogene Betrachtungen zur Perikope, auch wenn sie
den textlichen Zusammenhang nicht thematisieren.

Mk 6,35-44: Die Speisung der Fünftausend

A

D. stellt zu der vorliegende Perikope ungewöhnlich aus-
führliche Überlegungen zur literarischen Gattung und zur
Traditionsgeschichte an.

In Anschluß an G. Hartmann[135] handele es sich bei Mk
6,30-7,37 (und deren Dublette Mk 8,1-26) um eine Sammlung
von Elisa-Taten Jesu. (Aber es fragt sich m.E. sofort, warum
Mk 5,1-20 und 5,25-34 keine Entsprechung in den als alt-

testamentliche Vorbilder bemühten Texten haben.) Ferner liege, wie A. Heising[136] gezeigt habe, in der vorliegenden Perikope eine Mosetypologie vor (S. 438 Anm. 13). Die dafür gegebenen Gründe sind m.E. aber kaum durchschlagend. So zeichne V. 34 angeblich Jesus als Hirten der Endzeit, der wie Moses als verheißener endzeitlicher Prophet (vgl. Dtn 18,18f) Gottes Wort verkündige.

Dagegen: Die Vorstellung der hirtenlosen Herde kann verschieden gebraucht werden, so Ez 34,5; 1Kön 22,7 als Anklage gegen die pflichtvergessenen Hirten, Sach 13,7 im Zusammenhang der göttlichen Strafe oder Num 27,17 im Kontext der Bestellung Josuas als Nachfolger des Moses. Da überdies kein Zitat vorliegt, ist Jesus nicht als zweiter Moses vorgestellt, sondern es wird unter Aufnahme eines verbreiteten Bildes etwas über die Hoheitsstellung Jesu ausgesagt (vgl. auch Gnilka, Mk I, S. 259).

D. schlägt im Anschluß an Heising als Gattungsbezeichnung für die Perikope „kerygmatische Wundergeschichte" vor (S. 431 Anm. 1). Warum bleibt es nicht bei der schlichten Bezeichnung „Wundergeschichte"? Denn alle ihre Merkmale finden sich im vorliegenden Text: Der „Dialog zwischen Jesus und den Jüngern steigert die Spannung; das Wunder der Vermehrung wird nur am Erfolg, dem Austeilen, Essen und Sattwerden illustriert. Ein Schlußeffekt ist das Überbleiben von mehr Resten als am Anfang Vorräte da waren, und wirkungsvoll ist die Zahl der Gesättigten ans Ende gestellt" (Bultmann, S. 231).

Redaktion: Markus hat am Anfang der Geschichte eingegriffen. Jesu „Sich-Erbarmen" „wird sich ursprünglich wie 8,1f. auf den Hunger der Menge bezogen haben, und das Lehren Jesu wird ein sekundäres Motiv sein, mittels dessen Mk das überlieferte Wort von den hirtenlosen Schafen untergebracht hat" (Bultmann, S. 231). Markus selbst hat die Speisungserzählung schwerlich eucharistisch verstanden, denn sonst hätte er 6,41 und 8,6f stärker an 14,22 angeglichen. Doch ist wahrscheinlich, daß das Abendmahl eine selbstverständliche Voraussetzung der christlichen Hörer(innen) und

---

[135] G. Hartmann: Der Aufbau des Markusevangeliums, 1936, S. 145-151.
[136] A. Heising: Die Botschaft der Brotvermehrung, 1966.

Leser(innen) der vorliegenden Geschichte war, so daß eine heutige Weiterführung der Perikope daran anknüpfen könnte.

B

Nun geht D. nicht von diesem exegetischen Befund aus, bringt aber folgende Gesichtspunkte zur Geltung:
Die Geschichte beginne „mit der Feststellung unserer restlosen Armut. Es ist nicht möglich und an und für sich ganz unvorstellbar, die fünftausend Männer mit ihren Frauen und Kindern aus eigener Hand zu speisen. Und dennoch möchte Jesus, daß gerade dieses Wunder der Verwandlung unserer Armut sich ereignet. Es ist, wie wenn noch einmal die Tage des Wüstenauszuges begonnen hätten, da Israel der Knechtschaft Ägyptens entronnen war und Moses durchaus nicht wußte, wenn die Sonne des Abends im Westen versank, wie er am anderen Morgen das Volk durchbringen würde ... " (S. 437f).
Kritik: Die exegetische Berechtigung für die Mosetypologie wurde oben bereits bestritten.

An anderer Stelle gibt D. die Botschaft des Textes wie folgt wieder:
„Das Wunder der Brotvermehrung in der Nähe Jesu beginnt damit, daß wir gemeinsam den Blick von unseren Armseligkeiten weg hinaufheben zum Himmel. Diese wunderbare Fähigkeit besitzen wir, das Leben des anderen zu berühren wie ein uns anvertrautes Geschenk und es zu segnen mit der Gnade des Himmels, oder tiefer noch, es selber zu entdecken als einen Segen, in dem wir die Gnade des Himmels wiederfinden. Ein solches Wunder der Verwandlung kann sich ereignen, wenn wir all das, was der andere von seinem Leben in unsere Hände legt, von Herzen annehmen und als Geschenk des Segens an ihn zurückgeben" (S. 439).
Fazit: D.s Auslegung steht nur in einer lockeren Beziehung zum Text, enthält jedoch in seinen Ausführungen zum „Wunder der Verwandlung" eine tiefe Einsicht. (Freilich hätte man hier auch einen Hinweis auf das Abendmahl erwartet.) Ähnlich eindrücklich sind die Ausführungen zum Mitleid in V. 34:
„In der Haltung des *Mitleids* Jesu verrät sich ein anderes moralisches *Prinzip* als in der ‚vernünftig' und ‚verantwortlich' denkenden Haltung der Jünger: Wann hätte unser Denken jemals etwas anderes produziert als eine paradoxe Ideologie des Egoismus und des Unglücks: Es sagt sich leicht, daß Jesus an dieser Stelle als der ‚eschatologische Hirte' geschildert wird, der sich mitleidig des Volkes erbarmt. Aber solche Geschichten setzen doch voraus, daß in Jesus ein solches Mitleid lebte, das Wunder wirken konnte, weil es unser ge-

samtes Denken, die Grundlagen unserer Ethik, die Tradition und Konvention all unserer Gewohnheiten zu überwinden vermochte. Nicht die ‚Typologie‘ des ‚Hirten‘ macht Jesus zum Wundertäter des Mitleids, sondern umgekehrt: Die Erfahrung seines Mitleides verlangt nach der Typologie der *guten Hirten*, um auszusagen, daß in ihm Gott so erschien, wie es der Ps 23 beschreibt" (S. 434 Anm. 5).

D. hat recht: Erfahrung geht der Lehre bzw. der Theologie voraus. Aber das sollte weiter historisch untersucht werden. Gerne würde man z.B. Aufschluß darüber gewinnen, *wie* die Menschen die Erfahrung des Mitleids Jesu machten. So wie die Sätze dastehen, unterliegen sie permanent einem historischen Mißverständnis, denn D. meint sie ja gar nicht geschichtlich-faktisch. Müssen sie aber nicht doch historisch verankert werden, um Anspruch auf Geltung zu haben?[137] Sonst geht es hier gar nicht um Jesus von Nazareth. (Falls D. den erhöhten oder kerygmatischen Christus meint, müßte er dennoch dessen Verhältnis zum historischen Jesus klären.)

Die Anmerkungen D.s zur historisch-kritischen Methode zeigen, wie er sich das Verhältnis von historischer Kritik und Tiefenpsychologie denkt. Er referiert aus einem Brief von A. Heising an H. Halbfas, in dem Heising erklärt, die historisch-kritische Exegese habe ihm als erstes den Glauben an die Gottheit Christi zerstört und hernach den Glauben an Gott überhaupt fraglich gemacht. D. selbst fährt fort:

„In der Tat: Schon aufgrund historischer Ehrlichkeit kann die historisch-kritische Methode Stelle für Stelle immer wieder nur erklären, was die frühe Kirche mit bestimmten Erzählungen an eigenem Glauben hat aussagen wollen, aber es gibt innerhalb dieser Methode keinen Anhaltspunkt, um die Verbindlichkeit der *Bilder*, in denen die Evangelien den Glauben aussagen, von innen her zu begründen. Erst die Tiefenpsychologie kann und muß zeigen, daß die Symbolsprache des Neuen Testaments *anthropologisch* begründet ist und *notwendig* auf den Plan tritt, wenn es darum geht, auf menschheitlich gültige Weise Erfahrungen von Heil und Erlösung auszusagen" (S. 431 Anm. 1).

Gegenfrage: Führt etwa die Tiefenpsychologie notwendig zum Glauben? Das tut sie doch genauso wenig wie die histo-

---

[137] Kommt diese m.E. unabänderliche Einsicht bei D. nicht immer wieder dadurch zum Tragen, daß er mit seinen Ausführungen historische Mißverständnisse geradezu „herausfordert", ohne es zu wollen? Vgl. auch den Satz: „die Bedeutung der historischen Gestalt Jesu ist in der Tat für den Glauben unerläßlich" (Mk I, S. 98).

rische Kritik. Vielmehr geht es um eine den Texten entsprechende Balance bzw. Ergänzung zwischen historischer Kritik und Tiefenpsychologie (sowie *jeder anderen* Methode, die zum kritischen Verständnis des Textes taugt).

Mk 6,45-56: Jesu Seewandel und Heilung vieler Kranker

A

D. bespricht die Geschichte von Jesu Seewandel (V. 45-52) und das Summarium von der Heilung vieler Kranker (V. 53-56) zusammen unter der Überschrift „Jesus begegnet den Jüngern auf dem Meer" (S. 441-450).

V. 45-52: Die Perikope sei, formal betrachtet, eine Epiphaniegeschichte im Unterschied zu dem Rettungswunder 4,35-41 (S. 445 Anm. 8). Bereits Bultmann hatte gefragt, ob die Erzählung von Jesu Seewandel eine Variante derjenigen von der Sturmbeschwörung (4,37-41) sei. Er schreibt:

„Die Stillung des Sturmes, die auch hier (V. 48.51) eine Rolle spielt, wäre dann das ursprüngliche Motiv, das dadurch verschoben wurde, daß das Seewandeln hinzukam und zum Hauptmotiv wurde. Dies Motiv hätte dann Mt 14,28-31 eine weitere Steigerung erfahren; endlich wäre dann Joh 6,16-26 das Sturmmotiv ganz verschwunden und das Motiv des Seewandelns um das der wunderbaren Landung vermehrt worden" (S. 231).

Doch entscheidet Bultmann sich gegen diese Möglichkeit, weil das ursprüngliche Motiv dieser Geschichte das Seewandeln sei (sichtbar am jetzt unverständlichen Satz V.48: „er wollte an ihnen vorübergehen"), zu der das Sturmmotiv erst sekundär hinzugekommen sei.

V. 52 enthalte das mk Jüngerunverständnismotiv (Bultmann, S. 231; D., S. 445 Anm. 8).

V. 53-56: Der Abschnitt sei (ebenso wie 1,32-39; 3,7-12) eine redaktionelle Bildung, ein Summarium, das ausführlich Jesu Heiltätigkeit schildert (S. 449 Anm. 17 — vgl. Bultmann, S. 366) und das im mk Zusammenhang die „Massenszene" von Mk 6,30-34 aufnimmt. Im Gegensatz zu den beiden anderen Summarien wird in ihm wohl deswegen von keinem Exorzismus berichtet, weil sich im Kontext keine derartigen Geschichten finden. Auch fällt die „Passivität" Jesu auf (er heilt nicht aktiv), sondern er ist Machtträger, von dem sich die Massen die Heilungskraft holen.

146

D. schreibt zu V. 53-56:

„Der *Sammelbericht* in Mk 6,53-56 verallgemeinert die Informationen anderer Wundererzählungen; historische Erinnerung dürfte in ihm kaum enthalten sein, zudem Markus selbst kaum zu merken scheint, daß er in 6,30-7,37 eine vollendete Dublette zu 8,1-26 bietet. Umso wichtiger ist es, die entsprechenden Texte, statt sie historisch-kritisch zu befragen, symbolisch zu lesen, um der Wirklichkeit nahe zu kommen, die sich in ihnen ausdrückt" (S. 449f Anm. 17).

B

Das Meer, der Wind, das Gespenst, die Angst, der Vorübergang, die Beruhigung des Sturmes seien als Symbole der Begegnung mit dem Unbewußten zu interpretieren. Damit werde nicht die Gestalt Christi relativiert, sondern vielmehr deutlich gemacht, „bis in welche Tiefen des Erlebens die Begegnung mit der Person Jesu vordringen kann und muß, ehe man ‚weiß‘, auf welch absolute Weise gegen alle Angst sein ‚Ich bin‘ sich zu setzen vermag" (S. 446 Anm. 8). Andere Völker hätten mit ihren Offenbarungsträgern und Religionsstiftern ähnlich tiefe Erfahrungen gemacht, „die sie in symbolisch gleichen Bildern ausgedrückt haben" (ebd.). Alles das bedeutet konkret für die Auslegung unter der Prämisse, daß die symbolische Wirklichkeit die einzig wirkliche (sic!) Wirklichkeit sei (S. 442), folgendes:

„In Wirklichkeit gibt es nur einen einzigen Weg, um uns vor dem ‚Abgrund‘ des Lebens zu ‚schützen‘, und ihn beschreibt die Geschichte vom Seewandel Jesu in symbolisch-vorbildlicher Weise: es gilt, gerade die vermeintlichen Sicherungen vor dem Unendlichen aufzugeben und unser Leben zu wagen. So schwer, wie es scheint, ist eine solche Lösung von dem alltäglichen System fiktiver Sicherheiten an sich nicht. Es gilt, im Bild dieser Geschichte vom Seewandel Jesu etwas zu entdecken: Das, wovor wir am meisten Angst haben, ist häufig das, worauf wir in Wirklichkeit am meisten hoffen" (S. 446f).

Unklar bei diesen eindrücklichen Sätzen ist mir das Verhältnis des einzelnen zu Jesus geblieben, was noch einmal an der Auslegung D.s von V. 50 illustriert werden kann, wo er schreibt: „Damit diese Stimme glaubwürdig ist, gibt sie sich selber in einem Namen (*Ich bin*) zu erkennen, der in uns wesenhaft lebt, und es ist dieser Name unserer wahren Anrede, der sich auf ewig in der Vorstellung des Glaubens mit der Person Jesu verbindet" (S. 447). Spricht die Stimme in mir oder ist sie an ein Gegenüber geknüpft? (Ich stelle diese Frage in dem Wissen, daß beides für D. keine Alternative ist [vgl.

S.447 Anm. 10]. Aber das Heil kommt von außen und die Richtung, in der es zu uns kommt, ist unumkehrbar.) Unklar ist mir auch geblieben, warum Jesus „die Not seiner Jünger vom *Berg* des Gebetes aus sieht" (S. 448).

Schließlich ist D.s Verabsolutierung der symbolischen Wirklichkeit, die er ja an anderen Stellen gar nicht durchhält (s.o. S. 120 zu Mk 5), unverständlich. Wir bestehen nun einmal aus Materie, leben auch in nicht-symbolischer Realität und „Wunder" in dem von D. abgelehnten Sinne (s.o. S. 76f) geschehen immer wieder — selbst ohne Glauben (vgl. o. S. 134). Warum sollen hier falsche Gegensätze aufgerichtet werden?

V. 53-56 legt D. als Varianten des Bildes vom Seewandel wie folgt tiefenpsychologisch aus:

„Es ist ja wahr: inmitten der Stürme des Lebens, getrieben von ‚Strömungen' und ‚Wellen' aller Art, geschüttelt von Fieberträumen der Angst bis zu Krankheit und Wahnsinn oft, genügt es doch, auch nur ein Zipfelchen vom Leben Jesu zu erhaschen: ‚begreifen' wir auch nur ein Weniges von dem, was er gewesen ist, als er vor den Augen seiner Jünger die Wasser des Todes ‚überschritt', so wird es unser Leben umschließen mit einem Mantel des Vertrauens und der Geborgenheit, daß es uns heilt und wohltut. In jeder Angst gilt dieser Anruf Jesu mitten auf dem Meer: ‚Ich bin. Glaubt nur'" (S. 449f).

Mk 7,1-23: Der Streit über Rein und Unrein

A

Historisch hält D. unter Ablehnung der Analyse Bultmanns V. 1-2.5-8[138] und V. 9-13 für jesuanisch und mit ihm ebenfalls (den ursprünglich isoliert überlieferten) V. 15. „Dieser Satz bildet in der Tat den Kern der ganzen Auseinandersetzung und ist ein wichtiger Schlüssel zum Verständnis der Botschaft Jesu" (S. 452 Anm. 1 — vgl. zu V.15 noch ausführlich unter B). V. 17-23 seien „wohl eine Gemeindebildung, die das Verhältnis zwischen Juden und Heiden klären will, sich dabei aber an Jesu Wort anlehnt" (ebd.). Im Anschluß an E. Stauf-

---

[138] Die Zwischenbemerkung V. 3f gibt der im jüdischen Gesetz unkundigen Leserschaft eine Erläuterung und geht auf Markus zurück. Aus ihrer Notwendigkeit ist zu begreifen, warum im folgenden sachwidrig Speise- und Reinheitsgebote identifiziert werden konnten.

fer[139] meint D., Markus habe das Jesuswort in V. 15 „völlig richtig verstanden … , wenn er — entsprechend der Auslegung der frühen Gemeinde — darin eine Beseitigung der jüdischen *Speisegesetze* erblicke (7,19)" (S. 454 Anm. 1).

Man wird sich der These anschließen können, daß V. 17-23 nicht jesuanisch seien, wohl aber kaum der Meinung, V. 1-2.5-8 und V. 9-13 stammten vom historischen Jesus. Bultmann hat überzeugende Gründe dafür beigebracht, daß es sich auch hierbei um Gemeindebildungen handelt. Er weist (S. 15f) darauf hin, daß in V. 1-8 ein Verhalten der Jünger durch Jesus verteidigt wird — ein Indiz für gemeindliche Bildung — und in V. 9-13 daran ein Herrenwort angereiht worden ist, und zwar durch Markus selbst, wie die Wendung „und er sprach zu ihnen" (V. 9) zeige. Vgl. analoge mk Einleitungen in V. 14: „Und er … sprach zu ihnen", V. 20: „Er sprach aber".

Dabei sei (mit Bultmann, S. 15) betont, daß die Hauptschwierigkeit der Zusammenführung von V. 1-13 mit V. 15 darin besteht, daß V. 15 Speisegesetze betrifft, V. 1-13 dagegen Reinheitsgesetze, die voneinander zu unterscheiden sind. V. 15 *kann* historisch nicht Antwort auf das Vorhergehende gewesen sein.

Wenn D. trotzdem V. 1-13 *und* V. 15 für historisch hält, so ist er dazu nur unter der Voraussetzung in der Lage, daß Markus oder ein vormarkinischer Redaktor ursprünglich nicht zusammengehörige historische Worte Jesu zusammengestellt hat. Diese Vorausetzung ist m.E. fraglich, zumal in V. 1-8 das Verhalten der Jünger verteidigt wird — wie gesagt, ein Indiz für Gemeindebildung.

Redaktion: Die Perikope hat einen Mk 2,23-28 analogen Aufbau (Schriftbeweis: 2,25ff — vgl. 7,6b-7a; Worte Jesu: 2,27f — vgl. 7,9ff). Markus grenzt die Überlieferung der Ältesten/der Menschen (V. 3.5.8) vom Gebot/Wort Gottes (V. 8.9.10) ab (man vgl. das Zitat von Ex 20,12 in V. 10). Sosehr der Evangelist sich wiederum von den Vertretern eines Judentums absetzt, das sich über die „Überlieferung der Ältesten" definiert, so schärft er gleichzeitig die Gültigkeit des recht verstandenen Wortes/Gebotes Gottes ein, zu dem Speise-

---

139 Stauffer, Botschaft Jesu, S. 28-29.

und Reinheitsgesetze nicht mehr gehören. V. 18 enthält das typisch mk Jüngerunverständnismotiv.

B

D. polemisiert in seiner tiefenpsychologischen Interpretation zunächst gegen das Christentum:

„Das Christentum selbst, insbesondere die Moraltheologie, erweckt noch heute mit Eifer den Eindruck, als liege ihre Aufgabe vornehmlich darin, das bürgerliche Gesetzbuch durch gewisse ‚an sich seiende‘ Werte zu stabilisieren und diese wiederum im Wesen und Willen Gottes metaphysisch zu verankern" (S. 457).

Wenn Religion darin bestehe, gesellschaftliche Abgrenzungstendenzen „zu stabilisieren und zu ideologisieren, so ist die Idee der Propheten bezüglich einer Gemeinschaft von Menschen, die in Freiheit und Gleichheit vor Gott geeint sind, widerlegt" (S. 457f — sind die Propheten etwa Wegbereiter der französischen Revolution?).

Demgegenüber bestand lt. D. für Jesus „die Bewährungsprobe von Religiosität und Frömmigkeit darin, inwieweit es möglich ist, die natürlichen Gegensätze zwischen den Menschen zu überwinden ... Freilich: so wahr und einsichtig diese Forderung scheint, so schwierig ist sie zu verwirklichen" (S. 458).

Die Frage nach Gott beginne erst, wo die Menschenfurcht und die Phobie vor gesellschaftlicher Kritik zurücktrete (S. 460): „Auf dem Wege zu Gott gibt es im Sinne Jesu nur eine einzige wesentliche Frage: Was stimmt in meinem Leben wirklich? Wie muß ich mich verhalten, daß die eigene Person sich in meinem Handeln unzweideutig äußert und verwirklicht?" (S. 461).

Der Typ von Religion, den Jesus in die Welt gebracht hat, sei in der Kirche vollständig um seine innere Dynamik gebracht und diese Krisenreligion einer absolut persönlichen Entscheidung ins Bürgerliche zurückgeschoben worden (S. 463).

Die Pharisäer und Schriftgelehrten seien Typen der Gesetzlichkeit im Religiösen, bei der „unter der Fassade äußeren Rechtverhaltens am Ende so viel aufgestaut wird, daß innerlich alles durcheinander gerät" (S. 464). Die Perikope habe für heute nichts an Aktualität verloren:

„Uns geht es heute nicht mehr um das Problem jüdischer Ritualgesetze; aber es scheint heute keine Tatsache gefährlicher zu sein als der Umstand, daß wir alles Äußere recht gut mit Verstand zu ordnen und durch immer neue, scheinbar bessere Gesetze zu verwalten wissen, während wir uns gleichzeitig nahezu unfähig zeigen, den Gefühlsregungen und Neigungen unseres Herzens Aufmerksamkeit und Bedeutung beizumessen" (S. 465).

Unter der Überschrift „Noch einmal Mk 7,1-23: Was aus dem Herzen kommt ... " (S. 466-471) variiert D. in einem weiteren Beitrag seine bisherigen Ausführungen zum Text. Im Anschluß an Mk 7,15 heißt es:

„Gut und Böse entscheidet sich im Sinne Jesu nicht an der Außenseite, sondern daran, was im Herzen von Menschen vor sich geht" (S. 468). Es könnten „unmittelbar, so einfach, so ganz von innen heraus ... Menschen gut sein. Sie brauchten dafür keine Vorschriften, keine Satzungen, nicht den Terror der Strafen, nicht den Hochmut moralisch und religiös drappierter Standesunterschiede" (S. 470).

„Vielleicht mußte schon deshalb unser Jahrhundert so etwas erfinden wie die Psychotherapie und Psychoanalyse, Winkel- und Schutzräume der Gesellschaft, in denen für Stunden wenigstens ausnahmsweise für viel Geld so etwas geübt werden kann wie ein Interesse nicht an Verhaltensweisen, sondern an Gefühlen, Stunden, in denen nicht gefragt wird, was im Sinne der Allgemeinheit richtig oder falsch, gut oder böse ist, sondern was in einem Menschen lebt und wie man es dazu bringt zu leben, in dem Vertrauen, daß es nichts im Menschen gibt, das es verdienen würde, vom Dasein ausgeschlossen zu sein" (S. 470f).

Kritik: D. verwechselt hier psychotherapeutische Vorgehensweise („totale Annahme") und ethische Verantwortung. Es ist eben keine gute Psychoanalyse, wenn sie dazu führt, daß ungelebtes Leben unterschiedslos in der Wirklichkeit nachgeholt wird (was für den Patienten und die mit ihm Verbundenen verheerende Folgen haben kann). Verwiesen sei hier noch auf D.s Bände zum Thema „Moraltheologie und Psychotherapie", wo ebenfalls die Fiktion erscheint, Psychotherapie sei ohne Ethik möglich. Er schreibt z.B.

„Die Religion sollte und dürfte in nichts anderem bestehen, als den Menschen gegen seine Angst zum Ursprungsort seines Vertrauens hinzuführen. Dazu gehört, daß die Frage des Ethischen: Was muß ich tun, vollkommen zurückzutreten hat hinter der Frage: Wer bist du; was ist deine Geschichte; wessen bedarfst du; wohin willst du? Und dies, was der andere ist, gilt es *vorbehaltlos* zu akzeptieren, so gütig und mit so weitem Herzen, wie in dem Wort der Bergpredigt Gott seine Sonne aufgehen läßt über Gute und Böse."[140]

---

[140] Eugen Drewermann: Psychoanalyse und Moraltheologie, Band 1: Angst und Schuld, 1982, S. 174; vgl. Band 2: Wege und Umwege der Liebe, 1983; Band 3: An den Grenzen des Lebens, 1984. Vgl. dazu Franz Furger: Psychoanalyse und christliche Ethik, in: Görres/Kasper, Deutung (wie S. 17 Anm. 16), S. 67-80.

Liegt hier nicht wiederum ein Menschenbild zugrunde, nach dem, zugespitzt gesagt, z.B. der Zweite Weltkrieg, das Dritte Reich und Auschwitz nicht stattgefunden hätten, hätten die Menschen ihren Gefühlen getraut, statt sie zu verdrängen?

Überdies beachtet D. überhaupt nicht, daß V. 15 auch von der Möglichkeit der Verunreinigung durch die aus dem Herzen kommenden Dinge spricht. M.E. ist es zwar richtig, daß Jesus hier grundsätzlich das Reinheitsgebot in Frage stellt (ebenso Paulus Röm 14,14). Aber eben nur hier. Mt 23,25f („Wehe euch ihr Schriftgelehrten und Pharisäer, ihr Heuchler, daß ihr die Außenseite des Bechers und der Schüssel reinigt; inwendig aber sind sie gefüllt mit Raub und Unmäßigkeit. Du blinder Pharisäer, mache zuerst den Inhalt des Bechers rein, damit auch seine Außenseite rein wird!") — ein (abgesehen von der Anrede) im Kern echtes Jesuswort — zeigt, daß Jesus auch etwas anders über das hier angeschnittene Problem reden konnte: Innere Reinheit hat den Vorrang gegenüber ritueller Reinheit, ohne daß diese unnütz wird. Es ist ferner durchaus denkbar, daß Jesus einmal grundsätzlich über das Thema gesprochen hat, ein andermal wiederum nicht, oder daß er in V.15 nur rhetorisch zugespitzt formuliert hat. Hätte er das Problem allgemeingültig gelöst, wären überdies, historisch gesehen, bestimmte Kontroversen der frühesten Gemeinden (vgl. Gal 2,11ff) unerklärlich.[141]

Mk 7,24-30: Die Syrophönizierin

A

Die Kritik an der historisch-kritischen Exegese durch D. ist bei der Auslegung dieser Geschichte wieder besonders hart und verletzend. In historisch-kritischer Sicht enthalte „die ganze Geschichte selbstredend keine Wahrheit" (S. 473 Anm. 2). Vielfach behaupte man: Wie in Mk 7,14-23 die Grenze von „rein und unrein" aufgehoben werde, so hier die zwischen Juden und Heiden. Dem hält D. entgegen:

---

[141] Vgl. zum Problem Ulrich Luz, in: Rudolf Smend/ders., Gesetz, 1981, S. 61.

„Um die konkrete Gestalt der Frau zu verstehen, die hier zu Jesus kommt, muß man sich in die Not hineinversetzen, an der sie leidet: die Krankheit ihrer Tochter! Und dann ergibt sich hier wie bei fast allen Wundergeschichten des Neuen Testamentes eine sehr wichtige Einsicht. Unser Problem *heute* ist nicht mehr die Frage, wie wir uns von Israel den ‚Heiden‘ zuwenden; aber wir sind von Jesus wie die Jünger damals dazu gesandt, die Kranken zu heilen und die ‚Dämonen‘ zu vertreiben. Wenn wir es nicht fertig bringen, die engen Fesseln der eigenen theologischen Lehrtradition zu sprengen und uns auf die Menschen einzulassen, die inmitten ihrer Not zunächst einfach ‚nur‘ ‚geheilt‘ werden wollen, werden wir ihnen mit dem ständigen Abverlangen christologischer Hoheitsformeln den Weg zu Jesus verstellen, statt eröffnen. Gerade die im ‚Heidenland‘ spielenden Wundererzählungen lassen sich gar nicht ‚menschlich‘ und theologisch unprätentiös genug auslegen. Mit dem exegetischen Gerede von der Heidenmission damals wird keiner Frau heute geholfen, deren Kind seelisch zerstört am Boden liegt" (S. 474 Anm. 2).

Mit Verlaub: D. wirft der historisch-kritischen Exegese vor, etwas unterlassen zu haben, was sie gar nicht intendiert. Sie versucht, den Text erst einmal in seinem damaligen Sinn zu verstehen. Das ist legitim, ja, ein Interesse des Textes selbst. Die Kritik D.s an dieser Stelle ist ein anschauliches Beispiel für die ermüdenden Vorwürfe seinerseits gegen die Exegese, die zumeist von einem andauernden Mißverständnis getragen sind.

Besser wäre es gewesen, zunächst einmal die Form und den Aufbau der Perikope zu analysieren.

Redaktionell ist die Verknüpfung mit dem Kontext durch V. 24a und V. 31a. Nach Bultmann

„liegt eine einheitliche Komposition vor, die zwar nicht einen Ausspruch Jesu zur Pointe hat, aber doch unter die Apophthegmata gehört. Das Wunder wird hier ja nicht um seiner selbst willen erzählt, sondern Jesu im Gespräch sich entwickelndes Verhalten ist die Hauptsache. Und zwar liegt eine Art Streitgespräch vor, in dem diesmal aber Jesus — ohne daß dies einen Schatten auf ihn würfe — der Überwundene ist" (S. 38).

Bezüglich der Herkunft der Perikope liegen wohl urgemeindliche Debatten über den Zugang der Heiden zur Gemeinde zugrunde. Die zynische Antwort Jesu in V. 27 (die Bitte um Heilung eines heidnischen Kindes wird mit der Begründung abgewiesen, daß Kinder [sc. Israels] den Hunden vorzuziehen seien) könnte dabei in den realen Verhältnissen der Bitterkeit zwischen Juden und Heiden im galiläisch-tyrischen Grenzgebiet begründet sein.[142] An der Geschichte wird gezeigt, daß die Wunderkraft Jesu auch für heidnische Gemeinden gilt, ja sie bekommt — sowohl für die mk Tradition als auch für Markus selbst (s. 13,10) — Paradigmacharakter für die Hinwendung der Gemeinde Jesu zu den Heiden. Das schließt nicht aus, daß die Begegnung zwischen der syrophönizischen Frau und Jesus sowie die Heilung von deren Tochter auf einen historischen Kern zurückgeht. Zwar war Jesus nach seiner eigenen Auffassung, wie die mit unserer Perikope parallele Geschichte Mt 15,21-28 überspitzt, aber im Kern historisch zutreffend ausführt, „nur zu den verlorenen Schafen des Hauses Israel gesandt" (V. 24).[143] Dafür spricht auch die m.E. historische Zwölfzahl der Jünger (Mk 3,16; Mt 19,28 [Q]; 1Kor 15,5), die den Kreis der Repräsentanten des Zwölfstämmevolkes der Endzeit bezeichnet.[144] Doch hat Jesus in Grenzfällen wie diesem auch Heiden geheilt (vgl. ferner Mk 5, 1-20) und damit letztlich die Offenheit der von ihm begründeten Bewegung auch für Heiden dokumentiert. Will man kerygmatische Interpretation und historischen Befund zusammenbringen, so ist im Anschluß an diese Geschichte vielleicht zu sagen: „Es ist das Geheimnis der aus Gott gebärenden Liebe, daß sie alle Fernen und Scheiden zwischen den Menschen überwindet"[145].

B

In tiefenpsychologischer Hinsicht äußert sich D. zum Glauben der Frau. Es sei „ein Glaube, wie er, aus Not geboren, in allen Menschen lebt und leben kann; es ist durchaus kein spezifisch ‚christologischer' Glaube" (S. 481 Anm. 14). Beim Beten der Frau handele es sich um ein „Beten, bei dem

---

[142] Vgl. Gerd Theißen: Lokalkolorit und Zeitgeschichte in den Evangelien, 1989, S. 63-68.
[143] Das besondere Band zwischen Gott und Israel ist ja auch bei Paulus — trotz großer historischer Spannungen zwischen dem Heidenapostel und seinen Volksgenossen — nicht zerrissen, s. Röm 9,1-5 (vgl. dazu meine Arbeit: Paulus und das Judentum, 1983).
[144] Vgl. mein Buch: Das frühe Christentum nach den Traditionen der Apostelgeschichte. Ein Kommentar, 1987 , S. 47.
[145] Emanuel Hirsch: Predigerfibel, 1964, S. 278.

die Ablehnung ganz sicher scheint" (S. 480). Diejenigen heutigen Theologen,

„die im Sinne des Vater-unser nur die Bitte gelten lassen möchten: ‚Herr, dein Wille geschehe' ... müssen hier umlernen. Denn zu dieser Frau sagt Jesus ausdrücklich: ‚Es geschehe dir, wie du willst.' Jene theologisch geforderte abstrakte Ergebenheit in den Willen Gottes ist oft nichts weiter als die Ausrede einer substanzlos gewordenen, faulen Religiosität ... „ (S. 482). (G.L.: Aber oft eben auch nicht, wenn nämlich erkannt wird, daß der Sinn allen Gebetes letztlich die Hoffnung auf und die Bitte um die Erfüllung des göttlichen Willens ist.)

In einem weiteren Abschnitt („Noch einmal Mk 7,24-30: Die syrophönizische Frau oder: Die heilende Distanz des Glaubens" [S. 483-492]) vertieft D. die psychologische Auslegung der Perikope. Es gehe „bei der Auslegung der ... Erzählung wesentlich um die Frage, wie denn das Vertrauen, das die kanaanäische Frau in der Begegnung mit Jesus gewinnt, auf ihre Tochter übertragen werden kann" (S. 485 Anm. 4).

Die Krankheit der Tochter, damit auch der Ursprung der Heilung, liege wesentlich in der Frau selbst bzw. in der Art ihrer Beziehung zu ihrer Tochter. Die (alleinerziehende) Frau klammere sich an ihr Kind (S. 485). Eine solche Tochter wie die der Syrophönizierin „hat aufgehört, noch selber zu denken, statt dessen denkt ihre Mutter in ihr" (S. 486). Der Mutter eigene Angst verdichte sich in den Gedanken ihrer Tochter als Dämon, so daß sich der Teufelskreis rasch schließe; „aus lauter Panik wird diese Frau nur alles falsch machen können, und je mehr Verantwortung sie auf sich lädt, desto schlimmer wird es um ihre Tochter bestellt sein" (S. 487). Die Wahrheit aber laute: „Wir sind füreinander *nicht* verantwortlich; jeder hat vielmehr seine eigene Freiheit und seinen eigenen Weg zu Gott" (ebd.). Jesus belehre uns durch sein Wort der Beschränkung auf Israel (V. 27), unsere eigenen Grenzen zu akzeptieren (S.488). Vielleicht sei dies die neue Einsicht der Frau.

„Ausdrücklich wird ihr von Jesus zugesichert: ‚Deine Tochter ist gesund', und: ‚Was Du willst, geschieht' (G.L.: den letzten Satz spricht Jesus gerade nicht[146]). Und es scheint, daß es dieses (?) Wort

---

[146] V. 29 lautet: „Und er sprach zu ihr: Um dieses Wortes willen (V. 28) geh hin, der Dämon ist aus deiner Tochter ausgefahren." Vgl. dazu Bultmann unter A: Jesus ist wegen der schlagfertigen Antwort der Frau der Überwundene.

der Beruhigung an diese Frau ist, das ihre Tochter heilt. Es ist sehr gut möglich, daß diese Frau, mit einem solchen Wort im Ohr und mit einem solchen Gefühl im Herzen, vollkommen anders zu ihrer Tochter zurückging und schon deswegen ihre Tochter auch anders vorfand, als sie sie zurückgelassen hatte. Denn eine Frau *hat* eine andere Tochter, je nachdem inwieweit sie selber Angst hat oder nicht" (S. 490f).

Kritik: Der Text sagt doch etwas ganz anderes: Er ist an der Aufhebung des Gegensatzes Juden-Heiden orientiert und, anthropologisch gesehen, doch an dem Glauben der Frau, der freilich nirgends ausdrücklich genannt wird (ebensowenig wie der Glaube des Jairus [5,21ff]). Der Glaube kann Berge versetzen (vgl. 11,23), so die Botschaft des Textes (das allerdings ist auch eine psychologische Tatsache), und er hat eine grenzüberschreitende Wirkungsmacht. Da aber der Glaube von Jesus als dem Gewährer der Heilung nicht trennbar ist, geht es auch um einen christologisch begründeten Glauben.

D.s Annahme, daß das Fehlverhalten der Frau Ursache für die Krankheit des Mädchen sei, ist ebenso phantastisch wie die vorher zu 5,21ff vorgetragene Behauptung zur ödipalen Thematik. Gedankengang und Inhalt des Textes lassen einen solchen Schluß nicht zu.

Mk 7,31-37: Der Taubstumme

A

Bultmann trägt knapp und bündig noch heute wichtige Beobachtungen zur Perikope vor, die er zu den Heilungswundern zählt:

„V. 31 gehört als redaktioneller Schluß zum vorigen Stück; das Schweigegebot V. 36, das den Zusammenhang unterbricht, ist Bildung des Mk. Stilgemäße Züge (sc. einer Wundererzählung) sind hier die Manipulation[147], das Zauberwort[148] . . . und der Eindruck des Wunders V. 37; dazu gehört aber auch die Absonderung des Kranken (sc. V. 33a). . . . Mt (sc. 15,29-31) hat die Geschichte zu einem Sammelbericht von Krankenheilungen aller Art gemacht" (S. 227).

---

[147] V. 33: „Und er . . . legte ihm die Finger in die Ohren und berührte ihm die Zunge mit Speichel."
[148] V. 34: „Ephata, das heißt: tu dich auf!"

In V. 37 klingt auf der Stufe der Redaktion in dem Ausruf der Menge wiederum die Frage nach der Identität Jesu an (vgl. 4,41 und 5,7; 6,3.14b.15.50).

B

D. macht der Schulexegese den Vorwurf, sie sei unfähig, eine Krankengeschichte „psychosomatisch zu lesen" und würde infolgedessen „die ganze Krankenheilung für ein kollektives Symbol der frühkirchlichen Missionsgeschichte ... erklären" (S. 495). Eine Auslegung derartiger Wundererzählungen sei nicht möglich, „ohne einer integralen Form der Theologie das Wort zu reden" (S. 496 Anm. 5).

Freilich: Bietet D. eine integrale Form der Theologie in seiner Auslegung von Mk 7,31-37? Er konstatiert die Zerstörung der Sprache durch moralische Verbote: Ganze Teile am eigenen Körper und ganze Bereiche seelischer Empfindungen würden tabuisiert, ja für unaussprechlich erklärt (S. 497). „Das Ergebnis dieser Tortur besteht regelmäßig darin, daß Menschen von sich selber kein wahres Wort mehr sagen können und, schlimmer noch, auch an kein wahres Wort eines anderen Menschen mehr zu glauben vermögen" (S. 497). Wir lebten fast alle so, sprach- und gehörlos, wortwörtlich taubstumm.

Jesus nun nehme den Taubstummen von der Menge weg (V. 33a). „In der Wirklichkeit kann allein dieses Beiseitenehmen von der Menge Jahre dauern" (S. 498 Anm. 9).

„Man muß den Taubstummen daher als erstes davon erlösen, sich innerlich durch die anderen bedroht zu fühlen; man muß ihn auf sich selbst verweisen, daß er nicht immer nur wie schreckgebannt die anderen anstarrt, sondern einen geschützten Freiraum um sich weiß; man muß ihm als erstes ein kleines Terrain verschaffen, in dem er einfach leben kann" (S. 499).

Das komme in den Heilungsgesten Jesu zu Ausdruck. Für ihn flehe er um das Erbarmen Gottes und spreche V. 34 die Antwort, die Gott ihm in den Mund gegeben habe: „öffne dich!" (S. 499). Das entspreche dem, was wir tun könnten:

„... unsere zwei Hände ausstrecken und durch sie all die Menschen, denen wir begegnen, spüren lassen, daß die Hand Gottes einen jeden von uns hält und trägt. Und die Geborgenheit, die darin liegt, wird alle Angst vertreiben. Alle Menschen können in dieser Weise sich die Hände reichen, weil alle ruhen in den Händen Gottes" (S. 500).

157

Kritik: Das alles ist sicher eindrucksvoll, aber keinesfalls integrale Theologie, wohl eher Gesprächspsychotherapie. Hier liegt ein Problem, für das wohl kaum jemand eine Lösung hat. Wie ist das damalige Geschehen mit der heutigen Situation zu verknüpfen und wie ist heutiges diakonisches Handeln mit Geschichten wie dieser zu motivieren? Kommt nicht zunächst alles darauf an, *daß Jesus* heilt und damals geheilt hat, daß die Tradenten der Erzählung alles von *ihm* erwartet haben? Zwecks Klarstellung dieser beiden Punkte besteht m.E. der erste Schritt darin, offen wahrzunehmen, was der Text damals gesagt hat. Dann könnte sich am ehesten eine heutige Fortführung im Glauben an den Heiligen Geist ergeben. Dies geht aber nur in ständiger Fühlungnahme mit dem Ursprungsereignis Jesus.

Mk 8,1-10: Die Speisung der Viertausend

Vorbemerkung: Wegen der Kürze der Auslegung D.s (S. 502-506) ziehe ich im folgenden A und B zusammen.

Tradition: Bultmann (S. 232) hält die Perikope mit Recht für eine Dublette bzw. Variante von Mk 6,34-44. Sie sei ihr gegenüber in den drei Punkten ursprünglicher, daß (a) sich am Eingang kaum eine wesentliche redaktionelle Erweiterung finde; daß (b) in V. 3 eine Reflexion auf die umherliegenden Äcker und Dörfer fehle; daß (c) — falls die nachträglich V. 7 erwähnten Fische aus 6,34-44 in den Text geraten sind — hier nicht von Fischen berichtet werde.

Im übrigen aber sei Mk 8,1-10 gegenüber Mk 6,34-44 sekundär; denn die Handlung beginne hier mit der Initiative Jesu (V. 1f), aus dem Referat „er erbarmte sich" (6,35) sei direkte Rede „ich erbarme mich" (8,2) und aus der Aufforderung der Jünger (6,36) eine Reflexion Jesu (8,3) geworden. Schließlich seien beide Geschichten genau gleich gebaut (ebd.).

D.s Auslegung der Perikope, die ein Doppelbericht zu 6,32-44 sei (S. 502 Anm. 2), enthält keine nennenswerten exegetischen Überlegungen (abgesehen von der berechtigten Zurückweisung einiger auf Zahlensymbolik beruhender Kombinationen von A. Heising[149]). Er interpretiert die Perikope wie folgt: „wenn wir trotz aller Einwände versuchen, uns wegzuschenken, so werden wir erleben, wie das wenige, das wir sind, vervielfältigt zu uns zurückkommt, buchstäblich ‚körbeweise'" (S. 505).

Redaktion: Markus erzählt nur die Speisungsgeschichte zweimal. Daraus geht sein Interesse an ihr unzweideutig hervor (sosehr er auch in beiden Fällen im Anschluß an Tradition formuliert). In Mk 8,17-21 führt Markus dann unter ausdrücklichem Bezug auf die beiden Speisungsgeschichten aus, wie er sie verstanden wissen will (s.u. S. 160).

Mk 8,11-21: Gegen die Zeichenforderung der Pharisäer. Das Unverständnis der Jünger

A

Der Abschnitt besteht aus zwei Teilen, V. 11-13 und V. 14-21. Die Verse 11-13 haben eine Parallele in Q (Lk 11,29-32/Mt 12,38-42). „Ob die Form in Q, in der dies Geschlecht auf das Jonas-Zeichen hingewiesen wird, eine sekundäre Erweiterung gegenüber Mk ist, ist nicht ganz sicher zu entscheiden" (Bultmann, S. 124). Jesus redet in Q mit der „Volksmenge", hier mit den Pharisäern, die zuletzt 7,1ff erschienen. Ob diese nun auf Markus oder auf seine Tradition zurückgehen, fest steht jedenfalls, daß sie mit der Urschicht des Wortes V. 12 nicht zusammengehören. Es atmet nach Bultmann (S. 135) einen charakteristisch-individuellen Geist und sei daher jesuanisch. Jesus verweigert eine Beglaubigung für sein Auftreten. Anscheinend waren für Jesus selbst seine Wundertaten nicht unbezweifelbare Tatsachen. Er fühlte sich machtlos „ohne ein ihm die Heilung zutrauendes Verlangen"[150].

Die Verse 14-21 sind voller mk Motive und — außer vielleicht V. 15, dessen Sinn und ursprüngliche Form „freilich kaum mehr festzustellen" (Bultmann, S. 139) seien — in toto redaktionell. Das aus der Speisungsgeschichte stammende

---

[149] A. Heising: Die Botschaft der Brotvermehrung. 1966, denkt z.B. bei den sieben Körben von Mk 8,8 an die sieben Diakone (Apg 6,5) usw. (s. die Kritik von D., Mk I, S. 505 Anm. 6).
[150] Emanuel Hirsch: Betrachtungen zu Wort und Geschichte Jesu, 1969, S. 56.

Brotmotiv durchzieht den ganzen Abschnitt (V. 14.16.17.19).
V. 14 nimmt V. 4 auf. V. 15: Die Pharisäer beziehen sich auf V.
11 zurück. V. 16f: Brot- und Unverständnismotiv. V. 19
nimmt 6,41-44 auf, desgleichen bezieht sich V. 20 auf 8,6.9. V.
21 steigert das Unverständnismotiv. Die Frage Jesu an die Jünger richtet sich auf der Stufe mk Redaktion weiter an die Le-
ser(innen), die das Evangelium ja von Anfang an gelesen
(bzw. gehört) haben. Markus will damit gleichzeitig indirekt
darauf hinweisen, daß Gott dennoch Verstehen, Glauben und
die Lösung der Blindheit schenkt, wie in der nachfolgenden
Perikope gezeigt wird.

D. kommt am Schluß seiner Ausführungen (S. 516-519) auf
V. 14-21 bzw. das Unverständnis der Jünger zu sprechen. Er
schreibt:

„Auch in der Kirche, will Markus offenbar mit den Worten Jesu andeuten, wird es keine klare Trennung geben, wann man ‚drinnen' und
wann man ‚draußen' ist — die Grenzen verlaufen unsichtbar durch das
eigene Herz, und sie wechseln ständig, während der Exodus quer
durch die ‚Wüste' auf dem Weg in die Freiheit weiter geht" (S. 519).

Damit ist erkannt, wie der Text in die Situation der Gemeinde des Markus hineingesprochen ist und lebt und — so
darf man nun ergänzen — im Markusevangelium weitere Jün-
gerpassagen einleitet, die wiederum auf die Gegenwart der
mk Gemeinde zielen (man vgl. die drei Leidensankündigun-
gen [8,31; 9,31; 10,32-34] samt Kontext).

Aber nun scheint D. seine Aussagen doch historisch zu verstehen, wenn er (S. 511 Anm. 7) schreibt, die Geisteshaltung
der Pharisäer müsse sie zu den erklärten Feinden Jesu machen. „Die Rabbinen und Pharisäer der Zeit Jesu (sic!) . . .
gingen immerhin direkt auf Jesus zu und stellten sich ihm vis
à vis" (ebd.) — im Gegensatz zur Praxis der katholischen
Glaubenskongregation heute. Obwohl D. an anderen Stellen
ein historisierendes Mißverständnis der Pharisäer abwehrt (S.
518 Anm. 17), provoziert das soeben gebrachte Zitat (und
viele andere s. u. S. 211-213) dies geradezu. Wie oben gezeigt
wurde (S. 72), ist D. faktisch von dem Pharisäerbild E. Stauffers abhängig. Er hätte sich erst einmal die pharisäische Geisteshaltung historisch erarbeiten und dabei *wirklich* zur
Kenntnis nehmen sollen, daß in der Überlieferung der Worte
Jesu die Tendenz wirkt, „als Gegner Jesu stets die Pharisäer
und Schriftgelehrten auftreten zu lassen" (Bultmann, S. 54).
Man vgl. weiter S. 161f Anm. 151.

B

Für D. ist der Konflikt zwischen den Pharisäern und Jesus nicht zufällig und nicht historisch bedingt. In „jeder Religion, in jeder Kultur, zu allen Zeiten wird ein Mensch wie Jesus vielmehr dieselbe Gegnerschaft bis zur Todfeindschaft, bis zum Willen zur Vernichtung provozieren. Der entscheidende Unterschied liegt zentral in der Art, nach Gott zu fragen. Für *Menschen wie Jesus* ist es nicht anders möglich, als daß man nach Gott nur unter dem Einsatz der ganzen eigenen Existenz fragen kann" (S. 508).

„Für Menschen *dieses* Typs (sc. hingegen), die sich dazu eignen, Gottesgelehrte zu werden, ist die Welt so etwas wie ein gemachtes Bett, eine unbezweifelbare Tatsache, mit der es lediglich zurechtzukommen gilt, indem man zunächst einmal sein Ein- und Auskommen regelt und nach den Regeln des bürgerlichen Zusammenlebens ein korrektes oder, wenn schon ein eher korruptes, dann zumindest ein klandestines Leben führt. Für Menschen dieser Art entscheidet sich an der Frage nach Gott in ihrem persönlichen Leben so gut wie nichts" (S. 509).

Zwischenkritik: Redet D. hier noch über die Pharisäer? Auch wenn er sich in seiner Antwort vermutlich darauf zurückzieht, er behandle nicht historische, sondern typische Gegner Jesu, so sollte trotzdem nachdrücklich gesagt werden: Die von ihm als „pharisäisch" bezeichnete Haltung der Gegner Jesu hat mit den historischen Pharisäern gar nichts zu tun, denn für die Pharisäer entscheidet sich an der Frage nach Gott und der vom ihm gegebenen Thora alles. Ursprünglich eine politische Partei, waren die Pharisäer z.Zt. Jesu zu einer religiösen Gruppe geworden, die sich mit Reinheit und Tischgemeinschaft beschäftigte, und die das Interesse vom Verzehr der Opfer im Jerusalemer Tempel auf die Einnahme der täglichen Mahlzeiten überall in den Häusern jüdischer Laien verlagerte. Die Pharisäer interpretierten die Mose von Gott gegebene Thora derart neu, daß nunmehr alle Juden verpflichtet waren, alles das zu tun, was normalerweise nur von der Elite der Priester erwartet wurde (vgl. Lev 7,20-21; 15,31). Durch ein solches Verständnis des „Priestertums aller Gläubigen" wurden die Juden erst in die Lage versetzt, die Zerstörung des Tempels im Jahre 70 n.Chr. zu überleben.[151]

---

[151] Vgl. John E. Stambaugh/David Balch: Das soziale Umfeld des Neuen Testaments, 1992, S. 95-98.171 (Lit.). Jesus war sicherlich kein Pharisäer, und über die rechte Auffassung bzw. Neuinterpreta-

In der möglichst vorurteilsfreien Erforschung des Verhältnisses Jesu zu den Pharisäern liegen Aufgaben, die sich der
neutestamentlichen Wissenschaft im Zusammenhang mit der
Judaistik stellen. Aber es steht zu befürchten, daß sie durch
theologische(!) Kraftsprüche, wie sie sich bei D. finden, eher
verhindert werden. Man sieht an diesem Beispiel, welche
Konsequenzen die Verachtung der Historie bei D. nach sich
zieht. Er ist nicht mehr um geschichtliche Gerechtigkeit bemüht, sondern drischt nur noch auf eine typische Geisteshaltung ein, statt an unserer Stelle Sachkritik in historischem
Verstande zu äußern. Man könnte ja durchaus den Text sagen
lassen, was er wollte bzw. was er will, und ihn dann etwa im
Lichte der Wirkungsgeschichte und im Lichte heutigen historischen Wissens kritisch kommentieren. Das ist m.E. die einzige wahrhaftige Möglichkeit.

Mk 8,22-26: Der Blinde

A

Bultmann hält die Perikope für eine Erzählung desselben
Typs wie Mk 7,32-37; „sie weist fast genau dieselben Züge auf
und ist wohl als Variante zu beurteilen. Eigentümlich ist nur,
daß das Zauberwort fehlt, und daß sich die Heilung stufen-
weise vollzieht" (S. 228). V. 27a bilde den redaktionellen
Schluß. Der ursprüngliche Schluß sei „und er schickte ihn in
sein Dorf" (V. 26). Er entspreche „gehe in dein Dorf" (Mk
2,11; 5,19) (S. 227f).
Manche Exegeten nehmen mit guten Gründen eine symbolische Bedeutung der vorliegenden Perikope für den Aufriß
des Markusevangeliums an. Sie würde dann auf das Verstehen
der Jünger in Mk 8,27ff vorausverweisen. Man vgl. auch die
von den Jüngern 8,18 (Zitat aus Jer 5,21; Ez 12,2) ausgesagte
Blindheit und Taubheit, denen vielleicht die dann nicht zufällig im unmittelbaren Kontext erzählten Geschichten von der

---

tion der Thora geriet er mit einigen von ihnen offenbar in Streit. Man
vgl. ferner Ulrich Luz: Jesus und die Pharisäer, in: Judaica 38, 1983,
S. 229-246; Peter Schäfer: Der vorrabbinische Pharisäismus, in: M.
Hengel u.a. (Hrsg.): Paulus und das antike Judentum, 1992, S. 125ff.

Heilung eines Taubstummen (7,32-37) und eines Blinden (8,22-26) zugeordnet sind.

D. befaßt sich nur am Rande mit exegetischen Fragen, kritisiert aber die Schulexegese wegen ihrer „historisch-abstrakten, rein von außen beschreibenden Phraseologie" (S. 521 Anm. 4) und legt selbst die Perikope wie folgt aus:

B

Jeder Kranke kehre psychisch zu der Hilflosigkeit und dem Gefühlserleben eines kleinen Kindes zurück und suche unbewußt nach der Geborgenheit und Sicherheit, wie sie im Schoß seiner Mutter noch vor der Geburt bestand. Der Kranke neige dazu, „seinen ‚Arzt', wie ein kleines Kind seine Mutter, mit den Fähigkeiten der Allmacht auszustatten" (S. 524). Der Heiler erhalte so — psychisch gesehen — "eine göttliche Aura" (ebd.), und ebenso trete Jesus denn auch in dieser Wundererzählung des Markusevangeliums auf. „Er streichelt den Blinden, den man zu ihm bringt, wie eine Mutter ihr Kind — ebenso schützend, ebenso zärtlich, ebenso sanft" (S. 525).

Alle psychisch bedingten Erkrankungen ließen sich lesen als verzweifelte Selbstheilungsversuche: „und speziell *die psychogene Blindheit* wird man u.a. als einen Versuch verstehen müssen, unter dem Druck eines ständigen Erlebens der Ungeborgenheit von sich selbst her in den Zustand einer fiktiven Urgeborgenheit zurückzukehren" (S. 525f), in die heilende Illusion eines Dunkels wie in den Tagen vor der Geburt, ehe die Welt begann.

Zur Absonderung des Kranken (V. 23), die 7,33 entspreche, bemerkt D., daß Jesus damit die „seelische Isolation, die den Blinden in die organgebundene Selbstisolation der Krankheit trieb", akzeptiere (S. 257). Es gelte nun zunächst, „den Blinden in eine Zone der Unbedrohtheit hineinzuführen und ihn räumlich wie psychisch in eine gewisse Distanz zu den anderen Menschen zu bringen" (ebd.).

Zu V. 24f schreibt D., es gelte, „unbeirrt mit der Praktik der ‚Handauflegung' fortzufahren: das Sehen des anderen wird sich schon wie von selber klären, wenn die Angst einem tieferen Vertrauen gewichen ist" (S. 528).

Die Assoziation von Bäumen mit Menschen habe psychische Gründe:

163

„Wären die Menschen wirklich wie ‚Bäume‘, so würden sie niemals eine Gefahr bedeuten; sie böten im Gegenteil, wie in den Tagen
der Urzeit, Halt und Geborgenheit, Nahrung und Schutz, Festigkeit
und Zuflucht — tiefenpsychologisch sind ‚Bäume‘ ein weiblich-
mütterliches Symbol, und man kann sich gut vorstellen, daß gerade
dies der Aspekt ist, unter dem dieser Blinde die Menschen erst einmal auf lange Zeit hin sehen lernen muß . . . .“ (S. 529).

V. 26, das Geheimhaltungsgebot, leitet D. aus der Krankengeschichte selber ab. Der Geheilte brauche eine gewisse
Zeit, um sich den Blicken der Öffentlichkeit wieder stellen zu
können (S. 531).

Kritik: D. hat die Blindheit als psychogen aufgefaßt und
die psychologischen Elemente, die einen Heilungsvorgang
damals und heute konstituieren, beschrieben. Die Feststellung ist berechtigt: „Es geht nicht an, den wunderwirkenden
Speichel der Geistheiler durch schriftgelehrte Tinte zu ersetzen“ (S. 522 Anm. 5), denn die Heilung geschieht nicht am
Schreibtisch, sondern im Leben. Es ist nur schade, daß sich
D. die wahrscheinlich symbolische Bedeutung der vorliegenden Blindenheilung bei Markus hat entgehen lassen. Dann
hätte sich seine Auslegung noch mehr im Einklang mit Markus an die „Jünger“ heute richten können. Zusätzlich frage
ich mich wieder, ob nicht D. durch seine an einer Psychotherapie orientierten Auslegung zu schnell heutige wörtlich ge-
schehende Heilungen durch den Geist ausgeschlossen hat (s.
dazu oben S. 76). Aber im ganzen hat er eindrucksvoll eine
Anwendungsmöglichkeit tiefenpsychologischer Exegese vorgeführt.

Mk 8,27-30: Das Messiasbekenntnis des Petrus

A

Die Perikope wurde von Bultmann als Legende klassifi-
ziert: V. 27a gehöre zur vorigen Einheit und entspreche V.
22a; „auf dem Weg“ sei redaktionelles Motiv zur Verknüpfung von Traditionsstücken (vgl. 9,33f; 10,17.32). Inhalt und
Form der Frage (Jesus ergreift die Initiative, vgl. 12,35) sprächen „für den sekundären Charakter des Berichts . . . . Wozu
fragt Jesus nach einer Sache, über die er genau so gut orientiert sein mußte wie die Jünger? Die Frage soll nur die Ant-

wort provozieren, m.a.W. sie ist schriftstellerische Bildung"
(Bultmann, S. 276). Der Glaube an die Messianität Jesu
werde durch die Legende zurückgeführt auf eine Geschichte
von dem ersten Messiasbekenntnis (ebd.).

V. 30 ist ein typisch mk Schweigegebot.

Exegetische Überlegungen finden sich bei D. nur am
Rande; vorwiegend sind es historische Aussagen zu Jesus im
Anschluß an Sekundärliteratur. Mit R. Bultmann[152] setzt D.
Jesu Botschaft von Gott als dem Vater von einem intellektua-
listischen Glaubensbegriff ab (S. 534 Anm. 3), und unter Bezug auf G. Bornkamm weist er auf den anstößigen Charakter
der aus Zöllnern und Sündern bestehenden Gefolgschaft Jesu
hin (S. 536 Anm. 7).[153] Eduard Meyers Auffassung der Historizität von Mk 8,27ff[154] wird in einer Anmerkung ausführlich
(ohne Beurteilung) referiert (S. 539f Anm. 13).

Exegetische Bemerkungen zur Perikope finden sich erst im
nächsten Abschnitt (S. 541-559), doch besprechen wir sie aus
methodischen Gründen bereits hier: D. setzt sich von R.
Pesch ab, nach dem Mk 8,27-30 in der Zeit nach Ostern entstanden sei, als der Glaube an Jesus den Messias sich durchge-
setzt hatte und in der Urgemeinde unter der Führung des Petrus entfaltet wurde (Mk II, S. 34). Dagegen polemisiert er
wie folgt:

„Bliebe es bei solchen Feststellungen, so hätte man in Mk 8,27-28
im Grunde nur eine Ansichtensammlung vor sich, von der die frühe
Kirche sich abzugrenzen sucht" (S. 543 Anm. 5). Er fährt fort: „Wie
müßte die heutige Form der Theologie sich ändern, wenn sie von der
bloßen Meinungsbefragung zu einer wirklichen Antwort auf die
Frage Jesu finden wollte! Sie dürfte dann nicht länger mehr ‚objektive' Ansichten über Jesus diskutieren, sie müßte vor allem zeigen,
was in der eigenen Existenz sich ändert, je nachdem, wie jemand zu
Jesus steht" (ebd.).

Zwischenkritik: D. redet an der historischen Methode ein
weiteres Mal vorbei (s. bereits die S. 153 geübte Kritik).

Zu Jesu Vorstellung von der Gottesherrschaft bemerkt D.:
„Nicht durch politischen Umsturz, sondern eine Umwand-

---

152 Rudolf Bultmann: Jesus, 1967 (= 1926), S. 129-133.
153 Günther Bornkamm: Jesus von Nazareth,[10]1975, S. 67-73 („Heil
den Armen!").
154 Eduard Meyer: Ursprung und Anfänge des Christentums II,
1921-23, S. 444-450.

lung des Lebenswandels im Vertrauen auf die grenzenlose Güte Gottes erhoffte Jesus den Beginn der Gottesherrschaft" (S. 549 Anm. 20). Lk 17,20f („das Himmelreich ist in [*entos*] euch") als Beleg für die Innerlichkeit der Gottesherrschaft verwirft D. im Anschluß an J. Jeremias aber ausdrücklich.[155] Doch den „Anknüpfungspunkt" für die Gottesherrschaft entnimmt er Mk 1,15 („kehrt um . . . "). Das heißt, er gewinnt dann letztlich doch ein individualistisch-existentielles Verständnis der Gottesherrschaft, und man fragt sich, was mit ihrem kosmischen, äußeren Ausmaß geschieht.

B

D. selbst spricht sich ein weiteres Mal dafür aus, man könne

„im Grunde gar nicht fragen, wer Jesus *war*, oder man müßte alles für Lüge erklären, was in ihm lebte, was er wirkte, was er uns lehren mochte. Die an ihn Glaubenden können von ihm als Erstes und Wesentliches nur gerade so sagen: Er *war* niemals, er *ist*; er ist, worauf wir ewig zugehen werden" (S. 539).

Was bedeutet es aber, wenn feststeht, daß Jesus sich geirrt hat, daß er z.B. den Anbruch der Gottesherrschaft in der unmittelbaren Zukunft erwartete? Dazu bemerkt D:

„Lediglich *existentiell* hat Jesus sich *nicht* geirrt, und das Himmelreich bzw. der ‚Menschensohn' wird überhaupt nur kommen können, wenn es Menschen gibt, die das Morgen *heute* leben, statt an sich selbst vorbeizuleben, indem sie auf eine Zukunft hoffen, die sie gerade dadurch verhindern, daß sie darauf — *warten*" (S. 537 Anm. 9).

Es gelte der Satz:

„‚In jedem Moment', sagte er (sc. Jesus) sinngemäß, ‚lebt Gott in eurem Herzen — das Himmelreich ist *in* euch. Ihr müßt nicht darauf warten, daß es ausgerufen wird, möglichst unter Pomp und viel Getöse, organisiert und in Massendemonstrationen vorgeführt. Es ist *in* euch, wenn Ihr euch nur entschließt zum Mut eures Wesens, zu dem, was euch glücklich macht, weil Gott selber in euch lebt.' (Vgl. Lk 17,20-21) — So dachte, fühlte und hoffte Jesus, daß dieser Traum Gottes in unserem Herzen nie zu Ende kommen werde" (S. 537f).

„Je mehr wir den Weg unseres Lebens so gehen, wie er uns vorausging, werden wir uns selber nur um so schöner, um so stärker, um so glücklicher und vor allem: nur um so verlangender nach der Ewig-

---

[155] Joachim Jeremias: Neutestamentliche Theologie. Erster Teil: Die Verkündigung Jesu, 1971, S. 104.

keit fühlen. Die Wahrheit unseres Herzens wird leuchten, wärmer und klarer denn je. Ein jeder von uns ist ein Funken dieses ewigen, nie verlöschenden Lichtes der Sehnsucht, das wir Gott nennen. Jesus von Nazareth aber ist derjenige, der uns auf diese Art zu hoffen und zu leben lehrte" (S. 541).

Kritik: D. hat den vorliegenden Text gar nicht ausgelegt, sondern in Anknüpfung an allgemeine historische Aussagen über Jesus (s. unter A) sein eigenes auch an anderen Stellen sichtbar werdendes Jesusbild in seiner Bedeutung für die heutige Situation zur Geltung gebracht. Er spiritualisiert dabei ein weiteres Mal in sprachlich eindrucksvoller Weise die in apokalyptisch-kosmologische Zusammenhänge wesensmäßig eingebettete Verkündigung Jesu von der Gottesherrschaft (s. dazu meine grundsätzlichen Erwägungen zu Mk 4,26-34 auf S. 113) — diesmal unter Anknüpfung an Mk 1,15 (daß dieser Vers hierfür schwerlich taugt, geht aus seiner obigen Exegese [S. 66] hervor).

Mk 8,31: Die erste Leidensankündigung

In einer nachfolgenden Betrachtung unter der Überschrift „Noch einmal Mk 8,27-30.31: Das Messiasbekenntnis des Petrus und das Leiden des Menschensohnes" (S. 541-559) befaßt sich D. ein weiteres Mal mit der Perikope 8,27-30 unter Hinzuziehung von V. 31.

A

Zu D.s Bemerkungen zu V. 27-30 s. den vorigen Abschnitt.

V. 31: Ist anerkannt, daß die drei Leidensvoraussagen (Mk 8,31; 9,31; 10,32-34) in einem genetischen Verhältnis zueinander stehen, fragt sich, welche der drei die älteste ist. Vielfach hält man die Urform von Mk 8,31 dafür: „Der Menschensohn muß viel leiden und verworfen werden" (vgl. Lk 17,25). Die zweite und die dritte Leidensvoraussage können dann als Ableitung der ersten verstanden werden, wobei die Passionsgeschichte zunehmend in die zweite (sichtbar an „ausgeliefert", Mk 14,11.18.21.41f.44) und vor allem in die dritte Leidensweissagung (Mk 10,34; vgl. 14,65; 15,19f) eingeflochten wurde.

Demgegenüber hält D. die zweite Leidensweissagung (9,31) für die älteste (S. 556 Anm. 33): Es handele sich Mk 9,31a um ein ursprünglich selbständiges apokalyptisches Rätselwort: „Gott wird (bald) den Menschen den Menschen ausliefern"[156]. Mk 8,31 sei dagegen ein *ex eventu* formuliertes Summarium. Davon aber sei unbenommen (womit D. im Kontext seiner ganzen Anmerkung nur meinen kann: es gelte folgendes dennoch *historisch*),

„daß Jesus nach all den Kontroversen und Vorwürfen ('Gotteslästerung', Mk 2,7; ‚Anarchie', Mk 2,23-28; ‚Wahnsinn', Mk 3,20; ‚Teufelsmagie', Mk 3,22; ‚Pseudoprophetie', Mk 14,65) und vollends nach dem Todesbeschluß von Mk 3,6 sowie schließlich nach der Szene der Tempelreinigung (Mk 11,15-19) sich mit moralischer Gewißheit hat ausrechnen können, welch ein Schicksal auf ihn wartete — schon gar mit dem Blick auf den *Täufer*" (S. 556 Anm. 33).

Doch sind das z.T. recht ungesicherte historische Urteile, besonders zu Mk 3,6.

B

In seiner tiefenpsychologischen Auslegung schließt D. an die verschiedenen Bezeichnungen Jesu als Johannes den Täufer, als Elias und als einen der Propheten jeweils tiefschürfende Reflexionen an: Zunächst erklärt er, Jesus sei nicht ein zweiter Johannes. „Jesus ist nicht die Verkörperung der Moral. Er ist nicht der Prediger der Absolutsetzung des Ethischen" (S. 545).Das für diese Aussage vorausgesetzte Bild Johannes des Täufers gewinnt D. aus Lk 3,12-14.

Kritik: Johannes der Täufer ist in der genannten Lk-Passage tatsächlich als Morallehrer gezeichnet. Doch entspringt das lukanischer Theologie, die apologetisch die Loyalität der Hauptfiguren seines Doppelwerkes gegenüber dem römischen Staat hervorhebt (vgl. Lk 23,16.20.22; Apg 23,29 u.ö.).[157] Ferner enthält die „Standespredigt" des Täufers (Lk 3,10-14) echt lukanisch drei Fragen und drei Antworten. Falls D. an dieser Stelle historische Aussagen macht bzw. zugrunde legt, wäre dies ungerechtfertigt. Doch wird er ver-

---

[156] Joachim Jeremias: Neutestamentliche Theologie. Erster Teil: Die Verkündigung Jesu, 1971, S. 268.
[157] Vgl. dazu meine Arbeit: Paulus, der Heidenapostel. Band I: Studien zur Chronologie, 1980, S. 41f.

mutlich darauf hinweisen, daß die Scheidung von Redaktion und Tradition für eine unhistorisch vorgehende typologisch-archetypische Deutung nicht von Relevanz ist (s. dazu z.B. TuE I, S. 348f).

Ebenfalls sei Jesus nicht der wiedererstandene Elias, mit dessen Person sich der unerbittliche Kampf gegen die Verehrung des kanaanäischen Gottes Baal sowie sein Kampf gegen die politische und soziale Unterdrückung im sogenannten Nordreich verbindet (S. 546f).

„Ist es richtig, in Jesus einen solchen wiedererstandenen Elias zu sehen? — Offenbar nicht. Wohl wollte auch Jesus aller Dämonenfurcht und Götzenanbeterei ein Ende bereiten, aber das geeignete Mittel dazu bildete für ihn einzig eine vertiefte Form des Glaubens an Gott, nicht eine weitere Drehung an der Spirale von Gewalt und Gegengewalt, von Terror und Gegenterror, von Rebellion und Revolution. In allen Fragen der Gestaltung des politischen und sozialen Lebens hoffte Jesus auf eine Lösung von innen, nicht von außen" (S. 549).

Kritik: Die Antithese „innen-außen" ist schief und ausschließlich am Individuum orientiert. In vielen Fällen sind Sozialreformen eine wichtige Möglichkeit, um eine Lösung von innen überhaupt zu ermöglichen bzw. zu erleichtern. Das Reich Gottes ist doch ein Symbol für ein das Individuum übergreifendes Geschehen.

Lt. D. lebt etwas von den alten Propheten Israels in Jesus, die — so D. — den Königen und Priestern und der Menge ihrer Zeit gesagt hätten, „daß im Herzen eines jeden Menschen richtige, unableitbare, unentrinnbare Visionen seiner Bestimmung, seiner wirklichen Berufung, seiner unverfälschten Größe liegen; *sie* gilt es zu hören und zu befolgen" (S. 551).

Kritik: D. beachtet zu wenig, daß Propheten das Wort des Herrn zu sagen haben und nicht nur die Vision; anders gesagt, er sieht die Propheten zu einseitig als Verkündiger ihrer Träume/Visionen (vgl. demgegenüber Jer 23,28.32; 29,8) — trotz der einschränkenden Bemerkung: „Es mag ‚*Propheten*' geben, die als Gefälligkeitsschwätzer der Menge nichts als Wunschträume oder, wie es beliebt, ihre Alpträume an die Wand malen" (S. 550).

Trotzdem ist m.E. die Typologie Jesu als eines Propheten ein wertvoller homiletischer Einfall, der dem historischen Befund am ehesten gerecht wird (jedenfalls war Jesus weder Moralprediger noch Revolutionär). In diesem Zusammenhang

wäre das worthafte Element in der Verkündigung der Propheten und bei Jesus stärker zu berücksichtigen (und nicht gegen
Visionen und Träume auszuspielen) und zu fragen, wo uns
heute *von außen* Wort Gottes widerfahren kann. M.E. dort,
wo wir Jesus in seiner Geschichte und seinem Wort begegnen,
so daß wir ihn förmlich „sehen".

Mk 8,32-33: Jesu Abweisung der Einrede des Petrus

In einem weiteren Nachtrag („Noch einmal Mk 8,31.32-
33: Wahrheit und Liebe oder ‚Weiche von mir, Satan!') wendet sich D. z.T. nochmals der soeben besprochenen Perikope
zu.

A

Er beschäftigt sich in seiner Exegese mit dem Kontext der
Perikope und mit der Haltung der drei in V. 31 genannten Parteien zu Jesus. V. 32-33 bleiben fast ganz unberücksichtigt.

Jesus spreche im Markusevangelium immer wieder deutlich von seinem Ende und zur Vorbereitung der Jünger eindrücklich von dem unweigerlich bevorstehenden Szenarium
von Jerusalem und Golgatha. Denn „der Gegensatz zwischen
der Haltung und Person Jesu und den Interessen und Anschauungen seiner Gegner (sc. ist) so grundsätzlich und un-
versöhnlich, daß es dazwischen in der Tat keine Vermittlung
gibt noch geben kann" (S. 501).

Nach diesen einleitenden Bemerkungen folgt eine Zusammenfassung der Haltung der drei Parteien, der Ältesten, der
Hohenpriester, und der Schriftgelehrten, die zum Tode Jesu
führte.

„Die *Ältesten* werden so handeln der Energie, der Leidenschaft
und der heiligen Torheit seines Herzens wegen. Was Jesus sagt,
sprengt das Maß ihrer Vernunft, rüttelt die Scheinweisheit ihrer alt-
gewordenen Feigheit auf ... Für diese Kreise ist Jesus zu jugendlich,
zu kindlich, zu träumerisch, zu warmherzig, um ihre Leblosigkeit,
ihre Lieblosigkeit, ihr Untotsein, ihre Herzensstarre nicht als Gegnerschaft zu provozieren ... *Die Hohenpriester* werden Jesus verurteilen im Namen Gottes, und dieser Gegensatz muß für Jesus wohl
der schmerzlichste gewesen sein: zu sehen, daß es möglich ist, Gott
im Munde zu führen, bloß um gewisse politische Geschäfte zu be-

treiben, und dabei Gott immer mehr aus den Herzen der Menschen zu stehlen ... Und *die Schriftgelehrten* ... (sc. sind) im Grunde ... die schlimmsten Gegner Jesu, weil sie aus den heiligen Schriften, die dazu bestimmt sind, statt im Munde, im Herzen getragen zu werden, immer wieder eine endlose Rabulistik der Erklärungen, der zerredeten und totgesagten Worte ableiten, nur um ihre eigene abgeleitete Existenz zu rechtfertigen, eingeschnürt in Gesetze, Formeln, Traditionen und Begriffe, die mit dem Leben nicht das geringste mehr zu tun haben" (S. 562).

Kritik: Nimmt D. diese Sätze für historisch bare Münze? Die Zustimmung zu E. Meyers Auffassung von Mk 8,27ff, (s.o. S. 165), daß nämlich Mk 8,27ff den entscheidenden Wendepunkt im Leben Jesu eingeleitet habe, erweckt einen solchen Anschein (S. 561 Anm. 4).

Freilich relativiert D. das ausdrücklich S. 562 Anm. 4:

„Doch gleichgültig, wieviel an diesem Bild historisch sein mag, die Frage ist in alle Zeit dieselbe: wie ist es möglich, Gott zu verkünden, wenn jeder Schritt in Richtung auf Gott zunächst ein Schritt in den Tod ist?"

Nun setzt D. seine oben zitierten Ausführungen zu den Schriftgelehrten mit folgenden Sätzen fort:

„Aber daß man Gott einzwängen könnte in die tödliche Erstarrung der Gedankenblässe seelischer und geistiger Vertrocknung, dagegen wehrte er (sc. Jesus) sich leidenschaftlich. Doch jeder, der sich gegen den Tod wehrt, ist ein Todfeind aller Untoten, und immer riskiert er sein Leben im *Dienste* der Lebenden (Mk 10,45). Jesus *muß* dieses Ende kommen gesehen haben, sogar sehr früh bereits" (S. 563), so daß der Entschluß, nach Jerusalem zu ziehen, historisch die entscheidende Wende in Jesu Geschichte sei (S. 563 Anm. 6). Er habe seinen Weg nach Jerusalem bewußt als Weg in den Tod vor sich gesehen.

Gegenfrage: Darf man Jesu Zug nach Jerusalem als Weg in den Tod charakterisieren? Wenn man schon spekuliert, müßte man sogleich hinzufügen, daß — historisch gesehen — Jesu Zug nach Jerusalem auch von der Erwartung getragen sein mag, dort aktiv das Ende herbeizuführen. Jedenfalls ist er verschieden deutbar und Jesu Tod kann auch seinen Anlaß haben in dem Mißverständnis seines Wirkens als eines politischen Aufrührers[158], vielleicht wollte er mit seinem Tod aber

---

[158] Vgl. Rudolf Bultmann: Das Verhältnis der urchristlichen Christusbotschaft zum historischen Jesus (1960), in: Exegetica, 1967, S. 445-469, hier S. 453: Sicher sei nur, daß Jesus „von den Römern gekreuzigt worden ist, also den Tod eines politischen Verbrechens erlitten hat. Schwerlich kann diese Hinrichtung als die innerlich notwen-

auch das Reich Gottes herbeizwingen, was in der Deutung A. Schweitzers[159] auf etwas ganz anderes hinausliefe als bei D. In jedem Falle vermengt D. zu schnell theologische Deutung und historisches Tatsachenurteil.

B

Mit seiner historischen These hat D. eine Basis gefunden für tiefenpsychologische Überlegungen:

„Was macht ein Mensch, wenn er weiß, daß seine Wahrheit tödlich ist? Für gewöhnlich nimmt er sie zurück, normalerweise mäßigt er sich, und er wird gute Gründe dafür finden — es sind immer dieselben ebenso richtigen wie nichtigen Ausreden: es ist nichts gewonnen, wenn man sich zum Märtyrer macht ... ; man muß sich mit allen Kräften aufzusparen suchen für die richtige Stunde; vor allem: man muß vernünftig sein; man kann nicht alles auf einmal erwarten; man muß auch mit dem Atem der Zeit leben; in *einer* Generation ist nicht die ganze Menschheit zu erziehen. Außerdem: Was sind schon Menschen? Gott ist ewig, ihm muß man vertrauen; er wird in der Dauer der Zeit seine Wahrheit schon ausrichten" (S. 563f).

D. meint, diese (m.E. dem Realitätsprinzip [!] entspringenden) Überlegungen dienten nur zur

„Beruhigung der Angst, zur Rationalisierung der Herzensschwäche, zur Rechtfertigung des Rückzugs und der Resignation — schon deshalb sind sie für einen aufrecht denkenden Menschen inakzeptabel. Dies kann man nicht, meint Jesus — sein Leben auf eine so faule Weise bewahren wollen ... Ein russisches Sprichwort sagt: Mit der Lüge kannst du um die ganze Welt kommen, aber du kommst niemals nach Hause ... Es gilt zu leben, was Gott uns ins eigene Herz gelegt hat; es gilt, Partei zu ergreifen, für das, was lebendig ist ... Es gibt Kinder, die sich von ihren Eltern um ihrer Wahrheit willen lösen müssen, und es kann sein, daß dies nicht möglich ist ohne Vorwürfe, ohne Schuldgefühle, ohne Mißverständnisse. Und dennoch muß es sein. — Es kann sein, daß eine Frau sich eingestehen muß, daß ihre Ehe gescheitert ist, und sie muß unter Umständen einen Schritt tun, der ihr und der ganzen Umgebung furchtbare Opfer abverlangt ... " (S. 564).

---

dige Konsequenz seines Wirkens verstanden werden; sie geschah vielmehr auf Grund eines Mißverständnisses seines Wirkens als eines politischen. Sie wäre dann — historisch gesehen — ein sinnloses Schicksal. Ob oder wie Jesus in ihm einen Sinn gefunden hat, können wir nicht wissen. Die Möglichkeit, daß er zusammengebrochen ist, darf man sich nicht verschleiern."

[159] Vgl. Albert Schweitzer: Reich Gottes und Christentum, 1967, S. 137-139.

Zur Verdeutlichung: D. meint, „immer wenn Menschen etwas tun, das ihnen selber ganz und gar entspricht (G.L.: D. geht von der Eindeutigkeit der Lebenssituation, der Erkenntnis unserer selbst und des eigenen Handelns aus. Doch gibt es nur *eine* richtige Wahl? [Kriterien?]) und das sie gerade deshalb in Zerbruch und Zerwürfnis mit ihrer Umgebung bringt, wird man ein Stück von diesem Gang Jesu nach Jerusalem tiefer begreifen" (S. 564f). Das könne z.B dort der Fall sein, wo eine Frau ihre Ehe als gescheitert ansieht und „der ganzen Umgebung furchtbare Opfer abverlangt" (ebd.).

Zur Kritik: 1. Der Übergang von Jesu Weg nach Jerusalem zum Weg des einzelnen ist vielleicht ein nützlicher homiletischer Einfall. 2. Die Erfahrung zeigt, daß es absolut irreparable Ehen gibt, so daß Trennung bzw. Scheidung nötig sind, weil alles andere den Tod des einzelnen herbeiführen würde.[160] Freilich gibt es auch nicht wenige Fälle, wo die Eheleute in beiderseitigem Konsens aus Unreife zu schnell auseinanderlaufen oder wo die Ehe durch eine(n) der beiden einseitig beendet wird. In vielen Fällen wäre Eheberatung vonnöten — mit nicht schlechten Chancen für eine qualitativ verbesserte, fortbestehende Gemeinschaft. Ich vermisse diesen Aspekt der Sache in D.s Büchern (man vgl. auch seinen Spott über die katholische Eheberatung o. S. 102), zumal das Trauma einer Scheidung für Kinder unübersehbar ist. Ich frage mich ferner, warum der Entschluß zur Scheidung durch die allerhöchste Autorität Jesu begründet werden muß. D. hat wie manche anderen Theologen vor und neben ihm eine Sucht, alles um jeden Preis direkt von Jesus herzuleiten (zu seiner Angstberuhigung?). Warum wird nicht stattdessen offen gesagt, daß die Menschen des 20. Jahrhunderts mit Problemen konfrontiert werden, die im 1. Jahrhundert so noch nicht vorhanden waren? (Daß die damit verbundene radikal historische Perspektive nicht zu einem Verlust Jesu und seiner Botschaft führt, wurde oben S. 103f ausgeführt.)

---

[160] Vgl. Eugen Drewermann: Psychoanalyse und Moraltheologie, Band 2: Wege und Umwege der Liebe, 1983, S. 101f (D. erörtert die Ehe eines Zwangsneurotikers mit einer Depressiven).

A

Die Stellung der Nachfolgerede in unmittelbarem Anschluß an Jesu Zurückweisung der Einrede Petri läßt bezüglich der Erzählintention des Markus den Schluß zu: Markus
gibt seiner Gemeinde eine Belehrung darüber, wie Nachfolge
in der Gegenwart aussehen kann (man vgl. ähnliche Beleh-
rungen im Anschluß an die zweite und dritte Leidensweissagung jeweils nach einem Unverständnis der Jünger [s. 9,33-
37; 10,35-45]).

Nach Bultmann liegt in V. 34-37 eine Kombination von
mindestens drei ursprünglich in sich isolierten Worten vor.
„Mk 8,34-37 (sc. ist) eine sekundäre, durch leichte Assozia-
tionen veranlaßte Kombination" (S. 86). V. 38 sei ein (prophe-
tisches) Drohwort (S. 117). Ähnlich D., S. 581 Anm. 16: „Der
ganze Abschnitt Mk 8,34-38; 9,1 umfaßt fünf verschiedene
Jesusworte, die erst nach und nach zusammengewachsen sein
dürften." Die Einleitung von V. 34 sei typisch markinisch.
(Doch wirkt diese Analyse eher nachgetragen und beeinflußt
die Auslegung kaum.) D. weist ferner hin auf den weisheitli-
chen Hintergrund von V. 35 (ebd.); vgl. noch die anmerkungsweise eingestreuten Hinweise auf S. 583f Anm. 20.

B

D.s tiefenpsychologische Darlegungen bemühen sich um
ein kritisches Verständnis des allgemein anerkannten Satzes:
„Es gibt ... keine ,Nachfolge Christi' ohne das ,Kreuz', ohne
die Notwendigkeit des Leids" (S. 572).

Zu V. 34 bemerkt er, ein solches Wort wie dieses von der
Unerläßlichkeit des Leidens böte sich förmlich zur Etablie-
rung einer Ideologie masochistischer Unterdrückung und
Unterwerfung an, die jeglichen Einspruch gegen ein uner-
trägliches Ausmaß an Leid unter Hinweis auf das Kreuz ab-
weise (S. 573). Demgegenüber gelte, daß Menschen, die nie
gelernt haben, selber zu leben, zuallererst einmal lernen müßten, sich selber energisch zu bejahen, statt sich zu verleugnen.

„Für *diese Freiheit* des Menschen, für sein *Glück* ist Jesus eingetreten. Keinesfalls sah er im Leid eine ursprüngliche, in sich berechtigte

oder gar notwendige Form des Gottesverhältnisses ... Nicht um weniger Leben, sondern um ein intensiveres, innerlich reicheres, wahreres Leben war es ihm zu tun, und er legte dabei den größten Nachdruck gerade auf eine Haltung innerer Losgelöstheit sich selbst gegenüber" (S. 578).

Kritik: Das ist, allgemein gesagt, in einem bestimmten therapeutischen Kontext richtig[161] und auch in der homiletischen Situation wichtig, geht aber am konkreten Text vorbei (s. A).

D. meint weiter: „Man mißversteht religiöse Lehren im Prinzip, wenn man sie als moralische Anweisungen aufzufassen sucht; wohl enthalten auch religiöse Sätze gewisse (sic!) Forderungen, aber es geht dabei fast immer um bestimmte Haltungen und Grundeinstellungen der Existenz, nicht um konkrete Handlungsanweisungen" (ebd.).

Kritik: M.E. unterschätzt D. z.B. die (Forderung der) Thoraverschärfung Jesu (bei der Scheidung [1Kor 7,1] und beim Eid [Mt 5,33-37]), die Hand in Hand geht mit seiner Predigt von der Gottesherrschaft. Er unterschätzt z.B. auch den Ernst der „moralischen" Unterweisung der Konvertiten durch Paulus (man vgl. die wichtige Rolle, die die Abkehr von Götzen [1Thess 1,9] und die Abkehr von der „Unzucht" bei Paulus [1Thess 4,3] und im intertestamentarischen Judentum spielt). Dabei ging es jeweils auch um konkrete Handlungsanweisungen (s. z.B. 1Kor 5,1-5; 1Kor 7-8; 10,23-33; 11,2-16 u.ö.). M.a.W.: D.s Ausführungen gehen an der frühchristlichen Wirklichkeit vorbei.

Zu V. 35 hebt D. das egozentrische Motiv der Lebenssicherung aus lauter Angst hervor (S. 579). Selbsthingabe sei nicht Selbstpreisgabe. Wer die Beschränkungen der Angst abgeworfen habe, „wird in vollen Zügen leben können ... Dafür, daß dies möglich ist, steht Jesus selber" (S. 580).

V. 38 deutet D. unter der Voraussetzung, daß man das Bild von den heiligen Engeln
„tiefenpsychologisch als eine Chiffre für die psychisch im Menschen angelegten Seelenkräfte verstehen" darf (S. 584 Anm. 20).

---

[161] Aber auch nur dort. In anderen Situationen gilt es, unabwendbares Leid geduldig zu ertragen. Man vgl. Emanuel Hirsch: Zwiesprache auf dem Wege zu Gott, 1960, S. 113-119 („Bejahtes Gotterleiden"), und das Buch von Traugott Koch: Mit Gott leben. Eine Besinnung auf den Glauben, 1989, bes. S. 264-296, dem man eine weite Verbreitung wünscht. Zum Masochismus vgl. unten S. 268.

Dann verweist uns dieser Vers auf „den Maßstab der ‚*Engel*', der Gestaltungen unseres eigenen Wesens, und ... die Gestalt des ‚*Menschensohnes*', dieser Verkörperung einer Person gewordenen Menschlichkeit; einzig nach diesen beiden in sich zusammengehörigen Maßstäben lohnt es, sich selbst zu betrachten und zu bewerten" (S. 584).

Kritik: Mit der Aussagerichtung des konkreten Textes hat diese Interpretation nichts zu tun. D. kann sie praktisch auf jeden Text anwenden, in dem Engel und der Menschensohn vorkommen.

Mk 9,1-13: Jesu Verklärung

A

Redaktion: V. 2-8 interpretieren V. 1 und stehen durch den erzählerischen Aufweis der Herrlichkeit Jesu in Kontrast zu 8,27-38, wo die Leiden Jesu und seiner Jünger behandelt werden. Gleichzeitig sind V. 2-8 die gültige Bestätigung des recht verstandenen Petrusbekenntnisses (8,27ff).

V. 9-13 bestehen aus zwei Szenen:

a) V. 9-10: V. 9 ist ein Schweigebefehl an die Jünger, den sie aber — echt markinisch — mit Unverständnis (V. 10) quittieren: Dabei ist das Schweigegebot wegen seiner ausdrücklichen zeitlichen Befristung singulär. Es besagt: Eine Verkündigung dessen, was Jesus wirklich ist, wird erst nach Ostern möglich sein. Diese hermeneutische Richtschnur gilt in gleicher Weise für sämtliche anderen Schweigegebote, denn auch in allen drei Leidens- und Auferstehungsvoraussagen (8,31; 9,31; 10,32-34) und in 8,30 wird klar, daß das Geheimnis Jesu nach Ostern aufgeklärt werden wird. Doch Markus beläßt es nicht bei dieser historisierenden Sicht, wenn er *gleichzeitig* seine Leser(innen) in die Nachfolge stellt (s. zu 8,31; 9,31; 10,32-34) und die andauernde Dialektik von Offenbarung und Verborgenheit aufzeigt.

b) V. 11-13 enthalten eine schriftgelehrte Zuordnung von Elia (äußerer Anlaß ist V. 4) und dem Menschensohn.

Tradition: Bultmann (S. 278) hält die Tradition hinter V. 2-8 für eine ursprüngliche Auferstehungsgeschichte (vgl. 2Petr 1,16-18), die in das Leben Jesu zurückdatiert ist. Ursprünglich habe V. 7 an V. 4 angeschlossen (S. 280). Doch ist die Charakterisierung als Ostergeschichte fraglich, weil Mose und Elia hierin kaum Platz fänden und von einem Sich-Zeigen (*ophthe*) dieser beiden (und nicht Jesu) die Rede ist. Das Bergmotiv (in Verbindung mit Mt 28,16) ist zur Stützung der These einer ursprünglichen Auferstehungsgeschichte zu allgemein und die Quellenscheidung Bultmanns zu unsicher.

Die Tradition wurzelt in jüdischem Milieu. Sie hat mancherlei Parallelen mit Ex 24: Mose steigt auf den Berg, begleitet von drei Männern (V. 9). Eine Wolke bedeckt den Berg (V. 15), und zwar sechs Tage lang, und Gott redet schließlich mit Mose aus ihr (V. 16b). Die Tradition beschreibt, allgemein gesagt, Jesu Legitimität durch seine Entrückung in die himmlische Sphäre selbst.

D. behandelt faktisch (fast) nur V. 1-4, jedoch nicht V. 8-13 (s. aber zu V. 9 die Bemerkungen auf S. 596 Anm. 14 und zu V. 9-13 die auf S. 608 gegebene Anm. 16). Wohl aber äußert er sich zu einzelnen Motiven und ihren Parallelen (Lichtglanz der Engel: S. 593 Anm. 10; Berg: S. 591f). Auch weist er auf die Parallele unserer Geschichte mit Ex 24 hin (S. 589f Anm. 4) und bestimmt ihre Form als Partizipationsgeschichte (nicht Epiphanieerzählung [S. 590 Anm. 4 gegen Pesch, Mk II, S. 70] — merkwürdigerweise nennt D. auf S. 607 Anm. 14 die Perikope wiederum eine Epiphaniegeschichte).

B

Schon in der Einleitung seines Mk-Kommentars äußert sich D. im Kontext hermeneutischer Überlegungen zur Perikope. Infolge der Ergebnisse der historischen Kritik könne die Geschichte von der Verklärung selbst aus dogmatischen Gründen nicht mehr für historisch gehalten werden; denn es sei „aussichtslos, weil gewalttätig, unmenschlich und im Sinne Fichtes ,nihilistisch', einen Glaubensdogmatismus zu fordern, der sich polemisch gegen das Denken und gegen die Vernunft richtet" (Mk I, S. 98). Doch finde sich ein „Ausweg aus dem Dilemma ... , wenn man anerkennt und einräumt, daß es ,ersonnene Fabeln' gibt und geben kann, die sehr wohl in einem symbolischen Sinn eine geschichtliche Wahrheit, ja, mehr noch: eine ewig gültige Bedeutung in sich schließen, obwohl sie in äußerem Sinne historisch sich niemals ereignet haben" (ebd.).

Denn was „historischer Kritik als bloße ,Phantasie' erscheint, stellt sich, psychologisch betrachtet, mithin oft ge-

nug als die einzig mögliche Weiterentwicklung und Selbstmit-
teilung des nur geschichtlich Vergangenen" dar (S. 99).

„Gewiß kann und muß man auch dann noch zwischen wahr und
falsch unterscheiden — nicht alle Träume sind gleichermaßen ‚einleuchtend' und offenbarend; aber das Kriterium dafür kann nicht
länger mehr in der Historie selbst liegen, sondern es muß sich danach richten, inwieweit der entsprechende Traum sich als Fortwir-
ken der Gestalt des anderen, seiner wesentlichen Intentionen und
Anregungen zu erkennen gibt" (S. 99f).

Das sei bei Jesus „vor allem der Zusammenhang zwischen
der *Erlösung von der Angst und der Gegenreaktion von tödli-*
cher Abwehr und Leid" (S. 100). (G.L.: Aber dieser Zusammenhang ist doch zunächst historisch zu begründen!) Gemessen daran dürfe man die Erzählung von der Verklärung
Jesu auf dem Berge,

„als durchaus wahr bezeichnen; allerdings handelt es sich um eine
Wahrheit des historischen (sic) Jesus, die man nur mit den Augen des
Geistes, nicht mit den äußeren Sinnen wahrnimmt, und es ist gerade
die *symbolische* Ausdrucksweise, die in die Zonen hinabreicht, in denen die *Wahrheit der Bilder* zu Hause ist. *Symbolisch* gelesen,
kommt es bei der *Erzählung von der Verklärung Jesu* darauf an, sich
Schritt für Schritt zu fragen, welche Erfahrungen im wirklichen Leben gemeint sind, wenn von einem Menschen gesagt wird, er ‚be-
steige' den ‚Berg' einer gültigen Gotterscheinung" (S. 100).

Nach diesen grundsätzlichen Erwägungen in der Einleitung stellt D. seine Auslegung von Mk 9,1-13 unter das
Thema „Gott und Glück des Menschen". Er geht „die Bilder
dieser Erzählung von der Verklärung Jesu ... der Reihe nach
durch" und vermag so in etwa nachzuempfinden, „wie es sich
mit Gott und mit unserem Glück verhalten kann" (S. 592).
D. spricht von einem quasi ekstatischen Glück, wo Jesus die
Welt zu Füßen zu liegen scheine, von „diesem Moment eines
vollkommenen oder rauschhaften Glücks auf dem Berg" (S.
591 Anm. 6; S. 592f).

„Erst in einem solchen Durchbruch des Glücks gewinnt
ein Mensch seine wahre Gestalt, die im Grunde immer schon
in ihm lebte" (S. 593).

Das Wort V. 7b wolle Jesus „als wichtigste Erfahrung seines
Lebens auch an uns weitergeben ... : wir selber dürfen und
sollen in dieser Weise von uns denken, daß wir vor Gott erwählt, berechtigt, angenommen und mit ihm ‚versöhnt'
sind" (S. 596). V. 5 werde merkwürdigerweise seitens der Bi-
belausleger immer wieder so interpretiert,

„daß man die Stunden des Glücks nicht festhalten dürfe; man solle ja nur nicht der Versuchung unterliegen, sich eine ‚*Hütte zu bauen*‘ und sich im Glück einzurichten; die Offenbarung Gottes dürfe man nicht ‚egoistisch‘ ‚genießen‘ wollen" (S. 596f).

Die Fortsetzung ist typisch:

„Tatsächlich ist eine solche Warnung völlig überflüssig. Wenn irgendetwas auf dieser Erde wirklich ‚egoistisch‘ ist, so ist es nicht das Glück, sondern das Leid, das Unglück, die Verzweiflung; egozentrisch ist die Qual der Angst und der inneren Bedrohtheit; egozentrisch ist jedes Gefühl von Schmerz ... Nur das Leid ist von Grund auf egoistisch; das *Glück* ist ansteckend; es flutet über sich hinaus und teilt sich mit, so wie das Licht der Sonne" (S. 597).

Aus dem Glück entstehe schließlich die stärkste Kraft,

„das Leben selbst für *unsterblich* zu halten ... Ein Glück von solcher Leidenschaft, daß man das Leben selbst unendlich liebgewinnt — *das* erst macht es möglich, von Herzen daran zu glauben, daß das Leben von Gott her unendlich ist und der Tod im letzten keine Macht über uns hat. *So* von Gott zu denken ist unser aller Glück. Deshalb sollte man eigentlich gar nicht sprechen von Gott*losen* und Gott*gläubigen*, man sollte viel eher sprechen von Unglücklichen und von Glücklichen, von Menschen, die gemeinsam auf dem Wege sind zu Gott, — nur mit unterschiedlichem Abstand von sich selbst und ihrem Ursprung" (S. 598).

Kritik: D. findet eindrückliche Worte über das Glück[162], die als homiletische Anregung verheißungsvoll sein mögen (aber den Text längst verlassen haben). Meine leise Anfrage beträfe das Nicht-Vorhandensein eines eschatologischen Vorbehalts und den Befund, daß unser Leben erlösungsbedürftig und kaum unsterblich ist. Aber in einer Predigtsituation mag auch einmal so wie hier gesprochen werden.

In einem weiteren Abschnitt (S. 600-611) wendet sich D. (unter der Überschrift: „Noch einmal Mk 9,1-13: Die Verklärung Jesu oder: ‚Es redeten mit ihm Moses und Elias‘") nochmals der vorliegenden Perikope zu.

Der Abschnitt beginnt mit Überlegungen, was wir von der Wahrheit eines Menschen verständen. In bestimmten Stunden und Augenblicken unseres Daseins, in denen sich alles, was wir sind, verdichte und zur Entscheidung dränge, trete

---

[162] Hingewiesen sei auf die Arbeiten von Abraham A. Maslow: Psychologie des Seins. Ein Entwurf, 1985 (bes. S. 83-133); Religions, Values, and Peak-Experiences, 1964/1970, der in einem nachchristlichem Kontext Grenzerfahrungen erörtert, an die mich D.s Darlegungen erinnert haben.

„am klarsten in Erscheinung, wer wir wirklich sind. In solchen Augenblicken *entscheidet* sich nicht eigentlich die Wahrheit unserer Person, aber es wird doch unzweideutig sichtbar, aus welcher Vision und Überzeugung auch unser Alltag sich gestaltet — was sich in uns seit eh und je entschieden *hat*. Der entscheidende Augenblick im Leben des historischen Jesus war ohne Zweifel die Stunde von Gethsemane und Golgotha" (S. 600f).

Zwischenkritik: D. mutet der Historie zu viel zu oder drückt sich unklar aus. Jedenfalls spricht er vom historischen(!) Jesus. Vielleicht kann man aus dieser ständigen Berufung auf historische Fakten und ihrer mehrfachen Relativierung durch D. selbst entnehmen, daß in seinem Konzept noch ein Rest von Unklarheit vorliegt.

Um Jesus zu verstehen, müsse man mit ihm auf den hohen Berg steigen: Derartige Berge könne man nicht im Raume suchen:

„ . . . diese *Berge des Herzens* sind Aufschwünge des Glücks, Erlebnisse einer unbedingten Befreiung, absolute Standpunkte der Existenz . . . Die Bestimmung Jesu, die als seine Wahrheit in diesem Augenblick wie ein golddurchfluteter Lichtglanz aus seiner Gestalt hervorbricht, beschreibt diese Erzählung von der Verklärung auf dem Berge als *ein Sprechen Jesu* mit den beiden Säulen des Alten Testamentes: *mit Moses und Elias*" (S. 602f). „Im Leben Jesu selbst bedeutete diese Stunde . . . den Durchbruch der völligen Gewißheit seiner selbst — seiner Person und seines Auftrags" (S. 607). „Diese Szene der Verklärung auf dem Berg ist die *einzige* Darstellung des Neuen Testamentes, die zeigt, daß Jesus glücklich war in seinem Leben" (S. 609).

In Mose verdichte sich die Vision einer Freiheit, die zum Auszug aus Unterdrückung und Angst befähige (S. 603ff). Zu Elias gehöre die Freiheit von den Götzen, die zwar Halt gäben, aber doch den Menschen einengten und quälten (S. 606f).

Nachdem D. zuvor die Gleichsetzung von „Tabor" und „Nabel der Welt" begründet hat (S. 592) — was aber großen Schwierigkeiten unterliegt —, bemerkt er zum Geschick Jesu: „Um Golgotha aushalten zu können, bedarf es des Tabors" (S. 609). Wieviel ein Mensch an Leid vertrage, könne

„man nur verstehen an dem Maß seines Glücks, an der Evidenz seiner Wahrheit, an der Macht seiner Nähe zum Himmel. Wohl ist es nicht möglich, solche Augenblicke einer rauschhaften Seligkeit festzuschreiben, so als könnte man dafür Hütten bauen und sich darin seßhaft machen — diese Welt *ist* kein Paradies, eher eine Stätte der Auseinandersetzungen ... ; man verträgt nur so viel Leid, wie man zuvor an Glück erfahren hat" (S. 609).

Kritik: Die Ausführungen über das „Glück" Jesu entbehren einer historischen Grundlage.

Mk 9,14-29: Der epileptische Knabe

A

Die Aufnahme der historisch-kritischen Exegese durch D. erfolgt in der Auslegung fast nur in polemischer Weise: Den Hinweis auf V. 24 („ich glaube, hilf meinem Unglauben!") als Skopus der Geschichte sieht D. als unzureichend an. Für gewöhnlich gelte gerade dieser Ausruf des Mannes

„als theologisches Musterbeispiel für einen Glauben, der trotz aller menschlichen Angefochtenheit bei Gott Erhörung findet. Aber so einfach läßt sich diese dramatische Szene nicht auf eine theologische Nutzanwendung hin abstrahieren; sie steht mit einem viel zu starken menschlichen Eigengewicht da, und es muß deshalb als erstes darum gehen, sich in die Art dieses Mannes ein Stück weit einzufühlen" (II, S. 24f).[163]

Gegen Peschs (Mk II, S. 91) Zusammenstellung der typischen Merkmale eines Exorzismus wendet D. ein, dieses Wissen vermittele heute weder Glauben, noch wirke es heilsam auf irgendeine seelische Not (II, S. 21 Anm. 7).[164] D. hält M. Dibelius vor, er habe bei seiner formal richtigen Betrachtung (daß nämlich die Wundergeschichten des Neuen Testaments Epiphaniegeschichten seien) den spezifischen Gegensatz dieser Stelle zwischen Jesus und den Schriftgelehrten aus den Augen verloren, und es werde „aus der ewigen Erfahrung menschlicher Not und Verzweiflung ein bloßes Kontrastmittel der frühchristlichen Religionspropaganda" (II, S. 18 Anm. 4). Bultmanns Vorschlag, in der Perikope lägen zwei ursprünglich verschiedene Wundererzählungen vor, sei noch stärker formalisiert (ebd.).

---

[163] Im Folgenden wird auf den zweiten Band von D.s Markuskommentar unter der Angabe der Bandzahl (II) und der Seite verwiesen.
[164] Dibelius, Formgeschichte, S. 91.

Die Position Bultmanns gründet auf folgenden Beobachtungen: V. 14 (S. 55.225f — anders D. [II, S. 20 Anm. 6], s. B) und V. 15f sind redaktionell. Die Rückkehr Jesu zu den Jüngern (V. 14) schließt an V. 2-13 an (S. 266). „Schriftgelehrte" (V. 14) nimmt dieselbe Gruppe aus V. 11 auf. Wenn sie vorher genannt wurden, ging es immer um die Vollmacht Jesu (vgl. 1,22 u.ä.). Hier disputieren sie mit den Jüngern. „Mit der Legitimation Jesu ist also auch die Vollmacht der Jünger Diskussionsstoff gegenwärtiger Auseinandersetzungen mit jüdischen Autoritäten zur Zeit des Mk; für die Geschichte als solche spielen die Schriftgelehrten dann keine Rolle mehr" (Lührmann, Mk, S. 160).

Schon vor Markus seien zwei Wundergeschichten verbunden worden, „die vermutlich infolge der Ähnlichkeit des Krankheitsfalls und der Heilung zusammenkamen" (Bultmann, S. 225). Die erste Geschichte liege V. 14-20 zugrunde; der Schluß sei weggebrochen oder in V. 25 erhalten. Die Pointe sei „die Gegenüberstellung des Meisters und der Zauberlehrlinge, deren Unfähigkeit die Folie für die Kraft des Meisters bildet ... Daher ist ursprünglich vorausgesetzt, daß der Meister (natürlich allein) sich von den Schülern getrennt hat und nun wieder zu ihnen stößt" (Bultmann, S. 225f).

Die zweite Erzählung sei in V. 21-27 enthalten, ihr Schluß ebenfalls weggebrochen und von Markus durch V. 28f ersetzt. Sie habe apophthegmatischen Charakter und beschreibe die Paradoxie des ungläubigen Glaubens.

An Gründen für die Auffassung, daß es sich um zwei ursprünglich verschiedene Geschichten handele, führt Bultmann (S. 226) folgende an: 1) Nur in V. 14-19 spielten die Jünger eine Rolle, ab V. 21ff der Vater; 2) die Krankheit werde zweimal beschrieben (V. 18 und V. 21f); 3) das Volk, das nach V. 14 schon anwesend ist, ströme nach V. 25 erst herbei.

Unabhängig von der Traditionsgeschichte ist m.E. der *redaktionelle* Sinn von Mk 9,14-29 einigermaßen klar: Der V. 24 beispielhaft dargestellte Glaube des Vaters steht in einem starken Gegensatz zur hilflosen Haltung der Jünger, die in V. 19 sogar als „ungläubiges Geschlecht" bezeichnet werden. Die Leser(innen) werden damit selbst nach ihrem Glauben gefragt und dieser in seinen Folgen konkretisiert als Wunder tun und beten (V. 29). (Die eingangs zitierte Kritik D.s an der Zentralität des Glaubens in der Perikope ist also verfehlt.)

B

Bei seiner eigenen, tiefenpsychologischen Auslegung beginnt D. mit Überlegungen zum Gegensatz zwischen Jesus
und den Schriftgelehrten:

„Mit der Vision des Himmels vor Augen ist Jesus soeben den
‚Berg‘ der Verklärung hinabgestiegen, da trifft er auf — die Schriftgelehrten! Sie stehen am Anfang seines Weges, der nun vom ‚Tabor‘ unweigerlich hinüberführen wird nach Golgotha; — bei Tag und Nacht
werden sie diesen Weg umlauern wie ein Rudel Hyänen, und auf ihre
Weise werden sie siegreich sein. Im Markusevangelium sind diese
‚Schriftgelehrten‘ überall zu finden, wo die Gegenmächte des Heils,
wo die ‚Dämonen‘ sich versteckt halten; ja, sie verkörpern und begründen mit ihrer ‚Theologie‘ des Zwangs, mit ihrer Ideologie des
Unlebens, mit ihrer Angst vor der Wirklichkeit der Menschen geradezu diese Scheinwelt der ‚Aber‘-Geister, gegen die Jesus konsequent und prinzipiell auf Leben und Tod ankämpfen muß. Keine
Stelle läßt Markus in seinem Evangelium aus, um auf diesen Zusammenhang von Schriftgelehrsamkeit, Krankheit und ‚Besessenheit‘
hinzuweisen ... Was also liegt näher, als sie für den eigentlichen
Grund all der so schädlichen Verstellungen des Religiösen zu halten?“ (II, S. 15f).

D. erkennt offenbar, daß Markus die Schriftgelehrten dem
Text redaktionell hinzugefügt hat. Verwunderlich ist es also,
wenn er kurz darauf gegen Bultmanns Auffassung (s. A) V. 14
für einen ursprünglichen Bestandteil der Perikope hält (II, S.
20 Anm. 6). Daraus leitet er das Recht ab, „in der Auslegung
das Schwergewicht auf diese bleibende Spannung zwischen
der Haltung des Vertrauens und des nur äußerlichen, ohn-
mächtigen Redens (sc. der Schriftgelehrten) von und über
Gott“ zu legen (ebd.).

Also wird nicht klar, ob nun nach D.s Meinung die Erwähnung der Schriftgelehrten an dieser Stelle auf Markus zurückgeht, in der Tradition wurzelt oder/und ursprünglich im Leben Jesu verankert ist. Wie die Antwort zu dieser Frage aus-
fällt, ist jedoch nicht nebensächlich, sondern entscheidet darüber, was als zeitgemäße Interpretation gelten darf und wie
dabei in Auseinandersetzung mit Markus als Autor die heutige Leserschaft ein verantwortbares Verständnis des Textes
erlangen kann.

D.s beschwichtigende Bemerkungen, daß es wesentlich
nicht um die Schriftgelehrten zur Zeit Jesu gehe, „sondern
um die Psychologie einer bestimmten Deformation des Reli-

giösen, die als Möglichkeit und Gefahr zu jeder Zeit, in jedem Menschen, in jeder denkbaren Religionsgemeinschaft (auch und gerade in der Kirche Christi!) besteht" (II, S. 16 Anm. 1), zeigen sein gegenwartsbezogenes Interesse der Auslegung an. Aber wenn die obigen historischen Einsichten zu Recht bestehen — warum dann noch in der Geschichte der unseligen christlichen Typologie der Schriftgelehrten und Pharisäer fortfahren? D. bewegt sich hier ungewollt auf einen sublimen Antijudaismus hin (man vgl. auch die oftmalige Verwertung der Ergebnisse E. Stauffers, der die Dinge noch klarer beim Namen nennt).

Natürlich ist nun die Frage begründet, welches Recht Markus hatte, in seinen Text „Schriftgelehrte" einzutragen. Versuch einer Antwort: Die Eintragung hat insofern begrenztes Recht, als Jesu Gesetzesauslegung von der der Pharisäer abwich (s. o. S 161f Anm. 151) und seine Botschaft von der grenzenlosen Liebe Gottes, die in seiner Verkündigung und in seinem Tun sichtbar wurde, die Kirche aus Juden und Heiden erst ermöglicht hat. Aber angesichts des Ortes Jesu *im* Judentum und angesichts der totalen Mißdeutung Jesu durch antijüdische Heidenchristen und politische Antisemiten hat sie heute gar kein Recht mehr.

Ein anderer Wesenszug von D.s tiefenpsychologischer Analyse der vorliegenden Perikope betrifft die Rolle des Vaters: Ebenso wie in der Erzählung von der Tochter des Synagogenvorstehers Jairus (5,21-24.35-43) das problematische Verhältnis zwischen Vater und Tochter Kern aller Verwicklungen sei, stelle „die Zwiespältigkeit des Vaters selbst den Hauptgrund der Erkrankung seines Sohnes dar" (II, S. 24), und entsprechend sei die Sorge der Mutter in der Erzählung von der Syrophönizierin (7,24-30) Ursache für die Krankheit ihrer Tochter gewesen.

D. zeichnet die Vorgeschichte der Krankheit als Ausdruck einer gestörten Beziehung zwischen Vater und Sohn. In V. 22 spiegele sich wider, in welcher Weise „der Sohn seinen Vater immer wieder erlebt: mal erfährt er ihn als über die Maßen fürsorglich bemüht, wohlwollend und hilfreich, dann aber wieder als abweisend, hilflos, verzweifelt und niedergeschlagen, je nachdem, wie die Phasen zwischen den Anfällen verlaufen" (II, S. 28f). „Eben diese Mischung aus Wohlwollen und Ablehnung, aus Verantwortungsgefühl und Ohnmacht, aus Überfürsorge und Haß bildet für den Jungen in der Tat einen unentrinnbaren Teufelskreis" (II, S. 30).

„Die Beziehung zwischen Vater und Sohn *verlangt* die Krankheit der Epilepsie, um sich selber stabilisieren zu können ... Der ‚böse Geist' der ‚Besessenheit' ist, tiefenpsychologisch betrachtet, also niemand anders als die Gestalt des Vaters selbst ... Dieser ‚glaubende' und ‚betende' Vater ist selber die Ursache für die ‚Dämonie' seines Sohnes — diese unheimliche Dialektik muß man immer wieder von seiten der Tiefenpsychologie vor Augen haben, um die Tragik menschlicher Verstrickungen wirklich zu verstehen" (II, S. 32).

Kritik: Auf den verschiedenen Ebenen der Geschichte (redaktionell, traditionell, historisch) liegt kein *einziger* Anhaltspunkt für solche weitgehenden Ausführungen vor. Es gilt daher auch hier die zu Mk 5,21-24.35-43; 7,24-30 geäußerte Kritik.

Einen weiteren Schwerpunkt der Auslegung der vorliegenden Perikope bildet schließlich die Behandlung der *Glaubensthematik*: Nach der Meinung D.s sei man in der Bibelexegese beim Stichwort „Glauben" so auf theologische Aussagen und christologische Verkündigungsinhalte fixiert, daß man nur schwer begreife, „wie einfach im Grund die Haltung *dieses Glaubens* oder besser, dieses Vertrauens ist, von der die Wundererzählungen gerade im Markusevangelium immer wieder sprechen. Es geht um einen ‚Glauben', wie er nur aus Not und Leid geboren wird" (II, S. 35). Es gehe im Grunde „überhaupt nicht um die Person Jesu, so als wenn er über nur ihm zueigene, unvergleichliche, magische Qualitäten verfügen würde; die einzige Kraft, die Jesus für wirksam hält, ist die Kraft des Glaubens. Nicht also: ‚Wenn Du vermagst' — sondern: ‚Dem Glaubenden ist alles möglich'" (II, S. 36). „‚Glauben', — das ist ... eine unsäglich befreiende Entspannung. Es kommt auf uns *nicht* an. Es geht nicht einmal um Jesus: es geht vielmehr um eine Macht, die wir nicht ‚haben' und die uns doch durchfließen kann, wenn wir uns ihr nicht mit dem eigenen ‚Ich aber muß doch' und ‚Ich aber will doch' entgegenstellen" (II, S. 39). „Das eigentliche Wunder liegt tatsächlich nicht so sehr in der Heilung des Knaben selbst, als offenbar in der Veränderung, die Jesus in dem Vater des Kindes bewirkt; *sie* eigentlich wird man als den entscheidenden Ansatzpunkt, als die Gewähr auch für die Heilung des Knaben ansehen müssen" (II, S. 34).

Zusammenfassend kann D. zur Heilung des Jungen (V. 35) sagen:

„Was die Heilung dieses Jungen bewirkt, ist nicht ein Erweis von ‚Macht' und ‚Kraft', die Jesus für sich selbst beanspruchen oder demonstrieren wollte, es ist eine Energie, die entsteht, sobald ein Mensch seine Angst verliert und den Verwicklungen des Lebens nicht länger mehr das Durcheinander seiner eigenen Person hinzufügt" (II, S. 39).

Kritik: Die soeben genannten Aussagen befinden sich zweifellos im direkten Widerspruch zum Text selbst (V. 25: „*Ich* gebiete dir ... !") und verlieren den historischen Anspruch Jesu und den Text ganz aus den Augen.[165]

Dieser Einwand ändert freilich nichts daran, daß D. mit seinen Ausführungen zum Verhältnis von Angst und Glauben wesentliche Einsichten beigesteuert hat. Nur sind sie nicht als Exegese zu bezeichnen, sondern geben mögliche weiterführende Anregungen für das heutige Reden vom Glauben. Es wäre viel gewonnen, wenn D. die historische Seite und die mögliche tiefenpsychologische Auslegung klar auseinander gehalten hätte.

Mk 9,30-37: Zweite Leidensweissagung und Rangstreit unter den Jüngern

A

Zu V. 30-32 s.o. zu 8,31.

Nach Bultmann wandeln V. 33f die Verse 35-50 — traditionell eine Art Gemeindekatechismus[166] — zu einer Szene im Leben Jesu um (S. 160f). Dem schließt sich D. (II, S. 46f Anm. 8) an und folgert daraus: „Mit Mk 9,35 werden also vor allem *die Zwölf* innerhalb der Gemeinde auf eine Haltung des Dienens, nicht des Herrschens, des Horchens, nicht des Be-

---

[165] Andererseits hat D. richtig „gespürt", daß V. 24 („Ich glaube, hilf meinem Unglauben!") sich in Spannung zu V. 22 befindet. Denn mit V. 24 bittet der Vater eigentlich um die „Heilung" des eigenen Unglaubens, in V. 22 um die Heilung des Sohnes. Aber diese Spannung kann aus den genannten Gründen nicht tiefenpsychologisch ausgedeutet werden.

[166] Freilich rechnet Bultmann in V. 33-50 mit redaktionellen Eingriffen, z.B. habe Markus „V. 37 ... in V. 36 eine höchst ungeschickte Einleitung gegeben, zu der er das Motiv aus 10,13-16 entnommen hat". (S. 160)

fehlens verpflichtet" (ebd.). Man wird noch präzisieren dürfen: Nicht nur die Zwölf werden angeredet, sondern die Leser(innen) des Markusevangeliums, wie aus der mit der ersten und dritten Leidensankündigung entsprechenden Struktur der Perikope hervorgeht: Jeweils folgt auf die Leidens- und Auferstehungsankündigung das Mißverständnismotiv (hier : V. 34 [V. 33 ist redaktionelle Hinleitung]) und hernach die Korrektur und positive Aussage Jesu (hier: V. 35-37). Diese identische Struktur kann nicht auf Zufall beruhen, sondern ist das Ergebnis der theologischen Reflexion des Markus.

V. 36 betrachtet D. (II, S. 50 Anm. 13) als eine ideale Szene. V. 37 „könnte mit der ... Einleitung V. 36 in vormarkinischer Überlieferung an 10,13-16 angeschlossen sein" (Pesch, Mk II, S. 105). Daraus folgert D. kritisch gegen Pesch: Gerade dann aber sei es absurd zu glauben, die Aufnahme der Kinder sei wesentlich als ein karitativer Akt (so Pesch, Mk II, S. 106) zu verstehen. Denn an dieser Stelle sei von Waisenkindern nicht die Rede und spätestens Mk 10,13-16 zeige, daß ein Kind, das Jesus in die Mitte der Jünger stellt, eine symbolische Bedeutung besitze (II, S. 50 Anm. 13).

B

Die tiefenpsychologische Auslegung richtet sich gegen eine — so D. — selbst in der Kirche verbreitete Fehldeutung der V. 35-37: Die einfache Zeichenhandlung Jesu lasse sich bis zur Unmenschlichkeit, bis zum Terroristischen verzeichnen, dann nämlich, wenn aus der Weisung „Der wähle den letzten Platz!" eine fatale Doktrin zur Demütigung, zur Selbstpeinigung, zur Selbstabtötung erwachse (II, S. 45). Vielmehr gehe es um die Frage, „wofür es sich zu leben lohnt". Jesus bezweifle entschieden, „daß das, was wir für gewöhnlich ,Leben' nennen, diesen Namen wirklich verdient" (II, S. 47). Ihm schwebe „die Vision eines Neuanfangs vor, so radikal, daß es ist wie eine *neue Geburt*, wie *eine Taufe* (Mk 10,38), die das ganze alte Leben als Lüge und Verfälschung entlarvt, zugleich aber die Chance eröffnet, noch einmal neu zu beginnen, *als Kinder*, sagt Jesus, *als Erlöste*, kann man auch sagen" (II, S. 47).

Vor dem Hintergrund der Machtbesessenheit des Menschen verstehe man V. 37: „Es gibt nur eine einzige Form, menschlich zu sein; sie zeigt Jesus uns in dieser Szene auf: es gilt ganz einfach, das Kind in uns selber anzunehmen und dann auch im anderen leben zu lassen" (II, S. 51).

Kritik: Die Ausführungen zu V. 37 wird man als weiterführend betrachten dürfen (obwohl ein wörtliches Verständnis nicht auszuschließen ist — s.u. zu Mk 10,13-16) und ebenso die Auslegung von V. 35. Doch muß der wörtlich befolgte V. 35 nicht zum Masochismus (II, S. 45 Anm. 6) führen. D.s Attacke gegen Ignatius von Loyola (II, S. 46 Anm. 8) macht es sich zu einfach. Denn Ignatius fordert „einen Gehorsam, der über die mechanische Ausführung eines Befehls weit hinaus geht. Der Untergebene soll den Befehl nicht nur lieben, sondern auch mit klarem Verstande verstehen und bejahen."[167] D.s Kritik lebt an dieser Stelle von einem populären Ressentiment gegenüber den Exerzitien des Ignatius von Loyola, deren Bedeutung von dem Psychoanalytiker Albert Görres wiederentdeckt wurden.[168]

Im nächsten Abschnitt wendet sich D. ein weiteres Mal der gerade besprochenen Perikope zu: „Noch einmal Mk 9,30-37: Die zweite Leidensweissagung Jesu und der Rangstreit der Jünger" (II, S. 52-61).

Da die Mk 9,30-37 zusammengestellten Jesusworte mehr als mißverständlich seien, skizziert D. zunächst polemisch eine Auslegung, die es möglicherweise unter Berufung auf diese Perikope als christlich ansehen könnte, Menschen klein und unmündig zu halten. D. will dagegen erst einmal das menschliche Streben nach Größe untersuchen und unterscheidet zweierlei Arten von Groß-sein-Wollen. Das Kind benötige den Rausch des eigenen Wachsens, das Glück der eigenen Entfaltung. „Das Großseinwollen *des Kindes* dient im Grunde nur dem Zweck, ein richtiges Maß in seinem Le-

---

[167] Alain Guillermou: Ignatius von Loyola, ²1981, S. 113.
[168] Albert Görres: An den Grenzen der Psychoanalyse, 1968, S. 115-151 („Ein existentielles Experiment. Zur Psychologie der Exerzitien des Ignatius von Loyola"). Görres beschäftigt sich in seinem Buch mit großer Sachkenntnis und Nüchternheit kritisch mit zwei Vorwürfen gegen Ignatius: 1. die Exerzitien seien methodische Selbstentfremdung, es handele sich in ihnen um eine suggestive Umschmelzung der Person mit masochistischer Unterwerfungs- und Hörigkeitstendenz; 2. sie beruhten auf einer gewalttätigen Manipulation der Triebstruktur.

ben als Zielvorstellung zu entwickeln" (II, S. 57), das davon zu unterscheidende „Großtun *aus Angst* ... dient von vornherein der Überzeichnung des natürlichen Maßes ... Das, was wir im Sinne Jesu als Menschen lernen sollten, wäre die Fähigkeit, *gegen die Angst* unseres eigenen Maßes froh zu werden, und nicht *mehr* zu tun, als wozu wir selber bestimmt sind" (II, S. 57f). Erst dadurch könnten wir die Hilflosigkeit der Angst im anderen wahrnehmen und (G.L: in Weiterführung von V. 35 und V. 37) ihm die Chance „geben, gefahrlos von den Podesten herunterzusteigen, auf die er in seiner Angst geflohen war" (II, S. 59).

Kritik: Das sind zweifellos wichtige psychologische Einsichten, die als sinnvolle Weiterführung des biblischen Textes in der Gegenwart gelten können (sie sind ja auch am Dienst für den Nächsten orientiert) und die zahlreiche Parallelen in der Religionsgeschichte (besonders dem altchinesischen Taoismus) finden.

Mk 9,38-41: Der fremde Exorzist

A

„In deinem Namen" (V. 38) ist Stichwortanschluß an „in meinem Namen (V. 37), vgl. „in meinem Namen" (V. 39). Bultmann erklärt, die Pointe von V. 38-40 sei nicht V. 40, „der ... eine sekundäre Zufügung sein könnte und vielleicht eine Variante des Logions Mt 12,30 Par. ist, sondern ... V. 39" (S. 23). (V. 40 ist ja eine *allgemeine* Begründung von V. 39.) Daher sei das Apophthegma eine einheitliche Konzeption, freilich eine Gemeindebildung (vgl. Num 11,26-29), denn der Gebrauch des Namens Jesu „zur Dämonenbannung dürfte erst in der Gemeinde aufgekommen sein" (ebd.) Außerdem spreche V. 38 vom Zusammenhalten mit den Aposteln, nicht von Nachfolge. V. 41 knüpfe an V. 37 an und bilde mit ihm traditionell eine Einheit (vgl. Bultmann S. 23f).

D. hat sich in diesem Abschnitt intensiv mit der exegetischen Diskussion beschäftigt. Er stellt (II, S. 61f Anm. 1) der Ansicht E. Schweizers (Mk, S. 110), nach dem V. 38-40 Gemeindediskussion reflektierten, diejenige R. Peschs gegenüber, nach dem die Szene V. 38-40 auf einen Vorfall im Leben

Jesu zurückgehe (Mk II, S. 109). Jedenfalls hält er V. 40 für das ursprüngliche Jesuswort (II, S. 63), eine Entscheidung, die in der tiefenpsychologischen Auslegung weitreichende Konsequenzen haben wird (s. sofort).

Ferner wendet er sich (II, S. 65 Anm. 8) dem mk Sinn von V. 38-41 zu und folgt E. Schweizer (Mk, S. 111): Die Verse seien im Anschluß an V. 33-37 Warnung vor einer Überheblichkeit der Gemeinde und zugleich Präzisierung des Aufrufs zur Nachfolge (es komme nicht auf die äußere Zugehörigkeit zur Gemeinde an, sondern auf ein Leben in der Vollmacht des Geistes). Dem wird man sich anschließen können.

Des weiteren erkennt D. die Spannung zwischen V. 40 und V. 41 und zieht daraus den exegetischen Schluß:

„Gleichwohl verrät Markus, indem er den Satz ausdrücklich mit ‚denn' einleitet, daß er assoziativ hier so etwas sieht wie eine wechselseitige Begründung: ‚Denn: Wer mit einem Trunk Wassers euch tränkt, *im Namen*, daß ihr zum Messias gehört, wahrlich, sage ich euch: Nein, der wird seinen Lohn nicht verwirken!' Irgendwie handelt es sich für Markus um so etwas wie eine Universalität der Menschlichkeit" (II, S. 70f). Die Logik dieser Sätze verstehe ich nicht.

B

D.s tiefenpsychologische Auslegung geht aus vom ursprünglichen Jesuswort V. 40 (die Berechtigung zu diesem Urteil kann — wie gesagt — mit guten Gründen bestritten werden), das im Widerspruch zur Praxis der römisch-katholischen Kirche stehe. Er stellt die Frage, ob man mit Jesus verbunden sein und trotzdem außerhalb der Jüngerschaft bleiben kann, und fährt fort:

„Immer wieder haben die Gesetze der Kirche bereits eine derartige Fragestellung mit einem rigorosen Nein zu unterdrücken versucht. Jesus aber versichert an dieser Stelle sehr betont, daß man den Kraftstrom, der von ihm ausgeht, nicht auf eine überschaubare Gruppe beschränken oder reglementieren kann ... Was Jesus vorschlägt, stellt mithin das genaue Gegenteil der heute noch geübten kirchlichen Praxis dar" (II, S. 66).

Anschließend behandelt er das Verhältnis von Seelsorge und Psychotherapie und spricht sich leidenschaftlich dafür aus, „die wunderbare menschliche Größe Sigmund Freuds, sein einzigartiges Bemühen um ein möglichst vorurteilsfreies Verstehen selbst des Ungeheuerlichsten im Menschen, seine ehrliche Wahrheitssuche entgegen allen wunschgeprägten Illusionen als etwas durch und durch Christliches zu erkennen und endlich, nach einem ganzen Jahrhundert der Ablehnung, anzuerkennen" (II, S. 67f). In diesem Zusammenhang gehe es vor allem darum, daß „die Kirche ihre weit verbreitete Aufspaltung zwischen Gottfindung und Selbstfindung, zwischen Wahrheit und Selbstverwirklichung, zwischen Frömmigkeit und Menschlichkeit überwinden" müßte (II, S. 70).

Kritik: Gewiß liegt es nahe, weitergehende Fragen an V. 40 zu stellen und gegenwartsbezogene Folgerungen zu ziehen. Das betrifft dann im Rahmen einer tiefenpsychologischen Auslegung u.a. das Verhältnis von Seelsorge und Psychotherapie und weiter die Einschätzung Sigmund Freuds. Um mit letzterem zu beginnen: Es gab schon zu Lebzeiten Freuds Versuche, ihn als Christen zu reklamieren (vgl. Oskar Pfister), aber das hat Freud bestimmt zurückgewiesen. Auch deswegen sollte man ihn so verstehen, wie er sich selbst verstanden hat, und ihn nicht vereinnahmen[169]. Bzgl. des Verhältnisses von Psychotherapie und Seelsorge, die ja nicht identisch sind (D.s Anführungen schließen an dieser Stelle ein solches Mißverständnis nicht hinreichend aus[170]), sei verwiesen auf die einleuchtende Verhältnisbestimmung von V. Frankl: *Der Absicht nach* führe Psychotherapie zu seelischer Heilung, Religion (Seelsorge) zu Seelenheil, aber als *Folge* könne Religion (Seelsorge) zu seelischer Heilung führen und Psychotherapie zum Seelenheil.[171] (Zum letzten Punkt sei bemerkt, daß nicht wenige Theologen über Psychotherapie die Bedeutung von Religion für die Theologie wiederentdeckt haben.)

---

169 Vgl. die Beiträge von Oskar Pfister, Johannes Schreiber und Joachim Scharfenberg, in: Eckart Nase/Joachim Scharfenberg (Hrsg.): Psychoanalyse und Religion, 1977.
170 Man vergleiche zusätzlich Eugen Drewermann: Zum Verhältnis von Psychotherapie und Seelsorge, in: ders.: Psychoanalyse und Moraltheologie, Band 1: Angst und Schuld, 1982, S. 163-178, wo aber auch keine präzise Verhältnisbestimmung gegeben wird.
171 Viktor E. Frankl: Der unbewußte Gott. Psychotherapie und Religion, 71988, S. 71.

Mk 9,42-43.45-50 Von der Verführung zur Sünde. Sprüche vom Salz

A

V. 42-50 werden in der Schulexegese vielfach als Teile des in 9,33-50 eingeflossenen vormarkinischen Gemeindekatechismus betrachtet. V. 42 greift (zusammen mit V. 41) auf V. 37 zurück. Auf das Stichwort *verführt* (V. 42) — vgl. seine Wiederholung in V. 43.45.47 — folgen in V. 43.45.47f drei parallel gebaute Sätze. Nach Stichwörtern *(Feuer* und *Salz)* sind dann V. 49-50 angereiht. Die Aufforderung „Habt Salz unter Euch und Frieden miteinander!" paßt gut als Schluß des Katechismus (vgl. Bultmann, S. 160f).

Wellhausen schreibt schön: „Das Geröll isolierter und paradoxer Aussprüche Jesu in 9,33-50, die sich da ausnehmen wie unverdaute Brocken, ist höchst charakteristisch und ohne allen Zweifel das literarisch primäre. Wie hätte Mc dazu kommen sollen, dieselben aus dem Zusammenhange zu reißen und dadurch unverständlich zu machen?" (Mk, S. 77). Andere Autoren setzen sich demgegenüber dafür ein, daß erst Markus den Zusammenhang auf der Basis von Einzeltraditionen gestaltet hat (vgl. z.B. Lührmann, Mk, S. 165).

D. setzt allgemein voraus, daß es sich bei den vorliegenden Versen um eine vormarkinische Spruchsammlung handelt (II, S. 77), geht aber auf die Formgeschichte nur am Rande ein (z.B. hält er mit J.Jeremias[172] ein aramäisches Wortspiel für die Grundlage von V. 50).

B

D. behandelt diese Perikope unter der Überschrift: „Von Verführung und Verstümmelung oder: Habt Salz und Frieden" (II, S. 73-85). Er nimmt eingangs zu fatalen Wirkungsmöglichkeiten der Worte Jesu in der vorliegenden Perikope Stellung. Schon früh in der Geschichte des Urchristentums sei der Text als Kampfansage gegen die (Macht der) Sexualität

---

[172] Joachim Jeremias: Neutestamentliche Theologie. Erster Teil: Die Verkündigung Jesu, 1971, S. 37.

verstanden worden. In diesem Zusammenhang verweist D. auf eine Parallele (Mt 5,28), welche die Verse auf den Ehebruch bezieht, und zitiert zustimmend ausführlich E. Stauffer:

„Das Lieblingsthema der kleinen Moralisten ist allezeit das Thema ‚Unzucht‘. Jesus hat sich von den zelotischen Strafpredigten seiner Zeitgenossen demonstrativ ferngehalten. Wahrscheinlich hat er die moralisierenden Schimpfworte Hure, huren und Hurerei in seinem persönlichen Sprachgebrauch grundsätzlich vermieden." „Mt 5,28 ist ein Lieblingsspruch der jüdischen Supermoral, der nur im Sondergut des Mt begegnet und ausgezeichnet zu den rigoristischen Idealen des Matthäuskreises paßt, aber mit Jesu Kampf gegen die Extrafrömmigkeit unvereinbar ist. Mit solchen Sätzen haben die Pharisäer den kleinen Mann in Gewissensnot, Höllenangst und unaufhörliche Bußprobleme gejagt … Mit solchen Erpressermethoden hat man das Volk zu terrorisieren versucht. Denn wenn Gott der Herr den Menschen nach dem Maße von Mt 5,28 richtet, dann bleibt für einen Mann von Fleisch und Blut allerdings nur die Wahl zwischen Verzweiflung und Theomachie. Jesus hat jene These, jene Praxis bekämpft bis aufs Blut. Er hat keine Geißler um sich versammelt und keine Wüstenmönche."[173]

D. schließt folgende Bemerkungen an das Stauffer-Zitat an:

„In der Tat: an der Einstellung auch und wesentlich zur Sexualität entscheidet sich das Verständnis von Religiösität und Moralität insgesamt, und es scheint im Sinne Jesu eine außerordentlich große Gefahr zu sein, den ‚kleinen Mann‘ schon dadurch ‚zu Fall zu bringen‘ (Mk 9,42), daß man ihn mit einer asketisch-sadistischen Sexualmoral konfrontiert, die ihn in endlosen Gefühlen von Schuld, Selbsthaß, Ekel, Zerstörung und Abhängigkeit gefangen hält!" (II, S. 74 Anm. 1).

Zwischenkritik: Mt 5,28 übt *echt jesuanisch* Gesetzesverschärfung, die sich aus der in seiner Person nahe gekommenen Gottesherrschaft begründet. Es handelt sich um eschatologisches Recht, das von der kommenden Gottesherrschaft bestimmt ist und den Menschen total in Beschlag nimmt. Vielleicht ging es Jesus in Mt 5,28 auch um den Schutz der benachteiligten Frau, die er durch ein offenes, weder durch sexuelle Begierde, noch durch Angst vor ihr gekennzeichnetes Zusammenleben integrieren wollte, oder primär um die Heiligkeit der Ehe (vgl. das absolute Scheidungsverbot Mt 5,31-

---

[173] Ethelbert Stauffer: Die Botschaft Jesu damals und heute, 1959, S. 83.

32 im unmittelbaren Anschluß an 5,28). Diese Einwände bedeuten noch gar kein Urteil darüber, ob D. in seiner Auslegung nicht doch Zutreffendes sagt. Hier geht es nur darum, ihm das Recht zu bestreiten, sich an der Stelle auf Jesus und das Urchristentum zu berufen.

Mk 9,42 entnimmt D. die Aussage, daß es hier um Moral gar nicht gehe:

„Um den Abfall vom ,*Glauben*' also geht es bei den ,Verführungen', nicht um den Abfall von bestimmten moralischen Geboten. Was aber ist dann gemeint? Wir müssen versuchen, die spezifische Art der ,Verführung' zu verstehen, die den Glauben bedrohen könnte und zu deren Abwehr in den Augen Jesu jedes Opfer gerechtfertigt, ja, unbedingt notwendig scheint" (II, S. 79).

Das richtet sich dann gegen Theologen, die meinen, „der Glaube habe ,überhaupt nichts' mit den Fragen seelischer Gesundheit und Integration zu tun, vielmehr sei ein solches ,egoistisches' Denken dem Christentum völlig fremd. Zum Beweis für diese These ließe sich dem Wortlaut nach tatsächlich auf diese Jesus-Worte hinweisen" (II, S. 79f). D. verteidigt die tiefenpsychologische „Verbindung zwischen Gottfindung und Selbstfindung" (II, S. 79) gegen solche Kritik, da sie von dem Mißverständnis ausgehe, daß die Psychoanalyse lediglich einen Zustand konfliktfreier Selbstzufriedenheit herstellen wolle (II, S. 80). Denn gerade „wer beginnt, dem eigenen Wesen gemäßer zu leben, riskiert für gewöhnlich bald schon Kopf und Kragen" (ebd.) und es gelte uneingeschränkt, was Jesus hier sage: „Es hat keinen Sinn, im äußeren Sinne seine Haut retten zu wollen" (II, S. 81). Es gehe um das Paradox jedes gläubigen Lebens, das Jesus Mk 8,35 auf die knappe Formel brachte: „Wer sein Leben retten will, der wird es verlieren und wer sein Leben verloren gibt, der wird es retten" (II, S. 81f).

In dieser Perspektive deutet D. die Bildmotive der einzelnen Verse: Glaube habe nichts zu tun mit unserem fertigen Bild von Gott, nichts mit der Selbstsicherheit unseres Beharrungsvermögens auf einem einmal eingenommenen Standpunkt, nichts mit etwas, das wir fest in den Händen hätten. Immer wenn wir Glaube so verstünden, müßten wir uns von unseren „Augen", „Füßen" oder „Händen" trennen und neu lernen zu sehen, von Gott getragen oder an die Hand genommen zu werden. In V. 43-47 handele es sich im Grunde „um ein und dieselbe Art von ,Verführung', vor der Jesus bereits eingangs gegenüber den ‚Kleinen, die da glauben‘, warnen wollte … Die ‚Kleinen‘, das sind offenbar Menschen, die *nicht* versuchen, groß ‚dazustehen‘, den ‚Durchblick‘ zu haben und die Fäden des Lebens ‚in der Hand zu behalten‘" (II, S. 82f).

„In den Augen Jesu ist es unvermeidlich, *eine Wahl* zu treffen. Entweder man lernt, Gott gegenüber alle ‚Sicherheiten‘ und Evidenzen der ‚Augen‘, ‚Hände‘ und ‚Füße‘ zu *‚verbrennen‘* und, wie *in Feuer getauft*, noch einmal von vorn zu beginnen, oder man wird auf ewig zum Opfer seiner eigenen Angst werden; man wird dann ‚verbrennen‘ an der Sehnsucht eines unerfüllten Lebens, und *dieses* Leid wird in seiner Unfruchtbarkeit und Sinnleere jeden Rest an Lebendigkeit und Hoffnung verwüsten" (II, S. 83f).

Kritik: Hervorzuheben ist, daß die Perikope nicht wörtlich, sondern bildlich bzw. symbolisch zu verstehen ist. D. hat hier also den einzig richtigen Weg eingeschlagen. Unsicher ist sein Verständnis aber dort, wo er V. 43-47 von V. 42 her liest und die Glaubensthematik in V. 43-47 einträgt. Denn V. 42 spricht von einem Ärgernis, das man anderen bereitet, V. 43ff dagegen von einem Ärgernis, das durch die eigene Begierde entsteht. Andererseits besteht die Zusammengehörigkeit zwischen V. 42 und V. 43-47 darin, daß jeweils dieselben schlimmen Folgen für den Täter intendiert werden, so daß D.s Verständnis sowohl von der Redaktion als auch von der Tradition her nicht unmöglich ist.

Mk 10, 1-12: Die Ehescheidung

A

V. 1 ist mk Überleitung (Jesus lehrt das Volk). D. hält im Anschluß an E. Stauffer[174] (vgl. bereits Bultmann, S. 25f) V. 2-8 für ein Streitgespräch, das erst in der Jerusalemer Urgemeinde entstanden sei (II, S. 93 Anm. 9). Bultmann sieht das Stück als eine Parallele zu Mk 7,1ff an: „Daß 10,2 mit einer Frage beginnen muß, ohne auf eine Handlung Bezug zu neh-

---

[174] Stauffer, Botschaft Jesu, S. 76f; D. widerspricht explizit Joachim Jeremias: Neutestamentliche Theologie. Erster Teil: Die Verkündigung Jesu, 1971, S. 217.

men, liegt nur daran, daß Ehescheidungsfragen der Jünger nicht so einfach wie ihr Essen mit ungewaschenen Händen als Anlaß angegeben werden konnten" (S. 25). Der Aufbau des Streitgesprächs sei künstlich. Jesus antworte mit der Gegenfrage V. 3 („Was hat euch Mose geboten?")

„und somit indirekt durch eine Schriftstelle, obwohl hier beides nicht am Platz ist. Denn die Gegenfrage bringt kein Gegenargument, und das Zitat greift ja nicht den Gegner an, sondern wird der Kritik unterworfen! M.a.W. V. 3f. gehörte ganz in den Mund der Gegner. Vollends ist die Formulierung von V. 4 unmöglich; denn in einer wirklichen Debatte müßte hier die Bedingung der Scheidung genannt werden. Sie fehlt, denn die Aussage ist danach gebildet, daß Jesus die Scheidung überhaupt verwirft!" (Bultmann, S. 26).

V. 10 ist mk Überleitung zum ursprünglich isolierten Logion V. 11f, das in Q (Mt 5,32/Lk 16,18) eine Parallele hat. D. erwähnt V. 10-12 nur am Rande (II, S. 102f). Allerdings hält er, wie die Auslegung (s. B) zeigt, den Verweis auf Gen 2,24 durch Jesus selbst für historisch (II, S. 92). Er versteht aber V. 3-9 nicht als Scheidungsverbot, sondern als Verbot der Entlassung der Ehefrau, wobei er sich für diese Unterscheidung auf J. Jeremias (s. sofort) beruft (II, S. 90 Anm. 5). Sie ist für ihn wichtig, weil Jesus in der vorliegenden Perikope „nicht von der Unauflöslichkeit der Ehe ... sprechen (sc. will), sondern er will einer bestimmten Art von Willkür, konzentriert zu seiner Zeit in dem wie selbstverständlichen Herrschaftsrecht der Männer gegenüber ‚ihren' Frauen, ein Ende bereiten" (II, S. 87f).

Kritik: Doch mißbraucht D. hier Jeremias für seine Zwecke, da jener Scheidungsverbot und Entlassung der Ehefrau gerade nicht in Antithese zueinander gestellt hatte, sondern beide natürlich identifiziert.[175] Zudem kommt D. bei der Rückführung der „Entlassung der Ehefrau" auf Jesus hier in Schwierigkeiten, da er die Perikope mit Stauffer gegen Jeremias auf ein Streitgespräch der Jerusalemer Urgemeinde zurückgeführt hat (s.o. A). Woher weiß er dann aber, daß der historische Jesus sich auf Gen 2,24 bezogen hat? Das scheint

---

[175] Jeremias, Theologie, spricht nacheinander vom „Verbot der Entlassung der Ehefrau" und vom „Nein zur Lösung der Ehe" und weist auf Ausnahmen hin, bei denen im Judentum die Frau die Lösung der Ehe erwirken konnte (S. 216).

ohnehin lt. D. ausgeschlossen zu sein, da Jesus nie die Sprache des Gesetzes gesprochen habe (Gen 2,24 gehört ebenso zur Thora wie sämtliche Bücher des Alten Testaments! [G.L.]). Hier (in V. 6? G.L.) wie allerorten rekurriere Jesus auf eine gewisse Evidenz der Menschlichkeit und beziehe sich auf die Schöpfungsszene (II, S. 92). An dieser Stelle setzt dann seine tiefenpsychologische Exegese ein:

B

„In den Fragen der Liebe — darauf vertraut Jesus — könnte ein jeder Mensch von innen heraus wissen, was menschlich stimmt und was nicht stimmt; in einem jeden lebt ein verborgenes Wissen, das schlechterdings mit keiner gesetzlichen Ordnung, mit keinem bürgerlichen Reglement zur Deckung zu bringen ist; und gerade die Liebe ist dem Paradies nahe, der Wahrheit des Menschen in der Unverfälschtheit seines Ursprungs. Eben deshalb zitiert Jesus kein religiöses Gesetz, sondern greift zurück auf die Szene des Schöpfungsmorgens" (II, S. 92). (Das ist — wie gesagt — eine falsche Alternative!)
„Die Liebe ist die einzige Macht, die uns ein Stück von jener Welt zeigt, wie Gott sie meinte, als er uns erschuf; und nur von diesem Grunderleben des Glücks der Liebe ordnen sich auch die Schwierigkeiten der Ehe" (II, S. 95), nicht von einer ehelichen Gesetzgebung her.
Mk 10,9 müsse sich in jedem Falle mit den Erfahrungen der Eheleute decken:
„Wenn sich zeigt, daß eine Ehe eben *nicht* von Gott, sondern aufgrund der ‚Dämonie' neurotischer Übertragungen ... zum Leid der Betroffenen zustande kam, so wird kein Außenstehender das Recht haben, mit Berufung auf das Wort Jesu den Willen Gottes gegen die Evidenz des menschlichen Unglücks zu reklamieren" (II, S. 94 Anm. 9).
De facto werde die Ehe heute weniger als institutionelle, sondern als personale Einheit verstanden, wie es Mk 10,3-8 gerade entspreche: „Nichts als die Liebe selbst hält eine Ehe heute noch zusammen; um so mehr muß es erlaubt sein, die Liebe *lernen* zu dürfen; und oft genug ist gerade eine zweite (oder dritte!) Ehe der einzige Weg, in *die* Welt zurückzukehren, von der Jesus meinte, daß sie ‚am Anfang' bestand, daß sie m.a.W. wesentlich von Gott her in uns liegt" (II, S. 95 Anm. 10).
Damit ist D. bereits bei den Konsequenzen eines solchen

Verständnisses für heute angelangt: Als Institution habe Jesus die Unauflöslichkeit der Ehe nicht zur Pflicht machen wollen (II, S. 99).

„Seine Antwort an die Pharisäer *bricht mit einem Prinzip.* Mann und Frau sind miteinander nicht verbunden aufgrund des Willens von Menschen, sie können auch nicht auseinandergebracht werden durch den Willen von Menschen; was Mann und Frau miteinander verbindet, ist die einzige Kraft, die wir spürbar von Gott her in uns tragen: die wunderbar befreiende und wunderbar versklavende Allmacht der Liebe. *Personen, nicht Institutionen, gründen die Ehe"* (II, S. 99).

Und „in unserem Herzen lebt die einzige Ordnung, die wirklich *ist,* die Ordnung der Gesetze hingegen ist ein Sinnentrug, eine Verwaltung des Chaos, ein Reglement am Abgrund. Gesetze braucht man, wenn die Liebe zu Ende ist; man braucht sie nicht, wo der Weg ins Paradies offensteht. Gerade das aber wollte Jesus, nicht mehr, nicht weniger: Er wollte den Weg der Liebe wieder freimachen, zurück in das verlorene Paradies; eine von Zwang, Angst, Erniedrigung und Schuldgefühlen befreite Menschheit wollte Jesus, und sein ,das soll ein Mensch nicht trennen' läßt sich nicht abspalten von dem alles verwandelnden Hinweis: ,im Anfang war das nicht so'. Nur die ,Herzenshärte' braucht Gesetze, und die Gesetze, die wir in der Herzenshärte brauchen, sind nicht die Worte, die Gott eigentlich uns sagen will und die wir einander zutrauen und zumuten dürfen in der Liebe!" (II, S. 101f).

Kritik: In historischem Sinne geht D. am Text vollständig vorbei. Um den von ihm hochgeschätzten Stauffer zu zitieren: „Niemand hat je so absolutistisch von der Ehe gesprochen wie Jesus in Mk 10,9, niemand so groß, so hoch"[176]. Es ist daher absurd, die Aussage zu vermeiden, Jesus habe ein absolutes Scheidungsverbot erlassen (vgl. auch den alles entscheidenden Text 1 Kor 7,10f, auf den D. [II, S. 100] nicht weiter eingeht und den er II, S. 88 Anm. 2 streift). Doch Theologie und Kirche stehen hier vor einem großen Problem, wenn feststeht, daß eine solche rigorose Haltung, in der ein Moment potentieller Lieblosigkeit steckt, heutzutage nicht mehr allgemein durchzuhalten ist. (Bereits Mt 5,32 mäßigt den Radikalismus Jesu durch die sog. Unzuchtsklausel.) Keine gute Lösung ist es, wie D. die eigene Auffassung Jesus zuschreibt, denn dessen Haltung zur Ehescheidung war eine andere.[177] (Vgl. weiter oben S. 193f)

---

[176] Stauffer, Botschaft Jesu, S. 76.

[177] Hingewiesen sei auf Emanuel Hirsch: Betrachtungen zu Wort und Geschichte Jesu, 1969, S. 137-146 („Die unverbrüchliche Heiligkeit der Ehe").

Mk 10,13-16: Jesus segnet die Kinder

A

Bultmann beobachtet eine Verschiedenheit der Pointen von V. 14 und 15: V. 15 sei ein ursprünglich freies Herrenwort, das in die Szene V. 13-16 eingesetzt wurde — nicht umgekehrt, denn V. 13-16 seien auch ohne V. 15 „ein geschlossenes Apophthegma, das seine Pointe in V. 14 hat" (S. 32). V. 13-14.16 „ist ... wohl eine ideale Szene, die ihren Grund in dem jüdischen Brauch der Segnung ... hat" (ebd.); vgl. noch 2 Kön 4,27. Die Wahrheit von V. 15 finde in der Szene eine symbolische Darstellung (ebd.). Als Urheber des Stücks nimmt Bultmann die palästinische Gemeinde an (S. 63). Der Anlaß zur Bildung des Apophthegmas kann durchaus eine Diskussion über die Zulässigkeit von Kindern zur Taufe gewesen sein.[178] Jesu allgemeines Verhalten zu Kindern mag als Erinnerung zugrunde gelegen haben.

D. erkennt klar die Schichtung des Abschnitts (10,13-14.16 gehöre einer vormarkinischen Tradition an, die auch 9,36-37 umfaßt habe) und äußert die Vermutung, daß Markus die vorliegende Perikope im Anschluß an einen vorhandenen Katechismus eingefügt habe, der Ehe (10,2-12), Reichtum (10,17-27) und Rangordnung (10,35-45) zum Thema gehabt habe (II, S. 105 Anm. 2).

Entscheidend sei in dem Abschnitt aber das ursprünglich isolierte, erst von Markus eingefügte Wort V. 15, das die „Kinder" nicht mehr soziologisch oder psychologisch, sondern symbolisch verstehe (II, S. 105 Anm. 2). Diesen Vers nimmt D. als Anknüpfungspunkt für seine tiefenpsychologische Auslegung:

B

Jedes Kind, das in diese Welt geboren wird, bringe das Vertrauen mit, „*unter allen Umständen* Beachtung und Aufnahme zu finden" (II, S. 107).

---

[178] Vgl. Andreas Lindemann: Die Kinder und die Gottesherrschaft. Markus 10,13-16 und die Stellung der Kinder in der späthellenistischen Gesellschaft und im Urchristentum, in: Wort und Dienst NF 17, 1983, S. 77-104; vgl. auch D., II, S. 105 Anm. 2.

„Dieses *Urvertrauen* ... muß es leben dürfen; alle Beschränkungen und Bedingungen kommen später; sie sind buchstäblich sekundär. Gerade im Sinne eines solchen kindlichen Urvertrauens möchte Jesus, daß wir unser ganzes Leben in bezug zu Gott betrachten lernen" (II, S. 108).

„Einzig in einer Haltung des Vertrauens gewinnt ein Kind genügend Halt, um seine eigene Freiheit zu wagen; der Hintergrund dieses Vertrauens aber ist es, den Jesus Gott nennt und den er als seinen und unseren Vater bezeichnet. Insofern ist es für Jesus ein und dasselbe, zu Gott hinzufinden und von Menschen unabhängig zu werden" (II, S. 111f).

Kritik: D.s eindrucksvolle Auslegung von V. 15 braucht einem wörtlichen Verständnis von V. 13f.16 nicht zu widersprechen: Jesu (trotz des Widerstandes der Jünger) herzliches Verhältnis zu Kindern kann noch heute Maßstäbe setzen und darf nicht auf die Rechtfertigung der Taufpraxis („Kinderevangelium") reduziert werden. Z.B. könnten unsere Gottesdienste den Kindern noch mehr geöffnet werden.

Mk 10,17-31: Die Frage des Reichen

A

D. setzt im allgemeinen (II, S. 115f Anm. 1) die Analyse Bultmanns (S. 20f) voraus. Dieser hatte V. 17a für redaktionell gehalten. (Anders D.: V. 17a habe schon vormarkinisch den Anschluß an V. 10 gebildet ["fragte", V. 17a, nehme dasselbe Verb aus V. 10 auf]). V. 17b-22 enthält nach Bultmann das eigentliche Apophthegma. Es sei

„korrekt gebaut und einheitlich konzipiert. Jesu Worte haben nur Sinn in bezug auf die Fragen. Mk hat es mit Anhängen versehen: V. 23-27, ein Logion (bzw. zwei) über den Reichtum mit folgender Jüngerdebatte, und V. 28-30, ein Logion über die Vergeltung im Gottesreich, durch eine Petrus-Frage veranlaßt; endlich V. 31, das Logion von den Ersten und Letzten. In V. 23-27 sind ... V. 23b und 24b Dubletten ... In Wahrheit drängt sich (sc. der mk) V. 24 zwischen die zusammengehörigen Verse 23 und 25; diese bilden offenbar ein altes Apophthegma, das Mk wohl schon mit V. 17-22 verbunden vorfand" (Bultmann, S. 20f).

D. referiert zustimmend die Analyse Bultmanns und betont, daß der redaktionelle Vers 24 das mk Jüngerunverständnismotiv enthalte. Über Bultmann hinausgehend wird erklärt, die Aufforderung „dann komm und folge mir" (V. 21

— vgl. 2,14) gehe auf Markus zurück und zeige die gegenwärtige Perspektive der Nachfolge. Erst „in der Redaktion des Markus wird aus der Erzählung von dem reichen Jüngling eine Berufungsgeschichte, die negativ endet und zum warnenden Vorbild für die Jünger selber wird" (II, S. 116 Anm. 1). Historisch habe V. 21 gelautet: „Geh hin, was du hast — verkauf es und gib es den Armen; dann komm und folge mir". Die Worte: „Eins fehlt dir" und: „Dann wirst du haben: einen Schatz im Himmel", weist D. (II, S. 116 Anm. 2) mit E. Stauffer[179] der Gemeindeparänese zu, da sich Verdienstgedanke und himmlische Lohnverheißung schlecht mit dem Jesuswort Mk 10,18 vertrügen.

Kritik: Das ist überzogen, denn, wie D. unmittelbar darauf bemerkt, erscheint das Lohnmotiv oft in der Verkündigung Jesu (s. Mk 10,28-30). Ferner besteht bei D. ein Widerspruch zwischen der redaktionellen und historischen Ableitung ein und desselben Verses (V. 21).

B

In seiner tiefenpsychologischen Auslegung orientiert sich D. an der von ihm für historisch gehaltenen „Mahnung und Warnung" V. 21, die er umschreibt als „sich vor dem Reichtum, vor jeder Art von Geldbesitz, zu hüten" (II, S. 116). Sie entspreche Mt 6,34 („Ihr könnt nicht Gott dienen und dem Mammon").

Mehrere Gründe bestimmten Jesus, die Alternative zwischen Gott und Geld aufzurichten: „das Motiv des Mitleids und das Motiv der Wahrhaftigkeit sowie, im Zentrum beider, die Aufhebung der Angst gegenüber der Ungesichertheit des menschlichen Daseins" (II, S. 117f). Das Geld beruhige nur scheinbar.

„Insofern kommt es wesentlich darauf an, das Armutsmotiv, das der Botschaft Jesu zentral ist, *religiös*, nicht (ausschließlich oder wesentlich) sozial zu begründen; es geht um den ewigen Gegensatz zwischen *Gott* und dem Gold, und entsprechend muß eine Auslegung dieser Stelle verständlich machen, wie dieser Gegensatz zustande kommt und worin er besteht" (II, S. 117 Anm. 3).

---

[179] Stauffer, Botschaft Jesu, S. 188 Anm. 36.

V. 17-18 seien von der Überzeugung geleitet, das Schönste an uns sei ein Geschenk aus den Händen Gottes (II, S. 122). In TuE II, S. 697-707 heißt es zu V. 17f: „Es geht ... um eine neue, absolute Entdeckung, die in Jesus lebt und Gestalt gewinnt: daß die Grunderfahrung unseres Lebens darin bestehen kann und darf, daß es Gott gibt: Gott ist. Und: Gott ist gut" (S. 702). Dort hatte D. auch die vorliegende Berufungsgeschichte so verstanden, daß sie in geraffter Form einen im gewöhnlichen Erleben langdauernden Prozeß innerer Reifung und tieferer Einsicht zeichne (TuE II, S. 698). Denn nur so lasse sich vermeiden, „daß die Berufung eines Menschen durch Gott zu einem völlig heterogenen Widerfahrnis bzw. zu einem absurd anmutenden, ja ganz und gar unmenschlichen oder psychopathischen Erlebnis gerät" (ebd.).[180]

Kritik: Die Auslegung betrifft nur einen sehr schmalen Textbereich, V. 21, der nur flüchtig und überdies widersprüchlich analysiert wurde. D.s völlige Abwertung der sozialen gegenüber der religiösen Implikation der Forderung Jesu, ja seine Entgegensetzung von religiös und sozial (TuE II, S. 699 Anm. 1) übersieht, daß die Gottesreichhoffnung Jesu *konkret* und daran orientiert war, daß die Armen dann nicht mehr hungern und die Weinenden dann lachen werden (vgl Lk 6,20f — Mt 5,6 ist bereits sekundäre, spiritualistische Interpretation). Die Botschaft von V. 21 ist irdisch-materieller als D. es wahrhaben will.

Mk 10,32-45: Dritte Leidensankündigung und Zebedaidenfrage

A

D. faßt hier zwei Perikopen, V. 32-34 (die dritte Leidensankündigung) und V. 35-45 (die Zebedaidenfrage) zusammen.

V. 32-34: V. 32 ist sprachlich redaktionell geprägt. D. stimmt J.Jeremias[181] zu, nach dem die Leidensweissagung V.

---

[180] Die Bekehrung des Paulus wird man, historisch gesehen, kaum anders denn als *auch* psychopathisches Geschehen beschreiben müssen. Vgl. meine oben S. 36 Anm. 56 angekündigte Monographie zur Auferstehung Jesu.

[181] Joachim Jeremias: Neutestamentliche Theologie. Erster Teil: Die Verkündigung Jesu, 1971, S. 267f.

33-34 in Angleichung an die tatsächlichen Ereignisse formuliert worden sei (S. 130 Anm. 1). Doch ist das kaum haltbar (s.o. S. 167f).

V. 35-45: Bultmann (S. 23) sieht V. 41-45 als mk Anhang an. „Denn während V. 35-40 vom Vorrang im kommenden Reich redet, handelt V. 41-45 vom Vorrang in der christlichen Gemeinde" (ebd.). Im Apophthegma V. 35-40 seien V. 38f als Vaticinium ex eventu sekundär. V. 35-37.40 bildeten eine einheitliche Komposition, seien aber wegen der „Selbstverständlichkeit, mit der hier Jesu Messianität vorausgesetzt wird" (ebd.), als Gemeindebildung anzusehen.

D. hält Mk 10,35-38 im Anschluß an R. Pesch für ein durch V. 39f erweitertes Bittgespräch.

„Das angefügte *Apophthegma* (VV 41-45) verleiht der Gesamterzählung *paradigmatischen Charakter*. Die Gemeinderegel (VV 42b-44), eine Fortbildung der Demutsregel 9,35, kontrastiert weltliche Herrschaft mit dem Dienst in der Jüngergemeinde ... Das *Menschensohn-Logion* (V 45) gehört zu den sekundären, vorgegebene Logien kommentierenden Sprüchen" (Pesch, Mk II, S. 154, zitiert bei D., II, S. 137 Anm. 18).

Weiter heißt es bei D.: „Der Abschnitt Mk 10,35-38 mit seinen zwei Erweiterungen (39-40.41-44) und dem abschließenden Satz 10,45 (sc. gehörte) bereits in der vormarkinischen Tradition einem ‚Katechismus' an ..., der zusammen mit 10,2-12 und 10,17-23.25 die Themen: Ehe (Keuschheit), Reichtum (Armut) und Macht (Demut) umfaßte" (II, S. 138 Anm. 22). Markus spreche dabei die Kirche selbst an (II, S. 138).

Im Anschluß an V. 45 sieht D. es unter Berufung auf J. Jeremias für historisch an, daß Jesus mit einem gewaltsamen Tod rechnen mußte, und verweist als Begründung ferner auf Mk 2,7 (Vorwurf der Gotteslästerung); Mk 2,23-3,7 (erste Verwarnung wegen Sabbatbruchs); Mk 3,1ff (Rettung durch Flucht). Nach Jeremias habe Jesus in Jes 53 den Schlüssel für die Notwendigkeit und den Sinn seiner Passion gefunden (II, S. 142 Anm. 27).[182]

Kritik: Der redaktionelle Charakter der angeführten Stelle erlaubt kaum eine solche Folgerung.

---

[182] Vgl. Joachim Jeremias: Abba. Studien zur neutestamentlichen Theologie und Zeitgeschichte, 1966, S. 211f.

B

Im Anschluß an die schon referierte einleitende Feststellung zur Angleichung der Leidensweissagung an den tatsächlichen Gang der Dinge führt D. aus:

„Psychologisch aber ist es absolut wahrscheinlich, daß Jesus in vollem Bewußtsein des Schicksals, das er provozierte, nach ‚Jerusalem' ‚hinaufzog'. Die tiefenpsychologische Exegese ‚leugnet' nicht die Geschichte, wie oft unterstellt wird, sie teilt lediglich nicht die Meinung, daß man die Sprache der Fakten und die Analyse der Traditionsgeschichte als den wesentlichen Teil des ‚Geschichtlichen' betrachten müsse; das scheinbar ‚nur' Nachträgliche, Deutende, Legendäre, Mythische ist zumeist, wenn man es psychologisch, statt historisch-kritisch reflektiert, die Offenbarung (sic!) der Bedeutung des Geschehenen und Geschehenden" (II, S. 130 Anm. 1).

Kritik: Damit ist der Willkür Tür und Tor geöffnet, so richtig die Feststellung ist, daß in nachträglichen Deutungen Ursprüngliches bzw. Eigentliches enthalten sein kann.[183] Aber es ginge jeweils darum, Kriterien für die Identifizierung solcher Elemente ausfindig zu machen. (Man vgl. das o. S. 31f Anm. 51 zur Überdeutung und u. S. 211 zu „Geschichte" Gesagte.)

Jedoch: D. versteht seine Ausführungen ja gar nicht historisch — aber dann doch wieder, wenn er schreibt:

„Indessen, nimmt er wirklich ‚freiwillig das Leiden auf sich', wie man in den Wandlungsworten der Kirche (seit der Liturgiereform) betont hervorhebt? Ja und nein. Jesus wollte nicht leiden; er wollte es am wenigsten ‚freiwillig'. Er wollte mit seiner Botschaft von Gott

---

[183] Ein Durchgang durch die gnostische Interpretation der Jesuslogien würde vermutlich zu erstaunlichen Resultaten führen (hingewiesen sei auf Gerhard Marcel Martin: Werdet Vorübergehende. Das Thomas-Evangelium zwischen Alter Kirche und New Age, 1988). Ich nenne nur ein Beispiel: Thomasevangelium 98: „Jesus sagte: Das Königreich des Vaters ist gleich einem Mann, der wollte einen Edlen töten. Er zog das Schwert in seinem Haus, er durchstach die Mauer, um herauszufinden, ob seine Hand stark (genug) wäre. Dann tötete er den Edlen." Man wird kaum entscheiden können, ob Jesus dieses Gleichnis gesprochen hat. Doch kommt in ihm die *Entschlossenheit* und *Klugheit* zum Ausdruck, mit der die Hauptpersonen in „echten" Gleichnissen Jesu handeln und dabei ggf. anstößige Taten vollbringen (vgl. Lk 16,1-13; Lk 18,1-8; Mt 13,44). Mit einer entsprechenden Entschlossenheit und einem leidenschaftlichen Engagement gilt es — so Jesus — angesichts des nahen Gottes zu handeln. Vgl. dazu das vorzügliche Buch von Tim Schramm/Kathrin Löwenstein: Unmoralische Helden. Anstößige Gleichnisse Jesu, 1986.

ganz im Gegenteil so viel an Glück und Freiheit vermitteln, als nur irgend möglich (Mk 2,19). Er versteckte sich oft genug vor den Anschlägen der Pharisäer und Herodianer (Mk 3,7); er hielt eine Welt für verrückt und besessen, in der die eigenen Familienangehörigen jemanden für ‚verrückt‘ und ‚besessen‘ erklären, sobald er die Strukturen seelischer Unfreiheit aufbricht und ein Stück Menschlichkeit in die Enge des Alltags trägt (Mk 3,20-30; vgl. 6,1-6). Aber eben deshalb weigerte sich Jesus beharrlich, die immanente Logik dieser Tyrannei der Angst zu übernehmen; noch weniger als das Leid wollte er die Feigheit falscher Kompromisse und ‚vernünftiger‘ ‚Anpassungen‘. Er wollte bleiben, wie er war und was er war — woher sonst hätte er das Recht gewinnen können, alle anderen geradewegs dazu aufzufordern, ihrem eigenen Wesen zu folgen" (II, S. 130f).

Kritik: Daß Jesus alle anderen aufgefordert hätte, ihrem eigenen Wesen zu folgen, ist doch noch erläuterungsbedürftig.

Im Rahmen der Auslegung von V. 42 bedient sich D. wie so oft eines Vergleiches der Verkündigung Jesu mit Aussagen chinesischer Weisheitslehrer. Der chinesische Weise Dschuang Dsi (4. Jahrhundert v.Chr.) habe das System der Herrschaft über Menschen kritisiert und darauf hingewiesen, wie sehr sich Moral zur Kaschierung von Macht in den Händen der Regierenden eigne (II, S. 144f).

D. schreibt:

„Nimmt man Dschuang Dsi beim Wort, so ist es nicht möglich, das ‚Herunterherrschen‘ der ‚Mächtigen‘ durch eine Verbesserung der moralischen Ordnungen zu überwinden; es gibt gegenüber der Macht weder eine politische noch eine ethische, nur eine religiöse Lösung: das *Tao*, nennt sie der chinesische Weise, das ‚Reich Gottes‘, nennt Jesus sie. Beide meinten im Grund dasselbe, bis auf den Unterschied, daß Jesus kein ‚Weiser‘ war, sondern — eher — ein ‚Prophet‘, und während Dschuang Dsi in der Versenkung des *Tao* seinen Frieden fand, nötigt die Haltung Jesu bereits an dieser Stelle zu der absoluten Wahl zwischen dem Reich Gottes und dem Reich der Menschen, zwischen Christus und Barabbas (Mk 15,11), zwischen der Macht der Liebe und der Macht der Gewalt" (II, S. 147).

Kritik: D. hat zwar die apokalyptische Perspektive der Predigt Jesu vom Reich Gottes völlig aufgegeben, kann hier aber trotzdem die präsentisch-eschatologische Dimension der Auferstehungshoffnung eindrucksvoll zur Geltung bringen; vgl. ebenso II, S. 131: Jesus „glaubte an den Sommer. *Nur deshalb akzeptierte er das Leid* ... Er setzte auf die Güte und die Allmacht Gottes. So hoffte er auf ‚Auferstehung‘".

Mk 10,46-52: Der blinde Bartimäus

A

Exegetisch hält D. die Intention des Markus daraus für ab-
lesbar,

> „daß Markus die Wundererzählung von der Heilung des Barti-
> mäus unmittelbar zwischen die Jüngerbelehrung über das Leiden
> und Dienen des Menschensohnes (Mk 10,33.45) und die nachfol-
> gende Geschichte vom Einzug in Jerusalem (11,1-11) gestellt hat, mit
> der die Passionsgeschichte beginnt. Offensichtlich will Markus mit
> der ‚Blindenheilung‘ dem Leser gewissermaßen die Augen öffnen für
> das Geheimnis des Menschensohnes, der hier ‚Sohn Davids‘ genannt
> wird (10,47) und wirklich wenig später als König des Friedens in die
> Heilige Stadt einzieht, doch nur, um bar aller äußeren Macht durch
> sein Leid als der wahre ‚König‘ aller Menschen von Gott her beglau-
> bigt zu werden" (II, S. 149f Anm. 5).

Die Geschichte habe schon in der vormarkinischen Passionsgeschichte Mk 10,32-34 (die dritte Leidensweissagung)
mit 11,1-11 (dem Einzug in Jerusalem) verbunden und also bereits dort eine entsprechende, von Markus lediglich unterstri-
chene theologische Deutung besessen (ebd.).

Bezüglich des Titels „Sohn Davids", der von Markus nur
an dieser Stelle verwendet wird, betont D. dessen vollkommene Umwertung in der Vorstellung von der Königswürde
Jesu: „Er ist nicht der ‚Herr‘ einer äußeren Macht, sondern
seine Macht gründet sich einzig auf ... Mitleid und ... Güte"
(II, S. 158 Anm. 19).

Kritik: Den Ausführungen zum Davidssohn wird man sich
anschließen können. Die Darlegungen zu Redaktion und Tradition sind freilich ergänzungsbedürftig, und zwar mit Konsequenzen für die tiefenpsychologische Exegese. Deswegen,
nicht aus Schulmeisterei, gehe ich darauf ein:

In Hinsicht auf die Redaktion fällt auf, daß am Schluß (V.
52) das Nachfolge- und das Weg-Motiv erscheinen. Beide
sind im Kontext Mk 8,27-10,52 wichtig. Kreuzesweg Jesu
nach Jerusalem und Weg der Jünger entsprechen einander.
Wie Christus so die Christen.

Ferner erinnert die Geschichte von der Blindenheilung an
8,22-26, wo der sehend gewordene Blinde ein Gegenbild zu
den „blinden" Jüngern (8,18) war. Vielleicht steht in 10,46-52
der Blinde für alle, die noch nicht die Identität Jesu sowie da-

mit zusammenhängend die Bedeutung von Nachfolge erkannt haben und daher sofort nach ihrem Glauben gefragt werden (vgl. V. 52a). Jedenfalls ist das Glaubensmotiv ein weiteres Mal Zentralbestandteil einer Wundergeschichte (zu V. 52 vgl. 5,34; 9,23f).

Zur Frage der Tradition sei darauf hingewiesen, daß der Perikope die meisten Merkmale einer Wundergeschichte fehlen bzw. daß diese zurücktreten (Bultmann, S. 228: „Es ist kaum möglich, eine ursprüngliche, stilgemäß erzählte Wundergeschichte als Grundlage zu erkennen."). Im auffallenden Unterschied etwa zu 8,23 heilt Jesus den Blinden durch sein Wort (V. 52a). Auch eine sonst für Wundergeschichten übliche Reaktion des Volkes wird nicht erzählt, obgleich es anwesend ist (V. 46.48f). V. 52 biegt die Tradition fast zur Personallegende um.

B

D. will die theologische Deutung *des Markus*, der die Blindenheilung als Symbol christlicher Einsicht interpetiere, und die psychologische *Be*deutung, welche *die Blindheit selbst* als Symbol bzw. Symptom besitze, auseinandergehalten wissen. „Die Kraft der Heilung besitzt niemals ein ‚Glauben, daß' ... (Jesus z.B. der Messias sei), sondern nur ein *Glaube* im Sinne von *Vertrauen*, der stark genug ist, die Angst aufzulösen, welche die Psychodynamik der Krankheit, hier speziell der Blindheit, erzwingt" (II, S. 150 Anm. 5). Die von Jesus berichteten Heilungswunder seien „vor allem solche Beispiele eines Glaubens an die Macht des Vertrauens" (II, S. 149). Die Heilungsgeschichten des Neuen Testaments enthielten „Momente einer verdichteten Krankheits-Anamnese, und ihre Darstellung des Heilungsvorganges beschreibt oft ineins sowohl die alten Zwänge und Widerstände der Krankheit als auch ihre Überwindung ... " (II, S. 152).

Hilferuf und Zurückweisung (V. 48) hätten zentral mit der Blindheit des Bartimäus selbst zu tun. Dabei sei es „nicht schwer, diesen Zusammenhang zu verstehen. Denn was wirft man dem Blinden eigentlich vor? Doch nur, daß er mit seinem Rufen aus der Reihe fällt und die öffentliche Ordnung durcheinanderbringt ... " (II, S. 153).

Die Blindheit sei „eine Form von Gehorsam. Im Grunde

akzeptiert man in der Erblindung endgültig die niederdrük-
kenden Rollenvorschriften der Umgebung; man nimmt die
Allmacht der anderen, die Totalität der eigenen Ohnmacht in
der Erblindung als endgültig hin" (II, S. 154f).

Als Bartimäus von der Ankunft Jesu höre, „rebelliert er gegen den mitleidigen Terror blinder Unmündigkeit" (II, S.
157). Die Kraft zu diesem Hilferuf entspreche dem „Vertrauen, von dem jede Psychotherapie auf seiten des Therapeuten lebt: daß ... in der Tiefe der Seele des Kranken eine
gewisse Ahnung der eigenen Wahrheit und eine gewisse Sehnsucht, sie zu verwirklichen, niemals ganz verloren gegangen
sein wird" (II, S. 158 Anm. 18). In dieser Wundererzählung
sei „die unmittelbare Einheit zwischen Gottvertrauen und
Selbstvertrauen, zwischen Religion und Psychotherapie mit
Händen zu greifen" (II, S. 161).

„Jesus selber tut beim Vorgang dieser Heilung scheinbar gar
nichts. Er ist sozusagen nur der Mittler auf dem Weg, der den blinden Bartimaios vor Gott zu sich selber zurückführt. Die einzige
Handlung Jesu besteht darin, den Blinden nach seinem Willen zu fragen ... Wie um gerade dies am Ende noch besonders zu unterstrei-
chen, fügt Jesus sogar eigens hinzu: ,*Dein* Glaube hat Dich geheilt.'
Selbst Jesus ist an dieser Stelle nur der Anlaß, nicht der Grund der
Heilung" (II, S. 161-163).

Kritik: Im Sinne der eigenen Voraussetzung hat D. die Geschichte psychologisch folgerichtig interpretiert.[184] Doch es
fragt sich, wie sich psychologische Bedeutung und theologische Deutung zueinander verhalten. In jedem Fall ist (bei
einer Interpretation des Textes, die ihn nicht nur[!] als Anlaß
nimmt, eigene Gedanke zu äußern, *sondern auch*[!] den Text
selbst erzählen lassen will) beim Glauben des Bartimäus
gleichfalls die christliche *Grund*lage vorauszusetzen, weil die
nachösterliche Gemeinde diese Geschichte geschaffen hat,
d.h. Jesus Christus ist immer schon Grund der Heilung, insofern er nämlich Grund des Glaubens ist. Wenigstens haben
dies — historisch beurteilt — die Erzähler dieser Geschichte
gemeint.

Die Formel „Dein Glaube hat dich gerettet" (V. 52) erscheint ebenso 5,34 und führt m.E. letztlich auf den histori-

---

[184] Daß Blindheit vor allem eine Art von Gehorsam sei, ist freilich
selbst als Bestandteil einer psychologischen Interpretation künstlich.

schen Jesus zurück. Selbst im historischen Sinne ist dann Jesus Grund der Heilung und des Glaubens, da dieser auf die Begegnung mit Jesus angewiesen ist. Dieser Glaube ist freilich (noch) nicht Glaube an den „Auferstandenen". Er ist aber auf Jesus bezogener Glaube und hat damit Anteil an Jesu Gottesverhältnis, wie es sich in seiner Predigt von der nahen und in seinem Wirken gegenwärtigen Basileia ausdrückt. Ein so verstandener Glaube erwartet alles von Gott (vgl. Mk 11,22f; Mt 17,20/Lk 17,6).[185] Er geht auf Jesus zurück. Die ihm Nachfolgenden glauben *wie er* (E. Fuchs), so daß die nachösterlich *an ihn* Glaubenden konsequent fortsetzen, was in Wort und Geschichte Jesu angelegt war.

Eine zeitgemäße Interpretation der Perikope könnte das unter A herausgearbeitete Nachfolgemotiv aufnehmen, damit zusammenhängend „Glauben heute" zu klären versuchen, der sich immer schon dem Wort Jesu verdankt (V. 52a), und den Anhaltspunkt des so verstandenen Glaubens in Geschichte und Botschaft des historischen Jesus aufweisen. (Man vgl. auch das o. S. 170 zu Mk 8,31 Ausgeführte.)

Mk 11,1-11: Jesu Einzug in Jerusalem

A

Die Perikope hat in der Exegese höchst gegensätzliche Interpretationen erfahren. Eine der einflußreichsten neueren Auffassungen geht auf Bultmann zurück. Nach ihm ist sie eine Messiaslegende, die vielleicht schon im palästinischen Christentum entstanden ist (S. 333). Die Beschaffung des Reittiers sei wie Mk 14,12-16 ein Märchenmotiv (S. 281; vgl. D., II, S. 169 Anm. 2).

„ ... die Voraussetzungen, die man machen müßte, um den Bericht als geschichtlich anzusehen — daß Jesus die Erfüllung von Sach

---

[185] Ebenso im AT, vgl. Jes 7,9; 28,16. Im AT „ist der Glaube das, worin der Existenz ihr Gegründetsein widerfährt ... Glaube im alttestamentlichen Sinne heißt nicht: etwas über Gott denken, sondern etwas von Gott erwarten" (Gerhard Ebeling: Jesus und Glaube, in: Zeitschrift für Theologie und Kirche 55, 1958, S. 64-110 (= Wort und Glaube, 1960, S. 203-254, hier S. 216 und S. 218).

9,9 inszenieren wollte, und daß die Menge den Esel sogleich als messianisches Reittier erkannte -, sind absurd. Es kann sich nur fragen, ob der Einzug als solcher geschichtlich, aber von der Legende zu einem messianischen gemacht, oder ob er ganz aus der Weissagung erschlossen ist" (Bultmann, S. 281). „Und der Bericht von Jesu Eintreffen in Jerusalem mit einer Schar von Festpilgern voll Jubel und Erwartung (des nunmehr kommenden Gottesreichs) könnte die geschichtliche Tatsache sein, die dann unter dem Einfluß von Sach 9,9 zur Messiaslegende wurde" (ebd.).

In dieser historisch-kritischen Tradition steht auch D., doch weist er die vielfach vertretene These zurück, Jesus habe mit seinem Gang nach Jerusalem eine endgültige Entscheidung zugunsten seiner Auffassung von der kommmenden Gottesherrschaft erzwingen wollen (II, S. 172f). Diese Auffassung sei das Gegenteil von dem, was Markus wirklich erzähle, und mache den Fehler, anhand der biblischen Erzählung — gegen ihre Zielsetzung — das historische Geschehen rekonstruieren zu wollen (II, S. 174).

Das *ganze* Markusevangelium kreise konsequent um den zutiefst *religiösen* Konflikt Jesu mit den Schriftgelehrten und Hohenpriestern bezüglich der *Freiheit* des Menschen (II, S. 168 Anm. 1). Markus gehe davon aus, daß alle „die Bedeutung der Szene ohne Kommentar, gewissermaßen wie von selbst verstehen" (II, S. 169). Jesus habe anscheinend daran gelegen, „die Hoffnungen der Menge auf einen neuen König David zu korrigieren" (II, S. 170f). Dabei spiele der Esel die größte Rolle (II, S. 171). Jesus beantworte die Erwartungen der Menge eindeutig religiös (II, S. 172). Überhaupt gehe es hier nicht um den politischen Gegensatz von Gottesreich und Weltherrschaft, sondern darum, daß an Gott glauben heiße, „die eigene Königswürde und Freiheit wiederzuentdecken und darin den Anspruch aller Macht von Menschen über Menschen zu relativieren" (II, S. 175). Der Messias sei hier religiös und nicht politisch, von Gott her und nicht von irdischer Macht her zu verstehen: Er „kommt einzig in der Kraft, die Gott selber ist: in der Macht der Liebe" (II, S. 177). Damit ist schon zur tiefenpsychologischen Interpretation der Perikope übergeleitet.

B

In religiöser und psychologischer Absicht müsse es darum gehen, statt die „wahre" Geschichte hinter den „Geschichten" der Evangelien rekonstruieren zu wollen, in Analogie zur Mytheninterpretation des Strukturalismus die einzelnen Darstellungen des Markusevangeliums in sich selbst als geschlossene Gestaltungen *desselben* Themas zu verstehen. Strukturell vergleichbar und wahrscheinlich auch historisch sei der Konflikt von Barmherzigkeit gegen Gesetzlichkeit, Freiheit gegen Außenlenkung, Gottesherrschaft gegen Machterhaltung usw. (II, S. 174 Anm. 15).

Einwurf: Wie verhalten sich Geschichte und Symbol bei D. zueinander? Er äußert sich dazu an anderer Stelle wie folgt:

„Insofern gilt es, den fest eingewurzelten, aber unfruchtbaren und falschen Gegensatz zwischen ‚Mythos' (Symbol) und ‚Geschichte' (Faktum) aufzugeben und zu begreifen, daß die Geschichte lediglich die Themen vorgibt, an denen die Wahrheit des Religiösen sich bricht und darstellt; nicht die Geschichte als Sammlung von Tatsachen, sondern der Inhalt, der in ihr zum Ausdruck kommt, ist Grund und Gegenstand religiöser Erkenntnis. Die Aufmerksamkeit einer religiösen Interpretation geschichtlicher Texte gilt diesem überzeitlich Gültigen, bleibend Menschlichen, nicht der historisch zufälligen Einzelheit" (II, S. 181 Anm. 28).

Dagegen: Aber selbst in diesem Fall ist ein bestimmtes Geschichtliches vorausgesetzt und es würde der Mythos bzw. das Symbol im luftleeren Raume schweben, wenn es nicht vorauszusetzen wäre. Da auch Symbole nur im Zusammenhang des Geschichtlichen erscheinen und historische Ausgangs- und Anknüpfungspunkte haben, ist es geboten, auch die dementsprechende *historische* Rückfrage zu stellen. Es ist doch paradox, daß D. einseitig gegen die historische Rekonstruktion polemisiert, sich aber dann auf einen Gewährsmann wie E. Stauffer (II, S. 175 Anm. 16) stützt, der eine historisierende Exegese vertritt.[186] Der Gerechtigkeit halber aber muß gesagt werden, daß D. sich an anderer Stelle (II, S. 172 Anm. 11) von Stauffer ausdrücklich absetzt — um allerdings gleich darauf aus seinem eigenen Jesusbild (Jesus als „religiöses Genie") wieder historisierende Rückschlüsse abzuleiten (daß nämlich Jesus am Ende nicht „aufgrund eines bloßen Mißverständnisses ums Leben gekommen" sein könne [ebd.]). Ich würde darauf antworten: Die Wirklichkeit ist womöglich radikaler, als D. wahrhaben will.

---

186 Ethelbert Stauffer: Die Botschaft Jesu damals und heute, 1959, S. 95-118.

In dem Auslegen der Gewänder durch die Menschen (V. 8) werde symbolisch und innerlich etwas ausgedrückt, was im AT im Sturz der Ahab-Dynastie durch Jehu (2Kön 9,12- 10,11) sein äußerliches Vorbild habe (II, S. 179). Es gehe dabei um „die Wiederherstellung der Gottesordnung im Zentrum der Religion" (V. 11: „Tempel" [II, S. 180]) angesichts eines Volkes, das an Gott glauben möchte und angesichts seiner „geistigen Führer, die es durch ihre Äußerlichkeit und Machtbesessenheit systematisch in die Irre führen" (II, S. 179). Aber Jesus komme zu spät, er werde die Machenschaften der Herrschenden nicht zerschmettern (II, S. 180). Doch sei er — auch historisch wahrscheinlich — nicht aus politischen Gründen und/oder weil man ihn mißverstand, liquidiert worden, sondern aus religiösen Gründen, und zwar weil man ihn nur zu gut verstanden habe (II, S. 181).

Kritik: Also verläßt sich D. hier notwendigerweise doch auf eine rekonstruierte Geschichte.

In der Erzählung gehe es aber vor allem „um die bleibende, sich stets von neuem stellende Frage, wie wir den ‚Einzug' Gottes in unser Leben verstehen" (II, S. 181). Jesus interessierte nach seinem Einzug vor allem der Ort des Heiligtums, der Tempel (V. 11), das Zentrum Gottes. „Tempel" und „Stadt" seien auch Symbole der Seele (II, S. 183). Die Frage richte sich an alle, wie sie den König der Herrlichkeit in ihr Herz einließen. Der Reiter und sein Tier beschrieben „symbolisch einen Seelenzustand, in dem das bewußte Ich sich mit den Kräften seines Es in Übereinstimmung befindet ... (Es) bleibt ... die Kernfrage, wie wir den ‚römischen' Besatzungszustand ... und ‚schriftgelehrte' Entfremdung in unserem Inneren zu überwinden gedenken" (II, S.184). Fast immer würden wir zunächst unsere Erlösung begeistert bejubeln, um ihr sehr bald in Angst vor uns selber und in Anlehnung an das Bewährte untreu zu werden (ebd.). Jesu Einzug in Jerusalem sei „Sinnbild einer *Wahl*, die allem, was wir menschliche Geschichte nennen, zu Heil und Unheil maßgeblich zugrunde liegt" (II, S. 187).

Kritik: D.s Deutung beruht auf der historischen Hypothese des Gegensatzes zwischen Jesus und den Führern Israels (vgl. nur II, S. 167 Anm. 1); man vgl auch noch die untergründige Diskussion um die historischen Schwierigkeiten dabei (II, S. 172 Anm. 11). In D.s Auslegung der Perikope wird immer wieder deutlich, daß auch er selbst — trotz seiner bekannten Polemik gegen Überlegungen zur Historie — letztlich um ein historisches Verständnis neutestamentlicher Texte nicht herumkommt. Damit sei nicht geleugnet, daß die Texte nicht auch andere, z.b. symbolische Deutungen zuließen. Ob in diesem Fall die Deutung der Perikope auf den Einzug Gottes in unser Leben angesichts des eindeutig anderen Verständnisses des Markus und des wohl historischen Hintergrunds der Szene (s.o. A) homiletisch vertretbar ist, sei einmal dahingestellt.

Mk 11,12-26: Verfluchung des Feigenbaums. Tempelreinigung. Gebet und Glaube

A

Der Text setzt sich aus verschiedenen Einheiten zusammen: der Verfluchung des Feigenbaums (V. 12-14), der Tempelreinigung (V. 15-19) und der Einheit „Gebet und Glaube" (V. 20-25). Bezüglich der Komposition bemerkt Bultmann (S. 232f), die Verfluchung und ihr Erfolg (V. 20) seien ursprünglich zusammen berichtet und durch V. 15-19 von Markus selbst redaktionell getrennt worden. „Jetzt läuft die Geschichte in ein Apophthegma aus (V. 21-26), was sicher sekundär ist" (S. 233). Vielleicht sollen damit die Leser des Markusevangeliums auf ihren eigenen Gottesdienst als Gebet angesprochen werden. Gleichzeitig wird dadurch erläutert, wozu Glaube in der Lage ist. (Hinsichtlich der Passion Jesu hat der Abschnitt ja keine Bedeutung.)

V. 15-19: V. 17 dürfte nach Bultmann „eine nachträgliche Deutung — wenn man will ein ‚Predigtspruch' — der altüberlieferten Szene V. 15f. sein" (S. 36). (Zur Vorstellung, daß Jesus im Tempel „lehrte", vgl. 12,14.35.38; 14,49.)

Mit derartigen kompositionellen Fragen beschäftigt D. sich nicht bzw. nur am Rande (vgl. jedoch II, S. 192 Anm. 4), wohl aber mit a) dem Inhalt der Tempelreinigung, b) der Verfluchung des Feigenbaums als Symbolhandlung, c) zum wiederholten Male mit der historischen Frage des Gegensatzes zwischen Jesus und seinen Gegnern und d) dem Gebet.

Im folgenden werden wir unter B auch die historisch-kritischen Ergebnisse D.s mit berücksichtigen.

B

Zu a) schreibt D.: Daß die Tempelreinigung direkt gegen die Hohenpriester gerichtet sei, lasse sich mit den Mitteln der historischen Kritik zeigen (II, S. 196 Anm. 10)[187].

D. schreibt:

„Wie reinigt man den ‚Tempel Gottes' von den ‚Wechslern' und den ‚Händlern'? Es ist das einzige Mal im ganzen Neuen Testament, daß Jesus vor lauter Zorn handgreiflich wird — eine unglaubliche Szene, die niemand ersinnen oder vermuten würde, stünde sie nicht ausdrücklich in allen vier Evangelien aufgezeichnet" (II, S. 204).

„Zu ändern ist de facto nichts mehr — das muß auch Jesus ganz deutlich gewußt haben. Aber eben deshalb greift er offenbar in seinem Handeln auf diese Aussagen des Sacharja zurück ... Das einzige, was jetzt noch möglich ist, besteht darin, den vorgegebenen Weg in herausfordernder Klarheit bis zum äußersten zu gehen, und das tut Jesus in aller Entschlossenheit" (II, S. 205f).

D. beruft sich für die zitierten Sätze wiederum auf Ergebnisse der historischen Kritik (vgl. II, S. 205f Anm. 22-25): Man vgl. auch folgende Bemerkung:

„In historischem Sinne müssen wir annehmen, daß diese Form der Naherwartung (die soeben geschildert wurde [G.L.]) auf einen tragischen Irrtum hinauslief. Die Wende, die Jesus vor Augen sah, kam zwar, es gelang ihm wirklich, die Hohenpriester und Schriftgelehrten zur Entscheidung zu zwingen, aber diese Entscheidung machte nur ganz entschieden deutlich, wie unfruchtbar und unlebendig, wie lebenverhindernd und tödlich die ganze Art der offiziellen Religion des Gesetzes und der Synagoge war, wie unfähig zu jeder Güte, Barmherzigkeit und Menschlichkeit; und nur wer das Ende des Lebens Jesu selber als Ende der ganzen bisherigen Welt(ordnung) erkennt, versteht den Wendepunkt, den die Tage vor Ostern endgültig für alle Welt bedeuten. Insofern hängt alles davon ab, nicht bei einer historischen Betrachtung der Szene stehenzubleiben, sondern all die gezeigten Konflikte als etwas Wesentliches zu begreifen, das in der Geschichte Israels an der Person Jesu lediglich in einzigartiger Weise sichtbar wird" (II, S. 194 Anm. 7).

Zwischenkritik: Gegen ein solches Verfahren ist solange nichts einzuwenden, als es nicht mit der unhaltbaren Behauptung gekoppelt wird, daß „jede historische Betrachtung des Religiösen ... auf Grund der Äußerlichkeit ihrer Fragestellung notwendig in Ideologie und Gewalt" endet (II, S. 195).

---

[187] D. verweist auf Joachim Jeremias: Neutestamentliche Theologie. Erster Teil: Die Verkündigung Jesu, 1971, S. 144f.

Demgegenüber ist zu sagen, daß eine radikal historische Betrachtung durchaus zu einer Toleranz unter den Religionen führen kann (vgl. Lessing), zu einer Wertschätzung, auch wenn sich daraus nicht zwingend ein persönliches Verhältnis zu dieser Religion ergibt. Historische Theologie führt zur Erkenntnis, daß Glaube immer wieder spontan entsteht. Ihm gegenüber hat sie eine ideologiekritische Funktion, begründet ihn letztlich aber nicht (kann ihn aber auch nicht widerlegen).

Zu b): Die Gleichnishandlung sage aus, Gott habe Israel wie einen erlesenen Feigenbaum gepflanzt (II, S. 192). Dagegen: Der Feigenbaum ist anders als der Weinberg eben kaum eine übliche Metapher für Israel.[188]

Zu c): D. zitiert umfassend Voten aus der Sekundärliteratur zum Gegensatz zwischen Jesus und den Schriftgelehrten und Pharisäern (II, S. 189f Anm. 1; S. 207f Anm. 30) und versteht

> „den geschichtlichen Konflikt als *wesentlich* ... : Es ist der ewige Gegensatz zwischen der Macht und Profitgier, die auch und besonders sich der Religion bedient, um nach Vorschrift und Gesetz das ‚Volk‘ zu reglementieren und auszubeuten ... Entsprechend ist die Szene auszulegen: als eine radikale Infragestellung nicht allein der Hohen Priester (und der Sadduzäer) zur Zeit Jesu, sondern der Priesterreligion aller Zeit" (II, S. 190f Anm. 1).

Kritik: Es ist allgemein bei der Arbeitsweise D.s zu beachten, daß er die historisch gemeinten antijüdischen Aussagen christlicher Exegeten festhält und umfänglich zitiert, sie aber dadurch abschwächt, daß er sie vor allem auf die Religionstypen aller Zeiten bezieht, die durch diese historischen Figuren repräsentiert seien. Als ob damit dem — unberechtigten — Antijudaismus die Spitze abgebrochen worden wäre.

Zu d) Mk 11,20-25: Der Teufelskreis geheimer Ängste und Selbstzweifel in unserem Leben verschwände nicht durch Nachdenken und Arbeiten, sondern durch ein ruhiges und zuversichtliches Vertrauen in uns selbst und das Gefühl, von Gott her angenommen zu sein (II, S. 210f). Solche Veränderungen der Perspektive des Lebens und neue Zentrierungen

---

[188] „Die allenfalls vergleichbaren Stellen (Mich 7,1ff, nicht aber Hos 6,6 9,10 Jer 8,13 u.a.) sind Bildworte, die nicht ein Gericht über Israel ankündigen" (Lührmann, Mk, S. 191).

unseres Daseins geschähen in der Sphäre des Gebetes, von dem Jesus hier spricht (II, S. 211). In jedem Gebet gehe es um die Wahl, „ob wir Gott nur dazu brauchen, uns die Dinge der Welt zu Füßen zu legen, oder ob wir im Vertrauen auf Gott die Dinge der Welt soweit zu relativieren vermögen, daß wir aus der Einheit mit Gott nie mehr herausfallen" (II, S. 212f). In dieser Gebetserfahrung werde auch die „Priesterherrschaft" durchbrochen, indem man es wage, sich unmittelbar zu Gott zu verhalten, und der moralisierende Anspruch der Schriftgelehrten relativiert (II, S. 213). Der Mensch könne nicht aus eigenem Willen und Verstand gut sein (ebd.), aber derjenige habe nichts mehr zu fürchten, der das Vertrauen und die prinzipielle Vergebung Gottes ergriffen habe (II, S. 213f).

Kritik: Dem ist unter Verweis auf S. 209 („glauben wie Jesus") voll zuzustimmen.

Mk 11,27-33: Die Vollmachtsfrage

A

D. äußert sich a) zur Struktur der Perikope, b) zum Verhältnis Jesu zu Johannes dem Täufer und c) zum Gegensatz Jesu zu den Pharisäern.

a) In V. 27ff setze sich die vormarkinische Passionsgeschichte fort, die durch den Einschub V. 24 und 25 unterbrochen worden sei (II, S. 223 Anm. 19). „Die Vollmacht" (V. 28) beziehe sich inhaltlich auf das Recht zur Tempelreinigung.

Doch ist an D. die Frage zu richten: Was heißt hier „inhaltlich"? Etwa „wesentlich-archetypisch"? Zunächst ist festzustellen, daß V. 27 ganz von Markus stammt. Für ihn ist die Vollmacht Jesu von Beginn an Streitpunkt zwischen Jesus und den jüdischen Führern (vgl. 1,22). Und in V. 27 läßt er das Gremium auftreten, das Jesus zum Tode verurteilen wird (8,31; 14,63) und das Todesurteil bei Pilatus durchsetzt (15,1ff). Diese Verbindungen zum übrigen Text des Evangeliums legen nahe, daß die Vollmachtsfrage im Sinne des Markus gar nicht an die Tempelreinigung zu binden ist. Auch unsere Beobachtungen zur Kompositionsarbeit des Markus im vorangegangenen Abschnitt (s.o. unter A zu 11,12-26) zei-

gen, daß Markus viel mehr an der Verbindung der Tempelrei-
nigungsszene mit V. 12-14 und V. 20-26 als mit der Vollmachtsfrage gelegen ist. Der Bezug der Vollmacht auf das
Recht zur Tempelreinigung ist also sehr fraglich, umso mehr,
als auch formgeschichtlich „die Tempelreinigung nicht als
Anlaß einer rabbinischen Debatte, um die es sich hier handelt, geeignet erscheint" (Bultmann, S. 18). Bultmann hält
mit guten Gründen V. 28-30 für

> „ein echt palästinesisches Apophthegma ..., von dem nur frag-
> lich sein kann, ob es ein geschichtlicher Bericht ist oder eine Bildung
> der Urgemeinde, die den Gegnern ihre Waffen aus der Hand winden
> will; beruft man sich ihr gegenüber so oft auf den Täufer, so ergreift
> sie hier die Gelegenheit, um zu behaupten: Wenn ihr die *exousia* (=
> Vollmacht, G.L.) des Täufers anerkennt, so müßt ihr auch die *exou-
> sia* Jesu zugeben" (S. 19).

Die Frage nach der Vollmacht ist also im Sinne des *Markus*
die Frage nach der Legitimität Jesu. Dabei ist die Möglichkeit
nicht auszuschließen, daß in einer *früheren* literarischen
Stufe Tempelreinigung und Vollmachtsfrage verbunden waren (so anscheinend Wellhausen, Mk, S. 92).

b) Im Anschluß an E. Stauffer[189] stellt D. zwischen Jesus
und dem Täufer eine „todernste Spannung" und „Kontrastel-
lung" fest: Jesus habe die Täufertaufe aufgegeben (II, S. 228
Anm. 28).

> „Ja, es scheint, als sei die Abkehr vom Täufer identisch mit den
> Thorakonflikten, die Jesu Strafverfolgung und schließlich seine Hin-
> richtung begründen. Dabei war der *Täufer* selbst schon inakzeptabel
> für die Jerusalemer Kreise. Es ist das Prophetische an sich, das sich
> ihnen gegenüber immer von neuem verdächtig, und das heißt be-
> reits: *schuldig* macht" (ebd.).

Das gibt zu einer Rückfrage Anlaß: Wenn zwischen Jesus
und Johannes dem Täufer eine „enorme Spannung" vorliegt,
wie kann Jesus sich dann auf ihn berufen (vgl. V. 30)? Ferner-
hin: Es ist gänzlich unwahrscheinlich, daß Jesu Thorakon-
flikte mit der Abkehr von der Johannestaufe identisch sind,
denn nirgends ist davon in den gesetzeskritischen Worten und
Szenen Jesu die Rede. Mit anderen Worten: D. greift im Anschluß an Stauffer zu Spekulationen, nur um Jesu Strafverfol-
gung in Jerusalem plausibel zu machen.

---

[189] Ethelbert Stauffer: Jesus. Gestalt und Geschichte, 1957, S. 64.

c) D. zitiert (II, S. 224f Anm. 20) lang und breit ein Votum von J. Blinzler[190] zum Gegensatz zwischen Jesus und den Pharisäern, ohne auch nur *eine* Einzelheit der Ausführungen in Frage zu stellen. Der Hintergrund des Zitates ist die gegenwärtige Kirchenkritik D.s: „Es ist erschreckend, bestürzend und skandalös zu sehen, daß auch heute noch, 2000 Jahre nach den Ereignissen in Jerusalem, in der Kirche Christi(!) sich nichts, aber auch gar nichts an den Praktiken der Synagoge damals geändert hat" (II, S. 225 Anm. 20). Ganz ohne Zweifel impliziert dies eine (zudem falsche) historische Annahme: D. bemerkt nicht, daß die Pharisäer keine „kirchenleitenden" Funktionen hatten, sondern primär eine Laienbewegung waren (s.o. S. 161). Außerdem ist das Zitat ein weiterer Beleg dafür, wie die antijüdische Tradition neutestamentlicher Wissenschaft wieder einmal zur eigenen Kirchenkritik herhalten muß. Warum wird das nun wirklich falsche Bild der Pharisäer in ihrem Verhältnis zu Jesus immer und immer wieder von D. herangezogen? Warum läßt sich D. nicht endlich einmal auf die notwendigen historischen Fragen ein?

B

Die neuere Physik habe festgestellt, daß in jedem Experiment der Gegenstand durch den Fragenden so beeinflußt wird, daß dieser auch in der Antwort selbst enthalten sei (II, S. 215f). Es gebe keine nur objektiven Erkenntnisse, erst recht nicht, wenn man nach der Wahrheit einer anderen Person frage. Da sei so viel zu erfahren, wie wir uns selbst in die Frage hineinlegten. Bei der Frage nach Gott müsse man sogar die gesamte eigene Existenz aufs Spiel setzen (II, S. 216). Die absolute Infragestellung der menschlichen Existenz und die absolute Frage nach Gott seien eine Erlebniseinheit. Gleiches gelte für Gottes Frage an uns (Gen 3,9) (II, S. 217). Theologenkreise aber unterschieden deutlich zwischen Theologie und Religion, zwischen Reflexion und Erfahrung (II, S. 219), zwischen Ergründen und Begründen und, zwischen Erkunden und Verkünden (II, S. 220).

---

[190] Josef Blinzler: Der Prozeß Jesu, ⁴1969.

„Wäre all dies nur die private Tragikomödie eines speziellen Berufsstandes, der die Herausforderung wirklich religiöser Erfahrungen vermeidet, indem er die Erfahrungen anderer in Verfahren der
,Forschung' und der ,Lehre' verwandelt, dann könnte man getrost
denken, eine solche Kaste christlicher Brahmanen und Mandarine
werde an der selbstverordneten Lebensauszehrung schon von allein
zugrundegehen. Aber dieser Stand von Untoten vermag es immer
wieder zu allen Zeiten und zu allen Zonen, sich mit der Schläue von
Fledermäusen und Vampiren am Leben zu erhalten: des Nachts, in
den Spukgestalten uralter Schuldgefühle, beginnen sie ihr blutsauge-
risches Werk" (II, S. 221).

Den fragenden Schriftgelehrten gehe es nach V. 32 nicht um
Gott, sondern um den Erhalt von Macht und Einfluß (II, S.
222). Die Frage an Jesus in unserer Perikope sei eine Falle (II,
S. 223) und solle dazu führen, daß dieser Prophet aus Nazareth sich selbst das Urteil spreche (II, S. 225). Die Praktik solcher Fragen sei bis heute in der Kirche erhalten (II, S. 225
Anm. 20). An dieser Stelle gehe es „einfach um die prinzipielle Gegnerschaft und Unvereinbarkeit zwischen einer be-
amteten, dienstaufsichtlichen Frage nach einem theologischen Sachverhalt und einer wirklich religiösen Frage nach
Gott" (II, S. 226). Auch wenn Jesus die radikale Ablehnung
und Kritik Johannes des Täufers an der Jerusalemer Füh-
rungsschicht nicht geteilt und das Heil von einer Haltung
vorbehaltlosen Vertrauens und vorurteilsfreien Verstehens erwartet habe, so sei doch sein Standpunkt nur auf dem Hintergrund der Gerichtsdrohungen und Strafankündigungen des
Täufers wirklich zu verstehen (II, S. 228). Jesus wolle und
könne seinen ausweichenden gegnerischen Berufstheologen
keine Antwort geben, weil ihre „Frage einzig auf den Erhalt
von Macht, Gesetz und Ordnung" ziele (II, S. 230).

Eine ungeheure Spannung ergebe sich daraus, daß Jesus
sich einerseits bei den einfachen Leuten wohlfühle und sich
zu ihnen gesandt wisse (II, S. 230f), andererseits sie durch
seine Aktion im Tempel provoziere und Mißverstehen und
Enttäuschung ermögliche. Auch das unmittelbare Interesse
des Volkes, ihre sozialen Fragen (z.B. Existenzsicherung)
habe Jesus über den Haufen geworfen (II, S. 231). Selbst bei
diesen Handlangern des rituellen Opferbetriebes habe er
keine Kompromisse zwischen Gott und dem Mammon ge-
duldet. Er sei von Gott zum Volk gekommen, habe Gott aber
nicht im Volk gesehen (II, S. 231f).

Kritik: D. hat diese Perikope bruchlos auf die Gegenwart übertragen und nur die Schriftgelehrten durch die heutigen Kirchenführer und Theologen ersetzt. Die Beschäftigung mit der Exegese hat nicht zur notwendigen Distanz geführt (vgl. dazu o. S. 96). D. trägt eben das, was er meint, in den Text hinein. Die Auslegung ist daher kaum eine Verlängerung des damaligen Sinnes in eine veränderte Gegenwart.

Mk 12,1-12: Die bösen Winzer

A

Formgeschichtlich hält D. die Urfassung der Perikope (= V. 1-8) für eine Allegorie (II, S. 234 Anm. 1). Seinerzeit hatte Bultmann, in unüberbietbarer Knappheit und Präzision den kritischen Konsens wie folgt zusammengefaßt:

„Mk 12,1-9 Parr.: die bösen Winzer. Ohne Einführungsformel in reiner Erzählungsform. Freilich liegt nicht eine Parabel, sondern eine Allegorie vor; denn nur als solche ist der dargestellte Vorgang sinnvoll. Auch inhaltlich erweist sich das Stück als Gemeindebildung. Am Schluß hat der Verf. sich an einen typischen Parabelschluß gehalten, indem er mit einer Frage endet, durch die die Antwort des Hörers herausgefordert wird. In diesem Fall wird die Antwort durch den Erzähler selbst gegeben. Mk hat in V. 10f. noch ein polemisches Zitat angehängt" (S. 191).

Demgegenüber hält D. das ursprüngliche Stück eher für jesuanisch (II, S. 234 Anm. 1). Zwar wirke Mk 12,6-8 wie eine Rückwärtsprojektion der Ereignisse der Hinrichtung Jesu. Doch habe sich Jesus in Vergleich mit den Propheten unleugbar selbst als Sohn gegenüber Knechten gefühlt und seine Ermordung durch die Machthaber in Jerusalem wegen Mk 14,21-24 mit Sicherheit vorausgesehen (ebd.). Zudem sei die *ursprüngliche* Gleichnisform (im Gegensatz zur Allegorie von Mk 12,1ff) im Thomasevangelium 65[191] enthalten (Jesus habe in Parabeln und nicht in Allegorien gesprochen) (II, S. 235 Anm. 1).

„In solchen Worten könnte Jesus selber die Führer des Volkes auf ihre hinterhältige Tötungsabsicht hingewiesen und sie in eine Reihe mit den Prophetenmördern vergangener Zeiten gestellt haben (vgl. Mt 23,29-36). Es handelte sich dann um die einzige Stelle, in der Jesus direkt Motive des zeitgenössischen Zelotentums aufgreifen würde — und wie fern gerückt ist er ihm! Der Aufstand der Pachtbauern gegen den Großgrundbesitzer als ein Bild für den Aufstand der Hohenpriester gegen Gott! Deutlicher kann nicht werden, wie wenig Jesus politisch, wie zentral er indessen *religiös* gedacht hat" (ebd.).

Kritik: Es ist zu beachten, daß das Logion 66 des Thomasevangeliums („Jesus sagte: zeigt mir den Stein, den die Bauleute verworfen haben: er ist der Eckstein") Mk 12,10f entspricht. Eine genetische Beziehung zwischen dem Thomasevangeliums 65-66 und Mk 12,1-11 ist daher wahrscheinlich, wobei die Priorität wohl bei Markus liegt.[192] Damit entfiele die Voraussetzung für D.s Exegese.

B

Im Unterschied zu dem Weinberglied aus Jes 5,1ff, an das hier erinnert werde und das auf die ertraglose Erde (= den Weinberg Israels) abziele, gehe es hier um die Bauern, d.h. die Hohenpriester und Pharisäer, die den erwirtschafteten Ertrag nicht ablieferten (II, S. 234 Anm. 1). Jesus erzähle die Geschichte mit Bezug auf sich selbst, als Anklage und Trost zugleich (II, S. 235). Die Geschichte, auf der Subjektstufe interpretiert, frage nicht nach der Ankunft der Gottesherrschaft als eines historischen Datums, sondern nach dem erfahrbaren Ereignis, das sich innerlich mitvollziehen lasse (II, S. 237 Anm. 7). Die Seele eines jeden Menschen sei unter Gottes Augen wirklich wie ein Weinberg, in dem alles vollendet und schön angelegt ist. Gott müsse diesen Weinberg unserer Seele immer wieder anderen Menschen anvertrauen. Wir

---

[191] „Er sagte: Ein ehrbarer Mann hatte einen Weinberg; er gab ihn Winzern, damit sie in ihm arbeiteten (und) er die Früchte von ihnen bekäme. Er schickte seinen Diener, damit die Winzer ihm die Frucht des Weinbergs gäben. Diese ergriffen seinen Diener, schlugen ihn, (und) sie hätten ihn beinahe erschlagen. Der Diener ging davon (und) sagte es seinem Herrn. Sein Herr sagte: Vielleicht hat er sie nicht erkannt. Er schickte einen anderen Diener; die Winzer schlugen auch diesen. Nun schickte der Herr seinen Sohn. Er sagte: Vielleicht werden sie Respekt haben vor meinem Sohn. Diese Winzer, als sie erfuhren, daß er der Erbe des Weinberges wäre, packten ihn und töteten ihn. Wer Ohren hat, der höre."
[192] Vgl. Michael Fieger: Das Thomasevangelium. Einleitung, Kommentar und Systematik, 1991, S. 188-196.

sollten uns aber nie als Herren und Eigentümer des uns An-
vertrauten begreifen (II, S. 238), sondern eben nur als Päch-
ter, was auch Jesus mit dem Gleichnis anmahne. Die Motivation, sich als Herrscher und Eigentümer aufzuspielen, sei zumeist komplizierter (II, S. 239) und werde gewöhnlich mit
dem Begriff „Verantwortung" kaschiert. Bezogen auf die
Wahrheit des Lebens, von der Jesus spreche, ergebe sich aus
einer solchen Einstellung ein Prinzip aller möglichen Verfäl-
schungen, wenn im Namen der Verantwortung und Zuständigkeit auf das Leben anderer übergegriffen werde; denn da
schwinge man sich auf, im Leben des anderen „über Gut und
Böse, Richtig und Falsch, Erlaubt und Verboten zu befinden
... , und ehe wir überhaupt sehen können, von welcher Art
die Früchte im Weinberg der Seele des anderen sind, beginnt
schon das Ausreißen und das Zurückschneiden, das Reglementieren und das Spaliere-Setzen" (II, S. 240). Am Jüngsten
Tag, so D. zu V. 9, werde die entscheidende Frage nicht dahin
gehen, was wir richtig oder falsch gemacht hätten, „so als sei
die Hauptaufgabe unseres Lebens, über jeden möglichen
Fehler, ... über jeden riskanten Entwicklungsschritt voller
Sorge zu wachen. Die entscheidende Frage wird sein, wieviel
an ‚Frucht' wir zu bringen vermochten" (II, S. 244).

Im Anschluß an V. 10 heißt es: Es sei offenbar möglich, ja,
von einem bestimmten Punkt an sogar notwendig, daß man
durchaus wissen könne, was wahr ist, und dennoch gerade
deshalb alles daran setze, den Träger dieser Wahrheit umzu-
bringen (II, S. 244f). Jesus zwinge „seine Gegner zu einer äußersten Offenbarung ihrer latenten Menschenfeindlichkeit"
und nötige „sie zu ihrem letzten Aufgebot an taktischen Fi-
nessen" (II, S. 245).

„Ein ungeheuerlicheres Zeugnis über das Wesen gerade der maß-
geblichen Theologenkreise im Konterfei zu der Gestalt Jesu ist gar
nicht vorstellbar als das Bild, das *Markus* hier entwirft: eine Gruppe
von Menschen, die ständig Gott und das ‚Gesetz' im Munde führen
und die doch einzig und allein den Tod verkörpern und verhängen,
indem sie alle Fragen menschlicher Entscheidung und Wahrheit in
Fragen des politischen Kalküls und der Strategie der Macht verwandeln" (II, S. 245).

Kritik: Die Interpretation des Textes auf der Subjektstufe
entspricht der subjektalen Interpretation von Träumen.
Doch ist der Text kein Traum(bericht). M.E befindet sich eine
solche Deutung an dieser Stelle geradewegs im Gegensatz

zum Text (s.o. unter A) — ganz abgesehen davon, daß Jesus wohl nicht der Sprecher des Gleichnisses war. Andererseits benötigt die subjektale Interpretation des Textes Jesus überhaupt nicht als Sprecher (ihn, zusammen mit dem damit verbundenen latenten Antijudaismus, benötigt D. nur zugunsten seiner eigenen Kirchenkritik).

Mk 12,13-17: Die Zinsgroschenfrage

A

Nach M. Dibelius[193] ist die Perikope ein Paradigma reinen Typs mit der Aussage: Jede innerweltliche Pflicht ist relativiert durch die Nähe des Gottesreiches. Jesu Spruch sei aber keine grundsätzliche Äußerung zum Verhältnis Kirche und Staat[194]. Bultmann führt zur Perikope aus:

„Kaum ist Jesu Wort V. 17 einmal isoliert überliefert gewesen. Vielmehr liegt ein einheitlich konzipiertes und ausgezeichnet geformtes Apophthegma vor, bei dem man nur in V. 13 mit der redaktionellen Arbeit des Mk zu rechnen hat. An Gemeindebildung zu denken, liegt m.E. kein Grund vor" (S. 25).[195]

D. schließt sich dem an und weist zusätzlich darauf hin, daß V. 17 nach Thomasevangelium 100[196] auch ohne den Kontext eines Schulgesprächs überliefert werden konnte und daß die Aussendung der Boten von V. 13 an 12,2.4.6 anknüpft (II, S. 247 Anm. 2).

Bei der Auslegung der Perikope will D. die sonst übliche Frage nach dem Verhältnis der Christen zum Staat in den Hintergrund treten lassen, „um stattdessen vornehmlich die Art Jesu, zu denken und zu handeln, so intensiv wie möglich vor Augen zu stellen" (II, S. 248).

---

[193] Martin Dibelius: Die Formgeschichte des Evangeliums, ⁶1971, S. 40.

[194] Dibelius, Formgeschichte, S. 95

[195] In seinem Jesusbuch gibt Bultmann die Absicht des Textes unter gleichzeitigem Verweis auf Mt 6,10 wie folgt wieder: „man soll die Frage nach Gott nicht mit politischen Wünschen vermischen" (Rudolf Bultmann: Jesus, 1967 [= 1926], S. 33).

[196] „Sie zeigten Jesus ein Goldstück und sagten zu ihm: Die Leute des Kaisers verlangen von uns Steuern. Er sagte zu ihnen: Gebt dem Kaiser, was des Kaisers ist; gebt Gott, was Gottes ist. Und was mein ist, gebt es mir."

Jesus sehe sich zwei sehr unterschiedlichen Fronten gegenüber: Die römerfreundlichen Herodianer sähen in ihm ein politisches Risiko, die Pharisäer einen Ketzer (II, S. 249). Die von ihnen gestellte Steuerfrage selbst sei uralt, aber in der damaligen Situation besonders brisant und gegenüber Jesus eine Falle (II, S. 250f). Jesus breche „mit der Kraft seiner ganzen Persönlichkeit den gesamten Denkstil seiner Gegner auf", die nur auf der Ebene von Verwaltung, Machterhaltung und politischem Opportunismus nach Gott fragten, und zeige innere Freiheit und Unabhängigkeit (II, S. 253).

„Natürlich hätte er auch irgendeine Bibelstelle ausgraben können; z.B. den Propheten *Jeremias*, der ihm so nahesteht: Jer 27,5-8 ... Doch offenbar weiß Jesus, daß man im abstrakten Raum der Theologie alles beweisen kann" (II, S. 253f).

Er könne prinzipiell Gott nicht in theoretischen Deduktionen und Abstraktionen finden, sondern in den kleinen konkreten Dingen der Gegenwart (S. 256). „Ja, gewiß, auch er wird ihnen eine ‚Deduktion' liefern, aber nicht eine nach philosophischen Prinzipien oder nach rabbinischer Gelehrtenweise; er wird die ganze Problematik, herausgefordert durch eine tödliche Fangfrage, sogar mit einer gehörigen Portion Ironie und mit glänzendem Humor angehen" (II, S. 257).

Entscheidend sei, daß die Gegner Jesu selber gerade die Münzen bei sich tragen, aus denen sie sich angeblich ein so großes Gewissen machen (II, S. 258). Der bis dahin ironische Jesus drücke mit seiner überraschenden und ernsten Pointe aus: „die politischen und wirtschaftlichen Angelegenheiten mögen den Kaiser betreffen, und sie haben darin ihre Notwendigkeit, aber auch ihre Grenzen. Wohl: Geld gehört dem Kaiser, aber auch nur das Geld . . . . der Mensch selbst gehört Gott" (II, S. 259). Jesus sage damit seinen Gegnern: „wenn ihr *Gott* sucht — ihr seid sein Eigentum" (II, S. 260).

In einer weiteren Auslegung wendet sich D. nochmals der Perikope zu: „Noch einmal Mk 12,13-17: Ist es erlaubt, dem Kaiser Steuern zu zahlen oder: Von der Freiheit eines Christenmenschen" (II, S. 261-270).

Jesus interessierten nicht die Fragen der Institutionen und der Apparate, sondern die Frage nach der Wahrheit des Menschen vor Gott (II, S. 261). Das Politische werde durch den absoluten Anspruch Gottes wesentlich relativiert. „Es geht um die Erlösung des Menschen nicht mit den Mitteln der Politik, es geht um die Erlösung von der Vergötzung des Politischen: der Herrschaft des Geldes, dem Terror der Macht und dem Zynismus des ‚Machbaren‘" (II, S. 262 Anm. 3). Der Begriff der Rückerstattung habe hier eine kritische, revolutionäre Bedeutung: „Wer vom Kaiser nichts empfangen hat, der ist ihm nichts schuldig" (II, S. 262 Anm. 4). „Gott allein ist König in Israel; ein Kaiser, der sich selbst für Gott erklärt, ist ein Gegengott, ein Götze" (II, S. 263f). Im Angesicht der Macht könne man entweder zum Schwert greifen (II, S. 264) oder aber versuchen, sie buchstäblich zu überleben. Jesus widerspreche keinem dieser beiden Standpunkte, aber er teile sie auch nicht, weil er Politik als Mittel oder Bedingung der Religion prinzipiell ablehne (II, S. 265). Die Frage sei, ob wir als Menschen dem Kaiser oder Gott gehören. Ein „wesentliches Problem liegt darin, in welchem Umfang wir an Autoritäten glauben, die es uns nur begrenzt oder gar nicht erlauben, menschlich zu denken oder zu handeln" (II, S. 266), denn staatliche Gebilde hätten die Neigung, aus Angst um den eigenen Bestand Menschen aus Gründen z.B. des ‚Gemeinwohls‘ in Mittel zu verwandeln (II, S. 266 Anm. 13).

Die „Entwürdigung gegenüber der Macht und ihren Repräsentanten scheint heute die eigentliche Form zu sein, ‚Steuern‘ zu zahlen, Steuern nicht in Form von Geld, aber in Form von Seelenpreisgabe, von Prostitution. Das ist es offenbar, was Jesus sagen wollte: in unserem Herzen sollte einzig Gott die Macht besitzen; vor Menschen aber, egal, was sie für ein Gewand anhaben, ob ein graues oder grünes oder schwarzes, als Soldaten, Polizisten oder Priester, lohnt es nicht, sich zu fürchten" (II, S. 267f).

Wenn aber das Geld nur Geld sei, dann relativiere sich alles (II, S. 268). Jesus sage: Was einem ‚Kaiser‘ gehöre, sei so banal, simpel und relativ, daß es unser Leben nicht zu bestimmen brauche (II, S. 269f). Aber Gott sei unsere Größe, Schönheit, Würde und Freiheit (II, S. 270).

Als Kritik an D.s völliger Fremdheit gegenüber Institutionen sei an dieser Stelle F. Naumann zitiert: „Die Religion ist ... ein wertvoller und unentbehrlicher Zusatz zum Gesamtleben, aber für sich allein nicht das Leben selbst."[197] „Wer helfen will, muß Rationalist werden, weil Hilfe eine rationelle Tätigkeit ist."[198]

---

[197] Friedrich Naumann: Werke. Erster Band, 1964, S. 882.
[198] Naumann, Werke I, S. 701.

Mk 12,18-27: Die Sadduzäerfrage

A

Nach Bultmann geht dieses Streitgespräch auf die Gemeinde zurück, ja es sei
„besonders instruktiv, um die Arbeitsweise der Gemeinde zu erkennen. Jedenfalls ist V. 26f. eine Anfügung; aber freilich nicht die eines ursprünglich isolierten Wortes wie etwa Mk 10,11f., sondern ein Argument, das nur innerhalb einer Debatte Platz hat. Existierte diese Debatte aber nicht als literarisches Traditionsstück, so existierte sie um so sicherer in den theologischen Erörterungen innerhalb der Gemeinde, m.a.W. in V. 26f. ist ein Argument aus dem theologischen Material der Gemeinde angefügt ... Daß die Sadduzäer hier als Gegner auftreten, beruht auf ihrer traditionellen Rolle als Auferstehungsleugner ... (Es) ist nicht wahrscheinlich, daß die Sadduzäer gerade den Auferstehungsglauben der Gemeinde als Angriffspunkt gewählt haben sollten" (S. 25).

D. meldet mit J. Jeremias[199] Zweifel an dieser Anschauung an, obwohl er eigentlich keine exegetische Entscheidung trifft. Er schreibt: „In gewissem Sinne ist es verlockend, zumindest die Worte von Mk 12,26.27 als echte Jesusworte zu betrachten — so also hat er gedacht! Und *das* waren die Gedanken, die ihn auch den Tod nicht scheuen ließen!" (II, S. 282 Anm. 18).[200]

Muß das auch unsicher bleiben, so ist die redaktionelle Absicht der Perikope klar. Sie soll die Denkbarkeit der Auferstehung der Toten und damit auch der Auferstehung Jesu erweisen und hat im übrigen nichts zu tun mit der Frage nach der Rechtmäßigkeit der Verurteilung Jesu durch das Synhedrium. Da im unmittelbaren Kontext ein Schriftgelehrter Jesu Antwort für zutreffend hält (V. 28), ist deutlich, daß in der Frage der Auferstehung kein Dissens mit den Hauptgegnern Jesu liegt.

---

[199] Joachim Jeremias: Neutestamentliche Theologie. Erster Teil: Die Verkündigung Jesu, 1971, S. 180.

[200] Pesch, Mk II ist noch optimistischer und hält das Gespräch nach sachlichen Indizien für authentisch: „Der Text ist ein hochbedeutsames Dokument der Gotteserfahrung und Gottesgewißheit Jesu, seines Auferstehungsglaubens; er darf als Zeugnis einer wichtigen Voraussetzung der Entstehung des Glaubens an Jesu Auferstehung nicht unterschätzt werden" (S. 235).

B

Das Alte Testament kenne als einzige große Religion der Menschheit den Glauben an die Auferstehung — wohl in Abwehr der ägyptischen Religion — eigentlich nicht (II, S. 271). Hinter der Sadduzäerfrage nach der Auferstehung stehe die Überlegung:

„Wer an ein ewiges Leben glaubt, liefert ein weiteres Indiz dafür, daß er möglicherweise politisch gefährlich ist — ihm gelten die Rücksichtnahmen der politischen Vernunft nicht als die *ultima ratio* aller Überlegungen, er macht Verdacht, das Zeug zum Martyrium in sich zu haben" (II, S. 273 Anm. 3 unten).

Die Sadduzäer hätten aber gerade keine Märtyrer schaffen wollen (II, S. 273 Anm. 3). Der Vorteil der sadduzäischen Haltung habe ohne Zweifel in der politischen Friedfertigkeit und dem soliden Pragmatismus ihrer Einstellung gelegen. Gerade ihm aber werde Jesus buchstäblich „geopfert" werden (II, S. 274 Anm. 3). Die wahre Verheißung der Religion sei, „daß Gott, der uns schuf, uns von Ewigkeit her wollte und in Ewigkeit möchte, daß wir sind" (II, S. 275). Es sei dabei falsch, nur den äußeren Sinnen zu trauen (II, S. 276). Schon um die unterste Stufe der Wirklichkeit zu begreifen, müsse unser Geist z.B. im Falle der Physik und Mathematik das Feld unseres Vorstellungsvermögens bei weitem übersteigen (II, S. 277f). Wir Menschen trügen wesensnotwendig die Sehnsucht nach Unendlichkeit in uns; wir verzehrten uns aus Durst nach Unsterblichkeit. Eine Seele, die sich in den Kategorien des Endlichen zur Ruhe setze, sei schon sehr stranguliert. Daß wir Menschen an Gott denken können, zeige, daß es ihn gibt (sic!). Und weil wir uns nach Unendlichkeit sehnten, zeige dies, daß wir aus dem Unendlichen kommen, und in das Unendliche gehen. Der Glaube an die Auferstehung störe die äußere Ordnung bürokratischer Selbstzufriedenheit (II, S. 279), denn Menschen könnten dann nicht mehr wie Besitzstücke behandelt werden, auch nicht der Ehepartner bzw. die Ehepartnerin — dies alles womöglich gerechtfertigt noch unter dem Vorzeichen der Liebe, gefordert sogar unter dem Stichwort der Ehe (II, S. 281).

„Man kann die Würde, die Größe, die unendliche Kraft der Freiheit eines jeden Menschen an unserer Seite nicht mehr verleugnen und nicht mehr schänden, wenn es die Ewigkeit gibt" (II, S. 281). Denn im Schatten der Ewigkeit gehöre uns letztlich nichts mehr selber, sondern alle miteinander gehörten einzig Gott. „Nur scheinbar leben wir als Körperwesen wirklich. Die körperliche Existenz ist nur die erste Form, Geist zu ermöglichen; sie ist der Anfang der Ewigkeit, der Beginn der Unendlichkeit" (II, S. 282).

Kritik: Eine recht aktualistische Interpretation, die nur einen losen Bezug zum Text hat. Daß alle christliche Rede von Auferstehung christologisch begründet ist, findet man an dieser Stelle bei D. nicht.

Mk 12,28-34: Das höchste Gebot

A

Bultmann hält die Form des Streitgesprächs für „eine organische und einheitliche Komposition" (S. 21). Nur V. 28a und V. 34b müßten als redaktionelle Arbeit abgetrennt werden: Für V. 34 hätten das schon die Verfasser des ersten und des dritten Evangeliums bemerkt, denn sie bringen den Satz anderswo unter. „Die synoptische Vergleichung zeigt, daß Mt wie Lk sich den fragenden *grammateus* (= Schriftgelehrten; G. L.) nicht mehr als gutwillig vorstellen konnten. Sie behaupten, er habe *ekpeirazon auton* (= ihn versuchend; G. L.) gefragt und lassen den anerkennenden Schluß fort" (ebd.).

Bezüglich der Tradition meint D. mit Pesch (Mk II, 236), daß dieses Schulgespräch einmal selbständig überliefert gewesen sei (II, S. 284 Anm. 2). Dafür sprächen auch die Q-Parallelen Mt 22,34-40/Lk 10,25-28. Doch schreibt er es an anderer Stelle wegen des LXX-Zitates (Mk 12,33) anders als Pesch, der einen Teil auf den historischen Jesus zurückführt, einem hellenistischen Judenchristentum zu, auch wenn er es sogleich wieder mit Jesus verbindet. Er schreibt:

„Die ‚Theologie' dieser Gruppen ... zeigt sich am deutlichsten in Mk 12,33, wenn der ‚Schriftgelehrte', also der Repräsentant des orthodoxen Judentums schlechthin, in singulärer Weise selber sagt, das ‚Gebot' der Gottes- und Nächstenliebe sei weit mehr als alle Opfer — das bedeute das Ende aller Kultforderungen ... Darüber hinaus aber geht es zugleich um das Ende der pharisäischen Gesetzlichkeit. Das Gottesreich ist ‚nahe' — es ist jetzt schon da, wenn Menschen die Liebe leben statt des ‚Opfer- und Leistungsdenkens'! Wohlgemerkt: das ist die *Deutung* der Botschaft Jesu durch die ‚Gemeinde', aber auch in historischem Sinne wird man denken dürfen: So war (ist) Jesus wirklich!" (II, S. 290 Anm. 12).

Das Jesuanische sieht D. offenbar darin, daß es nicht um das wichtigste Gebot im Gesetz geht, sondern um das, worauf es im Leben am meisten ankommt. Im Anschluß an E. Stauffer[201] meint D.:

„Die beiden Dialogpartner sprechen von ganz verschiedenen Problemen. Der Thorajurist stellt die systematische Frage nach dem obersten Gebot, das den ganzen Inhalt der Thora in sich befaßt, so daß alle anderen Thoravorschriften daraus deduziert werden können. Jesus spricht von der kritischen Frage, wie der Mensch im Konfliktfall sich zu entscheiden habe, und stellt zwei Gebote heraus, die in solchem Falle den Vorrang haben vor jedem anderen Gesetz ... Die Liebe zu Gott und dem Nächsten befreit von jedem anderen Gebot oder Verbot, das ihr entgegensteht, von jedem" (II, S. 285f Anm. 3).

Daraus folgt für D.: „Nicht Heteronomie, sondern Autonomie, und zwar nicht formalistisch, sondern als innere Evidenz des Erlebens, ist das, was Jesus als ‚Gebot' vorschwebt" (II, S. 286 Anm. 3).

Kritik: Die Ausführungen nehmen die konkrete Textform zu wenig ernst, und sie kranken an der unterlassenen bzw. immer wieder durchlöcherten Scheidung von Redaktion, Tradition und Fakten. Jesu Antwort paßt in die Zeit des Markus und seiner Gemeinde, wäre aber im Leben Jesu unverständlich. Die Pointe ist die *Verbindung* der beiden Gebote, während für den historischen Jesus das Gebot der Feindesliebe vorauszusetzen ist (Mt 5,39-48/Lk 6,27-36). Ferner: Wenn auf der Stufe der Tradition ein Schriftgelehrter günstig gezeichnet wurde — woran ja nicht gezweifelt werden kann — ist Analoges auch für die Situation im Leben Jesu denkbar. (Freilich spricht D. [II, S. 285 Anm. 2 Mitte] aber auch selbst von „der ursprünglich günstigen Kennzeichnung des Schriftgelehrten"!)

B

Jesu Voraussetzung sei, daß nie ein Konflikt zwischen den Geboten der Gottes- und Nächstenliebe eintreten könne, wohl aber zwischen diesem Doppelgebot und Thoravorschriften (II, S. 286 Anm. 3). Mit Verweis auf Ps 148,1-10

---

[201] Ethelbert Stauffer: Die Botschaft Jesu damals und heute, 1959, S. 44.

führt D. aus, die Schöpfung könne uns lehren, was Gottesliebe heiße (II, S. 286f). Denn Schneekristalle und Tiere zum Beispiel lebten gänzlich in Übereinstimmung mit ihrem Schöpfer, indem sie allen Widerständen zum Trotz lebten, was ihrem Wesen entspreche (II, S. 286f). Man könne vielleicht formal alle Gebote einhalten, sei aber trotzdem nicht bei Gott, sondern außengelenkt, abhängig und auf dem Weg der Selbstzerstörung (II, S. 288). Auf diesem Wege könne man nicht Gott mit ganzem Herzen, ganzer Seele und ganzem Denken lieben. Vielmehr müßten wir wie die Schwalben dem, was in uns liegt, gegen jeden Widerstand folgen (II, S. 289). So dienten wir Gott ganz (ebd.), und zu diesem Zweck seien wir gemacht, daß wir herausfinden, welcher Reichtum in uns liegt (II, S. 290). „Alles, was wir je von Gott verstehen werden, ist in den Gesetzen unserer Entwicklung und Reifung eingeschrieben, die kein anderes Maß und kein anderes Ziel kennen als ihn selber, den Unendlichen ... Je tiefer wir unser eigenes Wesen spüren, desto mehr werden wir merken, daß es keine Grenzen gibt" (II, S. 291). „Insofern ist es ein und dasselbe, uns selber zu entdecken und Gott zu finden, Gott zu lieben und uns selber treu zu sein; und so schließt sich auf immer ein Ring der Erfahrung zwischen der Kleinheit unserer Existenz und der unermeßlichen Größe Gottes" (II, S. 292). Menschen zu zeigen, wie sie von Gott her ihre Würde wiederfinden können, das bedeute es, Gott zu lieben mit ganzem Herzen und die Nächsten wie sich selbst. In unserem Kulturraum müßten wir dabei lernen, daß Nächstenliebe nicht heiße, füreinander zu handeln oder zu denken, sondern füreinander dazusein (II, S. 293). In dem „Machen für" setzten wir den anderen nicht in seine Freiheit, sondern beschnitten ihn (II, S. 294).

Kritik: Das ist eine eindrucksvolle homiletische Vergegenwärtigung der Botschaft Jesu, auch wenn man zögern wird, dem, was in uns liegt, gegen jeden Widerstand zu folgen. Erfahrungen mit dem Bösen — wortwörtlich — sprechen dagegen.[202]

---

[202] Vgl. dazu Wilhelm Bitter (Hrsg.): Gut und Böse in der Psychotherapie. Ein Tagungsbericht, 1959 (mit Beiträgen von F. Seifert, C.G. Jung, W. Bitter).

Mk 12,35-37a: Die Davidssohnfrage

A

D. hat sich ausgiebig mit der exegetischen Diskussion beschäftigt: „Im Heiligtum lehrend" habe Markus als Leitmotiv für Mk 11-12 hier und später Mk 14,49 selbst eingefügt (II, S. 297 Anm. 2). Die Perikope, die nach Bultmann (S. 144) formgeschichtlich zu den Gesetzesworten gehöre, sei eine Gemeindebildung. Darauf weise zum einen die Rede vom Geist V. 36 und zum anderen das alte Argument Bultmanns (S. 145), die Annahme, Jesus habe erwartet, er werde dereinst zum ‚Menschensohn' *werden*, sei zu phantastisch (II, S. 297 Anm. 1). Der Titel „Davidssohn" bezeichne lediglich die irdische Wirksamkeit Jesu im Sinne einer vorläufigen Hoheitsstufe und sei somit in Gegensatz zur messianischen Macht des Erhöhten gerückt (Zweistufenchristologie) (II, S. 296 Anm. 1).[203]

B

In dieser Geschichte liege ein Niederschlag christologischer Reflexion vor, und zwar durch das betonte Interesse an Hoheitstiteln (II, S. 295 Anm. 1). Bei der Auslegung komme es nicht darauf an, die Vorstellung der Urgemeinde von dem erhöhten Menschensohn und dem Messias, Davids Sohn, historisch korrekt weiterzurezitieren, sondern diese Vorstellungen „vom Leben Jesu her zu kommentieren und existentiell verbindlich auszulegen" (II, S. 296 Anm. 1). Von diesem Leben meint D., daß es in seinem Kontrast zwischen äußerer Ohnmacht und göttlicher Größe, in dem Glauben an die Nähe des Gottesreiches in jedem Akt der Liebe gar nicht den „spätjüdischen" Messiasvorstellungen entsprochen habe (II, S. 296f Anm. 1). Die Heiligtumsreden von Mk 12 (das Leitmotiv sei von Markus redaktionell eingesetzt; II, S. 297 Anm. 2) seien die letzte Zusammenfassung der Kernpunkte der Botschaft Jesu (II, S. 297).
Mk 12,35-38 wolle noch einmal zeigen, was sich aus dem Gebot der Gottes- und Nächstenliebe unmittelbar ergebe (II,

---

[203] D. verweist auf Ferdinand Hahn: Christologische Hoheitstitel, ³1974, S. 259-262.

S. 298). „„Du sollst den Nächsten lieben wie dich selbst‘ —
das ist mit dem Dünkel und dem Parasitentum der ‚Schriftgelehrten‘, dieser Gottestheoretiker und Parteiideologen, unmöglich zu vereinbaren" (ebd.). Bzgl. des Begriffs „Davidssohn" unterscheide sich Jesus von der Messiastheologie der
Schriftgelehrten, wenn er darauf hinweise, auf David „im heiligen Geist" (V. 36) zu hören (zugleich Indiz für Gemeindebildung: II, S. 298 Anm. 2). Die pharisäischen Schriftgelehrten verstünden unter einem Messias als Sohn Davids den
Gründer eines Reichs von Gerechten und Heiligen in der
Stadt Jerusalem (II, S. 300).

Jesus aber habe nicht diese selbstzufriedene Grenzziehung
zwischen Gerechten und Sündern, Frommen und Gottlosen
geteilt. Außerdem sehe er die Menschen nicht moralisch und
als ihres Glückes Schmied (II, S. 301). — "Träfe diese Ansicht
zu, so hätte es in der Tat mit der Bußpredigt *Johannes des Täufers* sein Bewenden haben können" (II, S. 301). Vielmehr lebten wir einzig vom Erbarmen Gottes; es sei nicht möglich,
sich vor Gott als ‚richtig‘ und ‚im Recht‘ zu fühlen. Jesus
habe seinen Auftrag nicht als moralisches Richteramt verstanden (II, S. 302) und sich den kommenden Messias nicht als
Säuberer, sondern als Versöhner vorgestellt.

Auch die Art der Herrschaft, die Gott durch seinen Ge-
sandten auf der Erde begründen möchte, habe er anders gesehen als die Pharisäer (II, S. 303): Von den militärischen Drohungen über die Gegner Israels für die Tage der Endzeit sei
„klar ... , daß Jesus sie — allenfalls! — symbolisch verstanden hat", die pharisäischen Schriftgelehrten dagegen realpoli-
tisch (II, S. 305). „Gesetzt, die Kreise der Pharisäer hätten
recht, so bedürfte das Reich Gottes notwendig irdischer
Machtmittel" und „die Politik bildete einen Teil der Religion"
(ebd.). Man müsse betonen, daß die Pharisäer das Alte Testament in diesem Zusammenhang mit gutem Grund aufgriffen;
es enthalte in der Tat unzählig viele Stellen, die diesen ihren
Glauben, diese Hoffnung stützten (ebd.). Weil demgegenüber Jesus nicht an ein Reich Gottes der Macht und der Rache
zu glauben vermochte, sei er selbst in den Tod getrieben worden (und nicht erst die ersten Christen). „Nicht das Scheitern
seines Messiasanspruchs, sondern die Konsequenz seiner
Messiasvorstellung machte ihn zum wirklichen ‚Aufrührer‘.
Er teilte nicht den religiös-politischen Indifferentismus der

Sadduzäer, er teilte aber auch nicht die ideologische Gewalt-samkeit der Pharisäer" (II, S. 306). Er habe die religiösen Hoffnungen des Gottesvolkes in „symbolischer Verinnerli-chung" statt in „fundamentalistischer Äußerlichkeit" ver-standen (II, S. 307) und alle irdischen Mächte relativiert ange-sichts der Macht der Liebe (II, S. 307f). Der Gesandte Gottes sei nicht als „Davidssohn" zu verstehen, da David selber den Messias „seinen Herrn" nenne. Damit sei es nicht möglich, das Heil Gottes in der Kontinuität irdischer Machtentfaltung zu sehen (II, S. 309). Im absoluten Sinne könne der Messias nicht als Davids Sohn verstanden werden, sondern „nur als ein ‚Kind Gottes', als Sohn aus ‚Licht' und ‚Geist'" (II, S. 311). In diesem Sinne habe die christliche Kirche die Vergöttli-chung irdischer Macht zunächst abgelehnt (ebd.), bis sie dann ab dem 4. Jahrhundert die Ehe von Staat und Kirche ein-gegangen sei (II, S. 312).

Kritik: Hätte D. nur ein klein wenig von der heutigen For-schungslage zur Kenntnis genommen, dann wäre eine Beru-fung auf Stauffers Pharisäerbild, das seiner Auslegung zu-grundeliegt, unmöglich geworden. Man vgl. Apg 5,38f, den Rat des Pharisäers Gamaliel, der sich gar nicht in das von D. gezeichnete Bild von Pharisäern fügt. (Der „Rat" ist zwar an jener Stelle von Lukas eingesetzt, er entspricht aber inhaltlich pharisäischem Geiste.)

Mk 12,37b-44: Warnung vor den Schriftgelehrten und Opfer der armen Witwe

A

D. hat in diesem Abschnitt zwei Perikopen zusammenge-zogen: V. 37b-40 und V. 41-44. Er beschäftigt sich mit der Schulexegese dieser Perikope nur am Rande. II, S. 323f Anm. 27 zeigt er (im Anschluß an Bultmann, S. 118f), daß aufgrund der Parallelen zu Mk 12,38-40 in der Logienquelle (Mt 23,[4.6.]13.23.25.27.29/Lk 11,43.46.52.42.[39.]44.47) wegen der Siebenzahl auf eine schriftstellerische, als solche sekun-däre Komposition geschlossen werden darf. Sie sei wegen ih-res Inhalts — so D. weiter mit Bultmann — ursprünglich ge-gen die Musterfrommen, die Pharisäer und Schriftgelehrten

233

gerichtet. Daraufhin erklärt D., die Form der Weherufe in der Logienquelle sei gewiß ursprünglicher als die Form der Warnung bei Markus gewesen (II, S. 323 Anm. 27). Doch ist ergänzend die von D. nicht wiedergegebene Feststellung Bultmanns zu beachten: „Eine Beziehung zu Jesu Person ist den Weherufen nicht eigen; sie erhalten sie nur, und zwar schon in Q, durch die Verbindung mit dem folgenden Stück, sofern dadurch die Pharisäer als die Verfolger Jesu hingestellt werden" (S. 119).

V. 37b-38a sind aufgrund des mk Volk- und Lehrmotivs als redaktionelle Einleitung zu bestimmen.

Zu V. 41-44 vgl. Bultmann, der die Perikope für ein einheitlich biographisches Apophthegma mit zahlreichen außerchristlichen Parallelen[204] hält (S. 32f). Man vgl. D., II, S. 326 Anm. 37 unter Zustimmung zu Schweizer, Mk, S. 148, der hier den Gehalt der idealen Szene des Apophthegmas bestimmt: die kleine Geschichte „preist ... jene stille, selbstverständliche und ganze Hingabe, die von ihrer Tat keine Geschichte macht, in der der Mensch ... sich selbst und alle seine Sicherungen fahrenläßt und sich ganz Gottes Barmherzigkeit ausliefert."

B

D. legt die Geschichte narrativ aus: Jesus wolle, daß, wenn es um Gott geht, man sich immer entscheide zwischen dem Dozieren und dem Existieren. Nichts sei mehr zu fürchten, als daß im Reden von Gott und über Gott uns Gott selbst abhanden kommt (II, S. 317). Jesus habe sich geweigert, irgendeines seiner Worte aufzuzeichnen, weil er geglaubt habe, daß die eine Wahrheit von Gott sich nur von Menschen verbreiten lasse, die mit ihrer eigenen Existenz für sie einständen (II, S. 318f). „Niemals hat Jesus, um Gott zu erkennen, die Bibel zitiert" (II, S. 319). (Kritik: Vgl. meine Bemerkungen zu Mk 7,1-23 und 10,1-12.) Immer wieder geschehe es, daß sich ein

---

[204] Bultmann verweist auf rabbinische und eine buddhistische Parallelen; „der Grundsatz, daß der Gottheit das geringe Opfer des Armen besser gefällt als das üppige des Reichen", sei auch in der griechischen Literatur nachweisbar (ebd.).

Genie für seine Sache verschleiße und sich wenige Jahrzehnte nach seinem Tod Kleingeister (II, S. 322) völlig distanziert daranmachten, die Größe dieses Genies zu erklären (II, S. 320f). Dabei werde Leben in Lehre, geistige Lebendigkeit in Gelehrsamkeit, religiöses Wissen in Religionswissenschaft pervertiert (II, S. 321f).

Jesus habe gewollt, „daß wir seine Worte *leben* (Mt 7,24) und nicht zu ihnen in ein Verhältnis treten, das seine Lehre und seine Person festlegt und festschreibt" und Theologen damit Titel, Grußpflicht und Ehren verschaffe (II, S. 322).

Beim Almosengeben entrichteten alle einen gewissen Betrag ihres Eigentums. In dieser Verfahrensweise im Rahmen bürgerlicher Existenz sei Religion buchstäblich ein Teilbetrag des Lebens (II, S. 324). Jesus habe aber gewollt, daß es uns in unserem Umgang mit Gott nicht um *etwas*, sondern um alles gehe (II, S. 325). (Vgl. dazu kritisch die oben S. 225 angeführte Kritik F. Naumanns.) Angesichts der Witwe am Opferkasten werde deutlich, was Jesus meinte: daß er uns zu dem für fähig halte, was man vielleicht wirklich nur durch Armut und Not zu lernen vermöge — nämlich mitleidig und mitfühlend zu werden (II, S. 325f). Das Christentum sei nicht dazu bestimmt, von der Armut zu erlösen, sondern zur Armut zu befreien. Die Witwe sei aber nun kein neues moralisches Vorbild; durch sittliche Leistungen könnten wir uns vor Gott nicht irgendetwas verschaffen (II, S. 326). Diese Witwe handele vielmehr so, daß sie Liebe tue, die Wahrheit instinktiv spüre und dem Beruf ihres Herzens ohne weitere Absicht folge (II, S. 327).

Kritik: Abgesehen von der im Text kritisierten Entgrenzung Jesu aus dem Judentum ist D.s Auslegung von V. 41-44 sehr eindrücklich, weil sie die Herzensfrömmigkeit der Witwe plastisch zeichnet und geradezu zur Nachahmung einlädt.

Mk 13,1-37: Jesu Endzeitrede

D. bespricht diese Texte (bzw. Teile davon) in mehreren Abschnitten: „Mk 13,1-37: Die Apokalyptische Rede" (II, S. 330-352); „Noch einmal Mk 13,1-13: Wenn jeder Halt zusammenbricht … " (II, S. 353-375); „Mk 13,14-32: Das

Ende der Welt und die Ankunft des Menschensohnes" (II, S. 375-397); „Noch einmal Mk 13,26.33-37: Die Ankunft des Menschensohnes" (II, S. 397-402); „Noch einmal: Mk 13,33-37: ‚Wachet!'" (II, S. 403-406); „Ein letztes Mal Mk 13,33-37: Was uns Zukunft gibt" (II, S. 406-411).

Da sich bei der Auslegung gewisse Themen stets in Variation wiederholen, mag es erlaubt sein, D.s Aufnahme der Schulexegese und seine eigene Interpretation jeweils in einem Arbeitsschritt darzustellen.

A

Redaktion: Bezüglich der Disposition der Endzeitrede Jesu kann man m.E. folgende Einteilung vorschlagen: V. 1-4: Fragestellung; V. 5-8: Thematik; V. 9-13: Die gegenwärtige Lage; V. 14-23: Der letzte Abschnitt der Geschichte; V. 24-29: Das apokalyptische Ende; V. 28-37: Feigenbaumgleichnis und Ermahnung zur Wachsamkeit.

In V. 1-4 benutzt Markus ein überliefertes Logion (vgl. Mk 14,58) von der Tempelzerstörung, komponiert daraus eine symbolische Szene und stellt einen Zusammenhang zwischen dem Schicksal des Tempels und dem Weltende her (vgl. Bultmann, S. 30). Das Ganze hat katechetischen Charakter (vgl. 1Thess 5,1).

D. trägt manche Beobachtungen zu V. 1-4 zusammen: Markus habe diese gesamte Szene von V. 1-2 selbst gebildet und dabei das Wort 14,58 verwendet, um der Vorhersage der Tempelzerstörung den Klang eines echten Jesuswortes zu verleihen (II, S. 355 Anm. 6).

V. 3: „Indem Jesus seine Weissagung vom *Untergang Jerusalems* und des Tempels an vier seiner Jünger richtet (Mk 13,3), handelt es sich bei seinen Worten nicht um eine prophetische Drohrede, sondern um eine Art geheimer Jüngerunterweisung, so sehr auch gewisse Anklänge vor allem an 1Kg 9,7ff.; Jer 7,4.12.14; 26,18; Dan 8,11f.; 9,1f.; 11,31; 12,11 möglich sind" (II, S. 355 Anm. 7).

V. 5-8 enthalten einen summarischen Überblick (V. 6 nimmt redaktionell V. 21ff vorweg [vgl. D., II, S. 387 Anm. 36]). Zu beachten ist, daß Markus in V. 6 bei der „Christologie" einsetzt. Viele werden sich fälschlicherweise für den wiedergekommenen Jesus ausgeben, doch sind die in V. 7 und 8 beschriebenen Ereignisse erst der Anfang (V. 8b).

V. 9-13: „sehet" nimmt dasselbe Wort aus V. 5 auf (vgl. V.

23). Der Abschnitt beschreibt die gegenwärtige Lage der mk Gemeinde mit der Pointe in V. 10 (vgl. D., II, S. 350 Anm. 42; S. 370 Anm. 41). Die Heidenmission ist in vollem Gang und die Parusieverzögerung geht auf Gottes Plan zurück.

V. 14-23 schildern den Übergang von der Gegenwart zur Zukunft, die man erleben wird, und V. 24-27 setzen von der Zukunft noch einmal das apokalyptische Ende ab. Dadurch kann Markus die Zukunft als auf die Möglichkeit hin offen behaupten, der Versuchung zu widerstehen.

V. 28-37 sind von Markus an die Endzeitrede Jesu angefügt und enthalten Ermahnungen, sich angemessen auf die vorher angesagten Dinge einzustellen. Das Gleichnis vom Feigenbaum (V. 28-29) bekräftigt ebenso die Naherwartung wie V. 30, während V. 31-32 die Parusie auf die lange Bank schieben (V. 32) bzw. fast überflüssig machen (V. 31). V. 31 unterstreicht wiederum die Christologie und die Wichtigkeit der Worte Jesu in der Gegenwart des Markus. V. 33 ist Schlußparänese: „sehet" nimmt dasselbe Verb aus V. 23 auf. V. 33 ist markinisch (Bultmann, S. 187f). V. 34, das Gleichnis vom Türhüter, zielt allegorisierend auf die Situation der Gemeinde, deren Herr ja tatsächlich abwesend ist. V. 35f, die Anwendung des Gleichnisses, ist lt. Bultmann „vielleicht schon sekundäre Bildung"; denn das „Wachet nun" hat „einseitig den Türhüter im Auge und ignoriert die anderen Knechte" (ebd.).

D. führt zu V. 33-37 aus: Die Unsicherheit der zutreffenden Auslegungsweise von V. 33-37 zeige „besonders die Unmöglichkeitin historischer Sicht aus der Gefangenschaft hypothetischer Zirkelschlüsse herauszukommen" (II, S. 398 Anm. 2). (Gegenfrage: Ist eine tiefenpsychologische Exegese nicht auch immer hypothetisch?).

Zu V. 35 und 37 bemerkt D.: Im Zusammenhang des Aufbaus von Mk 13 sei das Wachsein in V. 35 und V. 37 „ganz wörtlich als ‚Augenaufhalten' zu verstehen und ... inhaltlich mit den beiden Mahnungen von Mk 13,9 ... und Mk 13,23 ... zu verbinden; das ‚Wachsein' meint dann vor allem im Sinne des Markus die Standhaftigkeit im Martyrium und die Unbeirrbarkeit gegenüber den Irrlehrern" (II, S. 401 Anm. 6).

Tradition: D. neigt dem auch von Bultmann (S. 129) akzeptierten Vorschlag zu, daß ein jüdisches Flugblatt aus der Zeit der Caligula-Krise (der römische Kaiser Gaius Caligula, der von 37-41 regierte, wollte die Aufstellung seines Standbildes im Jerusalemer Tempel durchsetzen) Grundlage des 13. Kapitels sei. Die ursprüngliche Tradition hätte etwa[205] die Verse 7.8.12.14-20. (22.)24-27 umfaßt (vgl. D., II, S. 333 Anm. 5; Bultmann, S. 129). Christliche Zusätze zur unversehrt erhaltenen jüdischen Vorlage seien V. 5f.9-11.13a.23 (Bultmann, S. 129).·

Allgemein ist zur exegetischen Arbeit D.s an Mk 13 zu bemerken, daß sie eine gründliche Beschäftigung mit dem Text reflektiert, und seine eigene Auslegung will ja auch Weiterführung der exegetischen Erkenntnisse sein.

B

D. hat sich in: TuE II, S. 436-591 ausführlich über Eschatologie und Apokalyptik geäußert und die dort erzielten Ergebnisse seiner Auslegung von Mk 13 zugrunde gelegt. Er hält apokalyptische Texte für

„Visionen der Angst, vorgetragen vor Menschen der Angst; aber sie entstammen einem Erleben, das den Höhepunkt der Angst bereits überschritten hat ... Alle Texte der spätjüdischen Apokalyptik sind solche Versuche der Zuversicht inmitten der Verzweiflung, Fieberträume des Vertrauens inmitten der Angst, Fatalismen der Einsicht inmitten einer Welt der Ohnmacht und der Unvernunft" (Mk II, S.337f; vgl. TuE II, S. 473-485).

Generell gelte: „Alles Sprechen vom Ende der Welt in den apokalyptischen Texten des Spätjudentums und des Neuen Testaments ist ... rein *symbolisch* zu verstehen, als eine Projektion menschlicher Vorstellungen, Ängste und Hoffnungen in die umgebende Natur, und die Frage dieser Bilder ist es, so verstanden, nicht, was in einer ferner Zukunft mit unserer Erde oder mit unserer Sonne passieren wird, sondern wie unser menschliches Leben sich hier und heute zwischen Heil und Unheil gestalten kann; es geht m.a.W. nicht um das Ende der Erde oder um das Ende der Welt in äußerem Sinne, wohl aber geht es darum, sich zu fragen, was alles aufhören könnte und sollte, um ein Leben zu beginnen, das uns aufschauen läßt zu den Wolken des Himmels und uns der Vision der Menschlichkeit näherbringt" (II, S. 377).

---

[205] Die Einzelabgrenzung schwankt und kann hier unerörtert bleiben. Vgl. zuletzt die behutsame Erörterung durch Egon Brandenburger: Markus 13 und die Apokalyptik, 1984, S. 21-42 („Das Problem einer Vorlage von Markus 13").

Der Aussageinhalt einer religiösen Wahrheit beschränke sich nicht auf den historischen Anlaß ihrer ersten Artikulation. Daher seien die konkreten Bilder des von Markus übernommenen apokalyptischen Flugblattes „in ihrer *symbolischen* Bedeutung *als Rede Jesu* zu erschließen. M.a.W.: Auch der Untergang von ‚Stadt‘, ‚Tempel‘, ‚Himmel‘ und ‚Welt‘ muß als *Symbol* gelesen werden" (II, S. 356 Anm. 8).

Mit dem bloßen Nachsprechen historisch bedingter Anschauungen und Aussagen sei die religiöse Bedeutung der jeweiligen Stelle nicht zu verstehen. Und man müsse, „weit radikaler als *Markus* selbst, den nur symbolischen Charakter *alles* apokalyptischen Sprechens von der Nähe oder Ferne Gottes, des Reichs Gottes, des Menschensohnes oder des Messias hervorheben ... es kommt für die Interpretation darauf an, die *zeitliche* ‚Nähe‘ des ‚Menschensohnes‘ erneut als ein Symbol der existentiellen Erfahrung einer greifbar ‚nahen‘ Menschlichkeit zu deuten" (II, S. 395 Anm. 49). Es gelte, z.B. im Anschluß an V. 24-27 einsichtig zu machen, „wieso gerade das ‚Kommen‘ des ‚Menschensohnes‘, d.h. die Verwirklichung gelungener Menschlichkeit, *notwendig* den Einsturz von ‚Himmel‘ und ‚Erde‘ voraussetzt, die Zerstörung all dessen, was in der bisherigen (un)menschlichen Welt als ‚Ordnung‘ gelten mochte" (II, S. 392 Anm. 45).

Dabei sei klar, daß solche Texte nicht äußerlich meinen, was sie sagen, wie auch an D.s (wiederholter) Behandlung der Frage der Irrtumslosigkeit Jesu deutlich wird:

„Wenn Jesus oder die frühe Kirche an das baldige Ende der ‚Welt‘ glaubte, so irrte sie nicht in ihrer ‚Naherwartung‘; es irren vielmehr all diejenigen, die immer noch an ihren ‚Endsieg‘ glauben und sich fest überzeugt geben, daß alles unverändert so weitergehen könne, wie bisher; sie sind mit ihren Illusionen ein fester Teil der Grausamkeit der Welt" (II, S. 345).

„Es gibt Theologen, die im Rückblick auf das Schicksal Jesu sagen, seine Botschaft von dem nahen Kommen des Gottesreiches sei offensichtlich ein Irrtum gewesen ... So unabweisbar eine solche Ansicht auch sich scheinbar darbietet, sie läuft auf eine betrügerische Selbstberuhigung hinaus. Sollen wir wirklich Jesus, womöglich mit theologischer Erlaubnis, im Rahmen und im Namen einer aufgeklärten Geschichtsbetrachtung einen Narren und Phantasten nennen?" (II, S. 407f).

„Nun denn, wenn der Trott der Schlafmützigkeit recht hat, dann freilich hat Jesus sich geirrt; wenn die Herzensfaulheit und -trägheit recht behalten soll, dann in der Tat war Jesus ein Narr. Aber deshalb wohl auch lautet sein letztes Wort an uns alle, bevor er unter den Stiefeln der Geschichte zermalmt werden wird, eindringlich: *Wachet* (Mk 13,33)" (II, S. 408).

Gegenüber der Ideologie von Profit und Sicherheit (im Schatten der Macht) laute die Botschaft an die Christen, an den Traum des eigenen Lebens wirklich zu glauben, nicht zu denken, das Heil komme irgendwie von weit außerhalb, sondern Vertrauen darauf zu setzen, daß gerade in den kühnsten Visionen ihrer selbst die wahre Gestalt ihres Wesens sichtbar werde (II, S. 399f).

„Wie sehr hat Jesus einen jeden förmlich angefleht, an sein Königtum zu glauben, den Wert seiner eigenen Person zu fühlen und die Augen aufzuschlagen für die Schönheit und die Größe, die in ihm liegt und die einem jeden Menschen, den wir näher kennenlernen, auszeichnet!" (II, S. 400).

„Diese Wachsamkeit für den Moment, in dem unser Leben sich wesentlich entscheidet, diese Sensibiliät gegenüber unserer eigenen Menschlichkeit wollte Jesus uns nahebringen" (II, S. 402).

Kritik: D.s Interpretation der Apokalyptik mißt der Angst die entscheidende Bedeutung für ihr Verständnis bei, und diese Angst wird auch ein Stück weit als Hintergrund von Mk 13 deutlich. Sie ist im Text doch aber christologisch umfangen bzw. gebrochen und die Frage an D.s Interpretation ist, ob er dies angemessen zur Geltung gebracht hat (m.E. ja).

Die andere Frage an D., die ich ebenso etwa an die existentiale Interpretation der Apokalyptik richten würde, ist, ob Theologie darauf verzichten kann, eine Aussage über das Schicksal unserer Erde in der fernen Zukunft zu machen. (M.E. kann sie darauf *nicht* verzichten.)

D.s eindringlichen Ausführungen zur Frage der Irrtumslosigkeit Jesu machen mich ratlos. Warum soll ein klares Tatsachenurteil in dieser Sache zu den abstrusen Folgerungen führen, die D. zieht? Warum kann D. nicht zunächst Geschichte und Personen in ihrer Fremdheit so lassen, wie sie waren? Wovor hat er hier Angst? Ich habe mich auch gefragt, mit welchem Recht D. weit radikaler als Markus selbst den rein symbolischen Charakter alles apokalyptischen Sprechens von Gott hervorhebt. Ohne Legitimation am konkreten Text geht das m.E. nicht.

Und schließlich ist zu fragen, ob (christliche) Apokalyptik *per se* regressiv sei, und eschatologische Visionen „ganz und gar der ‚Sehnsucht nach dem (verlorenen) Paradies' (sc. entspringen), die den Hintergrund aller großen Entwürfe transzendenter Hoffnung bildet" (TuE II, S. 449). Mit einer solchen Behauptung wären Gnostizismus und Apokalyptik, psychologisch geurteilt, verwandte Phänomene, was aber doch zu differenzieren ist. Christliche Apokalyptik ist primär nach vorwärts gerichtete Hoffnung und erst dann eine Wiederherstellung des verlorenen Paradieses (also nicht zyklisch, obgleich zyklische Momente nicht völlig negiert werden können).[206] Man vgl. noch 1Kor 15,46 als paulinische Einschätzung des Verhältnisses von Schöpfung und Erlösung (aus apokalyptischer Perspektive).[207]

Mk 14,1-9: Die Salbung in Bethanien

A

Nach Bultmann sind V. 3-9 dem Aufriß der traditionellen Passionsgeschichte noch fremd und zwischen V. 1f und V. 10f eingeschoben (S. 283). V. 8 und V. 9 seien wegen ihres Bezugs zur Passion sekundär — abgesehen von „was sie vermochte, hat sie getan". Dadurch werde der Geschichte hellenistischen Ursprungs (S. 64), die in V. 6 ihre Spitze habe, eine neue Pointe gegeben und gleichzeitig die alte Aussage geschwächt. „Man könnte die Geschichte bis V. 7 unter die Apophthegmata rechnen, ohne damit ihren legendarischen Charakter zu bestreiten; die Bearbeitung hat sie dann vollends zur biographischen Legende gemacht" (Bultmann, S. 283).

In der Exegese der Perikope folgt D. demgegenüber E. Schweizer (Mk, S. 165-167) sowie J. Jeremias[208] und schreibt: „Die Erzählung ... unterbricht den Zusammenhang von 14,1f. zu

---

[206] Gnostizismus ist demgegenüber — psychologisch geurteilt — regressiv und enthält die Vorstellung der Wesensgleichheit der Natur des Göttlichen mit der des in jedem Menschen wiederzubelebenden göttlichen Funkens. Vgl. meine Arbeit: Untersuchungen zur simonianischen Gnosis, 1975, S. 103 und allgemein Kurt Rudolph: Die Gnosis, ³1990.

[207] Hingewiesen sei auf D.s Versuch, dem im Text angesprochenen Dilemma durch die These zu entgehen, daß den „Archetypen" von vornherein ein utopischer Charakter eigne (TuE I, S. 237).

[208] Joachim Jeremias: Abba. Studien zur neutestamentlichen Theologie und Zeitgeschichte, 1966, S. 107-120.

14,10f. ... Markus gewinnt damit eine eindrückliche Kontrastwir-
kung zwischen dem Anschlag der Behörden und der im tiefsten
Sinne verstehenden Liebe der Frau aus dem Volke ... Jeremias ... hat
... gezeigt, daß bereits rein sprachlich die zahlreichen Semitismen
gegen die Annahme von R. Bultmann ... sprechen, der einen ‚hellenistischen Ursprung des ganzen Stücks‘ vermutete. Für fundamental
zum Verständnis der Perikope hält J. Jeremias ... die Unterscheidung des Spätjudentums von *Almosen* und *Liebeswerken* ... Angewandt auf V. 3-8 bedeutet diese Unterscheidung: In V. 4-5 sagen
einige: ‚Was die Frau tut, ist Sünde. Der vergeudete Wert hätte zu *Almosen* verwendet werden können.‘ Dagegen weist Jesus in Mk 14,6-8
den Vorwurf zurück: die Frau hat (14,6) ‚ein gutes Werk‘, d.h. ein
Liebeswerk getan, zu dem bald schon keine Gelegenheit mehr bestehen wird. Es scheint, als habe Jesus (gemäß Jes 53,9) erwartet, nach
seiner Hinrichtung in ein Verbrechergrab geworfen zu werden, so
daß zu einer Totensalbung dann keine Gelegenheit mehr bestehen
werde" (II, S. 412f Anm. 1).

Im Anschluß an J. Jeremias[209] gewinnt D. die Historizität
von V. 9 wie folgt zurück: Das Wort sei ursprünglich eschatologisch gemeint gewesen: „Amen, ich sage euch: auch das,
was sie getan hat, wird man (vor Gott) sagen, damit er ... im
Endgericht ... ihrer (gnädig) gedenke" (II, S. 413 Anm. 1).
Erst Markus habe es enteschatologisiert (durch „wo immer in
der ganzen Welt das Evangelium gepredigt wird").

Kritik: a) Hier wird zu wenig zwischen Bericht und Historie unterschieden. Als Bestandteil des Textes ist der Vers ja
ebenso wie 13,10 eindeutig von Markus eingefügt worden
bzw. bearbeitet worden. Die Rückgewinnung eines eschatologischen Logions Jesu ist an dieser Stelle unsicher, weil sie
das überlieferte Wort zerschneidet. b) Ferner weist auch der
Umstand auf ein späteres Alter der Perikope hin, „daß Jesus
hier nicht etwa seinen Tod ankündet, sondern sein Begräbnis
voraussetzt und daß niemand sich darüber verwundert"
(Wellhausen, Mk, S. 109). c) Schließlich ist die Annahme zumindest unsicher, daß Jesus historisch damit gerechnet habe,
gemäß Jes 53,9 nach seiner Hinrichtung in ein Verbrechergrab geworfen zu werden, so daß zu einer Totensalbung keine
Gelegenheit mehr bestehen werde.

Diese Kritik an den exegetischen Grundlagen der Auslegung D.s bedeutet freilich nicht, daß sein eigenes modernes

---

[209] Jeremias, Abba, S. 120.

Verständnis der Perikope nicht zu einem der schönsten Teile seines Kommentars gehört (und in anderer Weise, als er es selbst meint, exegetisch Grund unter den Füßen hat — s. dazu weiter unten).

B

D. will die gesamte Perikope „wesentlich von dem *Gegensatz* zwischen Liebe und Tod, Zärtlichkeit und Zerstörung her ... interpretieren" (II, S. 413 Anm. 1). Dabei soll das Motiv, daß einzig die Liebeswerke im Endgericht bei Gott zählen, in den Mittelpunkt der Auslegung gestellt werden (ebd.)

Es „geht um den *ständigen*, den *wesentlichen* Vorzug der Liebe vor allen anderen Rücksichtnahmen; es geht niemals (nur!) um ‚Ethik'; und über dem Haupt eines jeden schwebt bereits der Schatten des Todes; jedes ‚Liebeswerk' ist eine ‚Salbung' des ‚Leibes' für das ‚Begräbnis' ... Vor diesem Hintergrund und mit dem Blick auf Mk 16,1 enthält die Szene der *Salbung in Bethanien* auch bereits prophetischen Charakter: immer wieder wird man die Liebe zu töten suchen, aber immer wieder wird man erleben, daß die Liebe die Gräber öffnet" (II, S. 414 Anm. 1).

D. zeichnet dann eindrücklich unter anderem die menschliche Ratlosigkeit gegenüber dem immer wieder erscheinenden Faktum des Krieges (II, S. 416f).

„Man kann gegen die Trostlosigkeit dieses Eindrucks, gegen dieses Gefühl einer äußersten Vergeblichkeit keine ‚Argumente' vorbringen ... Lediglich ein *Bild* wie diese Erzählung von der Salbung Jesu in Bethanien läßt sich dagegenhalten. Denn diese Geschichte berichtet gerade von einer so absurd anmutenden, einer so ganz und gar vergeblichen Handlung der Liebe" (II, S. 418).

Mit einer verblüffenden Selbstverständlichkeit setze Jesus voraus, daß sich auch andere Probleme wie z.B. die Armut ohnedies nicht endgültig würden lösen lassen. Es komme „also zunächst offenbar gar nicht darauf an, in dieser Welt etwas ‚lösen' oder ‚retten' zu wollen; zuerst sollten wir absichtslos gut sein, und zwar zu dem besonders, der es am meistens braucht. Ein solcher Mensch ist in diesem Moment Jesus" (II, S. 420). Es lohne sich, einfach zu tun, was uns gut erscheint, auch wenn damit nicht die Not der Welt beseitigt würde.

„Das Tun dieser Frau ist zentral etwas, das zum Evangelium von Tod und Auferstehung Jesu von Anfang an hinzugehört. Denn nur von dieser Art der Güte her wird man an Auferstehung glauben können, und nur vom Glauben an die Auferstehung her wird man zu dieser Art der absichtslosen Güte fähig sein" (II, S. 421).

D. schließt seine Auslegung mit den Sätzen: „Die Ewigkeit des Lebens kann nur glauben, wer die Liebe selbst für ewig hält. Und dies ist für uns Jesus: der Mensch, dem wir glauben, daß die Liebe, die Gott ist, niemals vergeht" (II, S. 421).

Kritik: Die Interpretation D.s verträgt sich gut mit der Exegese von M. Dibelius, der die Geschichte als reines Paradigma versteht.[210] Die Erzählung von der Salbung in Bethanien war lange, bevor sie Teil der Passionsgeschichte wurde, Material urchristlicher Predigt, und D. hat sie mit Recht als Teil einer heutigen Homilie verwendet.

Mk 14,10-21: Verrat des Judas. Vorbereitung des Passahmahls. Weissagung des Verrats

A

D. hat in diesem Abschnitt drei Stücke zusammengefaßt, a) V. 10f (Verrat des Judas), b) V. 12-16 (die Vorbereitung des Passahmahls) und c) V. 17-21 (die Weissagung des Verrats).

a) V. 10-11 führen V. 1-2 weiter.

b) V. 12-16 sind eine Variante zu Mk 11,2-6: Die Voraussage in V. 13f erinnert an 1Sam 10,2 wo vor der Verheißung Samuels, daß Saul der Fürst Israels sein werde, eine Mk 14,3-9 ähnliche(?) Salbung erzählt wird: „Und Samuel nahm die Ölflasche und goß sie über seinem Haupt aus" (1Sam 10,1). Bultmann identifiziert im Text ein Märchenmotiv, „daß ein Wesen (meist ein Tier) dem Wandernden vorausgeht, und ihm dadurch den Weg weist" (S. 283f). Die Geschichte könne „nicht ein selbständiges Traditionsstück gewesen sein ... ; es setzt als Fortsetzung eine Erzählung von dem Paschamahl voraus, zu der es freilich sekundär hinzukomponiert sein könnte" (S. 284).

c) V. 17-21 sind lt. Bultmann, „ein ursprünglich selbständiges Traditionsstück" (S. 283), das wegen der gemeinsamen Schüssel noch kein Passahmahl beschrieb. (Beim Passahmahl haben alle ihre eigene Schüssel.) Judas als Verräter erscheint

---

[210] Martin Dibelius: Die Formgeschichte des Evangeliums, ⁶1971, S. 40.

explizit erst Mt 26,25. „Ursprünglich ... fehlt jeder Hinweis auf einen bestimmten Jünger" (S. 285).

Bei seiner Beschäftigung mit der exegetischen Literatur konzentriert sich D. auf die Judasgestalt (man vgl. die Überschrift: „Mk 14,10-21: Judas oder: Fürbitte für einen Verzweifelten" [II, S. 422-449]). V. 10f enthielten kaum einen geschichtlichen Bericht (II, S. 423 Anm. 1; ebenso Bultmann, S. 282).

Ansonsten setzt sich D. in den Anmerkungen mit der Judas-Monographie von H.-J. Klauck auseinander[211] und mit einzelnen Problemen (30 Silberlinge, Bedeutung von Karioth [II, S. 436 Anm. 21] u.a.), was aber für seine eigene Deutung nichts austrägt und hier übergangen werden kann.

Mit anderen Worten, D. „kommt (es) darauf an, die Gestalt des Judas aus den Zügen der Legende selbst zu entwickeln, nicht aber, sie historisch zu rekonstruieren" (II, S. 423 Anm. 1). Seine Interpretation der Judasperikope stützt sich dementsprechend nicht nur auf Mk 14,10f par., sondern z.B. auch auf Mt 27,3-10. Bei der Zeichnung von D.s tiefenpsychologischer Auslegung werden dementsprechend seine exegetisch-historischen Entscheidungen mitverhandelt werden müssen.

B

D. schreibt:

Es „ist nicht möglich, hinter den deutenden *Bildern* der Evangelien die historischen Fakten des Lebens Jesu ‚eindeutig' zu rekonstruieren, so wenig wie hinter den Bildern eines Traumes, der die rezenten Eindrücke eines vergangenen Tages verarbeitet. Bilder dieser Art zeigen, was das Geschehene für den Betroffenen bedeutet, nicht aber, was sich äußerlich ereignet hat; dieses Äußere zu wissen, trägt zum Verständnis der Bilder selbst nichts bei; und es wissen zu wollen ist vom Standpunkt des Glaubens aus sogar die falsche Fragestellung. — Mit dem tiefenpsychologischen Interpretationsansatz wird indessen gerade nicht behauptet, es sei alles nur Traum und Bild und die Geschichte selber müsse ausgeklammert werden; umgekehrt: die wahre Geschichte Jesu ist uns nur durch die Bilder zugänglich; einzig sie zeigen uns, wer er wirklich (für uns) *ist*" (II, S. 423 Anm. 1).

Gegenfrage: Wer entscheidet hier, was Geschichte, was *wahre* Geschichte ist, und warum z.B. nicht der soziale Hin-

---

[211] Hans-Josef Klauck: Judas — ein Jünger des Herrn, 1987.

tergrund der Jesusgestalt von Relevanz für das Verständnis Jesu ist? Das Urteil, daß ein Wissen um das Äußere, das die den Bildern zugrundeliegende Betroffenheit hervorgerufen hat, zum Verständnis dieser Bilder gar nichts beitragen könne, ist in dieser Pauschalität nicht einsichtig. Zudem ist der Text kein Traum(bericht), sondern will als Text ausgelegt werden.

D.s Fragestellung lautet: Wer war Judas „als Typ, als eine menschliche Wirklichkeit in uns selber" (II, S. 424)? Daß Judas ein armer Teufel war, „ist das einzige, was wir ganz sicher von ihm wissen — und was wir also verstehen müssen, um einer menschlichen Möglichkeit auf die Spur zu kommen, an der wir alle teilhaben" (II, S. 429f).

Historische Überlegungen folgen (Auswahl):

„*Inhaltlich* scheint eine andere Vermutung über die Motive des Judas für seinen ‚Verrat‘ nicht verkehrt, wonach es angesichts der Worte und Taten Jesu für jeden gesetzestreuen Juden von einem bestimmten Zeitpunkt an zur Pflicht werden mußte, Jesus dem Hohen Rat anzuzeigen" (II, S. 434).

„Möglich ist jedenfalls, daß Judas durch seine größere Nähe zum Tempel sich auch den Theologenkreisen von Jerusalem entschieden näher fühlte als die anderen Jünger; möglich deshalb auch, daß er schon von daher viel eher und viel intensiver in einen Konflikt geriet, auf den alle anderen erst sehr viel später durch Paulus (Gal 2,11-14) hingewiesen werden sollten: auf den *prinzipiellen* Gegensatz zwischen Jesus und dem Gesetz. Es bestand die verpflichtende Anordnung, daß jemand, der einen anderen als notorischen Gesetzesbrecher erkennt, diesen den Behörden *ausliefern* muß, wenn er sich nicht selbst der Hehlerei und Verdunklung, der passiven Duldung und indirekten Mittäterschaft schuldig machen will. Wäre es nicht denkbar, daß Judas dieser Bestimmung aufs Wort nachgekommen ist? Daß sein ‚Verrat‘ eine ‚Auslieferung‘ im Sinne des Gesetzes war? Aber so kann es auch nicht gewesen sein, jedenfalls nicht nur" (II, S. 436f).

Bezüglich der Geschichten vom Ende des Judas[212] spricht sich D. dafür aus, „die *Einheit* der Legende zur Grundlage ihres Verständnisses zu nehmen und die einzelnen Motive als Teile eines lebendigen Gesamtbildes zu betrachten" (II, S.

---

[212] Neben Mt 27,3-10 sind das Apg 1,18-20 und der Bericht des kleinasiatischen Schriftstellers Papias aus dem Anfang des 2. Jahrhunderts (vgl. meine Arbeit: Das frühe Christentum nach den Traditionen der Apostelgeschichte. Ein Kommentar, 1987, S. 37-43).

438 Anm. 22). Als Grundkonflikt des Judas bestimmt D. den „unerträglichen Zwiespalt zwischen der Synagoge und der Botschaft Jesu" (II, S. 441).[213]

Kritik: D. ist wieder in ein antijudaistisches Fahrwasser geraten.

Seine Darstellung des Judas sei eingestandenermaßen ein hypothetisches Bild, aber „das einzige (sic!) . . . , in dem alle Züge der biblischen (G.L.: warum diese künstliche Beschränkung auf die Bibel und nicht auch die Einbeziehung der Papiastradition [s. unten S. 246 Anm. 212]) Überlieferung sich als innerlich verstehbar, ja, als in sich logisch und absolut konsequent zu erkennen geben . . . " (II, S. 446). Lt. D. bildet die „Synthese aus Personalem und Archetypischem, Geschichtlichem und Ewigem, Historischem und Symbolischem . . . die fundamentale Struktur des christlichen Glaubens" (II, S. 448 Anm. 30). Aber was soll man davon halten, wenn unter Anwendung dieser Synthese auf die Judasgestalt fundamentale historische Falschaussagen gemacht werden bzw. die Interpretation auf Kosten der Historie geschieht?

Bzgl. des Judas und seines Verrats ist aus Quellenmangel historische Zurückhaltung im Urteil angebracht. Zwar wird man nicht so weit gehen, den Verrat des Judas für ungeschichtlich zu halten, denn er schält sich in allen erhaltenen Traditionen als Konstante heraus (ebenso sein schrecklicher Tod auf einem Feld, seine Herkunft aus Karioth und seine Zugehörigkeit zum Zwölferkreis). Aber seine Tatmotive, sein angeblich unerträglicher Zwiespalt zwischen Synagoge und Jesus und sein „Selbstmord" sind historisch nicht verifizierbar. *Wer hier mehr sagt, sagt weniger.* Ich verstehe, zusammengefaßt gesagt, nicht, wie D. trotz seines mit Recht skeptischen Urteils zur Möglichkeit der Rekonstruktion des historischen Judas (s. unter A) dennoch in B so viele historische Aussagen machen kann. Sollte er antworten: ‚Ich mache diese Aussagen, weil ich aus den Konstanten aller Judas-Traditionen auf den eigentlichen Konflikt im Judas-Fall zurückschließe: Die Tradenten interpretieren den Judas-Konflikt letztlich auch historisch angemessen, da in ihrer Arbeit die-

---

[213] Tatmotiv für den Verrat sei also die „innere Zwiespältigkeit von ‚Gesetz' und ‚Evangelium'" gewesen (II, S. 442).

selben religiösen Konflikte, Gefühle und Archetypen als anthropologische Konstanten am Werke sind wie schon im historischen Judas-Fall', so ist das für mich reine Phantasie, da die Traditionen das Material für solche Aussagen nicht hergeben.

Mk 14,22-25: Die Einsetzung des Herrenmahls

A

D. lehnt die historische Glaubwürdigkeit des Textes ab und referiert (II, S. 450ff Anm. 1) ausführlich den traditionellen „realhistorischen" Standpunkt in der Abendmahlsfrage von E. Stauffer[214] und die Einwände dagegen, denen er sich anschließt:

M. Dibelius hält die Abendmahlsgeschichte „in irgendeiner Form für alt und für ein Stück der ältesten Leidensgeschichte"[215]. Ihren Inhalt bezeichnet er (ebenso wie 1 Kor 11,23-25) als ätiologische Kult-Überlieferung (S. 207). Die ursprüngliche Tradition vermutet Dibelius im Brotwort (V. 22) ohne das paulinische Interpretament „für euch" (1 Kor 11,24), im Becherwort in der Paulus-Form (1 Kor 11,25) ohne das mk Interpretament (V. 24), dazu als Begründung das eschatologische Wort V. 25 (S. 210). „Aber zu einer letzten Sicherheit über das Wort Jesu gelangen wir nicht, weil wir damit rechnen müssen, daß die Traditionsbildung von Anfang an unter eigentlich kultischem Interesse gestanden hat" (ebd.).

Bultmann bestimmt die Perikope als „Kultlegende aus hellenistischen Kreisen der paulinischen Sphäre" (S. 286). Sie habe eine ältere Tradition verdrängt, in der — im Gegensatz zum vorliegenden Text — in Fortsetzung von V. 12-16 ein Passahmahl geschildert werde (vgl. Lk 22,14-18). In V. 25 habe

---

[214] Ethelbert Stauffer: Jesus. Gestalt und Geschichte, 1957, S. 86-90: Jesus feierte unter seinen Jüngern das Abendmahl (ohne das Passahlamm) und gebot, den neuen Mahlritus nach seinem Tode in regelmäßigen Abständen zu wiederholen.
[215] Martin Dibelius: Die Formgeschichte des Evangeliums, 61971, S. 182. Nachweise aus diesem Buch im folgenden im Text in Klammern.

sich ein Rudiment des verdrängten Berichts erhalten (S. 285f). Der Ursprung der Mahlfeier liege in der Tischgemeinschaft Jesu mit seinen Jüngern. Die Entwicklung zum sakramentalen Herrenmahl habe erst in der hellenistischen Gemeinde stattgefunden.[216]

Aus der Beschäftigung mit der Exegese gewinnt D. folgendes für seine eigene Auslegung:

„Sogar und gerade bei der Einsetzung des ‚Abendmahles‘ gilt der Grundsatz, daß, je religiös wichtiger eine geschichtliche (sic) Erfahrung ist, sie um so wahrscheinlicher in symbolischer Form, statt als historisches Faktum mitgeteilt wird" (II, S. 451 Anm. 1). Daher müsse man „von einer Auslegung des Textes verlangen, daß sie die historische Fragestellung als das Unwichtige (und offenbar, wie stets an religiös bedeutsamen Stellen, auch Unlösbare) hinter sich läßt und stattdessen vor allem die *Symboldeutung* der Zeichen und die *Gefühlsbedeutung* der Handlung selbst zu vermitteln sucht" (II, S. 452f Anm. 1).

Nun faßt Markus das Abendmahl bekanntlich als Passahmahl auf (V. 12) (II, S. 453 Anm. 1), was aber in Spannung zum vorliegenden Text und zum historischen Befund steht (s.o.). Trotzdem will D. „das Passafest selber als Vorlage der Passionsgeschichte Jesu … sehen bzw. … diese selbst als eine christliche Passahagada … interpretieren bzw. nachträumen und mitempfinden, um den Text für sich selbst beim Lesen und Hören als gegenwärtig zu setzen" (II, S. 453 Anm. 1).

B

D.s Auslegung setzt wie folgt ein:

„Mit dieser Stunde im Abendmahlssaal beginnt die eigentliche Geschichte des Leidens und des Sterbens Jesu. Es ist ein Augenblick, da der Hohe Rat über ihn bereits den Stab gebrochen hat. Fernab von den Besuchern des Tempels, im Geheimgemach eines Bekannten (Mk 14,12-16), feiert Jesus das Gedächtnismahl der Freiheit und Erlösung Israels, des Auszugs aus Ägypten. Er selber hält das Mahl wie ein Verbannter, wie ein Jude in der Diaspora, ohne das Passahlamm, nur mit den Bitterkräutern und dem Brot und Wein. Mit ihm am Tisch sind seine Jünger und sein eigener Verräter, mit dem gemeinsam er nach dem ersten Becher die Hand in die Schüssel taucht (Mk 14,20). Und nach dem zweiten Becher beginnt er, wie der Ritus es vorschreibt, in der Sprache seiner Heimat Galiläa das Gebet: ‚ …

---

[216] Man vgl. noch Rudolf Bultmann: Theologie des Neuen Testaments, ⁵1965, S. 61 und S. 147-155.

das Brot der Armut, das unsere Väter aßen ... jeder der hungert, komme und esse; jeder, der Not leidet, esse das Passahmahl'. Der dritte Becher, der Segensbecher des Passahmahles, wird gereicht, und wieder zitiert Jesus aus der jüdischen Passahliturgie: ,Der Barmherzige und Allmächtige würdige uns, teilzuhaben an den Tagen des Messias ... '" (II, S. 450-454).

Kritik: D. interpretiert das letzte Mahl Jesu als Passahmahl (zur Begründung, s.o.). Unter Benutzung von E. Stauffer[217] trägt er narrativ wider besseres historisches Wissen den Ablauf eines Passahmahles in den Text ein. Aber von verschiedenen Bechern und vor allem aber vom Passahlamm steht gar nichts in Mk 14,22-25. Die Frage erhebt sich: Wie verhält sich die Zurückweisung der „realhistorischen" These Stauffers zur positiven Verwendung seiner Ergebnisse in der Auslegung? D. würde vielleicht antworten:

„Gerade das historisch betrachtet wahrscheinlich ,ungeschichtliche' Szenarium des Passahmahles bzw. der Einsetzung der Eucharistie mit ihren Anspielungen auf einen *neuen* Bund faßt, symbolisch gelesen, auf bestmögliche Weise zusammen, was Jesus wollte und wofür er starb bzw. was er uns schenkte, indem er in den Tod ging" (II, S. 457 Anm. 11).

Gegenfrage: Welchen Sinn haben Aussagen, die wahrscheinlich historisch falsch, aber symbolisch wahr sein sollen?

Von der Passahthematik läßt sich D. die weiteren Themen der Auslegung vorgeben. Jesus habe am letzten Passahabend an die Opferung Isaaks (Gen 22,1-19) (II, S. 461) und den Auszug der Kinder Israels aus Ägypten (II, S. 464) erinnert, die sein eigenes Schicksal vorabgebildet hätten.

In einer weiteren Homilie nimmt D. ein zweites Mal zur Perikope Stellung („Noch einmal Mk 14,22-25: Von Propheten und Priestern" [II, S. 471-476]). Im Anschluß an die tridentinische Definition, daß Jesus in der Stunde des Abendmahls das Priestertum der Kirche eingesetzt habe, meint er, das Abendmahl sei niemals nur priesterlicher Segen über die Gegenwart,

„es ist wesentlich auch ein Vorgriff der Hoffnung, eine lebendige Verheißung der Einheit aller Menschen mit sich selber und mit Gott, eine *prophetische* Verkündigung des kommenden Königtums Gottes (Mk 14,25). Was wir jetzt bereits in der Gemeinschaft des Mahles erfahren, ist ein Vorausbild jener Wirklichkeit, zu der wir alle berufen sind: miteinander eins zu sein und in der Liebe zueinander ewig bei Gott" (II, S. 476).

---

[217] Ethelbert Stauffer: Jesus. Gestalt und Geschichte, 1957, S. 88f.

In einer nachfolgenden Homilie („Ein letztes Mal Mk 14,22-25: Das Geschenk seiner Liebe" [II, S. 476-481]) versteht D. das Sakrament der Eucharistie als Geschenk bzw. als Gabe der Liebe. Dieses Geschenk verbinde uns nicht allein mit der Vergangenheit, sondern vielmehr noch wegen Mk 14,25 mit der Zukunft (II, S. 481). (Aber da für D. Zukunft = Zukünftigkeit ist, sind an ihn an diesem Punkt die gleichen Fragen wie an die Vertreter der existentialen Interpretation zu stellen [vgl. o. S. 240].) M.E. trägt diese letzte Auslegung dennoch am ehesten dem Textbefund und der historischen Wirklichkeit Jesu Rechnung (s.o. zu Mk 6,35-44).

Mk 14,26-42: Jesus in Gethsemane

A

D. faßt in diesem Abschnitt zwei Stücke zusammen: a) V. 26-31: Der Weg Jesu nach Gethsemane und die Weissagung der Verleugnung des Petrus, b) V. 32-42: Die (eigentliche) Gethsemane-Erzählung. Er konzentriert sich bei seiner Auslegung weitgehend auf b).

a) Bultmann hatte zu V. 26-31 ausgeführt: V. 26 sei wohl kein ursprünglicher Bestandteil der Perikope, „V. 27-31 kann ursprünglich nach rückwärts selbständig gewesen sein, bzw. mit einer kurzen, jetzt durch V. 26 verdrängten Situationsangabe begonnen haben" (S. 287). Die Fortsetzung des Stückes liege nicht in V. 32-42, sondern erst in V. 43-52 vor. V. 28 sei sekundär, da er den Zusammenhang unterbreche. (Daß der Vers von Markus selbst eingefügt wurde, halte ich für sicher, da Mk 16,7 ausdrücklich auf ihn verweist.) Das Traditionsstück „wird man als legendarisch gefärbten Geschichtsbericht bezeichnen müssen" (S. 287). Damit werde von Markus selbst auf die Verleugnung des Petrus (V. 54.66f) und die Verhaftung (V. 43-52) vorbereitet.

b) Nach Bultmann stellt der Abschnitt V. 32-42* eine ursprünglich freie Einzelgeschichte ganz legendarischen Charakters dar, der Markus V. 38.41b.42 hinzugefügt hat (S. 288).

Ganz anders äußert sich L. Schenke zur Perikope. Er hält V. 32a.34.35a.36.38b.40b.(40c.)42 für den ursprünglichen Text und meint, daß dieser „mit der Verhaftungserzählung eng verbunden und darum Einleitung und Auftakt des gesamten Passionsberichtes war"[218]. Doch ist diese These nur *eine* Möglichkeit.

Nach M. Dibelius wolle die Szene von Gethsemane nicht der Desillusionierung, sondern dem Verständnis der Offenbarung dienen, „sie ist wie die gesamte Markus-Passion nicht psychologisch, sondern heilsgeschichtlich orientiert"[219]. Zugrundeliegendes Motiv sei die urchristliche Vorstellung, in Jesu Gebetsringen habe sich die in Ps 22,25; 31,23 und 69,4 gefundene Weissagung vom Leiden des Gerechten erfüllt. Markus habe diesen Stoff zu einem Vorgang ausgebildet, und zwar aufgrund des 14,38 tradierten Jesus-Wortes. So entstand „der aus dem Alten Testament erschlossene Stoff zur Offenbarung des Gehorsams Jesu im Gegensatz zu den trägen und stumpfen Jüngern."[220]

Aus diesem historisch-kritischen Befund (wobei für D. die Entscheidung zwischen Bultmanns, Schenkes und Dibelius' Analyse gleichgültig ist — ihm kommt es ja vor allem auf die allseits unstrittige Erkenntnis der Unhistorizität der Geschichte an) folgt nach D. als Aufgabe,

„vor allem die *psychischen* Spannungsmomente der *Typologie* der *Legende* von dem ‚leidenden Gerechten' herauszuarbeiten; ... die seelischen Konflikte selbst von innen her mitzuempfinden, die das ‚Leiden des Gerechten' kennzeichnen: um die Konflikte von Angst und Vertrauen, Recht und Ungerechtigkeit, Gottvertrauen und Menschenliebe geht es da, — um ein erschütterndes Bild, das positiv zeigt, wie es möglich ist, im Vertrauen auf Gott den Abgrund der Verzweiflung zu überschreiten" (II, S. 490 Anm. 14).

B

Die Szene im Garten versteht D. symbolisch als Gegenbild des Paradieses. Dabei könne „die Angst von Gethsemane ... die Angst der Gottesferne im Wesensursprung des Menschen besiegen und in das verlorene Paradies des ‚Anfangs' zurückführen" (II, S. 498 Anm. 27).

---

[218] Ludger Schenke: Der gekreuzigte Christus. Versuch einer literarkritischen und traditionsgeschichtlichen Bestimmung der vormarkinischen Passionsgeschichte, 1974, S. 127.
[219] Martin Dibelius: Die Formgeschichte des Evangeliums, 61971, S. 213.
[220] Dibelius, Formgeschichte, S. 214.

Dann folgt ein Kurzabriß des Lebens Jesu:

„Wer wie Jesus möchte, daß Menschen ihre eigene Würde und Größe entdecken, der stößt zu allen Zeiten unbarmherzig auf den Widerstand all derer, die erwarten und verlangen, daß Menschen sich beherrschen lassen. Jemand, der wie Jesus will, daß Menschen ihre Wahrheit ahnen und verwirklichen, gerät unaufhaltsam in Konfrontation mit den professionellen Verwaltern des Menschenlebens. Jemand, der wie Jesus die Freiheit des Menschen anstrebt, der findet sich stets auf der Gegenseite derer, die alle möglichen anderen Interessen: Geld und Geltung, Gewinn und äußeres Geprange, für wichtiger nehmen, und ... die Pflicht dazu verspüren, Menschen zum Mittel ihrer eigenen Zwecke bzw. ihrer objektiven Notwendigkeiten zu erniedrigen" (II, S. 500f).

„Doch gerade er, der mochte, daß man keinen Menschen ausstößt, ist in dieser Nacht selbst ein Ausgestoßener. Man nimmt ihm übel, daß er grenzenlos geliebt hat. Man verlangt zurück und fordert ein: die Grenzziehungen, die Abriegelungen, die Einordnungen, die Einschnürungen, — die Welt muß wieder sicher werden; sie darf nicht so maßlos beunruhigt werden, wie der Mann aus Nazareth es wollte. Man nimmt ihm übel die Unmittelbarkeit und die Nähe seiner Hoffnung ... " (II, S. 502).

Die Todesangst Jesu sei nötig gewesen, „um zu zeigen, daß es keine Angst mehr geben muß, die uns von Gott, von uns selbst und von den Menschen trennen könnte" (II, S. 505). Die Passionsgeschichte Jesu stelle eine einzigartige Szenerie der Angst in allen denkbaren Erscheinungsformen dar (S. 505 Anm. 44).

Kritik: Wenn man von der auch bei dieser Auslegung im Hintergrund stehenden, historisch fragwürdigen Typologie von Pharisäern und Schriftgelehrten absieht, ist dies m.E. eine homiletisch durchaus gelungene Weiterführung des Textes in die Gegenwart.[221]

---

[221] Freilich bleiben bei D. merkwürdige Widersprüche stehen, die der Auflösung bedürfen: Er schreibt z.B. II, S. 488.493ff, Jesu Angst sei keine Angst der Gottverlassenheit oder Angst vor dem Leiden gewesen, sondern Folge davon, daß Jesus seit dieser Nacht nicht mehr an den Menschen zu glauben vermöge. Wie verträgt sich das mit II, S. 504 („an diese Möglichkeit *muß* man glauben ... : daß Menschen fähig sind zum Guten ... ")?

Mk 14,43-52: Die Verhaftung Jesu

A

Lt. Bultmann (S. 289f) habe das Stück ursprünglich die Fortsetzung von V. 27-31 gebildet und bringe die Erfüllung des ersten Teils der Weissagung Jesu (in V. 27). Das Motiv des Verräters V. 44 und die nach Gemeindeapologetik klingenden Worte V. 48f färbten den Bericht legendarisch. „Vermutlich hat V. 48f. etwas Ursprünglicheres verdrängt, wodurch V. 50 einst besser motiviert war als jetzt" (S. 289). V. 50 und V. 51f seien Rudimente alter Tradition (man vgl. dazu auch D.s Ausführungen [II, S. 510f Anm. 10]).

D. beschäftigt sich exegetisch ausführlich mit dem Verhältnis der Perikope zu den Seitenreferenten (Mt 26,47-56/Lk 22,47-53 und Joh 18), und zwar besonders bezüglich des Verhältnisses von V. 47 („einer aber von den Umstehenden zog das Schwert heraus und verwundete den Sklaven des Hohenpriesters und schlug ihm das Ohr ab") zu den Paralleltexten: Mt 26,53 lehnt jede Art von Gewaltanwendung ab, ebenso Lk 22,51 und Joh 18,10-11. Darauf aufbauend trägt er unter besonderer Berücksichtigung von V. 47 folgende Auslegung vor:

B

Vor dem Hintergrund der Verhaftungsszene sei eigentlich eine Gewalttat vor Gott nicht zu rechtfertigen, dennoch lasse sich die Forderung nach Gewaltlosigkeit angesichts der Not in der Welt nicht zu einem moralischen Prinzip machen (II, S. 518f). Dieser *Widerspruch* löse sich nur auf der Ebene der menschlichen Existenz, wo es keine Relativität der Beliebigkeiten, sondern einzig die Unbedingtheit der Entscheidung gebe. „Erst am Ende der Welt der ethischen Sicherungen mitsamt ihren Widersprüchen beginnt das Wagnis der menschlichen Existenz unter den Augen Gottes. Und alles kann falsch sein, alles kann richtig sein" (II, S. 524).

Kritik: Die Ausführungen sind unter der Voraussetzung nicht zu beanstanden, daß die Passionsgeschichte „entlang dem Auftreten ihrer Hauptgestalten betrachtet" wird (II, S. 412 Anm. 1). Doch bleibt zu fragen, ob vielleicht nicht doch die auf die Christologie bezogene Intention des Markus hätte mehr berücksichtigt werden sollen: Nach V. 49 tritt ein, was der Schrift entspricht und was Jesus dreimal (8,31; 9,31; 10,32-34) vorausgesagt hat. Auf der historisch-psychologischen Ebene liegt gerade nicht der Schlüssel für das Geschehen. Auch eine Homilie bzw. tiefenpsychologische Interpretation muß, wenn sie textgemäß sein will, den christologischen Grund der Passion in irgendeiner Weise wiedergeben oder widerspiegeln, ohne freilich in lehrhafte Formeln zu verfallen.[222]

Mk 14,53-65: Verhandlung und Verurteilung Jesu vor dem Hohenrat

A

Bultmann hält „den ganzen Bericht des Mk für eine sekundäre Ausführung der kurzen Angabe 15,1" (S. 290). V. 57-59 seien sekundär (Konkretisierung von V. 56; V. 59 ist „eine matte und sinnlose Wiederaufnahme des Motivs von V. 56" [S. 291]). Der Bericht sei uneinheitlich: Die Frage des Hohenpriesters in V. 60 („Antwortest Du nichts . . . ?") sei nach V. 59 unmotiviert, denn hier wurde die Erfolglosigkeit des Zeugenverhörs festgestellt. Der Bericht wollte „ursprünglich erzählen . . . , daß Jesus wegen des Messiasanspruchs verurteilt wurde" (S. 292).

D. beobachtet im Anschluß an L. Schenke[223] über Bultmann hinaus, daß das Verhör vor Kaiphas „in allen Details eine Dublette (G.L.: D. meint „Parallele") zu dem Verhör vor Pilatus in Mk 15,1-5.15b-20a darstellt" (II, S. 526 Anm. 1).[224] Folgende Stücke entsprechen einander: 14,53a/15,1; 14,55/15,3; 14,60/15,4; 14,61a/15,5; 14,61b/15,2; 14,62/15,2; 14,64/15,15; 14,65/15,16-20. Daraus folge,

---

[222] Nach seinem eigenen Verständnis dürfte D. den christologischen Grund der Passion II, S. 522f wiedergegeben haben.

[223] Ludger Schenke: Der gekreuzigte Christus, 1974, S. 55-58.

[224] Hingewiesen sei auf Emil Wendling: Die Entstehung des Marcusevangeliums. Philologische Untersuchungen, 1908, S. 177-184, bei dem sich alle wesentlichen Beobachtungen finden.

„daß der ganze Abschnitt Mk 14,53-15,20a als eine größere literarische Einheit zu betrachten ist … ; dieser Abschnitt bildete offenbar das Mittelstück des vormarkinischen Passionsberichtes zwischen Verhaftung (Mk 14,43-52) und Kreuzigung (15,20b). Die theologische *Tendenz* dieser Darstellung ist offensichtlich: Jesus wird
verurteilt als *der Messias* Israels und das Entscheidende liegt darin,
daß dieser Titel entgegen jüdischer Hoffnung auf den politisch Erfolglosen und Verurteilten, ja in 15,26 schließlich auf den *Gekreuzigten* angewendet und damit die jüdische Messiaserwartung geradezu
auf den Kopf gestellt wird" (II, S. 527 Anm. 1).

Kritik: Aus den Entsprechungen von Kap. 14 mit Kap. 15
folgt aber nicht notwendig, daß beide Stücke aus *derselben*
Hand stammen, sondern eher, daß ein Stück sekundär auf der
Grundlage des anderen komponiert worden ist (vgl. das analoge Verhältnis von Apg 24 und 25), also die vorliegende Perikope auf der Grundlage von 15,1-20 (s. A und unten die Analyse von 15,1-20). Aber auch diese Korrektur wäre wohl für
D. unerheblich, geht es ihm doch vor allem darum zu zeigen,
„daß wir es auch in der Geschichte des Verhörs Jesu vor dem
Hohen Priester mit einer *Legende* zu tun haben, die wesentlich nicht als historische Quelle, wohl aber als Darstellung
eines zentral religiösen Konfliktes zu interpretieren ist, der
zu allen Zeiten seine bleibende Aktualität besitzt" (II, S. 528
Anm. 1).

D. hält sich im übrigen an den kritischen Konsens der Exegese und läßt sich (glücklicherweise) nicht auf die Verteidi-
gung der historischen Glaubwürdigkeit wesentlicher Elemente dieser Perikope ein, wie sie neuerdings z.B. von Pesch
(Mk II, S. 427-446, bes. S. 442f) wieder vorgelegt wurde.
Auch die Zurückweisung von E. Stauffers These, Jesus be-
diene sich in V. 62 der „Ich-bin-Formel" der alttestamentlichen Gottesoffenbarung[225], ist angemessen (II, S. 539 Anm.
26: „alle Mystifikationen sind an dieser Stelle fehl am
Platze").

Hier kann man übrigens gut sehen, wie D. sich als Bewah-
rer der bleibenden Traditionen historischer Kritik, als Kir-

---

[225] Vgl. Ethelbert Stauffer: Jesus. Gestalt und Geschichte, 1957, S.
130-146, hier S. 144: „Jesus gebraucht diese Worte im Sinne der alttestamentlichen und liturgischen Theophanieformel. Er will damit sagen, daß sich in seinem Leben die geschichtliche Epiphanie Gottes
vollziehe." Vgl. zum alttestamentlichen Hintergrund der „Formel":
Dtn 32,39f; Ps 46,11; 50,7; Jes 43,1ff u.ö.

chenkritiker und gleichzeitig als jemand sieht, der das religiöse Ungenügen der historisch-kritischen Analyse durch Anwendung einer tiefenpsychologischen Methode überwinden will. Er berichtet:

„Noch vor kurzem wurde ich selbst in bischöflichem Auftrag einem dogmatischen Verhör bzgl. meiner Rechtgläubigkeit unterzogen und mit erhobener Stimme und erhobenem Zeigefinger auf dieses Wort Jesu vor Kaiphas (sc. Mk 14,62) hingewiesen. Ich selber, zugegeben, kritisiere die historisch-kritische Exegese wegen ihres absoluten religiösen Ungenügens, wo immer ich kann; aber ein beträchtliches Problem liegt darin, daß ich mit Hilfe tiefenpsychologischer Auslegungsverfahren auf mancherlei Schwierigkeiten zu antworten versuche, die sich gerade aus der historisch-kritischen Analyse der Bibeltexte, die ich voraussetze, ehrlicherweise ergeben müssen, wohingegen manche Dogmatiker in Amt und Würden es immer noch weit unter ihrer Würde finden, die Ergebnisse historisch-kritischer Forschungen überhaupt erst zu rezipieren, geschweige denn, daß sie auf weiterführende Ansätze in Dogmatik, Bibelexegese (und Moraltheologie) vorbereitet wären. Eben weil es in jüdischen Ohren blasphemisch wäre, den Messias für einen Gottessohn zu halten, kann ein jüdischer Hohepriester unmöglich danach gefragt haben, ob Jesus sich für den ‚Sohn des Hochgelobten‘ halte" (II, S. 537 Anm. 23).

B

D.s Interesse gilt in erster Linie dem Kaiphas. Ausgehend von Joh 18,14 (die Überschrift zu seiner Auslegung lautet: „Kaiphas oder: ‚Es ist besser, wenn einer stirbt als das Volk‘") zeichnet er ein vom Markustext weitgehend unabhängiges Bild des Hohenpriesters:

Eingeheiratet in die mächtige Familie des Hannas sei Kaiphas ein brillanter Diplomat und ein hervorragender Taktiker (II, S. 528), ja Kollaborateur eines erklärten Antisemiten wie Pontius Pilatus gewesen, weil er geglaubt habe,

„daß so und nur so die Religion vor einem blutigen Fiasko bewahrt bleiben könnte" (II, S. 529). „In den Augen der Gesetzeshüter und der Religionsverwalter muß das Programm Jesu als ein einziger Umsturz erschienen sein … Das *Johannes*-Evangelium hat diesen tödlichen Konflikt zwischen Geistigkeit und Hohlheit, zwischen den ‚Tafeln‘ des Herzens und den ‚Tafeln‘ aus Stein, sehr zutreffend in das Zentrum der gesamten Botschaft Jesu gestellt, indem es die Szene der ‚Tempelreinigung‘ betont *an den Anfang* des öffentlichen Wirkens Jesu gerückt hat (Joh 2,12-17)" (II, S. 536). „Eine Form reiner Menschlichkeit, wie der Prophet Daniel (Dan 7,13) sie in der Per-

257

son des kommenden ‚*Menschensohnes*‘ am Ende der Tage verheißen hatte, schwebte Jesus als Anspruch und Hoffnung vor; und darin scheint die todwürdige ‚Lästerung‘ in den Augen des Hohen Priesters bestanden zu haben" (II, S. 539.542).

Kritik: Es ist zu bezweifeln, daß der Menschensohn derartig symbolisch gelesen werden darf, weil so der Gewaltaspekt seines Kommens total vernachlässigt wird. (Vgl. zum Symbolverständnis des Menschensohnes II, S. 541). Apokalyptik hat immer auch mit Zerstörung zu tun, nicht nur mit Menschlichkeit.

Die folgenden Ausführungen D.s lesen sich wie ein unbrauchbares politisches Konzept:

„Lösungen von der Art, wie Kaiphas sie brachte, sind immer nur ein Aufschub, eine bloße Verlängerung des immer gleichen Irrtums. Jesus aber, dieser scheinbare Phantast, dieser vermeintliche Ignorant und Utopist in Fragen der Politik, der alles allein und ausschießlich auf eine innere Veränderung der Menschen wie der Menge (sic!) setzte, hätte eine *wirkliche* Lösung für dieses Problem zu bieten vermocht, das gar nicht zustandegekommen wäre, wenn man schon immer so gedacht hätte wie er ... Nur er, der Sohn Gottes, tut das Phantastische: mit Gott zu rechnen und mit dem ‚Tempel‘ unseres Herzens, der nicht ein Gemächte von Menschen ist!" (II, S. 543f).

Mk 14,66-72: Die Verleugnung Jesu durch Petrus

A

V. 66-72 (und vorher V. 54) beziehen sich auf V. 27-31 zurück und erbringen die Erfüllung des zweiten Teils der dortigen Weissagung Jesu (der erste Teil, V. 27, war bereits durch die Jüngerflucht [V. 50] erfüllt worden.). V. 54, der Beginn der Perikope von der Verleugnung des Petrus, ist von Markus vorgezogen worden, um diese mit der Erzählung von der Verhandlung vor dem Hohenrat (V. 53.55-65) zu verklammern. (V. 66a: „Als Petrus unten im Hof war" nimmt den in V. 54 unterbrochenen Faden wieder auf. V. 55 wiederholt die Subjekte aus V. 53 [z.T. variiert].) Damit ergibt sich ein eindrücklicher Kontrast zwischen dem Bekenntnis Jesu und der Verleugnung durch Petrus. Eine analoge Verschachtelungstechnik hat Markus bereits 3,20-35 (V. 22-30); 5,21-43 (V. 25-34); 6,14-30 (V. 16b-29); 11,12-25 (V. 15-29); 14,1-11 (V. 3-9) angewandt. Dabei kann mit gutem Grund vermutet werden, daß

Markus selbst die ursprünglich einfach berichtete Verleugnung auf drei erweitert hat. Man vgl. die analoge redaktionelle Dreigliederung der Gethsemaneperikope (14,26-31) und der Verspottungsszene (15,16-29).

D. (II, S. 545 Anm. 1) hält im Anschluß an L. Schenke[226] die Verleugnungsgeschichte für eine geschlossene, isolierte Einzeltradition (die Frage nach ihrem Verhältnis zur Verratsansage Jesu [V. 26-31] wird aber nicht behandelt), die erst Markus mit der Synhedriumsszene verknüpft habe. Mit Bultmann (S. 290) sei die Geschichte durch und durch literarisch und legendär und keineswegs auf eine Selbstaussage Petri zurückzuführen (II, S. 546 Anm. 2). Dies hatte M. Dibelius angenommen, laut dem Petrus selbst von seiner Verleugnung erzählt habe, „aber nicht im Zusammenhang einer Darstellung der Leidensgeschichte, sondern in Verbindung mit seiner Ostererfahrung"[227].

Kritik: Freilich ist die Entgegensetzung literarisch-historisch m.E. nicht plausibel und überhaupt die Annahme, Petrus habe Jesus in einer entscheidenden Situation vor der Gefangennahme verleugnet, immer noch als die wahrscheinlichste Hypothese zu betrachten. Denn es ist kein Grund zu erkennen, der auf andere Weise die Ausbildung einer solchen Geschichte plausibel machen würde. (Der Vorschlag, sie entspringe antipetrinischer Tendenz, gehe also auf Gegner des Petrus zurück, ist mit Recht allgemein als unwahrscheinlich zurückgewiesen worden.) M.E. empfiehlt sich dabei im Anschluß an Dibelius die Annahme, von der Verleugnung Petri sei im Zusammenhang seiner Ostererfahrung berichtet worden — ich würde ergänzen — ähnlich, wie über Paulus erzählt wurde, er habe einst die Kirche verfolgt, predige nun aber das Evangeliums (Gal 1,22). Es handelte sich dann in beiden Fällen um Personaltraditionen mit hoher historischer Plausibilität, die zu einer tiefenpsychologischen Analyse geradezu herausfordern (s.o. S. 36).

---

226 Ludger Schenke: Der gekreuzigte Christus, 1974, S. 15-23.
227 Martin Dibelius: Die Formgeschichte des Evangeliums, ⁶1971, S. 217.

B

In seiner eigenen Auslegung behandelt D. stillschweigend nicht nur die vorliegende Perikope, sondern benutzt V. 14.26-31.54-56, also die ganze Petruserzählung innerhalb der Passionsgeschichte. Zugrunde liege die Einsicht:

„Der Verrat an Jesus als dem ‚Menschensohn' ist immer wieder und zu allererst ein Verrat nicht an einem formalen dogmatischen Glaubensbekenntnis zu dem ‚Messias Jesus', sondern an dem eigenen Wesen, an dem ‚Menschensohn' *in uns*. Erst mit Hilfe einer tiefenpsychologischen Deutung gelangt man zu der bleibenden Aktualität und Brisanz solcher Erzählungen wie der von dem Verrat des Petrus (II, S. 547 Anm. 2).

In der Geschichte gehe es nicht nur um einen Kontrast von Selbstsicherheit und Versagen des Petrus als Warnung vor Überheblichkeit und Beispiel tätiger Reue (II, S. 547). Viel eher werde man in Petrus jemanden sehen müssen, der

„zugunsten einer gespielten Sicherheit seine Angst verdrängt, nur um desto hilfloser von ihr weggeschwemmt zu werden, der als ein ‚Tatmensch' seine eigenen Gefühle völlig ignoriert, aber gerade deshalb ihnen ohnmächtig ausgeliefert ist. *Dieses* psychologische Drama der Gestalt des Petrus gilt es zu sehen; die bloße Warnung: Hochmut kommt vor dem Fall, kann das Problem der Angst, in das Petrus gerät, nicht lösen, ja, sie muß es, isoliert vorgetragen, in Wahrheit sogar noch verstärken" (II, S. 548).

An dieser Stelle treibe alles auf den Gedanken zu,

„daß menschliche Schuld in Anbetracht unserer Persönlichkeit und unseres Charakters unvermeidbar sein kann, und daß gerade in dieser Unvermeidbarkeit sich Gottes Wille erfüllt" (II, S. 549f).

Doch offenbar wolle Jesus gerade den Zusammenbruch unserer moralischen Persönlichkeit erreichen. Erst ihr Zusammenbruch entlasse uns in das neue Leben, das Jesus uns schenken wollte (II, S. 551).

Kritik: Die Auslegung ist als Homilie eindrucksvoll und läßt sich auch mit dem unter A ausgesprochenen Vorschlag zur Historie vereinen. D. nennt den entscheidenden Punkt: Petrus hat die Vergebung Jesu empfangen (II, S. 559). M.a.W., Petrus hat in seinem verzweifelten Schuldbewußtsein das Vergebungswort Jesu, wie er es von Jesus in seinem geschichtlichen Leben gehört hatte, neu vernommen.

Mk 15,1-15: Jesus vor Pilatus

A

Bultmann bemerkt zu V. 1-15:
„Der Bericht ist keine einheitliche Komposition. In V. 1-5 konkurriert ... V. 2 mit V. 3-5, und zwar ist V. 2 sekundäre Erweiterung; dann ist aber auch der mit V. 2 zusammenhängende V. 26 (Kreuzesinschrift) als sekundär erwiesen. Der Zweck dieser Zusätze ist klar: wie in dem sekundären Bericht 14,55-64 soll die Darstellung unter den Gesichtspunkt gestellt werden, daß Jesus wegen seines Messiasanspruchs hingerichtet worden ist" (S. 293).
Entsprechend seien V. 6-15a eine legendäre Erweiterung (und ebenso V. 16-20a eine sekundäre Ausführung des Motivs von V. 15).
Im Prinzip der zunächst erforderlichen quellenkritischen Arbeitsweise ist sich D. mit Bultmann einig, um historische Rekonstruktionen wie z.b. die von J. Blinzler zurückzuweisen. Blinzler hatte mit umfassender Gelehrsamkeit die Geschichtlichkeit der Verhandlung vor dem Hohenrat verfochten.[228] „Der Mangel all solcher Hypothesen liegt methodisch darin, daß sie das historisch Tatsächliche aus dem historisch Wahrscheinlichen zu rekonstruieren suchen, ohne zunächst *literarkritisch* und traditionsgeschichtlich Aufbau und Eigenart der biblischen Erzählungen zu untersuchen" (II, S. 561 Anm. 1). Jedoch hält D. im Gegensatz zu Bultmann weder V. 2 noch V. 26 für sekundär.
Man „muß vielmehr daran denken, daß Mk 15,2 ursprünglich *hinter* 15,5 stand und zu der endgültigen Verurteilung überleitete, denn es handelt sich in der Frage des Pilatus offenbar (vor allem in Verbindung mit dem Schuldspruch von 15,26!) um die eigentliche Anklage gegen Jesus, und die (mindestens zum Teil) zustimmende Antwort Jesu in Mk 15,2b kann nicht anders als ein Schuldgeständnis geklungen haben; die direkte Frage des Pilatus würde im Anschluß an Mk 15,5 zudem das *Schweigen Jesu* beenden, ganz ähnlich wie in dem Verhör vor Kaiphas (Mk 14,60-62). Es scheint daher, daß 15,2 erst infolge des Einschubs der Barabbas-Episode an die jetzige Stelle gerückt wurde" (II, S. 562 Anm. 1).
Bezüglich des historischen Kernes der Perikope bemerkt D.: Gerade das Verhör vor Pilatus zähle zu den wenigen „harten" Fakten der Passionsgeschichte Jesu. Aber die geschichtli-

---

[228] Josef Blinzler: Der Prozeß Jesu, ⁴1969, S. 174-183.

261

che Wahrheit sei Zug um Zug entstellt worden, „um die Christen unter den Augen der Römer zu entlasten, indem man die Juden einseitig mit der Schuld am Tode Jesu belastete. Am schlimmsten aber: ausgerechnet die zentrale Szene der christlichen Religion: der Tod Jesu, erscheint in der frühesten und überkommenen Form bereits als ein antijudaistisches Dokument ersten Ranges" (II, S. 563 Anm. 3).

Als Konsequenz daraus, zumal nach Auschwitz, sei es „das Anliegen einer tiefenpsychologischen Schriftauslegung, gerade von den Engführungen historischer Fragestellungen wegzukommen und die Ebene zurückzugewinnen, an der es nicht mehr um ‚Juden' und ‚Römer', um den ‚Hohenpriester' und ‚Pilatus', sondern um uns selber geht. Nicht, was geschichtlich *war*, sondern was von den ewigen Fragen der Menschheit unter den Bedingungen eines bestimmten geschichtlichen Augenblicks sichtbar wird, ist dann die entscheidende Frage. *So betrachtet*, erzählt die Geschichte von dem Verhör Jesu vor Pilatus gerade nicht, die ‚Juden' seien an allem schuld gewesen; sie erzählt vielmehr von der ewigen Tragödie der Macht" (II, S. 564 Anm. 3).

Kritik: D. hat damit seinen eigenen Ansatz ein weiteres Mal gut nachvollziehbar und verstehbar aufgezeigt. Er hat außerdem einer antijudaistischen Interpretation einen Riegel vorschieben wollen. Doch ist sofort zu dieser und anderen Auslegungen D.s zu fragen: Wird mit seinem Ansatz nicht die Geschichte ihrer Eigenständigkeit beraubt? Treten nicht Fakten und Deutung in eine *unerträgliche* Spannung zueinander? Muß nicht zunächst um jeden Preis zur Abwehr jeglicher Ideologie — selbst auf die Gefahr des Verlustes des religiösen Gehaltes eines Textes hin (s. II, S. 564 Anm. 3) — historische Arbeit geleistet werden, um dann auf der Grundlage des verfügbaren Wissens Geschichte nachzuerzählen (Geschichte von anderen, deren fremde Identität ernstgenommen werden will)? Ich halte es nicht für ausgeschlossen, daß dazu in manchen Fällen eine Synthese von historischer Rekonstruktion und tiefenpsychologischer Interpretation im Sinne D.s möglich sein wird (man vgl. die Ausführungen zur Verleugnung des Petrus [o. S. 259f]).

B

Nach Markus liege die eigentliche Ursache für das Todesurteil gegen Jesus in dessen Bekenntnis „zu dem unsichtbaren

Königreich der Liebe und der Menschlichkeit, das er uns allen bringen wollte und das noch stets, zu allen Zeiten, an den Bedingtheiten gewisser Machtinteressen und angsterfüllter Allzumenschlichkeiten scheitern mußte" (II, S. 563).

Erst „wenn wir verstehen, inwieweit wir selber Kaiphas und Pilatus, Judas und Petrus, die Pharisäer und die römischen Soldaten *sind*, verstehen wir den Text des *Markus*, wie er in seinem religiösen Anspruch *sicherlich* gemeint ist: als Botschaft Gottes *an uns*, in der ständigen Entscheidung zwischen Tod und Leben, zwischen Macht und Gnade, zwischen Menschenherrschaft und Gottesherrschaft" (II, S. 566f).

Nach einer Erzählung des Lebens des Pilatus auf der Grundlage der verfügbaren Quellen (II, S. 567-570) zeigt D., wie Jesus „den Anspruch, ein ‚König‘ zu sein, aller politischen Inhalte, der gesamten Außenseite staatlicher Macht völlig entkleidet" hat (II, S. 571). Er wollte ein Reich der Liebe heraufführen, in dem allein die Menschlichkeit das Sagen hat (II, S. 571f).

In einer nachfolgenden Auslegung („Noch einmal Mk 15,1-15: Der König der Juden oder: Die zwei Reiche" [II, S. 588-598]) nimmt D. ein weiteres Mal zur vorliegenden Perikope Stellung und erörtert im Anschluß an Joh 18,36.37 die Frage, in welchem Sinne es zu verstehen sei, daß Jesus als der König der Juden hingerichtet wird, und von welcher Art sein Königtum ist.

Im unsichtbaren Königreich Jesu „kommt es nur darauf an, unter Einsatz der eigenen Existenz für die Wahrheit Zeugnis abzulegen, gleichgültig, was in irdischen Maßstäben daraus folgt. Es ist mithin eine grundlegende *Wahl* zu treffen: zwischen Politik *und* Religion, zwischen Macht *und* Glaube, zwischen Geschäft *und* Wahrheit" (II, S. 595). Da beide Perspektiven der Weltbetrachtung prinzipiell einander widersprächen, dürfe ein glaubender Mensch „niemals fragen, wie die Wahrheit sich verwaltet; er muß hoffen dürfen, daß sie sich *von allein* durchsetzt" (II, S. 596).[229]

Kritik: Aber auch der glaubende Mensch gehört doch der Welt an und kann sich ihr nicht entziehen. Ich weiß nicht, wie D. dem Vorwurf des Schwärmertums entgehen will. Erinnert

---

[229] Lt. II, S. 583 unten kann sie sich *nicht* durchsetzen „bis ans Ende der Zeiten".

sei an das Wort von Friedrich Naumann: „Die Religion ist ein wertvoller und unentbehrlicher Zusatz zum Gesamtleben, aber für sich allein nicht das Leben selbst" (s.o. S. 225).

Mk 15,16-20a: Verspottung Jesu durch römische Soldaten

A

Bultmann hält V. 16-20a für eine sekundäre Ausführung des Motivs der Geißelung von V. 15b, „zu der ein traditioneller Soldatenbrauch vielleicht die Farben geliefert hat" (S. 293f). Zwischen V. 15b und V. 16 bestehe überdies eine Spannung, da der Vollzug der Geißelung nicht geschildert wird.

Demgegenüber schließt sich D. (II, S. 601 Anm. 5) auch hier L. Schenke an, der eher bezweifelt, daß V. 15b ursprünglicher Bestandteil der Gerichtsszene gewesen sei, und meint, es schließe die übrige Szene der Verspottung sich „durchaus gut an den als ursprünglich vorauszusetzenden Kontext (sc. 15,1.3-5.2) an, greift den nur in diesem Kontext wichtigen Titel ‚König der Juden' auf (V. 18.26) und leitet dann sachgemäß zum Kreuzigungsbericht über (15,20b-47)."[230] Vor allem aber spreche die *Parallelität* zwischen Kaiphas- und Pilatusverhör für die Ursprünglichkeit der Szene, da die Verspottung durch römische Soldaten in Parallele zu 14,65 steht (II, S. 601 Anm. 5).

Kritik: Doch mit Bultmann kann 14,65 auch als Entsprechung von 15,15b angesehen werden, wo das Motiv der Geißelung erscheint.

Redaktion: a) In der Szene erfüllt sich die Weissagung Jesu über sein eigenes Geschick (vgl. 10,33f). b) Das Mißhandlungsmotiv (V. 19a) unterbricht sinnwidrig den Zusammenhang, der die Verhöhnung Jesu schilderte[231], und dürfte auf Markus zurückgehen[232]. Damit wird die Szene auf Christen

---

[230] Ludger Schenke: Der gekreuzigte Christus. Versuch einer literarkritischen und traditionsgeschichtlichen Bestimmung der vormarkinischen Passionsgeschichte, 1974, S. 55.
[231] Gnilka (Mk II, S. 306-309) spricht unter Hinweis auf antike Parallelen (bes. Philo, Flacc 36-40) von der (Form der) Travestierung (Parodie) der Würde eines Judenkönigs.
[232] Die Parallele Mt 27,27-31 *trennt* Mißhandlung und Inthronisation.

übertragbar („wie Christus so die Christen"), die selbst ähnliches wie Jesus erleiden werden (vgl. Mk 13,9.11.13).

B

D. geht in seiner Auslegung davon aus, es handele sich hier „um Einsichten in die *typischen* Mechanismen, die immer wieder in der Geschichte Grausamkeit und Leid produzieren werden, solange sie nicht als ein *wesentlicher* Teil der Passionsgeschichte begriffen werden" (II, S. 600f Anm.5). Im Rahmen der historischen Kritik der Szene könne

„nicht erst die Idee aufkommen, daß das Motiv der *Verspottung* im Zusammenhang mit der Hinrichtung eines *Königs* ein *archetypisches* Ritual darstellt, dessen Gefühlsambivalenzen *tiefenpsychologisch* erörtert werden müssen, um zu verstehen, welche Konflikte und Verhaltensbereitschaften im Menschen in dieser Szene angesprochen und ‚miterlöst' werden sollen" (II, S. 601 Anm. 5).

Ein archaisches Gesetz in uns verlange anscheinend, alles Fremde als feindlich zu betrachten, „so als müßten wir es fürchten und bekämpfen, schon einfach, *weil* es fremd ist" (II, S. 602). Man treffe diese dienstbaren Sklaven einer ehernen Gehorsams- und Opfermoral immer wieder, auch in dieser Szene des Markusevangeliums (II, S. 606).

Es folgen dann tiefschürfende Ausführungen zum tiefenpsychologischen und daseinsanalytischen Hintergrund der Folter (II, S. 609ff). Dort, wo Frauen der Unterleib aufgeschlitzt und die Brüste abgeschnitten würden, drücke sich „wohl das Bedürfnis aus, sich der Organe der Liebe, der Instrumente der Liebesvereinigung, wie eines festen Besitztums zu bemächtigen und damit im Grunde einen Zustand herbeizuführen, in dem man ewig mit der verbotenerweise begehrten Frau, *mit der eigenen Mutter*, wieder vereinigt ist" (II, S. 613f).

Das eigentliche Thema der Folter sei von daher

„eine mißverstandene, sich selber unbewußte Sehnsucht von im Grunde religiöser Qualität, die Suche nach einer Geborgenheit, die uns des Leids der Welt enthebt ... Nur in dieser Sicht eines verhüllten Verlangens nach Rückkehr in den Zustand einer unbedrohten Geborgenheit und Leidfreiheit versteht man auch den *Spott*, den die römischen Soldaten während der Auspeitschung mit der ‚Königswürde' Jesu treiben" (II, S. 616f).

Diese sehr weitreichende Interpretation spitzt D. im folgenden noch zu:

„Das sadistische Ritual der Auspeitschung soll nicht nur Rache an der Mutter nehmen, die uns ins Leben hineingeboren hat, sie wendet sich zugleich auch gegen die Gestalt eines ‚Vaters', der uns als Gott im Himmel und uns als Abgott auf Erden unaufhörlich weiter in dieses grausame Leben hineinpeitscht" (II, S. 617f).

Eine Lösung des damit angesprochenen Problems ergibt sich für D. aus der Betrachtung Jesu und seines Gottesbildes: Jesu Einstellung, die er in allem, was er tat und sagte, beschwören und verkörpern wollte, sei folgende: „daß der Weltengrund nicht länger mehr als eine ins Leben verstoßende ‚Mutter'..., sondern als ein Gott erscheint, der sich ‚betreffen' läßt von den Schlägen leidender Menschen und der uns das Leid *vergibt*, das wir als Leidende einander zufügen" (II, S. 620).

Kritik: Das ist eine sehr eindrückliche Interpretation, die zwar nicht am redaktionellen Sinn, wohl aber an dem Gehalt der Tradition orientiert ist (vgl. S. 264 Anm. 231), insofern sie von einem immer wiederkehrenden Brauch berichtet.

Mk 15,20b-41: Jesu Tod

A

Lt. Bultmann, S. 294f, ist in V. 20b-24a ein alter Geschichtsbericht enthalten, der (durch V. 24b-28) legendarisch bearbeitet wurde. Die Verspottung des Gekreuzigten in V. 29-32 sei eine legendarische Bildung aufgrund des Weissagungsbeweises (Ps 22,8; Thren 2,15); zu V. 24 vgl. Ps 22,19. Der Bericht vom Tode Jesu in V. 33-39 sei stark von der Legende entstellt. Als einzig „neutraler" Vers komme V. 37 in Frage, der vielleicht „einmal einen Platz in einem älteren (relativ) legendenfreien Bericht hatte ... " (S. 296). V. 39 sei legendarische Weiterbildung (ebd.). (Ich würde fragen, ob nicht auch V. 38 mit seiner Beziehung auf 13,2; 14,58 und 15,29 sekundär ist.) V. 40f sei ein isoliertes Traditionsstück, in dem wie 16,1 Frauen als Zeugen auftauchen. „Sie sind hier so wenig geschichtlich wie dort; man brauchte sie, weil man die geflohenen Jünger nicht auftreten lassen konnte" (ebd.).

In seiner eigenen Analyse (II, S. 629f Anm. 13) führt D. im Anschluß an L. Schenke die Spannungen im Text auf, hält aber mit Bultmann gegen Schenke[233] V. 39 nicht für einen ursprünglichen Teil des zugrundeliegenden Berichtes, sondern für eine Weiterbildung. „Tatsächlich entspricht der Vers sehr der prorömischen, heidenfreundlichen Tendenz des Markus und betont, im Kontrast, noch einmal die antijüdische Aussage von 15,38" (II, S. 630 Anm. 13). Mit Bultmann sei auch Mk 15,40-41 (das Auftreten der Frauen) sekundär. Gleichwohl handele es sich (gegen Bultmann) nicht um ein isoliertes Traditionsstück, sondern Markus selbst versuche damit einen Ausgleich zwischen den traditionellen Frauenlisten in 15,47 und 16,1 (II, S. 630 Anm. 13).[234]

D. zieht folgendes Fazit aus der historisch-kritischen Analyse der Kreuzigungsperikope:

„Im ganzen ergibt sich in historisch-kritischer Sicht, daß selbst die Szene der Kreuzigung in ihrer ursprünglichen Überlieferung alles andere als eine historische Darstellung der geschichtlichen Ereignisse bietet; vielmehr schildert sie den Tod Jesu Stelle für Stelle anhand entsprechender Psalmenworte als das Leiden des ‚Königs Israel‘, den Juden wie Heiden verspotten und töten, den aber die Christen als den verheißenen Messias erkennen. Als historisch darf lediglich die Tatsache der Kreuzigung selbst und (vermutlich!) die Tatsache der Kreuzesinschrift gelten . . . Hinzu kommt die krasse antijüdische Tendenz, in der die Vorlage sekundär überarbeitet wurde; der Tod Jesu wird bald schon zu einer theologischen Waffe gegen das Judentum" (II, S. 630f Anm. 13).

Damit die Passionsgeschichte Jesu uns heutigen etwas zu sagen habe, so erklärt D. daraufhin, müsse „man von der ‚historisch-kritischen‘ Aussageabsicht der Autoren und Redaktoren in gewissem Sinne gerade absehen und sich den *typischen*, *menschlich* allgemeingültigen, *gefühlsmäßig* zugänglichen Zügen der Erzählung zuwenden" (II, S. 631 Anm. 13).

„Nicht die Schuld der ‚Juden‘ (oder der ‚Römer‘) — das, was wir *als Menschen* im Getto der Gottesferne sind, gilt es *im Verhalten* der Menschen von damals sichtbar zu machen . . . es kommt in der Interpretation darauf an, das Paradox des gekreuzigten Messias nicht einfach als theologische Aussage zu rezitieren, sondern die *Notwendigkeit* des Leidens gerade aufgrund der *Menschlichkeit* Jesu inmitten dieser unmenschlichen Welt aus dem (nicht historischen, wohl aber) *typischen* Szenarium der Passionsgeschichte verständlich zu machen, indem man die theologische Typologie mit den Mitteln der Tiefenpsychologie in ihren psychologischen Typen und Bildern einfühlbar werden läßt" (II, S. 631 Anm. 13).

---

[233] Ludger Schenke: Der gekreuzigte Christus, 1974, S. 102f.
[234] Ebenso Schenke, Christus, S. 101f.

B

In seiner Auslegung beginnt D. mit einer Art Rückblick auf das Leben und die Verkündigung Jesu: Alles, was Jesus tat, habe der Beruhigung der Angst am Grunde unseres Daseins gedient (II, S. 626). Jesus mußte sterben, weil „nichts die Gnadenlosigkeit unserer Angst so sehr (sc. bedrohte) wie diese feste Kraft der Zuversicht und des Vertrauens Jesu" (II, S. 627). „Vertrauen aber, so wie er es vor Gott lebte, könnte die einzige Gegenkraft zu unserer Angst bilden; es wäre jedenfalls die einzige Macht, die uns zu Nachsicht und Vergebung uns selber und den anderen gegenüber zu befähigen vermöchte" (II, S. 628).

Die mk Passionsgeschichte sei „ein einziges, wahnsinniges Dokument unserer Angst" (ebd.). Kaiphas nenne seine Angst Verantwortung, Pilatus sei in seiner Angst von der Gunst des Volkes abhängig. „Kein einziger in der Leidensgeschichte Jesu bei *Markus* tut das, was er wirklich will; jeder wird aus Angst dazu gedrängt, etwas zu tun, das er eigentlich um jeden Preis vermeiden möchte. *So* sind wir Menschen, wenn wir böse sind" (II, S. 632).

„Jesus allein setzt an die Stelle der Angst das Vertrauen, an die Stelle des bloß aus Angst gewalttätigen und innerlich vollkommen widersprüchlichen Reagierens die Haltung freier Hingabe, an die Stelle des Selbstbetrugs die Möglichkeit, in der Wahrheit zu bleiben ... " (II, S. 636). „‚Er gab sein Leben hin, aus Liebe zu uns Sündern', heißt es im kirchlichen Sprachgebrauch. Anscheinend wußte Jesus wirklich keinen anderen Weg mehr, als *durch seinen Tod* zu zeigen, wie völlig sinnlos, ja, wie vollkommen mörderisch uns diese Angst beherrscht, die uns immer wieder, immer wieder ins Böse treibt" (II, S. 638).

Eine weitere Auslegung von Mk 15,20b-41 stellt D. unter das Thema „Das Kreuz des Heiles oder: Wider den Masochismus des Religiösen" (II, S. 648-659). Er variiert hier Gedanken, die er bereits z.B. zu Mk 8,34-38 vorgetragen hatte. Man vgl. dazu auch die Aussage: „Im Sinne Jesu kann es keine Parole geben, die unchristlicher wäre als diese: daß man im Namen Christi das Leiden lieben müsse" (II, S. 648.651).

Eine dritte Auslegung von Mk 15,20b-41 stellt D. unter die Überschrift: „Von der Überwindung des Kreuzes" (II, S. 660-670).

Das Kreuz sei die Zusammenballung alles Gegenmenschlichen, alles Gegengöttlichen und doch gelte es, am Karfreitag zu überlegen, wie man das Kreuz in aller Zukunft in jeder Form beseitigen könne. Die Leidensgeschichte des Markus enthalte dafür einige Hinweise. Die *erste* Wahrheit gelte unserem Kopf, symbolisiert in der Person von Kaiphas und Pilatus: „Warum nur fällt uns das so schwer, einfach zu tun, was wir als Wahrheit glauben?" (II, S. 665). Die *zweite* Botschaft für die Hände und die Arme — symbolisiert in der Masse des Volkes und den römischen Soldaten — enthalte den Appell aufzuhören, nur das Ausführungsorgan der Inhumanität zu sein (II, S. 666f). Die *dritte* Botschaft des Karfreitags sei wie ein Befehl für unser eigenes Herz, verkörpert in den Frauen der Leidensgeschichte. Jesus wäre nicht getötet worden, wenn auch nur ein einziger von den Männern, die am Prozeß Jesu beteiligt waren, auf die Frauen in der Leidensgeschichte gehört hätte — vgl. nur Mt 27,19 (II, S. 667).

„,Vergeßt niemals die Botschaft eurer Träume und die Wahrheit eurer Gefühle!' sagen uns diese Gestalten der Frauen in der Leidensgeschichte Jesu ... Solange wir unsere Träume töten, unsere Gefühle unterdrücken und die Welt der Frauen zum Schweigen verurteilen, bleibt der Karfreitag unser aller Schicksal" (II, S. 668).

Die *vierte* und letzte Botschaft der Leidensgeschichte gehöre „unserer *Seele*, symbolisiert in der Person Jesu selber" (II, S. 668). Wir beugten (am Karfreitag) die Knie „nicht vor dem Schandpfahl des Kreuzes, wohl aber vor dem Gekreuzigten" (ebd.). Jesus sei der wunderbarste Mensch gewesen, der jemals gelebt habe.

„Alles, was wir je von Gott begreifen werden, war in ihm lebendig, und wo immer wir untereinander ein Stück Liebe pflegen und erfahren, werden wir nach und nach von jener Wahrheit mehr verstehen, die er uns bringen wollte. Wenn es ... eine Hoffnung gibt, so besteht sie einzig in der Evidenz einer solchen Liebe: *Nichts, was wir wirklich lieben, wird zerstörbar sein" (ebd.).*

Die letzten Gründe der Angst schwänden, wenn „wir Jesus in der Stunde seines Todes tief genug" begriffen (ebd.). „Es *gibt* die Kraft einer unzerstörbaren Liebe. Es *gibt* den Mut einer ewigen Wahrheit. Es *gibt* einen Gott, der will, daß wir leben, und uns beruft zur Unsterblichkeit" (ebd.).

Kritik: (Ich übergehe die ersten drei Botschaften der Leidensgeschichte und äußere mich nur zur letzten.) Der Satz über die Unzerstörbarkeit dessen, was wir wirklich lieben, macht mich ratlos. Was heißt hier „wirklich"? Muß man dagegen nicht sagen: Alles, auch das, was wir „wirklich" lieben, wird zerstört werden, ebenso wie Jesus? Auch wenn wir Jesus in der Stunde seines Todes noch so tief begreifen (Kriterien?), hilft es uns gar nichts, wenn Gott sich unser nicht erbarmt, ebenso wie er sich Jesu erbarmt hat. Ich kann D.s. ungebrochene natürliche Theologie auch an dieser Stelle nicht akzeptieren.

Mk 15,42-47: Jesu Grablegung durch Josef von Arimatäa

A

V. 42 weist zurück auf 15,1.
Bultmann hält das Stück für einen
„Geschichtsbericht, der, abgesehen von den V. 47 wieder auftretenden Frauen als Zeugen und von den Versen 44.45, die Mt und Lk wohl noch nicht bei Mk gelesen haben, keinen legendarischen Eindruck macht. Daß er im Hinblick auf die Ostergeschichte entworfen ist, wird man schwerlich zeigen können; man könnte es noch am ersten für die Angabe V. 46, daß ein Stein vor den Grabeseingang gewälzt wurde, vermuten, doch kann das auch einfach ein schildernder Zug sein. — Wie alt die hier erhaltene Tradition ist, läßt sich freilich nicht feststellen" (S. 296).
D. hebt im Anschluß an L. Schenke[235] und I. Broer[236] auf den novellistischen Charakter des Berichtes ab (II, S. 672f Anm. 2). Markus stelle sich Josef von Arimatäa durch seine Charakterisierung als eines, „der das Königreich Gottes erwartete" (V. 43), als Jünger Jesu vor (II, S. 674 Anm. 3). An der Historizität des Berichtes seien literarkritisch und sachlich erhebliche Zweifel anzumelden (II, S. 672 Anm. 2).
Kritik: Doch ist m.E. zu berücksichtigen, daß die Tradition einer Grablegung Jesu bereits im alten Kerygma 1 Kor 15,4 vorliegt. Damit ist wahrscheinlich, daß der Gekreuzigte ein „ordentliches" Begräbnis erhalten hat. Da die Jünger geflohen waren (Mk 14,50), erhält die Initiative des Nicht-Jüngers Josef eine gewisse historische Plausibilität.

---

[235] Schenke, Christus, S. 77-83.
[236] Ingo Broer: Die Urgemeinde und das Grab Jesu, 1972.

B

Es handele sich im Bericht „um die Züge der *Legende* des Joseph von Arimathäa; nicht als historische, sondern als *typische* Gestalt ist seine Person zu interpretieren" (II, S. 674 Anm. 2). „Umso wichtiger ist es, die *psychischen* Momente der Erzählung in den Motiven der handelnden Personen interpretativ herauszuarbeiten, indem die Frage nicht lautet: Wer *war*, sondern wer *ist* Joseph von Arimathäa als *Typ,* als Möglichkeit unseres gegenwärtigen Sich-Verhaltens" (II, S. 677 Anm. 8). D. zeichnet ein Bild von dem mit Jesus symphatisierenden „Mann des Möglichen, der nicht *mehr* durchsetzen wollte, als durchzusetzen war" (II, S. 674), dessen „Konstrukt der Kompromisse und Winkelzüge" mit der Verurteilung Jesu zusammengebrochen und schuldig gesprochen sei (II, S. 679). „Joseph von Arimathäa muß den Tod Jesu erlebt haben wie sein eigenes Sterben; bei der Grablegung Jesu muß es für ihn so gewesen sein, als trüge man ihn selbst zu Grabe. An diesem Tag der Hinrichtung muß das Leben dieses Mannes selbst den Boden verloren haben" (II, S. 679f). Er stehe zwischen Golgatha und Ostern, zwischen Schuld und Erlösung. Mit der Bitte um den Leichnam Jesu *„wagte* (sc. er) alles in dem Augenblick, wo alles auf dem Spiel stand; wo alles schon verspielt schien, da setzte er, selbst schon am Ende, den höchsten Einsatz gegen alles: die Stätte seines Todes um des Lebens willen" (II, S. 682).

Kritik: Das Beispiel zeigt, wie D.s Interpretationssatz eindrucksvoll homiletisch eingesetzt werden kann, ohne den Text gegen sich zu haben.

Mk 16,1-8: Die Botschaft vom Auferstandenen an die Frauen

Zu diesem Text sei hingewiesen auf S. 34-37.

Mk 16,9-20: Erscheinungen des Auferstandenen

D. schließt seine Auslegungen des Markusevangeliums mit der Interpretation der vorliegenden Perikope ab. („Ein Nachwort: Mk 16,9-20: Die Himmelfahrt Jesu und die Sendung der Jünger".) Es handelt sich hier um einen Text, der nach allgemeinem Urteil sekundären Ursprungs ist. (Man nimmt entweder an, daß das ursprüngliche Evangelium mit V. 8 geschlossen habe, oder daß ein ursprünglicher Schluß weggebrochen wurde.) D. macht den sekundären Charakter des Markusschlusses dadurch kenntlich, daß er in der Übersetzung die Stellen in Klammern anführt, die den betreffenden Versen zugrunde liegen. Wir übergehen D.s Auslegung angesichts des sekundären Charakters des Textes und beenden diesen Arbeitsgang mit den abschließenden Worten D.s:

„Das *Markus*-Evangelium begann mit der Erzählung, wie der Geist Gottes aus dem Himmel über Jesus herabsteigt und eine himmlische Stimme ihn anredet: ‚Mein geliebter Sohn‘ (Mk 1,10.11); es endet in dieser Nachtragserzählung damit, daß Jesus hinaufsteigt zum Himmel und uns allen vom Himmel versichert, auf ewig Gottes geliebte Töchter und Söhne zu sein" (II, S. 740).

4. Schlußwort

Auf der Grundlage der im ständigen Gespräch mit Drewermann vollzogenen Analyse des Markusevangeliums können nun in aller Kürze einige Ergebnisse zusammenfassend formuliert werden (man vgl. weiter das Fazit zum Hauptteil I sowie zu Einzelpunkten das Sachregister):

1) Der Beitrag D.s zur historisch-kritischen Exegese des Markusevangeliums ist äußerst schmal. Seine Auslegung kommt eigentlich ohne sie aus, und dort, wo er sie nachträglich einarbeitet, ist er zumeist ausschließlich von Sekundärliteratur abhängig, die er ausgiebig zitiert. Viele seiner Auslegungen beziehen sich gar nicht auf den Text, sondern auf ein vorausgesetztes Jesusbild. Dabei unterliegt er nicht selten einem Mißverständnis über den Sinn historisch-kritischer Exegese. Dieses Mißverständnis erklärt sich wohl aus seiner eigenen Frontstellung a) gegen eine unrechtmäßige Vereinnahmung der historisch-kritischen Arbeit durch die zeitgenössische römisch-katholische Dogmatik und b) gegen die (irrige) Ansicht mancher Theologen, daß historische Arbeit *notwendig* zur Predigt führe. In der Ablehnung dieser beiden Positionen steckt Richtiges, doch schießt D. weit über das Ziel hinaus, wenn er selbst zu einer archetypischen Hermeneutik Zuflucht nimmt, die das historische Gegenüber total aus den Augen verliert.

2) Die archetypische Hermeneutik ist freilich darin zu würdigen, daß sie versucht, den garstigen Graben zwischen damals und heute zu schließen, indem sie das menschheitlich allgemein Gültige der biblischen Geschichten herausarbeitet. Doch im gleichen Zug verliert D., wie die Einzelexegese zeigte (vgl. als extreme Beispiele 8,34-38; 9,14-29; 12,1-12), den konkreten Text ganz aus den Augen. Das gilt besonders dort, wo er Texte auf der Subjektstufe (vgl. z. B. oben S. 115) interpretiert (wogegen an sich nichts einzuwenden ist), aber die Rückfrage versäumt, ob eine solche Deutung innerhalb der Richtung steht, in die der Text weisen will. Text und Geschichte als fremde bzw. autonome Größen sperren sich aber vielfach gegen eine sie vereinnahmende Interpretation D.s. Dabei wurde gleichzeitig klar, daß es sich bei der Textauslegung weiterhin empfiehlt, bei der Frage nach der Absicht des Textes (= die Intention seines Verfassers) einzusetzen.

3) Vielfach war zu beobachten, daß D. im Rahmen seiner archetypisch-symbolischen Interpretation historische Aussagen macht (kenntlich z.B. daran, daß er vom historischen Jesus spricht) und beansprucht, die wahre Geschichte zu erkennen, die mit der historisch-kritischen Methode allein nicht sichtbar würde. Daran ist richtig, daß religiöse Sprache, um die es hier geht, vielfach zur Überdeutung drängt und der Bedeutungsgehalt einer Geschichte erst nachträglich zu erkennen ist. Die entscheidende Frage ist hier aber die nach dem Verhältnis von Symbol und Wirklichkeit, das D. oft in einer unerträglichen Spannung zueinander läßt. Besonders ärgerlich ist das bei seinem Jesusbild und — damit zusammenhängend — seiner Sicht des Judentums. D. befindet sich hier gegen seinen Willen innerhalb der unheilvollen Tradition eines Antijudaismus, woran seine wiederholte Beteuerung des Gegenteils nichts ändern kann. Er bezahlt hier teuer für seine letztlich ungeklärte Stellung zur historischen Kritik.

4) D.s therapeutischer Ansatz der Auslegung, der die genannten Schattenseiten (notwendig?) gezeitigt hat, ist aber gleichwohl z.T. von großer Plausibilität, sprachlicher Kraft und Schönheit. Manchmal zwar schien es, als ob hier jemand redet, der in seinen Anleihen bei der Psychoanalyse, mit denen er die Botschaft Jesu in ungemeiner Weise aktualisiert und revitalisiert hat, den Texten ein ihnen fremdes Menschenbild überstülpt. Ich habe ihm in historischer und theologi-

scher Hinsicht oft widersprochen, möchte aber trotzdem mein eigenes Angerührtsein von mancher dieser Interpretationen ausdrücklich erwähnen. D. hat auf seine Weise etwas von dem von Jesus ausgehenden Lebensstrom in seiner Auslegung zur Sprache gebracht. An dieser Stelle sei die Hoffnung ausgedrückt, daß es eines Tages möglich sein werde, kritische historische Forschung und zeitgemäße Hermeneutik (mit ähnlich zündender Vitalität) zu vereinen. Wenn Gott sich in Jesus von Nazareth den Menschen gezeigt hat, dann wird jede ehrliche[237] Beschäftigung mit Wort und Geschichte Jesu uns immer klarer Jesus sehen lassen, wie er war und wie er ist.

---

[237] Diese Ehrlichkeit ist im theologisch-kirchlichen Raum oft bedroht von einer Haltung, die gar nicht mehr nach der Wahrheit sucht.

Autorenverzeichnis

Sachregister (Auswahl)

BENSHEIMER HEFTE

Heft 65: Walter Fleischmann-Bisten / Heiner Grote
Protestanten auf dem Wege
Geschichte des Evangelischen Bundes
1986, 240 Seiten, DM 22,80

Heft 66: Erich Geldbach
Ökumene in Gegensätzen
Mit dem Memorandum „Reformatorische
Kirchen und ökumenische Bewegung"
in deutscher und englischer Sprache
1987, 232 Seiten, DM 22,80

Heft 67: Reinhard Frieling / Walter Schöpsdau
Lehrverurteilungen damals und heute
Eine evangelische Arbeitshilfe zum Ergebnis
der Gemeinsamen Ökumenischen Kommission
1987, 56 Seiten, DM 9,80

Heft 68: Eugen Hämmerle, Heinz Ohme, Klaus Schwarz
Zugänge zur Orthodoxie
2., überarbeitete Auflage
1989, 304 Seiten, DM 24,80

Heft 69: Gottfried Maron
Zum Gespräch mit Rom
Beiträge aus evangelischer Sicht
1988, 316 Seiten, DM 29,80

Heft 70: Erich Geldbach
Freikirchen —
Erbe, Gestalt und Wirkung
1989, 262 Seiten, DM 24,80

Heft 71: Gerd Lüdemann
Texte und Träume.
Ein Gang durch das Markusevangelium in
Auseinandersetzung mit Eugen Drewermann.
1992, 280 Seiten, DM 29,80

IM LICHTE DER REFORMATION

Jahrbücher des Evangelischen Bundes

Band XXVI
Wort und Sakrament
1983, 128 Seiten, DM 9,80

Band XXVII
Dank an Luther
1984, 160 Seiten, DM 9,80

Band XXVIII
Wider die Gleichgültigkeit
1985, 164 Seiten, DM 9,80

Band XXIX
Mut zur Zukunft
1986, 168 Seiten, DM 9,80

Band XXX
*Evangelisch
und Ökumenisch*
1987, 160 Seiten, DM 13,—

Band XXXI
Prüfet die Geister
1988, 148 Seiten, DM 13,—

Band XXXII
Christ und Kultur
1989, 248 Seiten, DM 13,—
(Restexemplare)

Band XXXIII
*Rechtfertigung
und Gerechtigkeit*
1990, 120 Seiten, DM 13,—
(Restexemplare)

Band XXXIV
Evangelische Frömmigkeit
1991, 152 Seiten, DM 17,—
(Restexemplare)

Band XXXV
Unsere Bibel
1992, 164 Seiten, DM 17,—